Banc de Stamineo
fort douteux
les Caiques
I. Turques
Mouchoir Carré
la Grange
Vieux Cap
C. Samana
de Portorico
S. Jean de Portorico
le Cap
S. Domingo
OMINGUE
la Barboude
l'Antigue
la Guadeloupe
Marie Galante
Fort Royal
Petite Isle d'Ave
la Marguerite
C. Cordelora
Caraque
Porto Cabello
Truxillo
Merida
ZUELA
CARAQUE
Barcellona
PARIA
Bouches de l'Orenoque
LA TRINITE
Orenoque
Lac
ISLES
IQUE MERIDIONALE

Jens Jacob Eschels

Lebensbeschreibung eines alten Seemannes

Jens Jacob Eschels

Lebensbeschreibung eines alten Seemannes

Von ihm selbst
und zunächst für seine Familie
geschrieben

Herausgegeben
von Albrecht Sauer

CONVENT

Für das Deutsche Schiffahrtsmuseum
herausgegeben von Lars U. Scholl

Die Erstausgabe dieses Buches
erschien 1835 in Altona,
gedruckt auf Kosten des Verfassers.

2. Auflage
(unveränderter Nachdruck der 1995 vom Deutschen Schiffahrts-
museum im Ernst Kabel Verlag, Hamburg, herausgegebenen Auflage)

Vorsatz: Ausschnitt aus einer Westindienkarte
von 1757 aus »Neptune Oriental au Atlas Maritime
des Indes orientales, et de la Chine«, Paris 1766.
Nachsatz: Seekarte um 1750 (Archiv DSM).

Umschlaggestaltung: Gerken Concept, Wiefelstede,
nach einem Entwurf von Erik Hoops
Satz und Lithographie: H & G Herstellung, Hamburg
Druck und Bindung: CPI books, Leck

ISBN-13: 978-3-86633-003-0
ISBN-10: 3-86633-003-0

Inhalt

Vorbemerkung des Herausgebers

Die vorliegende Autobiographie des Jens Jacob Eschels ist nicht nur die früheste deutsche Kapitäns-Autobiographie überhaupt, sondern sie gehört wegen ihrer detaillierten, fesselnden Beschreibungen, ihres Inhaltsreichtumes und ihrer Authentizität auch zweifellos zu den wichtigsten Quellen der deutschen Schiffahrtsgeschichte des 18. Jahrhunderts. Sie erfüllt dabei sowohl die Wünsche, die der Historiker an eine solche Schrift richtet, als auch die Bedürfnisse desjenigen, der Entspannung und Lesevergnügen sucht. Eschels versteht es in seiner einfachen, aber durchaus gewandten Sprache meisterlich, den Leser unmittelbar an seinen Erlebnissen teilhaben zu lassen. Der Lebenslauf des mittellosen Jungen von der Nordseeinsel Föhr bis zum Kapitän, schließlich Reeder und Fabrikant, mit den Schilderungen einer Fahrenszeit zwischen den Eckpfeilern Grönland, Weißes und Schwarzes Meer bis hin nach Westindien beleuchtet musterhaft die deutsche Seefahrt dieser Epoche.

Das haben augenscheinlich schon die Zeitgenossen erkannt, die Eschels zur Veröffentlichung rieten. Ursprünglich, das heißt während der Abfassungszeit (vor 1832), bestand diese Absicht nicht, wie uns das Vorwort der Originalausgabe lehrt. Drei Jahre später konnte die *Lebensbeschreibung* dann *auf Kosten des Verfassers* in Altona erscheinen. Knapp ein Jahrhundert später (1928) besorgte Otto Mathies in der Reihe »Hamburgische Hausbibliothek« des Westermann Verlages die Herausgabe eines Auszugs aus der Schrift und 1966 schließlich folgte eine weitere Teilausgabe durch Ulla Leippe im Hamburger Verlag »Die Brigantine« unter dem Titel »Das abenteuerliche Leben des Jens Jacob Eschels aus Nieblum auf Föhr als Walfänger, Matrose, Kapitän und zuletzt als Reeder und Tabaksfabrikant in Altona von ihm selbst erzählt«. Beide Ausgaben sahen den Text als bloße Kuriosität von lediglich unterhalterischem Wert. Sie ließen die Fußnoten und zahlreiche Textpassagen (ungekennzeichnet) aus und können folglich heutigen Ansprüchen an eine Edition nicht mehr genügen. Erst der ehemalige Direktor des Dr.-Carl-Häberlin-Friesen-Museums in Wyk auf Föhr, Konrad Grunsky, erkannte die Bedeutung einer Zugänglichkeit der gesamten Schrift und gab 1983 einen Nachdruck der Originalausgabe von 1835 als Faksimile heraus (allerdings fehlte das Druckfehlerverzeichnis der Originalausgabe). Er sah den Text vorrangig vor dem Hintergrund der zeitgenössischen Belletristik als »von ethisch-moralischen Grundvorstellungen getragenen« »Erziehungs- oder Entwicklungsroman«, ohne ihm freilich den Quellenwert abzusprechen, der ihm für die deutsche Schiffahrtsgeschichte zukommt.

Diese überregional leider wenig bekannt gewordene Ausgabe ist nun bereits eine gute Weile vergriffen, so daß es an der Zeit scheint, sich an eine vollständige Neuauflage heranzuwagen. Wegen der geringen Akzeptanz der Frakturschrift unter heutigen Lesern wurde der aufwendigere Neusatz gewählt. Die uneinheitliche Orthographie und eigenwillige Interpunktion Eschels' sind nicht modernisiert oder berichtigt worden, um den authentischen Charakter des Werkes nicht anzutasten. Lediglich einige wenige Kapitelüberschriften wurden eingefügt, um einen gewissen Überblick über das Werk zu gewährleisten. Neu hinzugekommen ist neben einem Nachwort, das wegen des großen Umfanges der *Lebensbeschreibung* nur skizzenhaft ausfallen konnte, eine tabellarische Übersicht über Eschels' Seereisen, ein Glossar und ein Register mit Orts-, Personen- und Schiffsnamen sowie schiffahrtsgeschichtlich bedeutsamen Begriffen am Ende des Bandes.

Der Herausgeber dankt den folgenden Personen für ihre Hinweise und Mitwirkung: Herrn Dr. Konrad Grunsky (Stiftung Nordfriesland, Husum), Frau Dr. Bärbel Hedinger (Altonaer Museum, Hamburg), Frau Maya Kiesselbach (Kabel Verlag, Hamburg), Frau Jutta Kollbaum-Weber (Dr. Häberlin-Friesen-Museum, Wyk), Herrn Dr. Klaus Lengsfeld (Nissenhaus / Nordfriesisches Museum, Husum), Herrn Harro Nötel (Hamburg) und nicht zuletzt Frau Ursula Feldkamp (Deutsches Schiffahrtsmuseum, Bremerhaven) für die Aufnahme der Schrift in die Reihe »Menschen und Schiffe«.

Albrecht Sauer

Vorwort

Geneigter Leser!

Du siehst es leicht ein, daß ich diesen meinen Lebenslauf nur allein für meine Kinder und Enkel geschrieben habe. Die erste Veranlassung dazu war, daß ich oft im häuslichen Kreise meinen Kindern und Enkeln etwas aus meinem Leben erzählte, und sie darauf aufmerksam machte, wie der liebe Gott mir so viele Wohlthaten erzeigt und mich aus so manchen Gefahren errettet habe. Als nun der älteste meiner Enkel mir darauf einst sagte: Großvater, du hast viele Erfahrungen gemacht, und ich ihm antwortete: ja, mein Junge, wenn ich meinen Lebenslauf aufschreiben und alles mir Begegnete darin erzählen wollte, so würdet ihr euch wundern, wie der liebe Gott mich von Kindheit an geleitet und geführt hat, und würdet auch deutliche Spuren der Vorsehung darin bemerken; nun sagte der Enkel (auch stimmten meine Kinder mit ein): schreibe doch deinen Lebenslauf auf, du hast ja jetzt nichts sonderlich zu thun; wir werden denselben gern durchlesen. Ich nahm jedoch Anstand, es zu thun, bis ich nach mehreren gemachten Erinnerungen mich entschloß, meinen Lebenslauf niederzuschreiben. Da ich nun ein gutes Gedächtniß habe, so daß mir Jahr, Tag und Datum, wo mir etwas Außerordentliches begegnete, so deutlich bewußt ist als ob es gestern geschehen sey, (was in spätern Jahren und kürzlich vorging, vergesse ich nun leichter, woher dies kommt weiß ich nicht, doch wie ich höre geht es mehreren alten Leuten eben so) so setzte ich mich im Frühjahr 1831 hin und schrieb diese Begebenheiten nieder, und da ich damals Gründe hatte, zu muthmaßen, daß noch einer meiner jüngern Söhne und Enkel sich der Seefahrt widmen würde,[1] so habe ich hie und da Einiges, das Seewesen betreffend, und welches nicht täglich vorfällt, angeführt, (die alltägliche Schiffsarbeit muß ein Seemann practisch und durch Uebung lernen) um auch darauf aufmerksam zu seyn. Daß ich diese meine Lebensbeschreibung einst

[1] Dies ist auch geschehen, indem mein jüngster Sohn Fritz seit dem Jahre 1833 zur See fährt, schon eine Reise von Altona nach St. Thomas und zurück gemacht hat, und nun bereits über ein Jahr als Jung-Matrose auf einem Ostindienfahrer im Dienst ist, und sich jetzt wahrscheinlich in Batavia befindet. Auch einer meiner Enkel wird wahrscheinlich nächstes Jahr in See segeln.

drucken lassen würde, kam mir derzeit, wie ich selbige schrieb, wahrlich nicht in den Sinn.[2] Ich dachte, du sollst ein Exemplar für jedes deiner Kinder und Kindes-Kinder abschreiben (also mehr als zwei Dutzend), aber Altersschwäche und Kränklichkeit verhinderten mich daran, so daß ich nur zwei Exemplare fertig machte; auch bemerkte ich, daß das lange Stillsitzen meiner Gesundheit nicht zuträglich sey. Einst kam ein Hausfreund zu mir und fand mich beim Schreiben; ich sagte ihm, daß ich meinen Lebenslauf für meine Kinder niederschriebe, worauf er äußerte: denselben, wenn er fertig sey, gern einmal lesen zu wollen, welches ich ihm bewilligte, und nachher auch einigen meiner Bekannten und Freunde selben lesen ließ. Mehrere von ihnen sagten mir, daß sie denselben mit Vergnügen gelesen hätten, und daß er auch, außer meinen Kindern, für Andere nützlich seyn könnte; ich möchte denselben daher drucken lassen. Auf dieses Anrathen entschloß ich mich nun, meinen Lebenslauf dem Druck zu übergeben; indem auch ich glaube, daß er für Einige von Nutzen seyn kann, und auch sie in ihrem Gottvertrauen befestigt werden können, wenn sie lesen, daß Gott eben sowohl auf die niedern als auf die höhern Stände achtet. – Du kannst dich, lieber Leser, sicher darauf verlassen, daß ich nichts als die reine Wahrheit geschrieben habe, und keine der außerordentlichen Begebenheiten, die mir begegneten, und in welchen der liebe Gott mich so sichtbarlich schützte, daß man die deutlichen Spuren der göttlichen Vorsehung darin nicht verkennen kann, vergrößert habe, um sie noch wundervoller darzustellen. Auch der selig verstorbene Professor Gellert sagt ja im neunten Theil seiner Schriften, in der ein und zwanzigsten moralischen Vorlesung von der Menschenliebe, dem Vertrauen auf Gott und der Ergebung in seine Schickungen, unter anderm Folgendes:

> »Eben darum, weil wir den Zusammenhang der Dinge nicht überall einsehen, ist uns das Vertrauen auf Gott unentbehrlich. Dieses Vertrauen dadurch stärken und beleben, daß wir auf die besondern Spuren seiner Vorsehung in dem Leben der Menschen Acht haben, dieß ist unsere Pflicht, und sollte zugleich eine unserer feierlichsten Beschäftigungen seyn. Jeder, der sein Leben bedachtsam überschauen will, kann in seinen freudigen und traurigen Begebenheiten die wunderbare

[2] Erst vor zwei Jahren, als ich auf dem Krankenbette lag und meinen Tod erwartete, fiel es mir ein, diese meine Lebensbeschreibung drucken zu lassen; ich äußerte dieses auch damals gegen einen Freund, welcher mich besuchte und an meinem Bette saß. Auch zu einem meiner Söhne sagte ich: wenn ich todt bin dann laß meine Lebensbeschreibung drucken.

Porträt des Jens Jacob Eschels, anonym (Privatbesitz Horn, Hamburg)

Anlage der Vorsehung finden, kann aus dem Erfolge oft die weise und wohlthätige Absicht des Uebels, und in den besondern Umständen seines glücklichen Schicksals die Regierung einer göttlichen Hand erkennen. Wunderbare Führungen und Errettungen: was predigen sie anders, als eine über alles wachende Vorsehung? Welches Leben, auch das niedrigste und dunkelste, hat nicht seine Geheimnisse und seine Wunder? Man suche sie auf, und sie werden uns zu einer Quelle der Weisheit und des Vertrauens auf Gott werden. Die großen Begebenheiten ganzer Staaten und Völker lehren uns, daß eine unsichtbare Hand das Schicksal derselben weise, gerecht und gütig regieret; und eben dieses lehren die kleinern Begebenheiten des Privatlebens einem Jeden, der sie aufmerksam betrachtet. Ein geringer Vorfall unsers Lebens, der anfangs ein Nichts zu seyn schien, wie merkwürdig ist er oft nach dem Verlaufe etlicher Jahre und nach der Vereinigung mit andern Umständen, die nicht in unserer Macht standen, nicht durch unsre Weisheit vorhergesehen, nicht durch unsern Fleiß unterstützt wurden! Warum erkennen wir hierin nicht die göttliche Vorsehung und stärken unsern Muth dadurch? Das Schicksal unsers aufrichtigen Freundes, das er uns getreu schildert, kann uns eben diese heilsamen Aussichten öffnen, und unser Herz mit Trost und Vertrauen erfüllen. Wenn wir viel aufrichtige und sorgfältig beschriebene Lebensbeschreibungen von niedern und hohen Personen hätten, in denen die kleinen Umstände ihres Lebens richtig bezeichnet und ihr Charakter genau bestimmt wäre: so würden wir oft mit Erstaunen sehen, wie die Hand der Vorsehung da arbeitete, wo der Mensch nichts that, ihn da im Verborgenen lenkte, wo er alles zu thun schien, ihn da glücklich werden ließ, wo er nach dem Wunsche und Entwurfe seiner Feinde unglücklich hätte werden können.« –

So weit Professor Gellert.

Ist nun der Herr Professor Gellert (Jeder, der diesen frommen Mann aus seinen Schriften kennt, wird und muß ihn hochachten und ehren) der Ueberzeugung gewesen, daß die Lebensbeschreibung eines Mannes aus dem niedern Stande nützlich seyn kann: nun denn, lieber Leser, hier hast du eine solche. Du wirst hierin bestätigt finden, was Gellert sagt, und es soll mich freuen, wenn es dir einigen Nutzen gewährt (denn hie und da zu nützen ist mir immer lieb gewesen); solltest du aber gar nichts Nützliches für dich hierin finden, und es dir Leid thun dein Geld unnütz für dieses Buch ausgegeben zu haben, dann denke, daß du es an arme Leute gegeben hast (und wer schenkt nicht gern den Armen etwas); denn ich versichere dir, daß ich keinen Schilling davon für meine Mühe etc. in die

Tasche stecken, oder mich dadurch bereichern will, sondern nach Abzug der Druck-Kosten soll der Ueberschuß an eine Armen-Anstalt abgegeben werden.

Ich kann nicht umhin, einem Einwurfe zu begegnen, der mir gemacht ist; daß ich nemlich alles mir Begegnete der göttlichen Obhut und Vorsehung zuschriebe. Ein guter Freund von mir, dem ich das Manuscript zu lesen gegeben hatte, und den ich als er es mir wieder brachte nachdem er es durchgelesen, fragte: sind nicht sichtbare Spuren der göttlichen Vorsehung darin zu sehen? antwortete mir: Zufall! Hier muß ich nun den Leser einmal fragen: was ist Zufall? Wahrscheinlich wird man mir antworten: das Zusammentreffen einzelner Umstände, wodurch etwas bewirkt, Jemandem geholfen oder er gerettet wird. Ich frage weiter: wer führt diese Umstände oder das Zusammentreffen derselben herbei? nun wird geantwortet: der Zufall. Also ein blinder Zufall regiert die Welt? – Nein, lieben Leser, laßt uns lieber (und mit weit vernünftigerem Grunde) dieses Alles einer über uns wachenden göttlichen Vorsehung zuschreiben; denn ein größeres Wunder würde es seyn, zu glauben, daß ein blinder Zufall die Hülfe und Rettung aus Gefahren herbei führe, als wenn ich glaube, daß die göttliche Vorsehung Alles leitet und führt. Vielleicht haben die Seeleute mehrere Spuren der Gottheit aus ihrem Leben aufzuweisen, als die Leute die ihr Brod auf dem Lande haben; denn diese kommen nicht so oft in Gefahr und Noth als ein Seemann, und achten nicht immer darauf, wie Gott ihnen hilft, (Ausnahmen giebt es auch unter diesen, und Viele halten sich eben sowohl zu Gott als der Seemann) aber der Seemann, der oft in Noth und Lebensgefahr kommt, macht deutlichere Erfahrungen, die ihn antreiben, auf die göttliche Führung zu achten; und wenn wir viele Lebensbeschreibungen von Seeleuten hätten, so würden wir sehen, wie oft Gott selbe aus Gefahren und Noth errettet hat.

Freilich habe ich hie und da etwas Gutes von mir selbst gesagt, woran du, lieber Leser, dich vielleicht, und mit Recht, stoßen wirst; (ich würde dieses auch, aus Bescheidenheit gegen Freunde und Fremde, nicht gesagt haben, und die Worte: »Wen sein Geschick günstig leitet, der rühme sich der Tugend nicht,« würden mich ebenfalls davon abgehalten haben; denn alles, was ich habe, das habe ich ja empfangen, und kann mich dessen nicht rühmen; kurz, ich muß sagen, ich habe gar nichts mehr gethan, als ich zu thun schuldig war) du mußt aber auch bedenken, daß ich es blos für meine Kinder schrieb, und zu diesen durfte ich mehr sagen als zu Fremden; meine Kinder wollte ich aufmuntern, in meine Fußstapfen zu treten, mir hierin nachzufolgen und besser zu werden als ich. Auch sagte ich ihnen, daß, wenn ich nicht jede Gelegenheit, die zu nützen sich mir dargeboten, ergriffen hätte, ich dann der undankbarste Mensch gegen den lieben Gott seyn würde; indem Er, ohne Freundes- und Verwandten-Hülfe, mir durch fremde Leute fortgeholfen und mich habe avanciren lassen.

Auch du, lieber Seemann (ich hoffe, auch Einige von diesem Stande werden meine Lebensbeschreibung lesen), der du dich in der Lage befindest worin ich in meiner Jugend war, verzage nicht: vertraue nur fest auf Gott, und du kannst gewiß seyn, daß Er dir auch hilft. Führe aber vor allem einen guten Lebenswandel; denn ein Schiffscapitain nimmt viel lieber ordentliche Leute mit auf sein Schiff, als Schwierbrüder, die manchmal innerhalb drei Mal vier und zwanzig Stunden ihren ganzen mehrjährigen Verdienst in schlechten Häusern vergeuden.[3] Darum nimm meinen Rath an, und dieser ist: denk an den alten Mann, der nichts mehr verdienen kann; spare dein Geld und vergeude es nicht, damit du etwas hast, wenn du alt bist; sollte es dir dann auch im Alter traurig gehen und du trübe Tage haben, so hast du wenigstens die innere Beruhigung, daß du dein Geld nicht unnütz durchgebracht, und du findest dann gewiß auch mitleidige Menschen und Freunde, die dir helfen, so daß du nicht zu darben brauchst. Führe dich immer gut auf, sey im Schiffsdienst willig, und was dir befohlen wird, thue gern und ohne

[3] Ich habe es in Amsterdam selbst gesehen, daß die Matrosen, welche derzeit mit den Schiffen der Ostindischen Compagnie nach Hause kamen, und einige Jahre auf der Reise gewesen waren (denn die Ostindische Compagnie konnte die Matrosen sieben Jahr von einem Platz nach dem andern in Ostindien fahren lassen, wenn sie es für gut fand; dies Recht bedang sie sich bei Annahme der Leute aus), seidene Tücher um ihre Arme und Beine banden, welche dann im Winde flatterten, und einige Violinspieler vor sich her spielen ließen, hinter denen sie tanzten, ihre Hüte schwenkten und sangen:

Hoe kreygen wy het op?
Hoe kreygen wy het op?
(Wie kriegen wir es auf?
Wie kriegen wir es auf?)

Die Spielleute spielten dann und sangen:

All met der Tyd!
All met der Tyd!
(All mit der Zeit!
All mit der Zeit!)

aber dies: »All mit der Zeit!« war von kurzer Dauer; denn oft war in ein paar Tagen schon Alles verzehrt, und die natürliche Folge davon war, daß sie sich dann keine Kleider, Hemden etc. zu einer neuen Reise anschaffen konnten, sondern, wie man derzeit zu sagen pflegte, von den Seelenverkäufern wieder ausgerüstet werden mußten.

Murren. Wenn du dies thust, so werden dein Capitain und deine Officiere viel auf dich halten, bei vorkommenden Fällen und Gelegenheiten dich recommandiren und dir forthelfen, daß du avancirest. Auch rathe ich dir vor allen Dingen: lerne die Navigation oder Steuermannskunst[4], und wenn du diese gelernt hast und dich dabei gut aufführst, dann kannst du ziemlich gewiß annehmen, daß du einst Steuermann und Capitain wirst, und vielleicht früher, als du denkst oder hoffen kannst; eben so wie es mir gegangen. Die Steuermannskunst kostet ja nur wenig zu erlernen, und kaum so viel, als mancher Matrose in ein paar Tagen unnütz durchbringt; viele Seeleute lernen sogar die Steuermannskunst in der vortrefflichen Lehranstalt zu Hamburg unentgeldlich.

Nun, lieber Leser, übergebe ich dir meinen Lebenslauf. Wie du ihn aufnehmen wirst, muß die Zeit lehren. Ich habe nicht geschrieben um etwas dabei zu verdienen; aber meine nicht ganz alltäglichen Erfahrungen, glaube ich, werden Manchem nützen können, und wenn die Erzählung derselben auch nur für einen Einzigen von Nutzen ist, dann bin ich schon genug belohnt. Es kann freilich Vieles dagegen gesagt werden,[5]

[4] Denn ohne diese kannst du ja nie höher avanciren als zum Bootsmann, oder wenn du ein Handwerk gelernt hast, kannst du auch nicht höher kommen als Zimmermann, Küper oder Segelmacher; hast du aber die Steuermannskunst gelernt, dann kannst du in allen Fächern des Schiffsdienstes dich empfehlen.

[5] Vielleicht sind Manche damit unzufrieden, daß ich, ein Laie, der ich nichts gelernt habe, und in der Jugend nur in eine Kinder-Schule gegangen bin, in welcher man derzeit blos nothdürftig lesen, schreiben und rechnen lernen konnte, es nun wage, ein Buch herauszugeben; da ich doch nur aus einigen Büchern etwas gelernt, hie und da mir einige Menschenkenntniß erworben und einige Erfahrungen gemacht habe, und werden sagen, daß es mir gar nicht zukomme, den Gelehrten in ihr Fach einzugreifen. Es kann auch seyn, daß Einige über mich spotten und hohnlächeln, und sagen werden: das Buch ist nicht einmal orthographisch und kunstgerecht geschrieben, und viele Schulkinder jetziger Zeit schreiben in einem bessern Styl als worin dies Buch abgefaßt ist. Ihnen antworte ich: Ihr habt hierin recht; denn ich habe es nur so geschrieben, wie ich gewohnt gewesen bin mein Schiffs-Journal (denn im Grunde ist das Leben der Menschen ja auch nur eine Reise durch die Welt, und Viele, die lange verblichen, haben das Leben mit einer Reise verglichen,) zu schreiben, wobei ich nicht darauf achtete, ob ich mir oder mich, wist oder wißt, den oder dem schrieb. (Hier ist natürlich nur vom Manuscript die Rede. Anmerk. d. Setzers.) Wer es nur verstehen will, weiß was es sagen soll. Die Hauptsache ist ja doch, daß es Wahrheit ist, was man schreibt. Ich glaube aber, daß der bessere Theil meiner Leser, wenn er auch nicht alles in meiner Lebensbeschreibung Gesagte billiget, denn doch sagen wird: es ist manches Nützliche darin enthalten. Das Buch kann Niemandem schaden, und dies ist schon etwas werth.

ich fürchte mich aber nicht, öffentlich zu erscheinen, und tröste mich mit demjenigen, was Herr Patzke in seinem »Greis«, im 1sten Bande 1stes Stück schreibt, nemlich:

»Wenn ein junger Schriftsteller in einiger Verlegenheit und Verwirrung ist, wie er sich zum ersten Male in die Gesellschaft seiner Mitbürger einführen soll, so bin ich es als ein bejahrter Mann nicht. Das Alter giebt uns ein gewisses Zutrauen zu uns selbst, und die Gesellschaft hat größtentheils vor einem grauen Haupte Ehrfurcht. Sie ist überzeugt, daß ein alter Mann, der lange Gelegenheit gehabt hat sich Hochachtung zu erwerben, sie wirklich verdiene, und daß die Erfahrung und die Weisheit, welche ihm die Zeit gegeben, unserer Aufmerksamkeit würdig sei. Wenige Menschen werden so ungezogen seyn, daß sie über einen alten Mann spotten, oder ihn wie einen Jüngling gleichgültig beurtheilen oder gar verachten werden, wenn er in die Gesellschaft tritt. Sein silbernes Haupthaar, welches mit Verdiensten für die menschliche Gesellschaft wie mit einer Krone geziert ist, legt Jedem einen Tribut von Ehrfurcht auf.« – So weit Patzke.

Nun will ich von dir Abschied nehmen, lieber Leser. Lebe wohl! Ich wünsche dir alles Gute, und bitte dich: Alles zum Guten zu deuten.

Altona, den 20. November 1834.

Jens Jacob Eschels.

I. Die frühe Kindheit auf Föhr (1757-69)

J. N. G.

Meine lieben Kinder! Ihr habt mich erinnert, meinen Lebenslauf, zum Andenken für euch, zu schreiben; weil ihr voraussetzt, daß, da ich in der Welt weit und breit zur See herum gefahren, vieles gesehen und erlebt haben werde. Ich ergreife also mit Vergnügen die Feder, weil ich denn nochmals meine Jugend-, Jünglings-, Mannes- und Greisen-Jahre in Gedanken mit Vergnügen durchwandern kann. Auch glaube ich, daß meine Erfahrungen euch nützlich seyn können, denn ihr werdet deutliche Spuren der Gottheit darinnen finden und daß die göttliche Vorsehung auch über die niedere Classe der Menschen (zu der ich in meiner Jugend gehörte, obgleich gegenwärtig ich durch Gottes Güte in den glücklichen Mittelstand gesetzt bin) wacht, und ihre Schicksale, eben sowohl als die der höheren Stände und die großen Weltbegebenheiten, leitet. Ihr werdet in dieser meiner Lebensbeschreibung finden, wie der liebe Gott Schaden und Unglück von mir abgewendet, und daß in Fällen, wo menschlichen Ansichten nach keine Hülfe und Rettung möglich schien. Ihr werdet finden, daß der liebe Gott auch Hülfe sendete von daher, wo man gar keine Hülfe erwarten konnte; auch daß manchmal Gelegenheiten kommen, wo man Geld verdient ohne daß man selbst durch Klugheit oder Speculation etwas dazu beiträgt. In den ersten Jahren meines Lebens kommen nur alltägliche Dinge vor, aber hernach werdet ihr darin finden, so ihr es aufmerksam bis zu Ende leset, was ich so eben erwähnt habe. – Hier habt ihr nun meine Lebensbeschreibung! – Anno 1757 den 12. December bin ich auf der Insel Föhr in dem Dorfe Nieblum (Osterharde im Herzogthum Schleswig) geboren, und in der St. Johannis-Kirche daselbst getauft; meines Großvaters Bruder hob mich aus der Taufe, und nach ihm wurde mir der Name Jens gegeben. Mein Vater hieß Jacob Eschels und meine Mutter Inge, eine geborne Nahmens, und weil es derzeit auf Föhr üblich war, daß die Kinder nach ihres Vaters Vornamen genannt wurden, (dieses ist hernach durch eine Königliche Verordnung verboten) so hieß ich auch Jens Jacobs; da aber derzeit drei Jens Jacobs in unserm Dorfe waren und mit mir in die Schule gingen, so setzte jeder Jens Jacobs seines Vaters Zunamen dabei, um uns zu unterscheiden, und also hieß ich in unserem Dorfe Jens Jacob

Eschels, welchen Namen ich auch beibehalten habe. Da ich aber an's Seefahren, von Holland aus, kam, mußte ich auch, so wie alle Föhringer derzeit, einen holländischen Namen haben, denn unsere Föhringer Namen klangen den Holländern nicht gut und sie spotteten darüber, also hieß ich auch auf Holländisch Jan (Jens heißt auf Holländisch Jan) Jacobs, und habe ich mich dieses Namens von 1769 bis 1782 beim Seefahren bedient. Bei meiner Geburt hatte ich, was keiner derzeit auf Föhr hatte, nemlich vier Großmütter am Leben, als: zwei rechte Großmütter und zwei Urgroßmütter. Wir Bürgerliche haben, wie bekannt, ja keine Ahnen, und also kann ich meine Vorfahren auch nicht weit hinauf herrechnen; auch waren sie, wie eine Classe Menschen es nennt, nicht von Geburt, und dennoch behaupte ich, daß meine Vorfahren nicht wie das Gras aus der Erde hervorgesproßt, sondern geborne Menschen gewesen sind.

Mein Urgroßvater väterlicher Seite hieß Rörd Eschels und war Landvogt auf Föhr. Dieser hatte zwei Söhne, und hießen diese, Eschel, nemlich mein Großvater, und sein Bruder hieß Jens, der nemliche, nach dem ich Jens genannt bin. Diese beiden Brüder haben studirt, und mein Großvater ward ein Rechtsgelehrter und der andere ward Pastor auf der kleinen Moor (eine kleine Insel nahe bei Föhr); mein Großvater war auch Landesbevollmächtigter und wurde für einen klugen Mann auf Föhr gehalten, und hat den Namen eines guten rechtschaffenen Menschen mit ins Grab genommen. Er hat jeden, der zu ihm kam mit Rath und That unterstützt, auch die es nöthig hatten unentgeltlich; nahm nie einen ungerechten Prozeß (den er dafür erkannte) an; deswegen war er bei dem, der ihn kannte, geachtet, und sein Andenken ist noch auf Föhr in Segen. Irdische Güter ließ er, da er starb, nicht nach, aber sein guter Ruf ist mehr werth als groß Gut. Meine Großmutter väterlicher Seite hieß Antje, und war die Tochter von Jacob Boyen, und eine Enkelin von dem Commandeur, den man den glücklichen Matthies (er hieß auf Föhringer Sprache Mathies Petersen) nannte, weil er so glücklich im Wallfischfangen auf Grönland war; die Familien Matthiesen hier in Altona stammen von ihm ab; auch haben eine Reihe von Jahren Matthiesens Nachkommen als Landvögte auf Föhr gelebt, wo denn auch mein Vater und seine Brüder und diese Matthiesen einander Herr Vetter nannten. Mein Großvater und meine Großmutter väterlicher Seite starben beide Anno 1764, die Großmutter ein halbes Jahr nach ihrem Manne; sie hinterließen drei Söhne, als: Rörd Eschels der älteste, mein Vater Jacob Eschels der mittelste und Otto John Eschels der jüngste. Wie ihre Eltern gestorben waren, erbten diese drei Söhne den Nachlaß derselben, nemlich das Wohnhaus, Mobilien, Leinen, Betten etc., und da sie dieses alles

Geburtshaus des Jens Jacob Eschels in Nieblum/Föhr. (Foto: Nötel)

theilten und zu sich nahmen, so mußten sie auch natürlich ihrer Eltern Schulden bezahlen und die Creditoren befriedigen. Rörd Eschels und Otto John Eschels fuhren derzeit beide als Schiffs-Capitaine und waren wohlhabende Leute, und zahlten ihren Antheil an den Schulden aus; mein Vater, Jacob Eschels, war derzeit abwesend zur See, und meine Mutter arm und nährte uns Kinder mit Leinenweben so gut es gehen wollte. Sie hatte kein Geld, um die Schulden der Schwiegereltern zu bezahlen, also mußte ihr Antheil der Schulden auf Zinsen stehen bleiben, selbe beliefen sich ohngefähr auf 15 bis 1600 $ [Mark] Courant (eine große Summe auf Föhr, und vor allen für Leute, die selbst wenig haben). Ich war derzeit ins siebente Jahr alt, und besinne mich noch recht gut, wie ich in meiner verstorbenen Großeltern Hause (welches gleich nach ihrem Tode von Otto John bewohnt wurde) in der Stube umher spielte, daß Otto John's Frau zu ihm sagte: wie wird es mit Inge (meiner Mutter) werden? wie soll sie die Schulden bezahlen, sie hat ja nichts; daß Otto John zu ihr sagte: o was, sie hat drei Jungens, (ich hatte noch zwei Brüder, als: Eschel, 33 Wochen, Olof, 4 Jahr und ich war $6^1/_2$ Jahr derzeit alt) und wenn diese gut thun wollen wenn sie erwachsen sind, können sie die Schulden bezahlen. Otto John hat wahr gesprochen, denn 19 Jahr nach der Zeit, Anno 1783, habe ich diese Schulden alle bezahlt, denn der liebe Gott segnete mich auf einer Westindischen Reise außerordentlich, so daß ich alle Schulden bezahlen konnte, wie ihr hernach lesen werdet, und habe ich Otto John noch in seinem Alter unterstützt, weil er arm wurde. Dem lieben Gott sey jetzt noch herzlichen Dank dafür, der mich so viel Geld mit Ehren verdienen ließ auf einer Reise, daß ich alle Schulden meiner Eltern und Großeltern bezahlen konnte. Ich hätte es den Landesgesetzen gemäß nicht nöthig gehabt, diese Schulden zu bezahlen; allein wer sich bestreben will, ein guter Mensch zu werden, der folgt dem Gesetz in seinem Innern, welches ihm von seinem Schöpfer eingepflanzt und in sein Herz eingeschrieben ist, und welches ihm immer sagt, was recht und billig ist; und ich halte das Gesetz der Billigkeit höher als ein von Menschen vorgeschriebenes Gesetz, und nach diesem innern Gesetz habe ich mich immer bestrebt zu handeln, und im obigen Fall (nemlich Bezahlung meiner Eltern Schulden) sagte es mir: Wenn die Eltern Schulden machen müssen, um ihre Kinder zu erziehen, so ist nichts billiger, als daß die Kinder die, ihretwegen von den Eltern gemachten Schulden, wenn sie es können, auch bezahlen, und dieserwegen habe ich es auch gethan, und habe ich vielleicht so viel Freude daran gehabt, daß ich es konnte, als die Creditoren, die es empfingen, weil sie wenig Hoffnung gehabt hatten, es je zu erhalten; und mir ist gesagt, daß ein Creditor zu seinem Nachbar gesagt hat, heute habe ich Geld empfangen, wo ich nie gehofft je etwas zu erhalten.

Mein Großvater mütterlicher Seite hieß Nahmen Nahmens (von seinen Voreltern kann ich keine Nachricht geben; wahrscheinlich sind es Seeleute gewesen) und seine Frau hieß Inge eine geborne Inge Olofs. Sie hatte zwei Brüder, der eine Boy Olofs, der als Harpunier auf Grönland fuhr, und der andere hieß Söncke Oloffs; und weil dieser von Holland fuhr, so nannte er sich auch auf Holländisch, wie fast alle Föhringer die von Holland fuhren derzeit thaten, Symen Roelofs, und weil er einen Onkel hatte, der seines Handwerks ein Schmidt war, so fügte er zu seinem Namen Schmidt bei, und soll er ein tüchtiger Seemann gewesen sein; er avancirte auch daß er Capitain wurde, und ein großes Schiff für die Holländisch-Ostindische Compagnie, auf Ostindien führte, und sich der Zeit Symen Schmidt nannte. Er wurde ein wohlhabender Mann, und verheirathete sich in Amsterdam, und von ihm stammt noch unsere Verwandtschaft, die wir in Amsterdam haben, ab. Er hatte eine einzige Tochter, die an einem Kaufmann Jurian Wint, verheirathet wurde, und dieser hat meiner Mutter Bruder, so wie andere Föhringer Anverwandte, fortgeholfen, so daß sie als Steuerleute und Capitaine auf seinen Schiffen fuhren. Seine Frau lebte noch 1794, wie ich das letzte Mal in Amsterdam war, welche ich besuchte und ihre Kinder an Bord bei mir hatte, und ihnen einen vergnügten Tag am Bord meines Schiffes machte. Von diesem meinem Großvater Nahmens kann ich Euch sagen: er war ein sehr thätiger Mann, und in seinen Handlungen rechtschaffen; er half jedem mit Rath und That, der sich deswegen an ihn wandte; wo er nur immer konnte. Ich erinnere mich noch recht gut, wie er 1768 Ausgangs Februar, starb, und im Sarge lag, daß viele aus unserm Dorfe kamen, um ihn noch einmal zu sehen, und mehrere sagten, da liegt die Gutheit selbst. Dieser mein Großvater, war ein Seemann gewesen, blieb aber im letzten Jahre da er fuhr, mit dem Schiffe, um die derzeit sogenannte Oost, (die Ostseite von Spitzbergen) im Eise festsitzen, wo verschiedene andere Schiffe auch, gleich wie er, das nämliche Schicksal hatten, und mußten ihre Schiffe im Stiche lassen und einen großen Weg auf dem Eise und auf Klippen wandern, um nach andern Schiffen, die ausser dem Eise im freien Wasser lagen, hinzukommen. Durch dieses mehrere Tage Wandern und auf dem Eise Schlafen erlitt er einige Schwäche und wurde kränklich, so daß er das Seefahren aufgeben mußte. Er war ein erfinderischer Mann, und auf Föhr war derzeit kein Webkammacher, und weil viele Frauen und Mädchen auf Föhr derzeit webten und ihr Leinen, Drell, Bettzeug etc. selbst machten, so mußten alle Webkämme von Hamburg verschrieben und die schadhaften dahin zum Repariren gesandt werden. Mein Großvater reisete nach Hamburg, nahm Webkämme zum Repariren mit, bestellte einige neue und machte Bekanntschaft mit dem Kammacher, bewunderte seine Arbeit und Instrument, ließ sich alles zeigen, und wie er wieder von Hamburg nach Föhr kam, machte er sich selbst ein solches Instrument, und fing das Webkammacher-Geschäft an, welches auch so gut von Statten ging, daß er alle Webkämme auf Föhr machte und die alten reparirte, so daß nachher keine Webkämme von Föhr aus in Hamburg bestellt wurden. Auch unterrichtete er im Winter junge Leute in der Navigation oder Steuermanns-Kunde, und weil er nicht alle seine Zeit mit Webkammachen ausfüllen konnte, so machte er auch Compasse, Octanten[6], Sandläufer oder Stundengläser, zinnerne Knöpfe und Schuhschnallen, und so ernährte er seine Familie bis an seinen Tod. Als er auf dem Krankenbette lag und seinen baldigen Tod im Voraus sahe, so saß eines Tages meine Mutter an seinem Bette und er fing an zu weinen; meine Mutter fragte ihn, warum weinen Sie Vater? er sagte, ich weine nicht um mich, sondern ich weine deswegen, daß du mit deinen unerzogenen Kindern so in Armuth sitzest, und ich euch so in Armuth verlassen muß. Meine Mutter antwortete darauf, darum lieber Vater, sein Sie nur ruhig; Gott wird uns helfen, und uns nicht verlassen. Wie wahr ist dies geworden! denn meine Mutter hatte noch zwei Brüder die zur See fuhren, Geld verdienten und ihr Brod hatten, und eine jüngere Schwester, die mit einem Steuermann Namens Hans Jensen verlobt war, und womit sie 1770 den 18. November verheirathet wurde. Um diese war Großvater unbekümmert, denn diese hatten alle ihr Brod, und doch fügte der liebe Gott es so, daß ich zum Werkzeug wurde, seine Enkel zu erziehen, denn einige Jahre nach der Verheirathung 1781 starb ihr Mann Hans Jensen, als Steuermann in Norwegen, und sie blieb sitzen mit drei Söhnen von 1, 3 und 5 Jahr alt; auch sie starb im Jahre 1783 und wie ich von meiner Mutter die Nachricht erhielt, daß ihre Schwester gestorben war, so schrieb ich gleich an meine Mutter, daß sie die drei Kinder zu sich nehmen sollte, ich wollte selbe erziehen lassen und dafür fahren, und ich wollte nicht daß diese armen Kinder der Armen-Kasse zur Last sein sollten. Meine Mutter nahm also die Kinder zu sich, und ich habe selbe erziehen und alles was sie nöthig zu wissen, auch die Steuermanns-Kunst, lernen lassen, so daß sie als Erwachsene ihr Brod verdienen konnten. Der älteste, Nahmen genannt, nach meinem Großvater Nahmens, starb leider als Capitain 1797 in Corunna. — Meine Großmutter mütterlicher Seite war auch eine brave Hausfrau, die auch mit dem Großvater die Kinder zu nützlichen Menschen erzog. Die-

[6] Mein alter Octant, welchen ich noch aufbewahre, ist einer von seiner ersten Arbeit. Jetzt 1831 sind die Octanten zierlicher, doch dieses mein alter ist eben so gut die Poolhöhe zu messen.

se meine Großmutter starb 1775. – Von meinen Kinder-Jahren habe ich nicht viel zu erwähnen. Ich wurde schon frühe zur Arbeit angehalten, auch die Sparsamkeit wurde mir eingeprägt, deswegen habe ich auch jeden Schilling, den ich mit Botschaften und Bestellungen nach anderen Dörfern, die mir aufgetragen waren, verdiente, meiner Mutter gebracht, so wie ich auch späterhin, so lange ich unverheirathet war, alles mein zur See verdientes Geld meiner Mutter nach Hause gesandt oder gebracht habe.

Mein erster Schilling den ich verdiente, kam also: ich war derzeit 3 bis 4 Jahr alt und spielte mit anderen Nachbar-Kindern auf der Gasse und wir wühlten in dem Sande, welches aus den Häusern ausgefegt und auf die Gasse hingeworfen war. Ich fand darin einen Ring. Meine Cousine Margarethe Eschels, die 1½ Jahr älter als ich war, bat mich um denselben und ich gab ihn ihr. Sie lief voller Freude über den Ring nach ihrem Hause und zeigte ihn der Mutter; diese besah ihn und sagte: wo hast du den goldenen Ring her? sie sagte daß ich ihr denselben gegeben; die Mutter ging gleich zu meiner Mutter und sagte daß ich ihrer Tochter einen goldenen Ring gegeben; ich wurde gerufen und befragt, wie ich zu diesem Ringe gekommen und ich sagte, daß ich denselben im Fegsel gefunden. Der Ring wurde untersucht, es standen 4 Buchstaben darin, nämlich O.H.R.W. und sie deuteten es aus, daß dies Otto Hinrich Roosen Winck bedeuten müsse. Seine Frau wurde geholt und ihr der Ring gezeigt. Sie erkannte selben für den Ihrigen, hatte ihn verloren und so war der Ring mit aus der Stube gefegt und auf die Gasse geworfen worden. Der Ring wurde ihr wieder gegeben, und sie gab mir einen Schilling Findelohn; ich gab meiner Mutter den Schilling, und dieser war also der der erste Schilling den meine Mutter von mir erhielt. – Als ich sieben bis acht Jahr alt war, spann ich schon das Garn auf die Spulen für meine Mutter; diese konnte gut Leinen weben, wie auch Bettzeug, Drell, buntes und gestreiftes Zeug; Summa sie war in Weben geschickt und hatte immer Arbeit, verdiente auch manchen Schilling damit. Für daß ich die Spulen machte, erhielt ich, um mich zur Arbeit aufzumuntern, für jedes Stück Leinen oder buntes Zeug, das meine Mutter webte, einen Sechsling, das Stück mochte zwanzig oder hundert und mehrere Ellen lang sein; dieser Sechsling munterte mich auch auf, daß ich immer fleißig war, und wenn ich den Sechsling erhielt, so kaufte ich dafür von meiner Mutter die Milch welche unsre Schaafe (wir hatten ihrer drei) am Abend dieses Tages gaben, und dann machte ich von dieser Milch, geronnene oder Dickmilch, und so tractirte ich mich damit. Mein Vater war sehr selten zu Hause, und nie lange, denn er fuhr zur See, und ich besinne mich nicht, ihn vor meinem zehnten Jahr gekannt zu haben, denn wenn er eine kurze Zeit zu Hause war, wie wir Kinder noch klein waren, so hatten wir doch vergessen wie er aussah, wenn er einmal wiederkam; also hatte die Mutter uns Kinder[7] allein zu erziehen, welches sie denn auch mit aller Treue that. Sie ließ mich immer fleißig in der Bibel lesen, und machte mich immer aufmerksam, wie Gott alles siehet und weiß und überall gegenwärtig ist, und die fromm sind, beschützet, und daß die Strafe der Sünde und dem Laster meist allezeit auf dem Fuße folgt. Dieses Lesen in der Bibel halte ich für gut und nützlich für Kinder, besonders wenn Eltern und Lehrer dabei die Ermahnungen und den Unterricht nicht fehlen lassen, weil dadurch schon in der Kindheit Gottes Weltregierung, seine Vorsehung und Allgegenwart eingepflanzt wird, und was in der Jugend eingepflanzt wird, das sitzt fest, und wenn es vernünftig ist, so läßt dies sich nie ausrotten, und weil in der Bibel die Strafe dem Laster auf dem Fuße folgt, so bekömmt man einen Abscheu vor dem Laster und vor böse Thaten. Nur wünschte ich, daß manches nicht in der Bibel stände, was besser und eigentlicher für die Weltgeschichte paßte; unter andern die Gräuelthaten, welche an den überwundenen Feinden verübt wurden; als 2 Buch Samuelis 12tes Capitel 31ster Vers, wo man das Volk aus der überwundenen Stadt führte und selbes unter eiserne Sägen, Zacken, und Keile legte, und sie in Ziegelöfen verbrannte; und daß es in der Bibel von einem solchen Manne, der diese Gräuel ausüben ließ, heißt: daß er ein Mann nach dem Herzen Gottes gewesen sey. Schon als Knabe empörte sich mein Inneres dagegen. Wie ganz anders lehret Jesus uns Gott erkennen; nicht als einen solchen, der an dergleichen Gräuel Gefallen hat, sondern als einen liebevollen Vater; und ich, der ich in der Welt umher gewesen bin, glaube und bin fast völlig überzeugt, daß, wenn die Bibel-Gesellschaften die reine Lehre Jesu und seiner Boten, von allen menschlichen Zusätzen gereinigt, nur allein an die sogenannten wilden Völker gesandt, so würden sie mehr Nutzen gestiftet haben als bisher geschehen. Ja wenn sie, statt die Bibel, so wie sie es bisher gethan, ohne alle Anmerkungen und Erläuterungen in der Welt umher zu senden[8], Gellerts Menschenfreund und Christ in der Welt

[7] Wir sind unserer 4 gewesen, nemlich 3 Söhne und die Jüngste war eine Tochter, welche aber 1768, drei Jahr alt, starb. Ich war der Aelteste von Allen, und war so etwas wie man zu sagen pflegt, der Liebling; warum aber, das weiß ich selbst nicht; vielleicht weil ich immer fleißig und sparsam, vielleicht auch blos weil ich der Aelteste war und der Mutter etwas mit helfen konnte.

[8] Die Bibel-Gesellschaften sagen zwar daß die Bibel sich selbst erläutert, dieses halte ich nicht für wahr; denn die Bibel muß eben sowohl bei undeutlichen wundervollen Stellen, wie jedes andere Buch, erläutert und ausgelegt werden.

Wohnstube eines Föhrer Walfangkommandeurs mit niederländischen Fliesen, um 1780 (Ausstellung Deutsches Schiffahrtsmuseum/Foto Laska)

umher gesandt, und die Missionaire den Wilden den Sinn, der in dem Menschenfreund und Christ liegt, erläutert und ihre Ermahnungen dabei nicht hätten fehlen lassen, so würden sie die Menschen dadurch besser und mehre zu wahre Christen machen, als durch das bisherige Lesen der Bibel. Denn wenn dem Wilden, wie wir gesitteten Europäer ihn nennen (ich habe aber viele gutmüthige Menschen unter ihnen angetroffen) von den Missionairen gesagt wird: die Bibel ist Gottes Wort, und alles was darin steht, ist buchstäblich wahr, und du mußt dies fest glauben, und nun der Wilde in seiner Bibel ließt, man muß seine Feinde vernichten und hart behandeln, und die Christen ihn dann belehren wollen, daß er dies nicht thun muß, weil es Gott mißfällig ist, so sagt er hierauf: was sagt ihr da? es steht ja in der Bibel, ich soll meine Feinde vernichten und ist, wie ihr sagt, dies Gott mißfällig, so kann ich das andere was in der Bibel steht, auch nicht glauben. Und wenn diese Wilden in den Colonien Surinam, Berbice, Demirara und Esequebe[9] sehen, wie barbarisch die Christen mit ihren Sclaven umgehen, so müssen sie natürlicherweise einen Abscheu vor den weissen Christen bekommen. Ich stritt eines Tages in Rio Demirare mit einem deutschen Plantagenaufseher über die Behandlung der schwarzen Neger; er sagte, es sind Thiere und müssen hart behandelt werden, sonst arbeiten sie nicht gut. Ich sagte, ich hätte unter den Schwarzen viele gute Menschen und treue Diener gefunden, auch, wenn die Neger gut behandelt würden, wären sie gehorsam und fleißig in ihrer Arbeit ohne Prügel, wie ich dieses auf den Herrnhuther-Plantagen in St. Thomas gesehen hätte. Selbst wenn sie, wie er behauptete, Bestien wären, so martere und plage ein guter Mensch nie ein lebendiges Geschöpf. Eine Negerin sagte einst in meiner Gegenwart in Nordamerika; die Weißen halten uns für nicht so gute Menschen als sie sind, doch, ist auch unsere Haut schwarz, so ist unser Blut doch eben so roth als das Blut der Weißen. Sie zeigte mit ihrem Finger nach oben und sagte, wir haben doch alle nur einen Gott, der uns alle erschaffen.

[9] Diese sind von gelblicher Haut, und werden Bocken genannt. Es ist bestimmt eine Art Menschen wie die, die in der Straße David die Dänische Colonie bewohnen, denn ich konnte gar keinen Unterschied zwischen ihnen finden. Haar, Wuchs, Gesichtsbildung ist das nämliche bei diesen wilden Völkern.

II. Mit elf Jahren Schiffbruch im grönländischen Eis (1769)

Nach dieser Ausschweifung will ich nun anfangen, meine Seereisen zu beschreiben, und was mir von dem darin begegneten bemerkenswerth scheint, mittheilen. – Anno 1769 den 7. März (ich war damals 11 Jahr 2 Monat und 25 Tage alt) fuhr ich das erste Mal nach See, von Föhr nach Amsterdam mit dem Schiffer Nauert Peters von Amrum. Einige Einwohner der Dörfer Oevenum und Goting hatten ihn befrachtet und einige aus dem Dorfe Nieblum waren auch als Passagiere mit, worunter ich und mein Onkel Jürgen, meiner Mutter jüngster Bruder, der 7 Jahr älter als ich war, uns auch befanden. Derzeit fuhren die meisten Föhringer auf Grönland von Holland und es waren viele Commandöre auf Föhr, denn die Holländischen Schiffe die auf Grönland, auf den Wallfischfang fuhren, beliefen sich 1769 wo ich mich nicht irre auf 192 Schiffe; das heißt von ganz Holland, als Amsterdam, Rotterdam, Dortrecht, Zaandam etc. etc. Auf Föhr schifften oder brachten die Commandöre und Officiere ihre Kleider etc. an Bord auf Smacken, wie man derzeit die Fahrzeuge nannte, den 15. Februar. Die Matrosenjungen aber den 1. und 2. März, und wenn Alles am Bord war, und der Wind günstig, so segelten die Fahrzeuge nach See, blieb aber der Wind ungünstig, so blieben sie liegen und ging die Mannschaft nicht eher an Bord, als ein guter günstiger Wind wehete. Am 7. März kam erst guter Ostwind und also fuhren die Commandeure und Officiere nicht eher als die Matrosen ab. Man konnte derzeit rechnen, daß alle Frühjahr circa 1200 Seeleute von Föhr, einem Lande 1½ Meile groß, abfuhren und die Fahrzeuge hatten jedes über 100 Mann an Bord; ihr könnt leicht denken, daß die Passagiere enge zusammen liegen mußten; nämlich es werden 4 Reihen queer über die Breite des Schiffs gemacht, so daß die Füße nach dem Kopf des Andern reichen, und da immer viele Jungens unter den Passagieren sich befinden, die noch nicht seefest sind, sondern noch seekrank werden und sich übergeben müssen, so haben diese einen Stiefel bei ihrem Kopfkissen worin sie brechen und speien. Da giebt es denn etwas zu lachen für die, welche nicht seekrank sind, denn man hört an verschiedenen Stellen: quack, quar etc. Die Alten saugen aus ihren Stummelpfeifen dicke Rauchwolken, man könnte schon dadurch übel werden. Auch ich mußte der See ihren Tribut entrichten und mich meines Stiefels bedienen. Abends werden die Lucken und Luftlöcher fest und dicht zugemacht, theils weil es in dieser Jahreszeit des Nachts kalt ist, theils das kein Seewasser einschlägt. Nun denke man sich, wenn des Morgens die Springlucke (wo man aus dem Raum des Schiffs auf das Deck steigt) offengemacht wird, welcher Tabacksrauch und Dunst von so vielen Menschen aus der Lucke steigt; man sollte glauben, man müßte daran des Nachts erstickt sein. – Wir hatten eine gute geschwinde Reise; in vier Tagen kamen wir in Amsterdam an, und da wir auf Föhr die Letzten gewesen, die sich einschifften, und zuerst in Amsterdam, selbst zwei Stunden vor den Commandeuren und Officieren ankamen und weil unser Schiffer uns am ersten nach Amsterdam gebracht, so legten alle Passagiere Geld zusammen, und verehrten dem Schiffer eine neue Flagge, und ließen in diese mit großen goldenen Buchstaben setzen: »Oevenum & Gothing. Also zall de laetste de eerste wesen.« (Also soll der Letzte der Erste sein.) Weil die Seeleute auf Föhr denjenigen, welche noch nicht gefahren hatten, alles so groß schilderten, nämlich die Wogen der See, die Größe der dreimastigen Schiffe, die Stadt Amsterdam, das Stadthaus daselbst etc., so fand ich Alles viel kleiner als ich mir eingebildet hatte. Den ersten Gang den ich in Amsterdam mit meinem Onkel Jürgen machte, war nach dem Stadthause, solches zu besehen. Ich fand selbiges wohl schön, doch nicht so groß und schön als ich mir eingebildet hatte. Auf dem Wege dahin nahm ich vor jedem der einen Rock anhatte (und fast Alle, wie in den Städten gewöhnlich, trugen Röcke) meinen Hut ab, und sagte guten Tag, und da ich so viele begegnete, so konnte ich fast nichts thun, als guten Tag! guten Tag! sagen. Mein Onkel Jürgen sahe dies und fragte mich, was machst du? ich sagte, ich sage guten Tag; so sagte er mir, hier mußt du niemand guten Tag sagen, dies ist hier in Amsterdam nicht Mode. Solches deuchte mir unhöflich, denn auf Föhr sagten wir jedem den wir begegneten, guten Tag, und wenn Fremde auf Föhr waren die Röcke trugen, so nahmen wir den Hut ab. Mein Onkel der schon ein befahrner Matrose war, hatte mir auf Föhr versprochen, daß er sich auch mit dem Schiffe mit dem ich fahren sollte, verhäuern und zugleich mit mir da an Bord fahren wollte. Aber wie wurde ich getäuscht! denn als ich am andern Tage, da wir in Amsterdam angekommen waren an Bord fahren sollte, ging er mit mir nach der Schalupe worin unsere Officiere waren und an Bord fahren wollten, ich stieg ein in die Schalupe und glaubte auch mein Onkel würde mit einsteigen und mit an Bord fahren; allein er blieb am Lande stehen und ich mußte also allein, mit den fremden Leuten, welche ich nicht kannte noch vorher gesehen hatte, an Bord fahren. Das Weinen war mir näher als das Lachen. – Ich kam also an

Bord. Der Commandeur hieß mich willkommen; der Bruder des Commandeurs war derzeit auch da an Bord zum Besuch, und beide sagten mir, daß ich nur flinck und geschwind bei meiner Arbeit sein, gut aufpassen und treu sein sollte, und wenn die Schelle klingelte, laut Remann rufen müsse (Remann war der Ruf auf den Holländischen Schiffen derzeit und sollte so viel heißen: ich habe das Jungerufen oder das Klingeln der Schelle gehört und komme gleich um Befehle zu empfangen) und wenn ich dieß thäte, so sollte ich es auch gut haben. Dies war mir sehr tröstlich. Ich wurde als Unterkajüts-Wächter angestellt, der Oberkajüts-Wächter, welchen man auch Hofmeester nannte, hatte schon eine Reise mit dem Schiffe gemacht. Nach einigen Tagen war ich schon gewohnt am Bord und befand mich wohl, obschon ich die ersten Tage am Heimweh litt, und manchmal heimlich weinte; wenn ich dann aber bedachte, es ist ja dein freier Wille gewesen, daß du nach See wolltest, du könntest ja noch gerne ein Paar Jahre bei deiner Mutter geblieben sein etc., – und dann wenn ich mich bedachte, du verdienest nun doch Geld, (ich hatte vier Holländische Gulden pr. Monat) so beruhigte ich mich und war vergnügt, daß ich nun doch ein Seemann war. Der Commandeur, mit dem ich fahren sollte, hieß auf Holländisch Martinus Claassen, und das Schiff war ein großes dreimastiges Hucker-Schiff, mit einer Hütte über der Cajüte und hatte einen großen Löwen zum Gallion, und ein großer Mannskopf war auf dem Steuerruder und das Schiff hieß De Stadt Zwolle. Der Hauptrheder und Buchhalter hieß Lambertus Stolck. – Mit meinem Commandeur hatte ich mich im Herbste 1768 verhäuert, und es kam so: in unserm Dorf Niblum waren drei von meinen Schulcameraden, die nur wenig älter als ich waren, diese hatten sich verhäuert nach Grönland. Ihre Väter fuhren mit denselben Schiffen, womit sie fahren sollten. Ich bat also meine Mutter, daß sie sich umsehen sollte, für mich eine Häuer zu bekommen; sie sagte aber, gehe du selbst hin (sie dachte daß ich es nicht thun würde; denn weil ich noch so klein war, wollte sie mich noch ein Paar Jahre zu Hause behalten). Ich sagte: nach wem soll ich hingehen? sie sagte, gehe hin nach Martin Knudten im Dorfe Midlum. Weil ich bange war, der Commandeur möchte mich noch zu klein finden, zog ich zwei Paar Strümpfe, drei Hosen und drei Futterhemden an, damit ich doch etwas dicker und männlicher aussehen möchte. Ich kam also in des Commandeurs Hause in Midlum an und sagte guten Tag! ich soll grüßen von meiner Mutter und fragen, ob Martin nicht eine Häuer für mich hätte? Er fragte mich, wessen Sohn bist du? ich sagte Jacob Eschels sein Sohn, und heiße Jens. So sagte er, ich habe meine Jungens schon, doch ich will mit meinem Bruder (dieser war auch Commandeur) sprechen, einer von uns wird dich mitnehmen, fahre nur mit den Grönlandsfahrern im Frühjahr über nach Amsterdam, welches ich denn auch that, und so mit ihm auszufahren kam. – Diesen Commandeur, welcher nach Verlauf einiger Jahre Capitain wurde und auf Westindien fuhr, traf ich 1783 in St. Thomas. Ich hatte derzeit ein schöneres Schiff als er, es war ihm lieb daß ich so geschwinde fortgekommen war; wir waren oft bei einander am Bord und ich brachte ihn auch noch mit in See, wie er von St. Thomas nach Europa abfuhr. Ehe wir von Amsterdam absegelten; wurde ich krank, und gefragt, ob ich wieder nach Föhr zu Hause gesandt werden wollte. Dieses wollte ich nicht, und also blieb in [lies: ich] am Bord, aber auf der Reise nahm meine Krankheit so überhand, daß ich nichts mehr von mir selber wußte. Allein die Natur half sich selbst und ich wurde gesund ehe wir in Grönland ankamen. Meine Arbeit lernte ich gut verrichten; das allerärgste für mich war, das gelbe Erbsen-Back auszuschrapen oder was die Leute, die an der Back (eine große hölzerne Schüssel) speisen, nachlassen, muß der Backs-Junge, und das war ich, an der Officiers-Tafel, rein aufessen. Da ich nun von Kindheit an nie gerne gelbe Erbsen aß, so war dies eine große Plage für mich, vornämlich da der Koch mir drohete, es dem Commandeur zu zeigen, wenn ich das Back nicht rein genug leer gegessen hätte. Aber auch noch ehe wir nach Grönland kamen, ward ich von dieser Unannehmlichkeit befreit. Dies ging nämlich so zu: Ich machte alle Arbeit die ich zu verrichten hatte, immer bei Zeiten fertig, auch mußte ich den Tisch für die Officiere decken, diese aßen des Mittags 12 Uhr und ich hatte ihren Tisch immer schon früher gedeckt und alles in Ordnung. Eines Tages kam der Commandeur mit dem Oberzimmermann (der auch zugleich Harpunier war) und dem andern Officier der die Wache auf dem Deck hatte, in die Cajüte, um selben einen Schnaps Genever zu geben; es war noch kein 11 Uhr und mein Cajütstisch schon gedeckt; so sagte der Commandeur zu mir, du bist frühe dabei den Tisch fertig zu machen; der Zimmermann sagte, mit Jens geht Alles gut, nur das Gelbeerbsen-Backschrapen will nicht recht gehen, da weinet er manchmal bei. Da sagte der Commandeur, nun, wenn dir dies eine so große Plage ist, so machst du hinführo das Back dem Schiffshunde geben, daß der es ausleckt. Wie froh war ich! Wie wir bei dem Eise in Grönland ankamen, fanden wir beim Einsegeln in das Eis ein Schiffs-Wrack; dieses Schiff hatte (wie wir hernach hörten) am Pfingsttage den Boog eingesegelt im Eise und so ward das Schiff auf einmal so leck, daß die Leute nur eben mit den Schalupen ihr Leben retten konnten ehe das Schiff umfiel. Acht Tage nach dem Verlust dieses Schiffs kamen wir dabei. Wir fuhren darnach hin; bargen noch die beste Schalupe, worauf des Commandeurs

Dreimasthucker. Kupferstich aus G. Groenewegen: Verzameling van vier en tachtig Stuks hollandsche Schepen, 1789

Name Jan Waasberg stand; es war ein Hamburger Schiff und ein lebendiger Hund war auch noch auf dem Wrack, welchen wir zu uns an Bord nahmen. Meiner Mutter Schwester Bräutigam, Hans Jensen war als Steuermann mit diesem Commandeur ausgefahren; dieses wußte ich, und nach einigen Tagen kamen wir bei dem Commandeur Michel Hansen, der von Hamburg fuhr. Mein Onkel Hans Jensen und sein Commandeur Waasberg waren auf diesem Schiffe geborgen und weil sie ihre Schalupe mit des Commandeurs Waasbergs Namen auf unserm Schiffe erblickten, kamen sie bei uns an Bord, fragten nach ihrem Wrack vom Schiff, und was wir davon geborgen hatten. Ich erhielt von meinem Commandeur die Erlaubniß zu einem Besuch bei meinem Onkel an Bord zu fahren. Er tractirte mich mit Störerkringel, und gab mir auch noch Einige, um sie mit nach unserm Schiffe an Bord zu nehmen. – Wie wir ins Eis kamen, konnten wir wegen der Menge desselben und contrairen Windes nicht durch das Südeis kommen, und wie wir endlich durchkamen, war die beste Fischerei vorbei. Die Schiffe aber, die früher durchgekommen, hatten viele Wallfische gefangen. An dem ersten Eisfelde an welchem wir fest machten, ging ein Holländisches Schiff verloren, welches auf der andern Seite unsers Eisfeldes lag. Der Commandeur hieß Symen Zwol. Er kam mit seiner Besatzung übers Eisfeld hergewandert, nach unserer Seite, wo noch mehrere Schiffe bei uns lagen. Diese Leute wurden auf die Schiffe vertheilt und wir bekamen sechs Mann von ihnen bei uns an Bord. Wir nahmen hier einen festen Macker an, das heißt, ein Schiff, mit dem wir uns verbanden, mit einander zu fischen, und was von beiden gemeinschaftlich gefangen würde, zu theilen. Der Commandeur mit dem wir Mackerschaft gemacht, hieß Gerrit Geelts, und fuhr für Hamburger Rechnung. Wir fingen zusammen einen kleinen Wallfisch von circa zehn Quardeelen Thran, den wir uns theilten, und jedes Schiff die Hälfte an Bord nahmen. Nachdem kam ein Holländisches Schiff, MARIA & PETRONELLA genannt, zu uns; der Commandeur hieß Volkert Claasen, dieser war auch von Föhr und ein guter Freund von meinem Commandeur. Er hatte 9 Wallfische gefangen. Wir sagten unsere Mackerschaft mit Commandeur Geelts auf und wurden feste Macker mit Commandeur Volkert Claasen; wir fingen mit diesem zusammen einen großen Wallfisch, von über 50 Quardeelen Thran und nahmen den Fisch in unser Schiff, das heißt, das Speck davon in Stücken geschnitten oder geflenst. Beim Flensen dieses Fisches, welcher an der Seite des Schiffs lag, kamen viele Hay's und fraßen von ihm unter dem Wasser. Selbe waren 6 bis 8 Fuß lang. Wir hackten verschiedene mit den Schlupshacken, schleppten sie aufs Eis und schnitten die Leber aus, die Thran giebt. Wir wurden von dem Eise besetzt oder eingeschlossen und an dem Eisfelde[10] woran wir lagen; war noch ein Holländisches Schiff, genannt: De Vrauw Anna, Commandeur Nanning Adrians, auch auf Föhr wohnend, und noch ein Englisches Schiff, genannt Leviathan. Wir lagen in einem Winkel des Eisfeldes eingeschlossen; unser Schiff und Maria Petronella lagen an einer Seite, und die Frau Anna und Leviathan an der anderen Seite des Winkels, und waren alle vier Schiffe circa ein paar hundert Fuß von einander entfernt. Des Nachts von dem 5. auf den 6. Juli fing das Eis an zu drängen und um 2 Uhr den 6. Juli des Morgens, wurde »Ueberall!« gerufen, das heißt: alle Mann aufs Deck, und die Provision, als: Erbsen, Grütze, Brod, Fleisch, Speck, Butter etc. wurde aufs Eis gebracht, denn das Schiff fing schon an zu krachen, denn das Eis fing von Neuem an zu drücken. Die Leute, die im Raum des Schiffs waren, Victualien herauf zu holen, stiegen aus dem Raum und nun bemühete jeder sich, seine Kiste mit Kleider und das Bettzeug zu bergen. Wie die Leute ihre Habseligkeiten aufs Deck warfen und selbe auch aufs Eis retten wollten, stand der Commandeur auf der Hütte und sagte zu den Leuten: was? wollt ihr schon euer Gut retten? da ist es noch lange nicht anzu! Allein wie er dieses Wort gesprochen, fiel plötzlich unser Schiff fast ganz auf die Seite, und der Commandeur rief: Kap Masten! Kapt die Masten über Bord! ich stand gerade an Backbordsseite neben dem großen Mast, wie das Schiff umfiel, und weil unser Schiff auf Steuerbordsseite[11] überfiel, so fiel ich natürlicher Weise nach der Steuerbordsseite hin. Ich bekam von dem Fall keinen Schaden, sondern sprang gleich in unsere Hals-Schalupe die am Steuerbord aufgehangen war, und just in dem Augenblick, wie ich aus der Schalupe aufs Eis sprang, drückte das Eis die Schalupe in Trümmern. Gott sey gedankt! ich wurde unbeschädigt aufs Eis gerettet. Ich lief so geschwind als ich

[10] Ein Eisfeld ist von einer Deutschen Meile bis 7 Meilen im Durchmesser groß. Diese Eisfelder kommen vom Norden antreiben, wo sie zusammenfrieren und da in dieser Gegend der Strom immer südlich läuft, so treiben sie vom Norden weg immer südlicher, kommen dann natürlicher Weise immer der See näher und sobald sie in der Dünung (Bewegung der See) kommen, brechen sie in Stükken, in Flarren und Schollen. Wenn das Eis in Grönland nicht immer südwärts triebe, sondern liegen bliebe und jedes Jahr mehr dazu fest fröre, so würde es da so voll Eis sein, daß kein Schiff auf Grönland fahren könnte. Je weiter das Eis nach Süden treibt, kommt es in die offne See und da schmilzt dasselbe. Auch hat man Beispiele, daß das Eis zuletzt sinkt, wenn die leichten Theile geschmolzen oder weggedunstet sind.

[11] Wenn man auf einem Schiffe ist und von hinten aus nach vorne hinsieht, so ist die rechte Steuerbord und zur linken Hand Backbord.

konnte, um unter die Masten, welche mir über dem Kopfe hingen, hinweg zu kommen, und lief nach Volkert Claasen's Schiff, wo ich an Bord ging. Die Masten von unserm Schiffe wurden über Bord gekappt und fielen zugleich, jeder in 3 Stücken, aufs Eis. Wie ich hier ohngefähr eine Stunde am Bord gewesen, so fing auch dieses Schiff schon an zu krachen und begann auch sich auf die Seite zu legen. Ich und die Jungen die mit diesem Schiffe fuhren, machten daß wir aufs Eis kamen; darauf wurden die Masten schnell gekappt oder über Bord gehauen; doch auch dieses Schiff wurde entzwei gedrückt und so habe ich buchstäblich zwei Schiffe an einem Tage verloren. Nun dauerte es nur ein paar Stunden, so wurde auch das Schiff LEVIATHAN entzwei gedrückt, die Masten auf selbem über Bord gekappt und auch dieses Schiff verloren. Keiner der Mannschaft von diesen drei verlornen Schiffen bekam Verletzung und keiner verlor das Leben dabei.[12]

[12] Bei dem Schiffverlieren in Grönland ist lange nicht so viel Gefahr das Leben zu verlieren (weil man sich aufs Eis retten kann) als wenn ein Schiff im Sturmwetter auf einen Seestrand strandet; denn da muß man schon mehr Mittel gebrauchen, sein Leben zu retten. Bisweilen suchet man sich im Schiffsboot oder Schalupe zu retten, da aber denn die mehrste Zeit die Fahrzeuge, wenn sie in die Brandung am Strand kommen, umschlagen und die Leute, die sich darin befinden, ihr Leben in den Wellen enden. Das beste Mittel, dagegen ist, daß man eher, als man in die Brandung kommt, die Leute die in einem solchen Fahrzeug sind, (ich setze es sind 12 Mann im Boote) die Hälfte der Mannschaft, also in diesem Fall sechs Mann, sich auf jeder Seite des Boots ausser Bord ins Wasser begeben, ihre Arme über den Rand des Fahrzeugs halten und sich an den Dochten oder Toften mit Ihren Händen fest halten; ihr Kopf ist dann über dem Wasser, so daß sie Athem holen können. Wenn nun die Brandung das Boot auf die Seite legt, so hängt die Hälfte der Mannschaft zu Lonfert [in Luv] oder an der höhern Seite und so hält die Schwere dieser Mannschaft das Boot in Balance, daß es nicht das Unterste zu oben kehrt. Die andere Hälfte der Mannschaft, die nun unten liegt, treibt, und das Fahrzeug hat keine Last von ihnen; ist nun die erste Brandung vorüber, dann hangen die Leute wie das erste Mal an jeder Seite des Fahrzeuges, und wenn nun die zweite Brandungs-See wiederkommt, so wirft diese gewöhnlich das Fahrzeug so weit auf den Strand, daß die Leute Grund haben und an Strand laufen können; oder das Hülfe vom Lande sie zu retten kommt. Wenn aber ein Schiff an Strand kommt und seine Fahrzeuge sind über Bord oder ramponirt geschlagen, so daß selbe nicht vom Bord gebracht oder ausgesetzt, folglich nicht gebracht werden können, dann ist die Hauptsache, ein Tau an Land zu bringen. Jetziger Zeit hat man schon angefangen, aus einer Kanone eine Kugel, daran ein Tau befestiget ist, vom Strande aus über das gestrandete Schiff hinzuschießen, da man denn das Tau oder Leine auf demselben habhaft wird. Allein wenn keine Kanonen in der Nähe sind und man sich

Nun war das Schiff »De Vrauw Anna« noch nach. Dieses Schiff wurde vom Eise in die Höhe geschroben, und das Eis drückte unter dieses Schiff so auf, daß dieses beinahe oben auf dem Eise zu sitzen kam und unbeschädigt blieb. Es saß zwischen den Schiffen Maria und Petronella und dem Leviathan. Es passirt in Grönland mehrmals, daß Schiffe 5 bis 6 Fuß aus der sogenannten Last gedrückt oder in die Höhe geschroben werden. Nun waren alle drei Schiffe weg; die Mannschaft derselben,

selbst vom Schiffe aus helfen muß, so ist das beste Mittel um ein Tau ans Land zu schaffen, dieses: man nimmt ein dichtes leeres Wasserfaß und wickelt um die Mitte desselben eine Tros oder Tau, das lang genug ist um zweimal an Land zu reichen und wirft das Faß dann über Bord, da denn die Wellen dasselbe immer umrollen und an Strand werfen. Nicht so gut ist es wie Einige thun, daß sie das Tau an ein Stück Holz befestigen, denn erstlich treibt es lange nicht so geschwind als ein rollendes Faß, und zweitens muß es die Bucht des Taues schleppen, vom Schiffe ab nach dem Strand; dahingegen hat ein Faß keine Bucht zu schleppen, sondern rollt immer das Tau vom Faß ab und hat keine Hindernisse. Wenn nun die Leute am Strande (es sind fast immer Leute da wenn sie sehen daß sich ein Schiff nähert) das Tau angefaßt haben, dann beginnt die Mannschaft einer nach dem andern sich zu retten, und dies geschieht wie folgt: man befestigt nun einen Mann an das Tau; der Mann springt über Bord, die Leute am Strande sehen wenn er ins Wasser springt und ziehen ihn nun geschwind durch das Wasser ans Land. Wenn dieser Mann gelandet ist, so zieht die Mannschaft im Schiffe das Tau wieder nach sich an Bord und es wird wieder ein anderer Mann an der nämlichen Stelle des Taues, woran der Erste fest war (gewöhnlich eine Bucht oder Strop, die unter die Arme durchläuft, so hat man seine Arme und Hände frei und kann man sich auch an das Tau halten) befestiget, und so springt er auch über Bord und wird, wie gesagt, an Land gezogen und sofort, bis sie Alle an Land sind; nur muß der letzte Mann der über Bord springt, das Tau hinter sich abschneiden, damit selbes sich nicht im Schiffe an einer oder der andern Stelle fest wickeln kann, weil nach ihm Niemand im Schiff ist, der es los machen könnte, und er ohnfehlbar, falls das Tau im Schiff festsitzen bliebe, zwischen dem Schiff und Strande ertrinken müsse, denn die Leute am Strande könnten ihn nicht nach sich ziehen, wenn das Tau im Schiff festgerathen wäre und deswegen muß der letzte Mann das Tau hinter sich abschneiden und so kann ihn nichts hindern noch aufhalten, und wird wie die Vorigen gerettet werden. Es versteht sich, daß die, durch das Meer ans Land gezogene Mannschaft brav schnaubt und prustet, mancher auch wohl einer Ohnmacht nahe ist; aber es finden sich auch fast überall mitleidige Menschen, die alles anwenden, sie zu erquicken. Ich war 1786 in Cette zugegen, als ein Schiff strandete. Auch könnte beim Stranden eines Schiffes das Leben der Mannschaft gerettet werden, wenn man 5 oder 6 Zoll runde Stücke Korck, die Ecken abgeschnitten, in der Mitte derselben ein rundes Loch macht; durch dieses Loch ein Tau (etwa von einem Zwölfgarn-Lein) zieht, und so die Stücke an einander reihet, einen runden Kranz bildend. Diesen Kranz von Korkstücken bindet nun ein circa 130 Mann, standen auf dem Eise; Schiffe waren nur vier im Gesicht von uns, nemlich De Vrauw Anna, welches bei uns lag, – wir wußten aber nicht ob es verschont bleiben würde, und ob wir es von dem Eise abbringen könnten; – die drei andern Schiffe aber lagen gewiß zwei bis drei deutsche Meilen von uns entfernt, auf der andern Seite des Eisfeldes an welchem wir lagen; auch waren diese vom Eise eingeschlossen, und wenn wir auch in Person nach ihnen hinwandern konnten, so war es doch nicht möglich, unsere Kleider etc. dahin zu bringen; denn das Gehen auf dem Eise in Grönland ist sehr mühsam, der Schnee liegt 1 bis 3 Fuß hoch, das Eis ist voller Hügel von aufgeschobenem Eise, und weil auch grimmige hungrige Bären sich da aufhalten, so muß man Feuergewehre, Lanzen etc. mit sich führen, um sich vertheidigen zu können. Wir blieben also drei Tage bei den verlorenen Schiffen auf dem Eise logirt, fertigten uns Zelte von den Schiffssegeln und machten Feuer auf dem Eise um dabei zu kochen. Das Commando war aus, und ein jeder nahm Brodt, Butter, Fleisch und Speck so viel er wollte, daß wir also gut lebten. Wir warteten

Mann unter seine Arme und macht ein dünnes Tau daran fest, nimmt die Bucht über die Schulter und befestigt das Tau auch an den Kranz, so kann dieser nicht nach unten gleiten, sondern bleibt unter den Armen fest sitzen. Ein Mann der einen solchen Kranz um hat, kann dreist beim Stranden über Bord springen; er kann nicht untersinken und sein Kopf bleibt über dem Wasser, so daß er athmen kann, und die See spült ihm nach dem Strande, wo er dann von Leuten (die sich gewöhnlich da aufhalten, wenn sie sehen, daß Schiffe in Gefahr sind zu stranden,) geholfen und gerettet wird; es versteht sich, daß ein Mann, der so über Bord springt, sich vorher die schweren Seekleider auszieht; diese würden ihn, wenn sie durchnaß sind, tiefer ins Wasser sinken machen; nur ein Hemd und lange leinene Hosen lassen ihn weniger tief sinken. Wenn demnach ein jedes Schiff so viele Korken-Kränze, als es Mannschaft am Bord hat, mit ins Schiff nähme, um beim Stranden Gebrauch davon zu machen, so würde es in diesem Fall das Leben seiner Mannschaft retten, die ohne diese Kork-Kränze ihr Leben in den Wellen enden. Ich halte diese Schwimm-Kränze für nützlicher als die sogenannten Schwimmjacken. Diese sind mit Korck ausgefüllte Futterhemde; in ihnen kann ein Mann seine Arme nicht so gut rühren, als mit den vorbeschriebenen Kränzen, auch sind die Schwimmjacken viel theurer und verderben leichter; nehmen auch mehr Raum im Schiff ein um sie aufzubewahren und passen einem Jeden nicht; dahingegen die Kränze sehr wenig kosten, in einem kleinen Raum bei einander hängen können, und für Alle, kleine und große Leute, passen. Auch muß ich noch bemerken, daß das salzige Seewasser einen Menschen viel leichter trägt, als in den Flüssen das süße oder frische Wasser. Daß dieser Korken-Kranz probat ist, kann jeder der Lust hat in der Altonaer Bade-Anstalt selbst sehen, und der Schwimm-Meister Heyn, dem ich einen solchen Kranz zur Probe gegeben, kann es bezeugen, daß ein solcher den, der selben umbindet, über dem Wasser erhält.

Walfänger aus England, Hamburg und den Niederlanden im grönländischen Eis. Anonymes Gemälde im Auftrag von Kommandant Martin Knudten (Martinus Classen), unter dessen Führung Eschels 1769 zum ersten Mal auf Walfang ging. (Altonaer Museum, Hamburg)

nun bis das Drängen des Eises wieder aufhörte, und wollten dann sehen, ob wir das Schiff FRAU ANNA vom Eise abbringen könnten, und gingen daher nicht hin nach den drei erwähnten in der Ferne liegenden Schiffen. Wir kannten diese drei Schiffe, weil wir, ehe wir vom Eise besetzt oder eingeschlossen wurden, selbige bei uns gehabt hatten. Es waren nemlich die drei, von folgenden Commandeuren geführten Schiffe, als: 1stes von Fredrick Broers, ein holländisches Schiff, 2tes von Gerrit Geelts, unser erster Macker, und 3tes von Jacob Jansen Lübben, beides Hamburger Schiffe. Es war ein Glück, daß keine Leute von uns nach ihnen hingegangen, denn diese drei Schiffe blieben im Eise eingeschlossen, und Fredrick Broers und Gerrit Geelts kamen nie aus dem Eise, sondern sind mit Mann und Maus verunglückt und die Leute auf diesen Schiffen vor Hunger und Kälte gestorben. Jacob Jansen Lübben kam allein den 21. November aus dem Eise und gegen Weihnachten in Hamburg an; die Mannschaft hatte sich meistentheils von Wallfischschwänzen ernährt und war sehr verhungert. Wie wir nun drei Tage auf dem Eise zugebracht und es offen Wasser geworden war, gingen wir alle an Bord bei dem Schiffe DE VRAUW ANNA. Der Haupt-Rheder dieses Schiffes war Joachim Thassen, wohnend in Amsterdam. Wir waren nun 170 bis 180 Mann auf diesem Schiffe an Bord. Proviant von den verlorenen Schiffen, Schalupen, Kabeltauen, Pferdelienen etc. nahmen wir mit an Bord und befestigten diese an große Eishaken oder Eisanker, die im Eise eingesetzt waren, und wanden nun mit Macht am Bradspill an diesen Tauen, um das Schiff vom Eise abzuwinden; wir wanden aber alles entzwei; die Tauen brachen; das Schiff saß fest und rührte sich nicht. Da kam ein alter Mann Namens Jens Wögens, von Föhr, der selbst in jüngern Jahren als Commandeur auf Grönland gefahren war, jetzt aber als alter Matrose auf diesem Schiffe fuhr, zu dem Commandeur Adrians und sagte: wenn die Mannschaft alle hinten aufs Schiff ginge und von da in geschwindem Laufe nach vorne des Schiffes liefen, sollte dies nicht gut sein? Der Commandeur Adrians rief: »Alle Leute gehen hinten aufs Schiff, so viele als da Platz zu stehen haben!« dies geschah; nun hieß es: »lauft alle zugleich geschwind nach vorne hin!« wie dies geschehen so rüttelte das Schiff ein wenig, aber es blieb noch immer fest auf dem Eise sitzen. Alle Leute mußten wieder nach hinten gehen und das zweite Mal nach vorne laufen, und wie dies geschah so glitschte das Schiff vom Eise mit einer solchen Fahrt ab, als wenn ein neues Schiff vom Stapel oder von der Helling abläuft, denn von dem Rütteln, welches das Schiff that wie die Leute von hinten nach vorne liefen, ging ein Stück Eis unterm Schiffe los, kam unter dem Schiffe aufbersten, und da das Eis glatt ist, so folgten mehrere, und also kam das Schiff los und glitschte, wie gesagt, schnell von den andern Eisschollen ab ins Wasser. Nun waren wir

Gottlob gerettet und im offenen Wasser. Jetzt wurde Alles was noch von den verlornen Schiffen auf dem Eise war an Bord geschafft, und wir schiffbrüchige Leute bekamen von den Segeln ein Jeder so viel als zu einer Hängematte, um darin zu schlafen, nöthig war; es versteht sich daß die besten Segel dazu zerschnitten wurden. Noch muß ich erwähnen, daß meine Kleider, Bettzeug etc. gerettet worden, da ich doch selbst nichts dazu beitrug; denn, wie vorher gemeldet, als unser Schiff umfiel, fiel ich über Bord, und eilte nur so geschwind als ich konnte um unter den Masten, die mir über dem Haupte hingen und gekappt wurden, weg zu kommen, und dachte ich derzeit gar nicht an meine Habseligkeiten, denn Alles läßt der Mensch für sein Leben. Meine Kleider und Bettzeug fand ich auf dem Eise, wie unser Schiff schon verloren war, unter den geborgenen Sachen der Leute; denn da diese erst an die Rettung ihrer Habseligkeiten gingen, da ging es just so zu, als es bei einem Brande in einer Stadt geht: Jeder birgt aus dem Hause was er habhaft wird und legt es auf einen Haufen, so auch beim Schiffbruch in Grönland; einige nehmen alles was vorkommt und werfen es aufs Deck, andere wieder vom Deck aufs Eis, andere bringen es wieder auf einen Haufen; und da ich in der Hütte schlief, diese aber in zwei Abtheilungen längs dem Schiffe war, und ich an der Backbords-Seite schlief, welche die hohe Seite war, da das Schiff doch auf Steuerbord umgeschlagen, so wurden meine Kleider etc. zugleich mit denen von drei Mann, die auch ihre Koyen oder Bettstellen da hatten, geborgen; ich verlor blos meine beiden Haarkämme sonst nichts (die beiden Kämme lagen in einem kleinen Behältniß und waren nicht bemerkt worden). Ich kann nicht umhin, hier folgendes zu bemerken, obgleich ihr es lächerlich finden werdet; ihr wisset aber auch daß ich nicht abergläubisch bin, und doch muß ich bekennen, daß es etwas giebt wobei der menschliche Verstand still stehen und bekennen muß, daß Etwas ist, was wir Menschen nicht begreifen noch erklären können, und es ist doch so. In der Jugend wurde auf dem Lande Einem freilich allerlei weis gemacht von Vorspuken etc., was gar nicht wahr ist, allein was nun folgt weiß ich bestimmt, da es mir selbst passirt ist, und Niemand, wenn er auch noch so gelehrt ist, wird es mir ausreden können, daß es so etwas giebt; man möge es nun nennen wie man wolle, Vorahnungen, Vorzeichen etc., denn was Einem so deutlich bewußt ist, läßt sich nicht ausreden; also soll nun folgen was mir selbst passirt ist. Einige Tage vor der Zeit als wir unser Schiff verloren, kam des Nachts (in Grönland ist es im Sommer des Nachts so hell als am Tage und wird nicht dunkel, weil im Sommer die Sonne da nicht untergeht, und bei Nacht eben so hell als am Tage scheint) wie ich in meiner Koye lag, ein solches Gepolter in der Hütte wo ich schlief, und wurde ich in meiner Koye so umgeschüttelt, und war es, als ob mir mein

Bettzeug mit einer so großen Eile weggerissen würde, daß ich aus der Koye sprang und meinte, die Leute, die auch in der Hütte schliefen, wollten mich necken, und ich sagte, was treibt ihr für Unfug! und wie ich mich umsahe war Niemand da. Ich dachte über dieses nicht weiter nach, allein wie wir unser Schiff verloren, so sind meine Kleider, Bettzeug etc. mit einer solchen Hast und Eile, wie es bei solchen Gelegenheiten zu gehen pflegt, aus meiner Koye gerissen und geborgen, und dies, was mir begegnet ist, ist bestimmt eine Vorahnung oder Vorzeichen gewesen.

Da, wie vorhin gesagt, wir das Schiff De Vrauw Anna vom Eise abhatten und in flottem Wasser waren, gingen wir unter Segel und arbeiteten südostwärts, um aus dem Eise zu kommen. Wir müssen sehr weit im Eise gewesen seyn, denn ich kann berechnen, daß wir 30 bis 40 deutsche Meilen gesegelt sind, bis wir an das äußerste Eisfeld kamen, woran 12 holländische Schiffe lagen. Hier wurden wir schiffbrüchigen Leute vertheilt, und jedes dieser Schiffe bekam 10 Mann. Neun von unserm und Volckert Claasens Schiff und ein Engländer vom Leviathan kamen den 12. July an Bord des Schiffes De Jan, und der Commandeur hieß Hans Dircks (auf Föhringer Sprache hieß er Hans Ercken); dieses war ein Flüyt-Schiff und ganz neu, es that seine erste Reise; der Haupt-Rheder desselben hieß Gerrit van Holst, Kryn Zoon, in Holland zu Hause gehörend; die Leute darauf hatten 15 Wallfische gefangen, machten mithin eine gesegnete Reise. Dieser Commandeur war ein guter Mann und gab seinem Schiffsvolke (auch uns schiffbrüchigen Leuten mußte der Koch so gutes und so viel Essen geben als seinen Leuten) so viel Fleisch und Speck, auch Butter in die Grütze, als sie haben wollten. Wie wir an Bord dieses Schiffes kamen, war es im Begriff unter Segel zu gehen, und wir segelten südostwärts um aus dem Eise zu kommen. Wir segelten einen Tag, es kam aber so viel Eis, daß wir nicht weiter kommen konnten und mußten also wieder am Eise festmachen; wir wurden von demselben eingeschlossen oder besetzt und blieben bis den 26. July fest sitzen, da denn ein frischer Nordwest-Wind kam und das Eis sich öffnete. Nun gingen wir unter Segel und segelten aus dem Eise und kamen in See. Während wir aus dem Eise segelten, sahen wir noch viele große Wallfische. Der Wind blieb uns günstig bis in die Nordsee und wir hatten da einige Tage contrairen Wind, kamen jedoch in der Mitte vom Augustmonat ins Vlie binnen und nach zwei Tagen Gottlob glücklich in Amsterdam an. Ich bedankte mich bei dem Commandeur für seine Güte, und daß er mich von Grönland mitgenommen hatte; und dieser Commandeur griff in seine Tasche und schenkte mir zwei holländische

Heimkehr der Grönlandfahrer. Stich von Adolph van der Laan, um 1720

Gülden,[13] wofür ich ihm dankte. Ich fuhr mit unsern Leuten an Land, und traf auch in Amsterdam meinen Commandeur Martinus Claasen, mit dem ich das Schiff verloren, und welcher mit einem andern Schiffe nach Amsterdam gekommen war, da an; dieser schenkte mir auch zwei Gülden; auch erhielt ich von dem Schiffsvolke, mit welchem ich von Grönland gekommen, und für welches ich auf der Reise Thee und Kaffee gekocht und einige kleine Dienstleistungen verrichtet hatte, einige Geschenke; von einem 2, dem andern 3, 4 bis 5½ Stüver, so daß ich meine Fracht nach Föhr, 1½ Gulden, dem Schiffer bezahlen konnte; worauf ich mein übriges holländisches Geld in dänisches Geld umwechselte, und hatte nun 6 Mark Courant, die ich meiner Mutter nach Hause brachte. Ich fuhr mit einem friesischen Schiffer von Amsterdam ab und kam den 25. August 1769, Gottlob gesund und wohl, zu Haus. Ich fand meine Mutter und Brüder, so wie die Großmutter Inge Nahmens, alle gesund und wohl. Im Spätherbst kam auch mein Vater nach Hause; er war drei Jahre mit seinem Bruder Rörd Eschels nach St. Croix von Flensburg als Steuermann ausgewesen, und auch er freute sich daß er nun schon einen seefahrenden Sohn hatte. Den Winter über ging ich in die Schule, wo man blos Lesen und Schreiben lernte, denn mit dem Rechnen fing man nicht eher an als bis man 13 oder 14 Jahr alt war, und ich wurde erst den 12. December 1770 zwölf Jahr alt.

[13] Diese zwei Gülden hatte ich, im Anfange der 1790ger Jahre, Gelegenheit wiederum an ihn zu bezahlen, welche ihm derzeit eben so gut und noch besser zu passe kam, als mir derzeit da ich selbe von ihm empfing, wie ihr hernach lesen werdet, wenn ihr bis 1798 gekommen seid; und werdet dadurch, so wie ich, an eine besondere Vorsehung, die auch voraus siehet was geschehen und alles lenket wie es kommen soll, in eurem Glauben gestärkt werden.

III. Das jährliche Los: von Amsterdam ins Nordmeer (1770-75)

Anno 1770 den 23. Februar fuhr ich mit einem großen Schmack-Schiffe (der Schiffer hieß Boy Tadsen) von Föhr nach Amsterdam. Mein Vater fuhr auch mit über; wir waren 209 Personen an Bord und kamen in sechs Tagen in Amsterdam an. Ich besinne mich noch, wie mein Vater unsere Ankunft in Amsterdam meiner Mutter meldete, daß er darin schrieb: wir lagen in dem Raume eingepackt wie die Heringe in einer Tonne. Wie es in einem solchen Fahrzeuge zugeht, erzählt meine erste Reise von Föhr nach Amsterdam. Ich bekam wieder eine Häuer mit meinem vorjährigen Commandeur Martinus Claasen, der ein Schiff bekommen hatte, als Ober-Cajütwächter oder derzeit sogenannter Hoffmeester, und bekam sechs holländische Gülden pr. Monat. Mein Vater verhäuerte sich auch mit meinem Commandeur Martinus Claasen als Harpunier (dieses ist die einzige Reise welche ich mit meinem Vater auf einem Schiffe in Dienst gefahren). Unser Schiff war ein Flüyt-Schiff und hieß STERRESCHANS. Wir fuhren im April von Amsterdam nach Grönland ab, kamen den 18. Mai ins Eis und bohrten und segelten, um durch das Süd-Eis zu kommen. Mir träumte eines Nachts daß wir mit unserm Schiffe auf die Insel Sylt hart ansegelten und stießen, und da wir nun im Eise mit dem Bohren (Durchdrängen mit forcirten Segeln) viele Stöße bekamen, so wurde ich bange daß wir das Schiff zu Schaden segeln möchten, und sagte dies meinem Vater. Es beruhigte mich nicht, daß er mir sagte, es hat keine Noth; und der Beweis, daß ich recht hatte, kam bald; denn eines Tages stieß das Schiff so hart auf eine große Eisscholle, daß die Leute auf dem Deck niederfielen. Man dachte zwar nicht daran, daß das Schiff Schaden davon bekommen hätte; wie aber nach einer halben Stunde der Ober-Küper in den Schiffs-Raum hinabstieg, war schon die dritte Lage Fässer im Raum meist unter Wasser, mithin schon über acht Fuß Wasser im Schiff. Nun mußte Alles geschwind von vorne des Schiffs nach hinten geschafft werden, z.B. die schweren Ankertauen; die Schalupen voll Wasser hinten am Steuerbord aufgezogen und das Schiff über Steuerbordsseite schief gelegt werden, weil wir hören konnten, daß der Schade an der Backbords-Boogseite war, da das Wasser hier stark in's Schiff einlief. Mit vieler Mühe und Anstrengung brachten wir das Leck über Wasser; der Backbordsboog war eingesegelt und so eingebogen, daß ein Stück

Holz, einen Fuß dick, hinein gelegt wurde die Bucht auszufüllen. Nun arbeiteten die Zimmerleute drei Tage, den Schaden so weit wie möglich auszubessern, aber wir konnten nachher nicht mit dem Schiffe im Eise bohren, sondern mußten vorsichtig im Eise segeln, und es wurde eine große Wiel von einem schweren Ankertaue gemacht, das in Enden gekappt und Fensterweise an einander befestigt wurde. Diese Wiel mußte nun immer vor dem Boog neben der beschädigten Stelle hängen, und wenn Eis kam, niedergelassen werden, damit die Wiel den Druck des Eises abhielte. Wir segelten weiter hinein ins Eis, konnten aber nicht nördlicher als auf 74 bis 75 Grad Norderbreite kommen; doch kamen wir im Junimonat zu so vielen Wallfischen, als ich je auf einem Platze gesehen, und zwar alle von der größten Sorte, welche bunte Schwänze haben und der hintere Theil unten buntfleckig ist. Wir schossen auch verschiedene Male mit der Harpune in Fische fest, allein da unser Rheder in Amsterdam einen alten Fleth oder Inventarium für das Schiff gekauft hatte, und also auch die Wallfischleinen alt waren, so rissen diese jedesmal entzwei wenn wir einen Wallfisch fest hatten, und wir bekamen keine Wallfische, mußten also leer, das hieß auf holländisch: schoon, nach Hause segeln. Wir fingen blos eine große Klapmütze, so daß wir doch Thran für die Lampe hatten.[14] Den 18. July segelten wir aus dem Eise nach Amsterdam, und kamen den 31. August im Texel binnen und nach zwei Tagen in Amsterdam an.[15]

[14] Auf dieser Reise hatten wir einen Matrosen mit, welcher bei den Huren in Amsterdam sich die venerische Krankheit zugezogen hatte; dieses sahe ich, und die Ermahnungen meines Vaters bei dieser Veranlassung, daß es den Lasterhaften, und die sich an die Huren hängen und ihre Häuser besuchen, immer so geht, haben mir eine solche Furcht und Abscheu vor den Hurenhäusern beigebracht, daß ich diese Häuser immer mit Abscheu betrachtet und gemieden habe. Und, meine lieben Kinder, ich rathe euch, besuchet sie nie, auch wenn euch die bösen Buben dahin locken, folget ihnen nicht; und solltet ihr je, unversehens, oder daß ihr nicht über euch selbst wachet, in ein solches Haus gerathen oder kommen, so ist das einzige Mittel, wenn ihr eure Unschuld und Gesundheit bewahren wollt, die Flucht. Ich sage euch dies aus eigner Erfahrung.

[15] Auf dieser Reise bekam ich ein Gewächs auf der Spitze meiner Zunge. Erst war es wie eine kleine Blase, wuchs aber immer größer, so daß ich im Winter zu Hause nicht gut sprechen konnte und mich oft beim Sprechen und Essen darauf biß, da es denn sehr blutete. Das Gewächs ward so groß als eine Handbohne; der Chirurgus und Doctor Burchardi auf Föhr befreite mich davon, indem er einen rothen seidenen Faden zwischen Zunge und Gewächs band und den Faden alle Tage fester anzog, so daß der Strang des Gewächses so dünne wie ein Zwirnfaden wurde, da er dann das Gewächs mit einer Scheere abschnitt. Ich habe seitdem kein Ungemach davon gehabt.

Wie unsere Officiere unsern Rheder, Herrn Lambertus Stolk, der auch Buchhalter des Schiffes war, mit der Schalupe an Bord holten um die Monatsfahrer abzumunstern, redete er die Officiere folgendermaßen an: »Ihr Leute kommt ganz schlecht, andere Leute kommen mit einem unbeschädigten Schiffe und Wallfische darin, ihr aber kommt mit einem beschädigten Schiffe und Nichts darin.« Die Officiere, worunter auch mein Vater, antworteten ihm hierauf, wir können es nicht helfen, es ist am schlimmsten für uns Partfahrer, denn wir haben keinen Heller verdient; wären unsere Wallfischleinen nicht so alt und schlecht gewesen, daß sie immer, wenn wir die Harpune in einen Wallfisch fest geschossen, entzwei gegangen wären, so hätten wir auch Wallfische gebracht. – Mein Vater und ich fuhren mit einem leeren Beutel, mit Schiffer Harck Klemten von Amsterdam nach Föhr ab, denn meine sechs Gülden, die ich pr. Monat verdient hatte, waren für die auf jene Reise mitgenommene Bedürfnisse und zur Bezahlung der Fracht nach Hause verwendet. Wir kamen den 13. September auf Föhr zu Hause an; es war aber ein magerer Winter für uns, denn trocknes Roggenbrodt und kurzer grüner Kohl (den wir selbst in unserm Garten hatten) in Wasser gekocht, ohne Fleisch und Speck, war unsere Speise; doch hatten wir Gottlob satt Brodt, weil der Müller Söncke Nickelsen uns Roggenmehl auf Credit gab, welches ihm hernach, da ich Geld verdient hatte, bezahlt ist. – Mein Commandeur, mit dem ich schon zwei Reisen gemacht, konnte mich nicht wieder mitnehmen, indem er nun Verwandte mitnehmen mußte; und ich, der nun schon zwei Reisen gemacht, sagte er, könnte leichter bei einem Andern eine Häuer bekommen, als einer der noch nie gefahren hätte. Ich ging also zu dem Commandeur Hans Ercken, welcher mich 1769, als ich das Schiff verloren, aus Grönland mit nach Amsterdam genommen, und bat ihn, mich mitzunehmen. Er sagte, er habe bereits seine Schiffsjungen angenommen und also keinen Platz für mich; doch, sagte er, fahre du nur im Frühjahr nach Amsterdam und ich will dann zusehen dir eine Häuer zu verschaffen. Ich fuhr also den 17. März 1771 mit dem Schiffer Christian David Meynders nach Amsterdam von Föhr ab, und kam den 21. März daselbst an. Mein Vater war auch mit in diesem Schiffe und sollte wieder mit seinem vorjährigen Commandeur Martinus Claasen als Harpunier fahren. Ich hatte das Glück, gleich am ersten Tage, als ich nach Amsterdam kam, eine Häuer als Kochsmaat zu bekommen, und sollte 11 holländische Gulden pr. Monat haben.[16] Daß ich diese Häuer bekam, kam so: mein Vater sprach

[16] Von diesen 11 Gülden, die ich auf die Hand empfing, bezahlte ich meine Fracht von Föhr nach Amsterdam und sandte meiner Mutter 12 Mark Cour.

mit dem Commandeur Nanning Jacobs (auf Föhr Nahmen Jacobs genannt); diese beiden waren Bruder- und Schwester-Kinder, also Vettern, und im Gespräch fragte mein Vater ihn, hast du nicht eine Jungens-Stelle offen? er sagte ja, ich muß einen Kochsmaat haben: ich stand bei ihnen, und mein Vater sagte, dies ist mein Sohn, er hat Lust dazu, und so wurde ich angenommen und fuhr am andern Tage an Bord als Kochsmaat bei Commandeur Nanning Jacobs; das Schiff hieß St. Andrees und der Rheder Arnold Hooghart. Sobald als ich diese Häuer bekommen hatte, ging ich hin zu dem Commandeur Hans Ercken und sagte es ihm, und daß er nun nicht nöthig hätte eine Häuer für mich zu besorgen, bedankte mich aber bei ihm, daß er mir hatte helfen wollen. Seitdem habe ich diesen würdigen Mann nicht eher als 1798 gesprochen, wie ihr hernach hören werdet wenn ihr bis dahin gelesen. Ich fuhr also im Aprilmonat mit dem Schiffe St. Andrees nach Grönland ab. Wir hatten, um über das Pampus[17] zu kommen, aufgeräumt, das heißt, die Schiffsvictualien, Bier etc. ins Zwischendeck gelegt, um bei den mit Salzwasser gefüllten Fässern, die dem Grönlandsfahrer als Ballast dienen, zu kommen, um selbe leer zu stürzen. Ich sollte des Abends etwas aus dem Zwischendeck holen, und während ich nach vorne über die aufgeräumten Fässer hinkroch, hatten die Leute die Backsluke offen gemacht und die Lampe, die im Zwischendeck gebrannt hatte, mit sich in den Raum des Schiffes genommen, so daß es ganz finster im Zwischendeck war; und wie ich nun zurück kam und auf die Backsluke niedersprang, so war diese offen und ich purzelte in den Raum hinunter, acht bis zehn Fuß hoch, kam aber mit einigen blauen Flecken davon. Gott sei gedankt daß ich keinen Arm oder Bein brach; auch könnte ich sehr leicht todt gefallen seyn, aber der liebe Gott beschützte mich. – Im Texel mußten wir einen schweren Nordwest-Sturm aushalten, und das eine von unseren Ankertauen brach, jedoch erhielten wir das Anker wieder. Wir segelten den 21. April vom Texel aus in See, kamen Mitte Mai nach Grönland und fingen bald darauf einen Wallfisch von 25 Quardeelen. Es war dieses Jahr ein schlechtes Fisch-Jahr, und wurden nur wenig Wallfische gefangen. Den 31. Mai wurden wir, sammt vielen Schiffen die bei uns waren und auch durchs Süd-Eis arbeiteten, vom Eise eingeschlossen oder besetzt. Es wurde ein dichtes Schneegestöber, welches zwei Tage anhielt, und wie das Wetter sich aufhellte, saßen wir so tief im Eise, daß wir kein offen Wasser, selbst oben von den Masten aus, sehen konnten. Wir sahen

nach Hause, also könnt ihr leicht denken daß ich sparsam war und für mich selbst wenig brauchte.

[17] Das Pampus ist eine circa eine Meile von Amsterdam belegene Untiefe.

Schmack. Kupferstich aus G. Groenewegen: Verzameling van vier en tachtig Stuks hollandsche Schepen, 1789

Spitzbergen, und weil diesen Sommer beständig in den Monaten Juni und Juli ein Westwind wehete und durch diesen das Eis in der Gegend, wo wir waren, sich immer mehr schließt, der Strom auch da immer nord- und ostwärts längs Spitzbergen hinläuft, so trieben wir mit dem Eise längs Spitzbergen hin, um die Ost, bis wir nahe hin bei dem Waygatt oder der Straße von Hinlopen kamen; hier saßen wir besetzt im Eise nebst vielen Schiffen. Einige verloren die Schiffe, einige kamen ins Waygatt in der Beerebay, einige trieben nach dem Nordosterland, und die Leute verließen ihre Schiffe, kamen über das Eis hingelaufen nach den Schiffen in der Beerebay und wurden da gerettet. Die Ost war derzeit unter den Seeleuten sehr gefürchtet, weil vor verschiedenen Jahren daselbst viele Schiffe im Eise sitzen geblieben, und mußten die Leute darauf weit übers Eis und Land wandern, um zu den Schiffen, die unterm Uytkeyk[18] und Nordbay in offenem Wasser lagen, hin zu kommen, unter welchen auch, wie vorgemeldet, mein Großvater Nahmens sich befand. Unsere Furcht war auch nicht minder groß, denn die Leute von den verlorenen Schiffen reiseten auch schon nach dem Uytkeyk, um zu den Schiffen, die da im freien Wasser lagen, hin zu kommen. Auch wir hatten Reisende von diesen bei uns an Bord, die sich bei uns satt aßen und etwas Brodt und Butter in ihren Schnapsack empfingen und so weiter marschirten. Im August kam oft ein leichter Ostwind, dann öffnete sich das Eis, und wir bohrten durch dasselbe um auswärts zu kommen. Am 10. August kamen wir Gottlob aus dem Eise und bugsirten das Schiff mit allen unseren Schalupen, denn es war stiller Wind, nach dem Uytkeyk, und gingen in Kocksholl, bei den andern Schiffen, welche da lagen, zu Anker. Wir hatten zwei Tage und Nächte schwer gearbeitet, und nun gingen alle Leute (zwei Mann, die die Wache auf dem Deck hatten, ausgenommen) schlafen, so auch ich, denn auch ich hatte 48 Stunden nicht geruhet. Ach, wie süß kam mir dieser Schlaf an! Wir hielten aber ehe wir schlafen gingen, ein Dankgebet und sangen den Gesang aus unserm alten Gesangbuche No. 820, wovon der erste Vers lautet: »Ich will, so lang' ich lebe hier, den Herren preisen für und für; viel Gutes hat er mir gethan, weit mehr als ich erzählen kann.« Zweiter Vers: »Er hat geholfen überall, und sonderlich zu diesem Mal hat er allein durch seine Hand das Unglück von mir abgewandt« etc. etc. Gewiß wurde dieser Gesang von der Schiffsmannschaft rührender und mit mehr Andacht gesungen, als es sonst und oft geschieht; so wie auch unser tägliches

[18] Der sogenannte Uytkeyk (Aussicht) ist eine ziemlich hohe Klippe, auf welcher es bequem nach Oben geht oder man aufsteigen kann, um von da weit in die See hinaus zu sehen.

Gebet, welches während dem Festsitzen im Eise gewiß mit Rührung gebetet wurde. Weil wir von Holland fuhren, wurde das Gebet in holländischer Sprache gehalten, aber wir sangen deutsche Gesänge aus unserem holsteinischen Gesangbuche, welches wir derzeit auf Föhr hatten und welches erst bei Seite gesetzt wurde, wie wir das jetzige neue holsteinische Gesangbuch zum Gebrauch erhielten. Das tägliche Gebet, welches wir in der Besetzung beteten, war in holländischer Sprache und lautet im Deutschen im wesentlichen also: »O Herr, wir finden uns genöthiget hier auszurufen: kommet und sehet Gottes starkes und erstaunliches Eis, fürchterlich von Wirkung an den Menschenkindern. Aus deiner Binnenkammer kommt der rauhe Wind und von den zerstreuten Winden die Kälte; durch sein Blasen giebst du den Frost. Hier sind wir nicht allein eingeschlossen, und können nichts ausführen noch unser Fischerei betreiben, sondern wir sind durch deine Hand gefangen genommen, und es erscheint für uns kein Auskommen, wohin wir auch unsere Augen wenden. In dieser Angst heben wir unsere Augen auf nach dem Himmel, von wo allein unsere Hülfe kommen kann, und flehen und bitten dich, o lieber himmlischer Vater, hilf uns aus dieser Gefangenschaft. Wir wissen wohl, daß wir es mit unseren Sünden verdient hätten, hier sitzen zu bleiben und alle elendig umzukommen, aber wir sprechen deine Barmherzigkeit und Güte an, und bitten demüthig, Herr hilf uns, oder wir müssen untergehen! und daß wir hernach mehr Ursache haben deinen Namen zu loben und zu preisen. Amen.« – Ja, ja, lieben Kinder, wenn Noth da ist, dann suchet man Gott, und wenn er die Menschen züchtiget, dann rufen sie ängstlich, sagt die heilige Schrift. Darum, lieben Kinder, rathe ich euch: sowohl in guten als in trüben Tagen, haltet euch stets zu Gott, so habt ihr immer die innere Beruhigung daß Gott euer liebender himmlischer Vater ist und alles Gute so wie alles Trübe aus seiner Hand kommt, und daß euch nichts begegnen kann, als was Gott zuläßt, und am Ende doch alles zu unserm Besten ausschlagen muß. – Den 28. August kam ein starker Ostwind; das Eis um der Ost öffnete sich, und die andern Schiffe, die um der Ost, so wie wir, im Eise fest gesessen hatten, und welche nicht verloren gegangen oder von welchen die Leute nicht geflohen waren, kamen aus dem Eise; mein Vater war auch auf einem Schiffe darunter. Wir segelten mit diesem guten Winde nach Hause, und kamen ohne besondere Umstände und Vorfälle den 30. Septbr. im Texel binnen, und nach ein paar Tagen Gottlob glücklich in Amsterdam an.

Der Commandeur Martinus Claasen, mit dem mein Vater als Harpunier gefahren, hatte nichts gefangen, folglich dieser auch nichts verdient, und kam in Amsterdam zugleich mit uns an. – Es war derzeit mit der

Schiffahrt eine schlechte Zeit; keine Häuren waren zu bekommen, und mein Vater mußte also mit leerer Hand nach Föhr zu Hause fahren, ich aber blieb als Koch beim Löschen des Schiffs und verdiente dabei auch vier Gülden, so daß ich mit meinen elf Gülden Monats-Gage (wir hatten vier Monate und einige Tage zu gute) circa 50 Gülden holländisch Courant Geld hatte. Ich dachte an den vorigen Winter, wo wir nichts als trokken Roggenbrodt gegessen hatten, und dachte, dies soll nicht wieder passiren, und so kaufte ich mir vier Stück Stapel-Käse (die wohlfeilste Sorte Käse die in Holland gemacht wird) zu 7 Duyten das Pfund (ungefähr 1 Schilling nach unserm Gelde), fuhr nach Föhr ab, und kam den 11. November mit einem Schmack-Schiff, Gottlob gesund und wohl, bei meinen Eltern und Brüdern zu Hause an; wo ich denn meine vier Käse und mein Geld, welches ich in Amsterdam in dänisch Geld umgewechselt hatte, zu Hause brachte. Von diesem meinem mitgebrachten Gelde mußten, so weit es reichte, Schulden bezahlt werden, um aufs neue Credit zu bekommen und Roggenmehl zu Brodt zu erhalten. Diesen Winter hatten wir Gottlob wieder satt Brodt, und Käse dazu, aber täglich nichts als gelbe Erbsen in Wasser gekocht, ohne Speck oder Fleisch; doch wir wurden Gottlob täglich satt und durften nicht hungern. Dieser war der letzte trübe Winter, den ich erlebt habe; Gottlob! nachher ging es immer besser. – Auf dieser letzten Reise nach Grönland bekam meine Religion, so wie selbe mir in unserer Dorfschule in Nieblum auf Föhr war vorgetragen und gelehrt worden, den ersten derben Stoß. Wir fuhren nemlich für ein Comptoir in Amsterdam, dessen Inhaber der römisch-katholischen Religion zugethan war, und viele katholische Matrosen aus Münsterland fuhren mit uns auf dem Schiffe. – Katholiken sah man derzeit mit Bedauern an, und schauderte bei diesem Namen eben so, wie die Katholiken noch jetziger Zeit (die aufgeklärten ausgenommen) die andern christlichen Religions-Partheien als Ketzer verabscheuen und bedauern. – Ich fühlte Mitleiden mit diesen, wie es mir schien, unglücklichen Leuten; auch wurde ihnen zu Gefallen am Freitage und Sonnabend kein Fleisch oder Speck, sondern Stockfisch gekocht, weil die Katholiken Freitags und Sonnabends keinen Speck oder Fleisch essen dürfen. In unserer Schule wurde uns derzeit (jetzt werden die Lehrer darin wohl vernünftiger seyn und den Schülern keine solche unvernünftige gotteslästerliche Lehren mehr einprägen) gelehrt, daß die lutherische Religion die einzige wahre und allein seligmachende sey,[19]

[19] Diese Lehre mag auch wohl beruhigend und genügend sein für Leute, die nie weiter vom Hause kommen, als daß sie ihren Schornstein rauchen sehen können und so still vor sich weg leben; aber für Leute die in der Welt umher

(so wie nach jetziger Zeit die Römisch-Katholischen behaupten, daß ihre Religion die einzig wahre und seligmachende Religion ist) und daß Alle, die nicht lutherischer Religion wären, nicht selig werden könnten, sondern ewig verdammt würden. – Diese Lehre däuchte mir schon als Knabe sehr ungerecht; aber uns wurde dabei gesagt, daß wir Gott danken müßten, daß wir lutherisch wären; und da wir auf Föhr derzeit die Pastoren und Schullehrer für sehr gelehrte und fromme Leute hielten, die uns solches sagten, so hatte diese Lehre tiefe Wurzel bei mir geschlagen, so wie alles, was in der Jugend von gelehrten Leuten und auch von den Eltern, die man achtet und die man für weise hält, und von welchen

müssen, ihr Brodt zu verdienen, ist diese Lehre erschrecklich, weil sie Gott, den liebevollen Vater, als einen bösen Tyrannen darstellt, da er doch in allen seinen Werken seine Liebe zu seinen Geschöpfen offenbart. Da man aber, wo man auch in der Welt hinkommt, viel mehr gute als böse Menschen antrifft, die doch eine ganz andere Religion als die lutherische und christliche haben und: gute Menschen sind doch diese sollte der liebevolle Gott blos ihres andern Glaubens wegen verdammen? – dagegen sträubt sich die menschliche Natur und Vernunft. Könnten denn diese Lehrer uns Schulknaben nicht mit viel mehr Nutzen gesagt haben, was in der Apostelgeschichte im 10ten Capitel Vers 34 und 35 der Jünger Jesu und Apostel Petrus gesagt hat, nemlich: »Nun erfahre ich mit der Wahrheit, daß Gott die Person nicht ansiehet, sondern in allerlei Volk, wer Gott fürchtet und recht thut, der ist ihm angenehm.« – Ihr denkt vielleicht, lieben Kinder, daß ich böse auf die Religion bin, weil ich so viel dagegen einwende; aber kann ich anders, da sie mir in meinen Jugend- und Jünglingsjahren so viele Sorge und Kummer gemacht hat? auch bin ich ja nicht gegen die Religion selbst, sondern nur gegen die menschlichen Zusätze und die falschen Lehren, welche nach und nach zum Vortheil der Lehrer gemacht sind, eingenommen, und möchte sie verhüten allwo ich kann. Denn Niemand kann größere Hochachtung und Ehrfurcht für die wahre Religion Jesu, so wie er sie uns hinterlassen, haben, als ich, und nicht blos daß ich an dieselbe fest glaube, sondern ich habe auch von Kindheit an, so viel mir möglich, Jesu Lehre in Ausübung zu bringen gesucht, und mich bestrebt, diese Lehre immer besser in der That und Wahrheit zu befolgen. Lieben Kinder! danket Gott, daß ihr von Kindheit an besser als ich in der wahren christlichen Religion unterrichtet seyd; ich habe das meinige, so viel als ich konnte, dazu mit beigetragen, euch zu guten Menschen zu bilden, und bin euch auch, ohne mich zu rühmen, mit gutem Beispiele vorangegangen, und der liebe Gott hat seinen Segen dazu verliehen daß ihr gute rechtschaffene und nützliche Menschen geworden seid, und werdet es auch ohne Zweifel bis an euer Ende bleiben; und so kann ich die Hoffnung hegen, einst an jenem Tage sagen zu können: Herr! hier bin ich und die, die du mir gegeben hast. Unser Tagewerk haben wir, so gut als wir konnten, vollbracht; verzeihe uns aus Gnaden unsere Fehltritte, und laß uns fernerhin in deiner Gnade stehen und in deinem Dienste bleiben.

man weiß, daß sie nicht lügen, eingepflanzt worden, tiefe Wurzel faßt und sich sehr schwer ausrotten läßt. Darum, lieben Kinder, lehret die Eurigen bei Zeiten Gott recht kennen, so wie Jesus ihn uns vorgestellt und gelehrt hat; nemlich in der Vorstellung Luc. 15 Vers 11 bis 32 von dem verlornen Sohn, welcher mit herzlicher Reue über seine Fehler sich wieder zu seinem Vater wandte und von diesem Vergebung erhielt, und er ihn in seine Arme schloß und ihn wieder als seinen lieben Sohn annahm. – Auch wurde uns immer in der Schule vom Glauben vorgeredet, daß er allein zur Seligkeit führe; wir müßten nur fest glauben. Es wurde uns aber nicht erklärt was recht glauben sey; das Thun kam in keinen Betracht. Ein Mensch, dem der Glaube fehlte, und mochte er noch so gut seyn, konnte nicht selig werden; da doch Jesus das Gegentheil gelehrt hat. Denn Jesus zog den Sohn, welcher die Befehle seines Vaters nicht befolgen wollte, und sie dennoch vollzog, dem Sohne vor, der solche zu vollbringen versprach und es dennoch unterließ. Den barmherzigen obgleich ungläubigen Samariter zog er dem rechtgläubigen Priester und Leviten vor; und die, welche Hungrige speisten, Durstige tränkten, Nackte kleideten, Fremde beherbergten, Kranke erquickten, denjenigen, die blos Herr! Herr! rufen, und sich ihres Glaubens rühmen. Und Jacobus, der Jünger Jesu und Apostel, hielt die Thäter des Worts für besser als die bloßen Hörer.

Nun, nach dieser Abschweifung, will ich euch erzählen wie es kam daß meine in der Kindheit gelernte Religion den ersten Stoß bekam und dadurch sehr wankend gemacht wurde. Es war unter den Münsterländern, die mit uns fuhren, ein Matrose Namens Harm, den ich wohl leiden mochte; dieser saß eines Tages bei mir vor der Kambüse (Feuerheerd), ich kochte ihm Thee in seinem Kessel und sagte zu ihm: Harm, mich dauert es sehr um dich! wie so? sagte er; weil du ein Katholik bist, erwiederte ich. Warum das? fragte er; ich sagte, in diesem Glauben kannst du nicht selig werden, sondern du wirst verdammt. Er aber lächelte darüber und sagte: nein, das werden wir nicht; wir Katholiken allein werden selig, unsere Religion ist die älteste und allein wahre. Ich entgegnete: ja, eure Religion ist freilich die älteste, aber sie ist so verfälscht, daß sie ganz verdorben ist, und unser Doctor Luther hat sie von allen Unwahrheiten und falschen Sätzen gereinigt, so daß jetzt die lutherische die einzige wahre Religion ist, und wer daran nicht glaubt, kann nie selig werden. Er sagte mir hierauf: bleibt doch mit eurem Luther weg, dieser Spitzbube lief mit seinem Cathrinchen aus dem Kloster fort, und weil er bestraft werden sollte von unserer Geistlichkeit, so schimpfte er auf selbe, sagte ihnen alles Schlechte und Böse nach und belog sie; und weil die Lehre, die er vortrug, nicht so viele lästige Sätze hatte als die katholische Religion, so fielen ihm viele Leute bei; auch weil er das Fegefeuer abschaffte und die Leute sogleich in den Himmel einfliegen ließ, vermehrten sich seine Anhänger so schnell. Ich war durch diese seine Gelehrsamkeit in Erstaunen gesetzt und wußte nicht, was ich ihm antworten sollte; meine Gelehrsamkeit war zu Ende, und ich konnte ihm auf sein Gesagtes nichts erwiedern, ward aber durch das von ihm Gehörte sehr unruhig. Ich dachte bei mir selbst: wie, wenn der Mann recht hätte? und er kann ja auch wohl eben so gut, als du, recht haben; was wärest du dann ein unglücklicher Mensch, wenn du eine falsche Religion hättest! gewiß, wenn du nach Hause kommst, sollst du den Pastor, Küster und Organisten von unserer Kirche, (die ich für sehr gelehrte Leute hielt,) fragen, ob die lutherische Religion nicht die einzige wahre ist. Dieses ließ ich jedoch nach wie ich nach Hause kam, indem ich dachte: die Kirchen-Beamten sind doch alle kluge Leute, sie würden, wenn die lutherische Religion nicht die beste wäre, nicht in derselben bleiben, und also blieb ich auch darin.

Anno 1772, Anfangs März, fuhr ich wieder von Föhr nach Amsterdam über. Mein Vater war mit in dem Fahrzeuge; es war das letzte Mal daß er von Föhr abfuhr, er kehrte nie wieder zurück (denn er ist in Batavia gestorben, wie ihr hernach hören werdet). Mein zweiter Bruder Olof fuhr das erste Mal mit uns in See; wir hatten eine gute Reise nach Amsterdam. Mein Vater fuhr mit Commandeur Riewert Claasen als Harpunier aus, und mein Bruder Olof bekam eine Häuer als Unter-Cajütswächter oder Officiersjunge, mit Commandeur Ryck Harmens, für die bloße Kost. Ich fuhr wieder mit meinem vorigen Commandeur Nanning Jacobs als Kochsmaat nach Grönland aus; wir segelten den 6. April aus dem Texel in See, hatten aber eine stürmische Hinreise und kamen in der Mitte des Monats Mai ins Süd-Eis. Wir fingen den 18. Mai einen und den 20. Mai den zweiten großen Wallfisch, und den 26. Mai, zu welcher Zeit wir an einem Eisfelde lagen, noch einen dritten. Von diesen drei Fischen gaben wir 120 Quardeelen Speck an. Am 8. Juni war es Sonntag, und wir machten uns des Morgens um 8 Uhr mit noch 13 holländischen Schiffen an ein Eisfeld fest, so daß wir hier 14 Schiffe nahe bei einander lagen. Um 9 Uhr Vormittags kam ein Lauf Wallfische in solcher Menge bei unserm Eisfelde an, daß jedes Schiff fast immer in 3 Fischen die Harpune fest schoß. Es war eine kleine Sorte Fische, im Durchschnitt 15 bis 20 Quardeelen Speck. Dieser Lauf Wallfische hörte um 4 Uhr des Nachmittags auf, und waren nun keine mehr zu sehen. Während der Zeit des Laufes, also in sieben Stunden, fingen diese 14 Schiffe zusammen 112 Wallfische; derjenige, welcher die mehrsten gefangen, war Commandeur Meyndert Jansen, wohnhaft auf den Halligen bei Föhr; er hatte in diesen sieben Stunden 12 Stück oder ein Dutzend Wallfische gefangen. Der am wenigsten fing, hatte vier gefangen. Wir mit unserm Schiffe hatten sechs Stück gefangen. Im Durchschnitt kamen acht Fische auf jedes Schiff; so kann es glücken! Am andern Tage fanden wir noch einen todten Wallfisch, der, am vorigen Tage verwundet, sich unter unser Eisfeld durchgebrochen und da gestorben war, so daß wir zehn Wallfische hatten. Mit diesen segelten wir nach Hause, und kamen in der Mitte des Augustmonats Gottlob glücklich wieder in Amsterdam an. Mein Vater so wie mein Bruder Olof waren auch von ihrer Grönländischen Reise in Amsterdam angekommen. Mein Vater aber, der wenig verdient hatte, wollte nicht mit nach Hause, sondern wünschte noch etwas Geld zu verdienen; er verhäuerte sich daher von Vlissingen aus nach der Küste von Angola. Mein Bruder Olof und ich fuhren in einem Fahrzeuge von Amsterdam nach Föhr, wo wir den 24. August Gottlob glücklich ankamen und unsere Mutter gesund und wohl antrafen. Im Herbst pflückten wir Heidekraut, so daß wir im Winter Feuerung genug hatten. Diesen Winter über lernte ich auch das Rechnen in der Schule.

Anno 1773, Anfangs März, fuhr ich und mein Bruder Olof nach Amsterdam; er bekam dort eine Häuer mit Commandeur Riewert Claasen; sie verloren ihr Schiff in Grönland. Ich verhäuerte mich wieder mit meinem vorigen Commandeur Nanning Jacobs, welcher mich zum Jung-Matrosen machte, und erhielt ich nun 14 Gülden pr. Monat. Dies war eine große Freude für mich, denn nun konnte ich, wie die andern Matrosen, Sonntags, ohne den Koch zu fragen, auch an Land gehen; durfte nun nicht mehr nach Junge-Rufen, oder wenn die Schelle klingelte, hören; kurz, ich war in Gedanken so glücklich, daß kein König sich glücklicher fühlen kann.[20] Freilich konnte ich nun nicht, als da ich Cajütswächter und Kochsmaat war, Butter auf meinem Brodte essen; aber dies achtete ich nicht, war ich doch nun ein freierer Mann als vorher, da ich noch Kochsmaat war, und der Koch hatte mir nichts zu befehlen. – Wir waren auf dieser Reise nicht glücklich, denn wir fingen keine Wallfische. Den 15. April segelten wir aus dem Texel in See und kamen im Monat Mai in's Eis. Es war dieses Jahr überhaupt ein schlechtes Fischjahr und wenige Wallfische wurden gefangen. Eine lebendige junge Robbe griffen wir, brachten diese an Bord und hielten sie sechs Wochen lang lebendig in einer Balje mit Seewasser; auch kroch sie oft auf dem

[20] Jeder Mensch kann sich in seiner Lage glücklich fühlen; und die Ungleichheit der Stände ist lange nicht so groß als es scheint. Wer viele Classen durchgemacht hat, kann am besten darüber urtheilen; und ich denke ich habe viele Classen durchgemacht.

Decke umher und fraß gekochte Erbsen und Brodt. Wir schossen auch 75 bis 80 alte Robben und einen sehr großen Bären mit Feuer-Gewehren; dies war alles, was wir im Eise fingen. In der Mitte des Juli segelten wir hinauf nach Spitzbergen und ankerten unter dem Uytkeyk; fuhren hierauf mit zwei Schalupen nach dem Rehnefeld auf die Jagd und schossen ein Rennthier, welches an Bord gebracht wurde, und wovon die ganze Mannschaft eine schöne Suppe, wie auch von dem Fleisch, gekocht bekam. Mitte August segelten wir von Spitzbergen ab nach Hause, und kamen den 16. Septbr. im Texel binnen und nach drei Tagen Gottlob glücklich in Amsterdam an. Ich blieb als Koch beim Löschen an Bord, und im October fuhren wir, zehn Mann die das Schiff gelöscht hatten nebst vielen andern, in einem Schmackschiffe von Amsterdam nach Föhr ab. Wir bekamen auf dieser Reise einen Sturm in See; wie wir Helgoland passirt waren, wurde es regnigtes und dunkel Wetter, so daß wir nicht weit sehen konnten, und weil die Brandungen, wenn man den Seelöchern von Amrum nahe kommt, sehr gefährlich sind, so wurden alle Passagiere (wir waren einige achtzig Mann an Bord) in den Raum beordert und die Luken dicht vernagelt, damit die Brandungen selbe nicht über Bord schlagen oder wegspülen konnten. Es ist auch kein Spaß, denn trifft der Schiffer das Seeloch nicht, so kommt man in die Brandung und Schiff und Leben ist verloren. Niemand, als derjenige, der dabei gewesen, kann glauben, wie fromm und gottesfürchtig die Seeleute in solcher Zeit sind; wie freundlich sie dann mit einander sprechen und beten können; ist aber die Gefahr vorbei, dann ist Niemand in Angst gewesen. Wahr ist es jedoch, und ich habe es bei mehreren Gelegenheiten bemerkt, daß die größten Feiglinge in der Noth nach der Gefahr das größte Wort haben. Ihr, lieben Kinder, fragt mich vielleicht, ist Vater denn da nicht auch in Furcht und Angst gewesen? Ich kann dreist antworten: Nein! niemals habe ich mich gefürchtet oder bin ängstlich in solchen Seefällen gewesen, denn ich dachte immer: es ist Zeit genug um ängstlich zu werden, wenn es dazu kommt. Ich kann eben nicht sagen daß ich nichts gefühlt hätte, wie die Luken fest zugespeichet oder zugenagelt wurden; denn wenn das Fahrzeug in die Brandung kam und umgeworfen wurde (dies geschah Anno 1767 oder 1768, als der Schiffer Beye Pawen von Föhr, mit mehr als achtzig Seeleuten an Bord, zwischen Helgoland und Amrum umgeworfen wurde) oder auf eine Sandbank in der Brandung kam, so konnte kein Mann noch Maus aus dem Raume kommen um sich nach Rettung umzusehen. Daß ich mich nicht so sehr geängstigt habe, davon ist dies ein Beweis: daß ich während der Zeit als die Luken dicht zu und es also stockfinster im Raume war, hin nach unserem Proviantkorbe schlich[21] und mir ein großes Stück, vielleicht ein Pfund, von dem darin befindlichen Kalbsbraten abschnitt und es mit dem größten Appetit verzehrte. Wir kamen Gottlob glücklich binnen, und wie wir binnen dem Seeloche waren, wurden die Luken geöffnet, und ein freudiges Herunterrufen in den Raum: »Willkommen binnen!« belebte die ganze Mannschaft mit Freuden, und Niemandem war bange gewesen, wie sie da sagten; Jeder hatte das große Wort. Ich schwieg still, denn ich hatte mich herrlich satt gegessen. Nun wollten auch unsere Leute essen; der Proviantkorb wurde hergenommen, und da sah der Steuermann, daß ein großer Schnitt im Braten war und sagte: wer Teufel ist bei dem Braten gewesen? seht, hier ist ein großes Stück ausgeschnitten (ich hatte im Finstern nur ein Stück genommen, war aber dem Schnitt, wo der Braten angeschnitten war, nicht gefolgt, sondern hatte ausgeschnitten wo ich ankommen konnte). Ich schwieg natürlich still und ließ mir nichts merken. Wir kamen Gottlob glücklich zu Föhr an. Im Herbst pflückte ich und meine Brüder Heidekraut zu Feuerung für den Winter (das Heidepflücken mit den Händen war derzeit erlaubt, aber nicht mit Eisen Heideland abzuschlagen). Diesen Winter ging ich noch in die Schule, und wurde im Februarmonat in der St. Johannes-Kirche in Nieblum auf Föhr confirmirt. Beim Einsegnen am Altar sagte der damalige Haupt-Pastor Georg Hinrichsen jedem Knaben und Mädchen Etwas, und mußten alle ihm versprechen darnach zu leben, und ihm die rechte Hand darauf geben es zu halten; zu mir sagte er: Gottes Wort ist ein Trost und Richtschnur unsers Lebens, willst du nun auch deinen Wandel nach Gottes Wort anstellen und zur Richtschnur deines Lebens annehmen, so sage Ja und gieb mir deine rechte Hand darauf. Ich that dies, und habe auch, so viel mir möglich, dieses Versprechen gehalten. Obgleich ich manchmal Lehren angehört habe, welche, nach meiner Ueberzeugung, nicht im rechten Sinne und Geist der Bibel gelehrt wurden, so habe ich mich doch dadurch nie irre machen lassen, sondern meinen eigenen Ansichten mehr getraut; denn wenn ich etwas hörte, was gegen mein Gewissen und Vernunft (diese sind mir von Gott selbst eingepflanzt und ins Herz eingegraben) stritt, so glaubte ich es nicht, es mochte denn auch

[21] In diesem Korbe hatte der Commandeur eine große gebratene Kalbskeule, die er sich bei seinem Bäcker in Amsterdam hatte braten lassen, und wovon blos er und seine zwei Söhne wie auch sein Schwiegersohn, der unser Steuermann gewesen, welche mit in diesem Fahrzeuge nach Hause fuhren, aßen, und wovon weder ich noch die andern, so beim Löschen geblieben, etwas bekamen, sondern wir mußten mit gesalzenem Fleisch und Brodt, welches wir vom Schiff mit auf die Reise genommen, behelfen.

gesagt und gelehrt sein von wem es wollte, und mochte er noch so gelehrt sein. – Auf dieser letzten grönländischen Reise war mein Schlafkamerad, ein Normann von Geburt, mit Namen Hans Hansen. Auf der Reise nach Hause sollte ich eines Nachts ein Riff aus dem Kreussegel stechen; dies that ich, und wie ich wieder von der Rah (es war zu Loefert) nach dem Want hinüber steigen wollte, waren meine Beine zu kurz, und so konnte ich weder rück- noch vorwärts und fing an um Hülfe zu rufen; da kam dieser Hans Hansen, der ein außerordentlich flinker Seemann war, vom Deck herauf gestiegen und rettete mich. Von diesem Hans Hansen sollt ihr mehr hören wenn ihr bis zum Jahre 1827 gekommen seid, so wie daß ich den Seinen derzeit einen Dienst erzeigen konnte.

Anno 1774 Anfangs März, fuhr ich wieder von Föhr nach Amsterdam. Ich hatte keine Häuer, und weil ich nur klein von Person war, konnte ich nicht als Matrose ankommen; mußte also aus der Noth eine Tugend machen, und verhäuerte mich als Kochsmaat nach Grönland, mit Commandeur Rickert Roos von Borkum, für zwölf Gulden pr. Monat. Das Schiff hieß De Liefde; der Rheder dieses Schiffes hieß Pieter Clockenaer und wohnte in Amsterdam, Mitte April fuhren wir in See, kamen im Mai ins Eis und fingen da einen Wallfisch von vierzig Quardeelen Speck. Dieser Fisch, wie er die Harpune erhielt, lief unter das Eisfeld, woran wir lagen und blieb darunter todt liegen. Mit der Schalupe konnten wir ihn nicht unterm Eisfeld herausziehen, also wurde die Leine an Bord genommen, das Schiff vom Eisfelde losgemacht, und 2 Linien Länge von dem Eisfelde ausgelegt, da die Leine nun durch die Länge eine flache Richtung erhielt, kam der Fisch allmählig näher unterm Eise heraus; allein unsere Leine brach und der Fisch mit sammt der Leine wären verloren gewesen, wenn nicht zum Glück ein Schoß Eis zwischen dem Schiffe und dem Eisfelde getrieben hätte, so daß die Bucht der Leine darauf fiel, und wir das Ende derselben, welche nahe beim Schiff gebrochen, wieder anknüpfen konnten und so den Fisch daran, unterm Eis heraus holten. Darum ist mein Rath, daß, wenn ein Fisch mit Harpune und Leine todt unter dem Eisfelde liegen bleibt und man ihn mit der Schalupe nicht herausziehen kann sondern es mit dem Schiffe thun muß, so legt eine Schalupe so dicht ans Feld, daß die Schräge der Leine etwas vom Eisfeld absteht, und laßt die Leine so über die Schalupe weglaufen, damit, wenn sie zwischen dem Schiffe und Eisfelde bricht, ihr die Bucht derselben über der Schalupe liegen habt, um wieder anknoten zu können. Doch das Sicherste und Beßte ist in solchem Falle, wenn man ein Faß mit Sand oder etwas schweres, was sinkt, bei der Leine niederlaufen läßt; dieses zieht den Fisch frei vom Eisfelde, so daß beim Einziehen der Leine unter dem Eise nichts haken kann, und so der

Fisch leichter unter dem Eise herauszuschleppen ist. Dies merkt Euch, wenn vielleicht einer oder der andere von Euch auf Grönland zu fahren kommt. Wir bekamen keine Wallfische mehr, segelten Anfangs Juli-Monat hinauf nach Spitzbergen und ankerten in der Kreusbay und holten da Salat an Bord, fanden auch viele Enten-Eier, die wir sammt dem Nest an Bord brachten, denn das Nest ist von lauter Eiderdunen, welche die Enten sich selbst auspflücken, gemacht; denn Heu und Stroh ist dort auf Spitzbergen nicht zu finden; die Enten haben dort nicht mehr als drei bis vier Eier, die sie ausbrüten. Auch griffen wir 36 junge Gänse, die noch nicht fliegen konnten, woran der Commandeur und seine beiden Söhne, der eine war Steuermann und der andre Harpunier, sich delictirten. Wir fuhren von hier nach der Nordbay und ankerten auf der Nordbank, auch unterm Ueytkeyck, segelten den 28. August nach Hause und kamen ohne besondere Umstände Ausgangs September, daselbst glücklich an. Ich wollte diesen Winter die Steuermannskunst lernen und kaufte mir zu diesem Endzweck einen Skattkammer, drei Rechensteine, ein Pleinschall, Cirkel etc. Dieses hatten einige Landsleute gesehen; ich fuhr mit einem Schmackschiff von Amsterdam nach Föhr ab und ging diesen Winter in die Steuermannsschule, und zwar Abends von 6 bis 12 Uhr, denn am Tage hatte der Lehrer Nickels Wögens, welcher auch in jüngern Jahren zur See gefahren und nun das Uhrmacher-Handwerk trieb, keine Zeit. Jeder Schüler hatte, so wie es derzeit üblich war, seine drei Rechensteine mit, und diese mußten alle Abend voll gerechnet sein; ich aber kam bald so weit, daß ich diese drei Rechensteine schon lange vor 12 Uhr voll gerechnet hatte, und nun, um die übrige Zeit nicht müßig zu sitzen, machte ich einen Strich längs der Mitte der Rechentafel, und so konnte ich doppelt so viele Exempel auf meiner Rechentafel haben, als die andern. Des andern Tages wurde es dann von den Tafeln in mein Steuermannsbuch geschrieben, welches ich noch aufbewahre. Ich rechnete in 35 Abende die 2 ersten Bücher von Klaas Henricksen Giettermacker, durch, und bezahlte für jeden Abend einen Schilling lübsch, und habe selbe hernach in 25 Tagen noch einmal durchgerechnet, für einen Schilling pr. Tag; so daß mein Lernen der Navigation mir nur 60 Schillinge oder einen Speciesthaler gekostet hat. – Ich bin in meinem Leben viele Male unschuldigerweise verläumdet worden; so ging es mir auch diesen Winter. An einem Sonntagabend sollte in einem Wirthshause, in unserem Dorfe Nieblum, eine fette Gans (durch Würfeln) verspielt werden. Mein Nachbar Jens Knudten, der zugleich mit mir confirmirt, und so alt als ich war, (wir beide waren gute Freunde), sagte zu mir: laß uns hinein gehen und zusehen, wer die Gans gewinnt; ich sagte zu ihm, ich kann nicht hinein gehen, denn ich habe kein Geld; er sagte: ich habe Geld, gehe nur mit hinein; und ich ließ mich bereden, und ging. Er ließ eine Kanne Husumer Bier zu einem Schilling kommen, kaufte für einen Schilling Kringel dazu, gab mir einige davon ab, und ich trank mit von seiner Kanne Bier. Dieses sahen einige Männer, die um die Gans spielten, daß ich Kringel aß und Bier trank. Einige Tage darnach, fragte mich meine Mutter: hast du heimlich Geld bei dir? gehst du ins Wirthshaus und tracktirst dich mit Kringel und doppeltes Husumer Bier? Ich sagte, wie das? – Ja, sagte sie, dein Oheim Hans Jensen, hat zu deiner Großmutter gesagt, du gingest alle Abende ins Wirthshaus und liessest dir das doppelte Husumer Bier und Kringel gut schmecken; es geht im Dorf die allgemeine Rede, du wärest ein Taugenichts und wolltest alles kaufen was du sähest; in Amsterdam hättest du so viele unnütze Sachen, Rechensteine, Schatzkammer, Pleinschalen, Cirkel, Bücher etc. eingekauft, und aus dir könnte nie etwas werden; sie möchte doch des Abends, wenn ich schliefe, meine Taschen visitiren und zusehen, ob ich Geld darin hätte. Dies hatte sie gethan, aber nichts gefunden. Hierauf sagte ich ihr die Wahrheit und daß ich keinen Schilling hätte, sondern wenn ich etwas verdiente, ihr alles gäbe; ich hätte in Amsterdam nur gekauft, was ich, um die Navigation zu lernen, nöthig hätte. – Meine Mutter war viel zu vernünftig, als daß sie dieses hätte tadeln sollen; so bin ich in meinem Leben oft belogen und verläumdet worden; doch mein inneres Bewußtsein, ich habe es nicht verdient, daß ich verläumdet worden, ist Trost genug.

Anno 1775 fuhr ich Anfangs März in einem Schmackschiffe wie gewöhnlich von Föhr nach Amsterdam, und kam in einigen Tagen daselbst an. Ich verhäuerte mich nach Grönland als Matrose und bekam 17 Gülden pr. Monat, mit dem Commandeur Riewert Claassen, das Schiff hieß MARIA PETRONELLA und der Rheder Nicolay Anthony van Hoorn; wir fuhren Anfangs April von der Stadt, gegen die Mitte dieses Monats vom Texel aus in See, und kamen im Mai in Grönland im Eise an. Es war dieses Jahr ein schlechtes Fischjahr, und wir fingen keine Wallfische. Wie wir uns Anfangs Juli-Monat aus dem Eise wegmachten, segelten wir hinauf nach Spitzbergen in die Kreusbay und pflückten daselbst Grönländischen Salat. Dieses ist das beßte Mittel in der Welt gegen die Skorbut-Krankheit; auch schossen wir ein Rennthier, verschiedene Enten und sammelten Enteneier, segelten dann von da nach der Nordbay, und ankerten unter Machelkaut; hier verzehrten wir unser geschossenes Rennthier; es war Suppe darauf gekocht mit Graupen darin und Grönländischen Salat, und war dies eine schöne Erfrischung für die ganze Mannschaft. Ich war verschiedene Male mit auf der Jagd nach dem Uytkeyck, Vogelsang etc., wir brachten dann Vögel, Eier, Salat etc. für den Commandeur mit. Auch war ich mit einigen Matrosen einmal eine hohe Klippe hinauf gestiegen; diese war gewiß 6000 Fuß (?) über dem Wasser hoch; es standen 2 Eisbäume (lange Stöcke mit einem Haken daran) darauf, die vor mehreren Jahren, von Grönlandsfahrern dahinauf gebracht waren, zum Zeichen, daß jemals Leute so hoch hinauf gewesen waren.[22] Den 2. August hatten wir einen starken Sturm aus Süden. Drei bei uns vor Anker liegende Schiffe trieben mit ihren drei schweren Ankern an den Strand. Das eine war der Commandeur Andries van Dülz. Das Schiff kam wieder vom Strande ab als es gutes Wetter wurde, war aber sehr leck, und auf der Rückreise nach Amsterdam konnten die Leute es nicht lens halten; sie verliessen das Schiff und es sank. Die Leute kamen auf andere Schiffe, die bei ihnen waren, und wurden da gerettet. Das zweite Schiff, De Liefde, mit dem ich das vorige Jahr gefahren hatte, und der Commandeur der es nun führte, hieß Hendrick Wauters Allerwegen. Das dritte Schiff war genannt Die Vreyheyd, von Altona, wurde geführt vom Commandeur Dirck Jansen; dieses Schiff kam mit Hülfe vieler Mannschaft der andern Schiffe, da der Sturm sich gelegt, unbeschädigt vom Strande ab. Allerwegen's Schiff stieß sich so leck, daß es voll Wasser lief, und nur der obere Theil und das zweite Deck trocken blieb. Wir von unserem Schiffe mußten täglich nach diesem Wrack hin um zu bergen, was zu bekommen war; auch Balken etc. absägen und kappen für den Commandeur. Die Matrosen von den andern Schiffen, die auch täglich hin mußten, um für ihre Commandeure zu bergen, wurden es müde, und einer legte Feuer an. Da nun Niemand löschte, so brannte das Schiff von hinten immer mehr nach vorne, und brannte so drei Tage, da es denn rund herum bis aufs Wasser abgebrannt war. Den 12. August segelten wir mit nördlichem Winde in See und fuhren nach Amsterdam zurück, wo wir Anfangs September glücklich anlangten. Mein Bruder Olof war auch derzeit von Grönland angekommen; wir kamen in Amsterdam zueinander, und hörten nun hier, daß unser Vater in Amsterdam sey. Er war auf einem Holländisch-Ostindischen Compagnie-Schiffe gewesen, und war krank vom Texel nach Amsterdam gesandt, um hier zu genesen. Wir beide gingen nach seinem Logis und fanden ihn wieder gesund. Wir hatten einander in 3 Jahren nicht gese-

[22] Beim Hinuntersteigen von der hohen Klippe fanden sich mehrere Stellen von feinem Siegel- oder Steingrand; auf welche ich mich setzte und mich hinunterrutschen ließ; wenn es zu geschwinde ging, dann drehete ich mich mit dem Hintern nur etwas tiefer in den Grund, und so ging es etwas langsamer; ich konnte es also machen wie ich wollte, geschwind oder langsam zu rutschen; dies machte mir großes Vergnügen.

hen; mein Bruder und ich waren während der Zeit größer geworden, so daß er uns nicht kannte; konnte es aber muthmaßen, und sagte als wir auf ihn zugingen und ihn umarmten: seid ihr meine Kinder? ja lieber Vater, sagten wir. Wir sprachen nun zusammen, und wollten ihn gerne mit nach Hause nehmen, er konnte aber nicht frei kommen, denn er war in die Dienste der Ostindischen Compagnie getreten. Ich gab ihm etwas Geld, hatte aber selbst nur wenig. Ach! warum hatte ich derzeit nicht mehr! Hätte ich es ahnen können, daß der liebe Gott mir innerhalb sieben Jahren so helfen würde, wie er mir geholfen hat, und daß ich so früh Schiffscapitain werden würde, ich hätte gewiß meinen Vater frei von dem Compagnie-Dienste gekauft, und ihn mit nach Föhr genommen, und sollte er dann, so wie meine Mutter, ein ruhiges Alter gehabt haben. Aber ich hatte ja selbst derzeit weder Geld noch Credit und konnte nichts mehr für ihn thun. Seitdem haben ich und mein Bruder ihn nicht mehr gesehen. Wir fuhren in einer Schmack nach Föhr und unser Vater fuhr im Herbst von Holland aus nach Batavia, mit dem Schiffe Boven Kerken Polder. Da ich noch gerne etwas verdienen wollte, so bemühete ich mich eine Häuer zu bekommen. Ausgangs October verhäuerte ich mich mit Schiffer Asmus Wonsen für 20 Schillinge lübsch pr. Woche. Er hatte 2 Jahr auf Westindien als unbefahrener Matrose gefahren und sich nun eine Schute gekauft für 200 Rthl. Cour. Sie konnte hundert Tonnen Rocken laden. Dieser Schiffer hatte wenige Seekenntnisse und ich war auch noch jung, und auf den kleinen Schiffen noch nicht ganz befahren. Wir bekamen eine Fracht von Wyck nach Sylt mit einigen Passagieren und einem Ochsen, den sie auf Föhr gekauft hatten, und sollten wir 3 Mark Fracht haben. Der Schiffer wußte eben so wenig als ich, den Weg durch die Sandbänke zu finden; dies übernahm denn der eine Passagier als Lootse. Als wir nahe bei Südwesthörn waren, kam ein Prahm von Sylt zu uns, und der Passagier, der auf Sylt wohnte, nahm ihn an, um von ihm nach Sylt gebracht zu werden. Wir segelten ein in Südwesthörn oder bei Süderdeich, löschten den Ochsen über in den Prahm; die Passagiere stiegen mit ein und fuhren nach Sylt. Ehe wir auf diese Reise gingen, hatten wir nur wenig Brod am Bord und einige gelbe Wurzeln. Der Schiffer hatte kein Geld um Proviant zu kaufen; ich bekam durch dieses Rohe-Wurzelnessen und Wassertrinken einen starken Durchfall, der, wenn ich nicht bald warmes Essen bekommen hätte, in eine schlimme Krankheit ausgeartet wäre. Mir deuchte der Zeit, wenn ich einst Schiffer auf einer solchen Schute werden könnte, so würde ich mich glücklich schätzen. Wir bekamen in Südwesthörn eine Fracht, nemlich acht Tonnen Hafer und zwei Passagiere, nach Wyck auf Föhr, 4 *ß* [Schilling] pr. Tonne Hafer Fracht und 4 *ß* pr. Passagier. Es war schon im November-Monat und kalt; wir kamen des Abends 8 Uhr zu Wyck an, und machten unser Fahrzeug am Hafen fest, kauften für die 8 ß Passagiergeld ein Rockenbrod zu 3 ß, ½ Pfund Butter zu 3 ß und kauften uns für die übrigen 2 ß in des Broder Conrads Wirthshaus jeder eine Kanne warmes Husumer Bier, setzten uns beim warmen Kachelofen und verzehrten mit dem größten Appetit unser ganzes Rockenbrod und das halbe Pfund Butter; Geld hatte der Schiffer nicht mehr, denn den Thaler Fracht war er schuldig gewesen. Wir löschten des andern Tages unsere 8 Tonnen Hafer, bekamen 2 Mark Fracht, kauften uns einen Theil einer Hammelbrust und ein paar Köpfe Weißen-Kohl, und fuhren wieder ab nach Südwesthörn um Fracht zu suchen. Der Wind war nördlich und wir lavirten nordwärts, so lange als die Fluth lief; finster war es, und wir ankerten als wir dachten, daß es Hochwasser sey. Am andern Morgen war es Ebbe, und der Schiffer konnte vom Schiffe ab an Land gehen, um Fracht zu suchen; ich sollte während der Zeit, daß der Schiffer am Lande war, das Hammelfleisch und weißen Kohl kochen, damit wenn der Schiffer des Mittags an Bord käme, wir dann gleich essen könnten. Ich war also ans Kochen, und wie das Essen gaar war, roch es so herrlich aus dem Topfe; ich schmeckte dann und wann das Fleisch und Kohl; es schmeckte so schön! der Schiffer blieb aus bis 2 Uhr; ich schmeckte so lange, daß das Fleisch meist um die Hälfte vermindert war. Als der Schiffer an Bord kam, und ich aufgetischt hatte, sagte er: du bist auch verteufelt beim Fleisch gewesen; ich sagte: ja Schiffer, es roch gar zu schön aus dem Topfe, und so mußte ich schmecken, es ist etwas zu viel geworden, aber der Kohl ist auch im Topf viel weggeschwunden. Wir segelten des Nachts binnen der Lannings[23] und da die Ebbe hart aus der Schleuse strömte, mußten wir unser Anker fallen lassen, um nicht wieder hinauszutreiben, und da dies geschehen, gingen wir zu Koye (Bette im Schiff.) Um 4 Uhr des Morgens wachte ich auf, und stand beinahe auf dem Kopf im Bette; ich sprang aufs Deck und sahe, daß unser Schiff mit dem Vorderende auf der westlichen Lanning festsaß, und hinten tief im Strom lag; das Schiff war mit dem Fluthstrome auf die Lanning getrieben während wir schliefen, und mit der Ebbe so sitzen geblieben, als das Wasser wieder ablief. Ich rief den Schiffer aus dem Bette, und sagte: wir sitzen auf der Lanning; es war aber nichts dabei zu thun, wir mußten die Fluth abwarten, mit welcher unser Schiff auch flott wurde, und wir bei der Schleuse ankamen. Der Schiffer hatte kein Geld um Proviant einzukaufen, denn die 2 Mark Fracht waren für das Hammelfleisch und Kohl größtentheils

[23] Dies sind die, auf jeder Seite des Fahrwassers aufgeworfenen Kley- und Sand-Wälle mit Stroh gedeckt.

ausgegeben; auch verzehrte er, wenn er am Lande war, manchen Schilling im Kruge, die besser für Brod hätten angewandt werden können, und bei uns war Schmalhans Küchenmeister. Kurz, in den 14 Tagen die ich etwa bei ihm war, habe ich oft sehr gehungert; ich könnte ja gerne, da wir unterdessen öfter an der Wyck waren, nach Hause zu meiner Mutter gegangen sein, allein mein Ehrgefühl ließ dies nicht zu, denn wie würde mein Onkel Hans Jensen und meine Kameraden mich ausgelacht haben, wenn ich wieder zu Hause gekommen wäre und nicht kauffahrtheifahren könnte oder möchte: diesen Schimpf wollte ich mir nicht anthun, sondern blieb bei dem Schiffer. Es lag ebenfalls bei der Schleuse ein Tjalckschiff von Husum; der Schiffer hieß Hans Boysen, und war selbst Eigner des Schiffs und ladete Hafer nach Altona oder nach Hamburg. Da ich immer wo ich gewesen bin, fleißig und aufmerksam war, daß nichts beschädiget oder verdorben wurde, so hatte ich auch auf unser Fahrzeug Acht, trocknete die Segel wenn sie naß waren, spülte jeden Morgen das Deck rein, und sahe immer alles nach, ob es recht und in Ordnung war. Dieses hatte der Schiffer Hans Boysen sowie sein Steuermann Jan Carstens (welcher auch in Husum wohnte) bemerkt. Eines Tages kam dieser Steuermann zu mir, und fragte wie es ginge etc. und wie ich mit einem solchen kleinen Schiffe fahren möchte, ich sollte mit ihm kommen, dies sei doch ein größeres Schiff und ginge nach Hamburg. Ich bekam Lust dazu, vornehmlich weil ich gewiß wußte, daß ich da satt Essen bekommen würde. Ich sagte also meinem Schiffer den Dienst auf. Er hatte aber kein Geld mir meinen Wochenlohn zu bezahlen; ich fragte auch nichts darnach, und so ging ich an Bord bei dem Schiffer Hans Boysen von Husum welcher mir sagte, er wolle mir auch 20 Schilling lübsch pr. Woche geben, so viel als ich beim Schiffer Wonsen gehabt hatte, oder, ob ich 6 Mark für die Reise accordiren wollte; dieses überließ er mir und ich sollte Koch und Junge zugleich sein. Ich dachte, diese Reise kann gemächlich in drei Wochen, vielleicht in 14 Tagen abgemacht werden, und nahm also die 6 Mark für die Reise an. Leider dauerte sie nahe an sieben Wochen, welche ich im Dienst war, so daß ich Schaden bei diesem Accord hatte. Wir segelten mit unserer eingenommenen Ladung Hafer von Südwesthörn ab und ankerten bei Wyck; es war Sonntag; ich erhielt Erlaubniß eine Stunde nach Nieblum zu gehen und meine Mutter und Brüder guten Tag zu sagen; ich that dieses und kam zur rechten Zeit wieder an Bord; wir segelten nach Amrum, und ankerten des Nachts da. Der Wind war schön nordnordwest, gutes Wetter und am folgenden Morgen wollten wir in See segeln, allein dies thaten wir nicht; dem Schiffer und Steuermann waren die Seelöcher bei Amrum nicht bekannt, auch waren sie bange, am Tage die Elbe nicht zu erreichen; wir segelten also des Tages hin nach Pelworm und ankerten allda, um des andern Morgens früh in See zu gehen. Allein am andern Morgen war der Wind contrair geworden, und wehete südwest; wären wir des vorigen Tages von Amrum aus in See gesegelt, so hätten wir unsere Reise sicher gehabt, nun mußten wir über 14 Tage unter Pelworm, meistentheils bei Sturmwetter und contrairem Winde liegen. Endlich lief der Wind ost, wir segelten in See, und kamen des Abends 11 Uhr ausser dem Vogelsand vor der Elbe zu Anker. Der Steuermann nahm die erste Wache; also nur eine Stunde, denn um 12 Uhr rief er mich schon, Wache zu halten; dieses war nicht recht, denn wir gingen um 4 Uhr wieder Anker auf und unter Segel, also hatte der Steuermann 4 Stunden, ich aber nur eine geschlafen. Mit Tagesanbruch segelten wir in die Elbe. Der Schiffer sagte mir, denn ich stand am Steuerruder, halte nur alle schwarze Tonnen an Steuerbord und die weissen Tonnen an Backbord, und so steuerte ich die ganze Elbe hinauf. Wir kamen glücklich bei Altona an, mußten aber mit dem Schiffe nach Hamburg um zu löschen.[24] Wir löschten also unsere Ladung in Hamburg und segelten von da nach Altona, nahmen ein wenig Stückgut ein, und segelten von Altona nach der Ost, um allda Mauersteine für Husum zu laden. Ich war also in Hamburg und Altona im Hafen gewesen, und hatte keinen Fuß am Lande gehabt. Wir kamen auf der Ost an und luden Mauersteine, lagen da während eines schweren Nordweststurms, und dann segelten wir in See nach Husum; waren aber doch eine Nacht in See und kamen gegen die Mitte des Decembers in Husum an. Ich half das Schiff löschen, und der Schiffer gab mir meine accordirte Gage, 6 Mark, und dann noch 8 *ß* als Geschenk, um nach Föhr zu reisen. Mein Onkel Otto John Eschels war derzeit in Husum und wollte nach Föhr reisen; da er nun allein mit Extrapost fahren wollte, so nahm er mich mit auf den Wagen, denn er

[24] Derzeit fingen alle Leute, mehr als jetzt, ihre Arbeit mit Gebet an, und dachten mehr an Gott; denn wie die Kornmesser anfangen wollten unsere Ladung Hafer zu messen, da nahmen alle, auch ihre Arbeitsleute, ihre Mützen ab, falteten ihre Hände und ihr Vormann betete auf Plattdeutsch, also:

Nu wölen wi den Anfang maken,
Nu helf uns Gott,
Dann geith et uns altidt wohl. Amen.

Ich sehe so etwas sehr gerne und freue mich, wenn die Leute ihre Arbeit mit Gott anfangen, und die Zeilen sind wahr:

Mit Gott in einer jeden Sach'!
Den Anfang und das Ende mach',
Mit Gott geräth der Anfang wohl,
Für's Ende man Gott danken soll.

hatte einen Beutel mit 1200 ℛ Courant bei sich, welchen ich auf meinen Schooß nehmen mußte, damit er gut bewahrt würde. Wir fuhren den Tag vor Weihnachten von Husum ab und kamen Abends, also am Weihnachtsabend, nach Faretofft, woselbst wir bei dem Wirth Feddersen eine gute Mahlzeit einnahmen, fuhren dann am andern Morgen früh nach Dagoböl und von dort mit dem Fährschiffer nach Föhr. Ich kam also am Weihnachtstage nach Hause; meine verdienten sechs Mark gab ich meiner Mutter, und von den acht Schillingen Reisegeld, die ich als Geschenk empfangen, gab ich jedem meiner Brüder zwei Schilling und behielt vier Schilling zum eigenen Gebrauch für mich.

IV. Auf dänischen Walfängern nach Westgrönland (1776-77)

Anno 1776 wurden in Kopenhagen acht Schiffe ausgerüstet, um nach Grönland zu fahren. Sieben davon waren neu gebaut, und das achte war früher ein Bombardierschiff gewesen; folglich waren es alle prächtige Schiffe zu diesem Zwecke. Eins von diesen Schiffen wurde in Eckernförde gebaut und erhielt den Namen GRAF BERNSTORFF; der Commandeur, der es führen sollte, hieß Jacob Riewerts. Ich und mein Bruder Olof verhäuerten uns mit ihm; ich, als befahrener Matrose, für 9 Rthlr. Courant pr. Monat, und Olof, als unbefahrener Matrose, für 6 Rthlr. pr. Monat. Alle Föhringer, die mit diesen Schiffen verhäuert waren, erhielten 6 Rthlr. Cour. Reisegeld nach Kopenhagen. Auch wir, die nach Eckernförde reisen mußten, erhielten das nemliche; hatten aber auch dafür das Schiff unentgeltlich nach Kopenhagen zu bringen.

Wir fuhren Anfangs Februar (denn es war kein Eis mehr im Fahrwasser) mit einem kleinen Fahrzeuge, dessen Schiffer Andres Anthony hieß, von Föhr nach Husum ab. Dieser Schiffer kannte mich und wußte, daß ich mit Schiffer Wonsen und Hans Boysen auf kleinen Schiffen gefahren und folglich auf solchen auch bekannt war; er sagte daher zu mir wie wir von der Wyck abfuhren: Jens, bleib du bei mir auf dem Deck, denn ich habe keinen Gehülfen, also hilf du mir; ich war willig dazu. Unser Commandeur und die Officiere wunderten sich, daß der Schiffer mich nahm, da ich noch nicht völlig ausgewachsen und noch klein von Person war. Der Schiffer aber sagte ihnen: ich kenne ihn, er ist ein flinker junger Mann. Dieses war für mich vortheilhaft; denn als wir auf unser Schiff kamen, wurde ich beim Auftakeln zu den vornehmsten Arbeiten angestellt, und bei dem Auftakeln eines neuen Schiffes lernt man mehr als bei einem alten, weil die Takelage da schon steht, bei einem neuen Schiffe aber müssen Masten, Boogspriet etc. erst eingesetzt, und alle Takelage an muß erst neu gemacht werden. Weil nun der Commandeur und die Officiere hierbei sahen, daß ich meine Arbeit verstand, so wurde ich auf dem Schiffe für einen flinken und geschickten Seemann gehalten. Auf dieser Reise nach Husum fuhren wir bei Nordstrand an, waren einige Stunden am Lande, besahen die Schleusen, gingen dann wieder unter Segel und kamen am andern Morgen nach Husum. Hier nahmen wir Fuhrleute an, welche uns und unser Seezeug nach Eckernförde bringen sollten; fuhren ab und kamen daselbst an. Unsere Reise hatte pr. Mann 2 Rthlr. gekostet, folglich hatte ich und mein Bruder 8 Rthlr. übrig. Da unser Schiff, wie wir in Eckernförde ankamen, noch nicht ganz fertig war, so wurden wir in ein Haus einlogirt, bekamen gutes Essen und Trinken und hatten es viel besser als wir es von Holland aus gewohnt waren; denn dort bekamen wir beim Zutakeln des Schiffes weder Speck noch Fleisch zu essen, hier aber voll auf. Wir takelten unser Schiff zu, beluden es mit Brennholz, segelten Anfangs März nach Kopenhagen ab und kamen in einigen Tagen glücklich daselbst an. Hier empfingen wir statt Essen und Trinken täglich 12 ß Courant Kostgeld; mein Bruder Olof und ich kauften uns ein Roggenbrodt und Butter, und gingen des Morgens und Abends, mit unserm Butterbrodte in der Tasche, in ein Theehaus, wo wir jeder für einen Schilling Cour. Thee dazu tranken; des Mittags gingen wir in eine Garküche, und aßen uns für 3½ höchstens 4 ß pr. Mann recht satt. Bei diesem wohlfeilen und guten Leben in Kopenhagen sparten ich und mein Bruder uns von dem Kostgelde täglich circa 8 ß zusammen, so daß wir uns dafür mit Stiefeln, Strümpfen, Handschuhen etc. zur Reise völlig ausrüsten konnten. Unser Handgeld (eine Monatsgage, 15 Rthlr.) und die übrig behaltenen 8 Rthlr. Reisegeld, also zusammen 23 Rthlr. oder 69 ₰ Courant, sendeten wir unserer Mutter pr. Post nach Hause. Dieses machte Aufsehen in unserm Dorfe Nieblum, daß Inge Jacob Eschels ihre Söhne so viel Geld geschickt hatten; seit dieser Zeit bekam ich eine bessere Achtung im Dorfe, und man hielt mich nun nicht mehr für einen Verschwender, sondern für einen sparsamen guten Jüngling. – In Kopenhagen machten wir unser Schiff fertig, und wurden mit allem Nothwendigen, zur Reise Gehörigen, aufs beste und sorgfältigste versehen, und segelten alle acht Schiffe mit einander in der Mitte April 1776 von Kopenhagen nach Grönland ab. Dieses waren die ersten Schiffe, die 1776 von Kopenhagen nach Grönland auf den Wallfischfang absegelten, und waren alle unter einer Direction ausgerüstet. Die Herren Directoren schrieben sich: Moltke, Erichsen, Borre, Ahrensburg, Zinn. Die Schiffe hießen: 1stes KONGENS HAAB, Commandeur Paulus Jernsen; 2tes SKATMESTER BARON VON SCHIMMELMANN, Commandeur Jacob Roelef; 3tes GREVE THOTT, Commandeur Christian Johannsen; 4tes GRAF BERNSTORFF, Commandeur Jacob Riewerts; 5tes GREVE SCHEEL, Commandeur Baltzer Groth; 6tes BARON KRAGHJULWIND, Commandeur Riewert Claasen; 7tes GENERAL EICHSTEDT, Commandeur Hendrick Broers; 8tes GEHEIMER RATH SCHACK RATHLOW, Commandeur Dirck Jurgens. Alle diese Commandeure waren von Föhr, Baltzer Groth ausgenommen, der von Römöe war, und weil man derzeit auf Föhr Holland noch für das wichtigste Land auf der Welt hielt, wo fast nur allein Brodt zu verdienen wäre, so hatten die Commandeure auch alle ihre holländischen Namen beibehalten. Auch ich fuhr unter meinem holländischen Namen, Jan Jacobs, mit dem Schiffe; mich wundert daß man dies in Kopenhagen gelten ließ; jetzt ist es wohl anders, und ich rathe einen Jeden: verändert euren Namen nie, wenn er auch in einer andern Sprache noch so lächerlich klingt, denn es können große Unannehmlichkeiten dadurch entstehen.

Nach dieser Abschweifung nun zur Reise. Wir kamen in Helsingör an, clarirten da, und ohngefähr Mitte April, wo des Morgens ein steifer Südsüdwest-Wind wehte, segelten wir alle nach See. Bei Koll war der Wind schon S.W.z.W.; es fing hart an zu wehen, und die Bram-Rahs und Stengen mußten herunter genommen werden. Ich machte, daß ich überall der erste war; denn ich wußte derzeit schon, zeichnet man sich gleich anfangs aus, so daß der Commandeur und die Officiere sehen, daß man willig und geschwind ist, ihre Befehle zu vollführen, so heißt es gleich: dieser ist ein fixer Gast, und kann man nachher schon einen Topf brechen, ohne daß es bemerkt wird; so wie derjenige, der erst den Namen hat, daß er früh aufsteht, hernach lange schlafen kann, ohne daß man es gewahr wird. Wir kreuzten zwei Tage mit westlichem Sturme im Cattegat. Am Abend des zweiten Tages resolvirten sich die Commandeure, wieder umzukehren und bei Helsingör einzulaufen; wir hielten also vor dem Winde ab und segelten wieder einwärts. Des andern Tages aber wurde es gut Wetter, und wie wir des Abends nahe bei Helsingör kamen, war der Wind still und lief östlich; wir kehrten also um und segelten wieder auswärts. Von nun an hatten wir gutes Wetter, bis wir in den Ocean kamen; hier bekamen wir einen Sturm aus Süden; unser Schiff lief des Nachts aus dem Ruder, das heißt, es drehte unter dem Winde; die Fock, wovor wir lensten, schlug natürlich back, und nur mit vieler Mühe konnten wir die Fock fest machen.[25] Des Nachmittags kam das Schiff Greve Thott, vor zwei dichtgereften Marssegeln und Fock, uns vorbei gelenst[26] oder gesegelt; das Ehrgefühl unsers Commandeurs wurde dadurch gereizt, wir drehten auch vor dem Winde ab, setzten ebenfalls unser dichtgereftes Großmarssegel und Fock bei, und folgten ihm.

[25] Die Matrosen wollten ungern auf die Vock-Rah [nach Eschels Druckfehlerverzeichnis lies »Nock«], denn sie schlug bei dem harten Sturme sehr. Der Steuermann tobte und sagte: jie schöel wahrhaftig mie de Fock betalen, wenn jie mie se wegflegen laat; ich konnte das Lachen über ihn nicht lassen, denn der Schaum stand ihm vor seinem großen Munde.

[26] Lensen heißt: wenn man bei einem harten Sturme vor dem Winde segelt.

Gegen Abend passirten wir noch drei Hamburger Grönlandsfahrer, die auch noch beigedreht und beilagen. Wir kamen Mitte Mai ins Eis, und wurden durch die Menge desselben eingeschlossen oder besetzt. Eines Tages wurde »Ueberall« gerufen; (das heißt: alle Mannschaft kommt aufs Deck) ich sprang gleich aus der Koje, und vergaß, was ich sonst nie that, mein kurzes Gebet wenn es Eile hatte, als: Dank lieber Gott für deinen Schutz, bewahre mich ferner und nimm mich in deine Obhut etc. Ich wurde mit aufs Eis commandirt, und sollte ein Loch in dasselbe hauen, um einen Eishaken daran zu befestigen; denn wir sollten uns durch das Eis winden. Ich hatte das Loch noch nicht ganz fertig, als der Harpunier sagte: hake den Eishaken nur ein; ich antwortete: das Loch ist noch nicht fertig, es hält nicht; allein dieser Officier wollte nicht warten, und so hakte ich den Eishaken ein. Er befahl nun den andern Leuten, daß sie auf die Pferdeleine, die an demselben befestigt war, treten sollten, um sie nieder zu halten, weil vom Schiffe aus stark mit dem Bradspill an derselben gewunden wurde. Drei Matrosen traten auf das Tau; ich sagte zu ihnen: plagt euch der Teufel? wenn das Loch im Eise ausreißt, so sind alle eure Beine entzwei! Hierüber wurde der Officier böse auf mich, und befahl mir, mich gleich zu den andern auf das Tau zu stellen. Da ich sah, daß das Tau schon so steif gewunden war, daß es nicht mehr halten konnte, (daß der große Eishaken brechen würde, daran dachte ich nicht) so dachte ich, das Loch im Eise hält, stellte mich vorne auf dasselbe, und weil ich immer lustig war, so tanzte ich mit einem Fuß um den andern auf dem Tau. Als ich ohngefähr eine halbe Minute darauf gestanden hatte, brach der Eishaken entzwei; die eine Hälfte blieb im Eise sitzen, und die andere Hälfte, woran das Tau befestiget war, schlug mir an den rechten Fuß (weil ich just beim Tanzen den linken in die Höhe gehoben hatte) und zersplitterte mir den Binnen-Enkel (die kleinen Knochen sind auch nie wieder zusammen gewachsen). Ich wurde an Bord gebracht, und der Doctor, der mit dem Schiffe fuhr, verband mich; ich habe aber viele Schmerzen daran gehabt, und in einem Jahre keinen Stiefel über den Fuß ziehen können, denn der Fuß konnte vor Steifigkeit nicht ausgestreckt werden. Durch öfteres Schmieren mit dem Marke von geräucherten Schinken-Knochen habe ich es aber so weit gebracht, daß er mich nachher am Gehen nicht gehindert hat, sondern eben so geschmeidig war als der linke Fuß, nur das erste Jahr mußte ich ein wenig hinken. – Wir wurden aber von dem Eise noch fernerhin eingeschlossen, so daß wir zuletzt ganz fest saßen. Nach einigen Tagen kamen viele Wallfische bei uns an, die zu den Löchern zwischen dem Eise fuhren, um zu blasen oder Athem zu holen; da es aber bei einer solchen Gelegenheit nicht für rathsam gehalten wird, mit der Harpune in einen Wallfisch fest zu schießen, weil der Fisch wegläuft, und man ihn wegen des Eises mit den Schalupen nicht verfolgen noch tödten kann; auch eine Wallfischleine den Fisch nicht gut halten kann, sondern gewöhnlich bricht, wenn sie nicht außerordentlich stark ist, und also die Leine mit sammt der Harpune verloren geht, so sahen wir den Fischen ruhig zu. Da es aber ein harter Anblick ist, die Fische so laufen zu lassen, so wurde ein Schiffsrath gehalten. Die alten Officiere meinten, es wäre unnütz, festzuschießen, indem wir dabei nur Leinen verlieren würden; der Commandeur aber, ein junger Mann, ward ungeduldig und sagte: so will ich doch ein Stell Leinen daran wagen. (Ein Stell Leinen ist in jeder Schalupe; sechs Stück sind zusammen gesplist, und jede Leine ist 120 Faden oder 720 Fuß lang.) Es wurde also ein Stell Leinen aus einer Schalupe genommen, aufs Deck gebracht[27] und um das Gangspill gelegt, um sie nachlassen oder einwinden zu können, je nachdem man es für gut fand. Fische waren genug da; ein Harpunier ging mit der Harpune aufs Eis und schoß in einen Wallfisch fest. Wir ließen den Fisch zwei Leinen, mit drei Schlägen ums Gangspill, auslaufen, dann wurde die Leine so steif gehalten, als sie vertragen konnte; wenn der Fisch von neuem anzog, gaben wir etwas nach, und wenn er nicht hart zog, wanden wir ihn mit dem Spill zurück. Durch dieses Steifhalten der Leine wurde der Fisch so müde, daß wir ihn zurück ziehen konnten, und da er endlich, um zu athmen und Luft zu schöpfen, in einem Loche zwischen den Eisschollen aufkam, liefen die Officiere, welche für diesen Fall schon alle mit Lensen auf dem Eise bereit standen, hin, und stachen ihn in dem Loche todt. Nun war der Jubel auf dem Schiffe groß! Unsere Leinen waren außerordentlich stark; freilich waren sie nagelneu, allein selten findet sich ein Beispiel, daß eine Wallfischleine einen Fisch von über 30 Quardeelen (denn so groß war er) halten kann, ohne zu brechen, oder daß die Harpune nicht aus dem Fische reißt. Als dieser Fisch todt war, wurde gleich wieder in einem zweiten festgeschossen, welcher auch auf obige Art gefangen und getödtet wurde, und so noch ein dritter. Wir fingen also in Zeit von drei bis vier Stunden drei Wallfische, die, nachdem sie im Schiffe in Fässer gemacht, über 90 Quardeelen Speck lieferten. Nun war aber der Lauf der Fische vorbei, und wir konnten keine mehr bekommen. Des Eises

[27] Eine Schalupe kann keinen Wallfisch halten; denn wenn sie die Leinen nicht nachläßt, so zieht der Fisch sie unter Wasser. Auch können zwei Schalupen, wenn der Fisch etwas groß ist, denselben nicht fest halten; so daß es schon oft passirt ist, daß, wenn die Leine in der Schalupe unklar läuft und festhakt, dann der Fisch die Schalupe mit den Leuten unters Eis zieht; auf welche Weise schon Viele ihr Leben im Wasser verloren haben.

wegen konnten wir die drei todten Fische nicht an Bord bringen und flensen (in Stücke schneiden), sondern dies mußte in den Löchern, worin sie todt gestochen waren, geschehen, und der Speck dann in Stükken über das Eis an Bord gebracht werden, welches viele Mühe und Arbeit kostete.

Nach Verlauf einiger Tage kamen wir, da das Eis sich öffnete und auseinander trieb, in offenes Wasser und suchten im Eise nach Wallfischen. Wir kamen bei dem Commandeur Christian Johannssen, welcher das Schiff GREVE THOTT führte; wir machten Mackerschaft mit ihm, um mit einander zu fischen und den Fang zu theilen; er hatte noch nichts gefangen. Wir kamen einige Tage nachdem bei Wallfischen, und eine seiner Schalupen schoß fest in einen großen Wallfisch; dieser Fisch war ein böser Teufel; er schlug gleich wie er die Harpune empfing, die Schalupe entzwei; wir alle eilten mit den Schalupen herbei die Leute zu retten. Wir kamen mit allen Schalupen der beiden Schiffe, zwölf an der Zahl, herbei und umringten den Fisch, der fast beständig über dem Wasser blieb (das heißt mit dem halben Körper) und schossen drei Harpunen an ihn fest, konnten aber nicht gehörig an ihn kommen um ihn zu lensen oder todt zu stechen, denn er schlug mit dem Schwanz so unbändig, daß man sich ihm nicht nahen durfte. Wenn er einen Augenblick ausruhete und stille lag, bekam er wohl einige Lensenstiche, allein er war so wüthend, daß er noch zwei Schalupen entzwei schlug. Endlich wurde er matt, fing an Blut zu blasen[28] und wir stachen den Fisch todt. Wir fingen gleich darauf

[28] Wenn der Wallfisch einige Lensenstiche erhalten (eine Lense ist circa 6 bis 7 Fuß lang, von Eisen, und ein 5 Fuß langer hölzerner Stiel daran fest, die in seine Eingeweide eingestoßen wird), dann bläst er armdick Blut aus seinen beiden Nasenlöchern. Er röchelt dann sehr laut und stirbt bald, und wenn er todt ist, rollt er um auf seinen Rücken, so daß der Bauch über dem Wasser zu liegen kommt. Wenn ein Harpunier resolvirt und nicht bange ist, dann ist ein Wallfisch leicht todt gestochen, und ich habe es einmal selbst gesehen, daß ein Harpunier eine Lense circa ein Fuß hinter den Nasenlöchern, wo der Fisch weich ist, einstach, daß der Fisch von diesem einen Lensenstich sogleich starb und auf den Rücken umrollte. Ja! der alte Speckschneider, den wir 1769 mit hatten, und der ein tüchtiger Officier war, dieser hatte das Jahr vorher 1768 auch mit der STADT ZWOLL gefahren; sie hatten auf dieser Reise 12 Wallfische gefangen. Einmal waren sie zwischen drei Fischen fest gewesen, als ein Wallfisch oben kam. Dieser Speckschneider glaubte es sey einer der 3 Fische, worin sie die Harpune fest geschossen hatten; er fuhr mit der Schalupe gleich nach demselben hin und stach ihn mit einer Lense hinter den Nasenlöchern, oder der, damals sogenannten Krühn; so bald der Fisch die Lense erhalten hatte, rollte er gleich um auf den Rücken und war todt; nun wurde man erst gewahr, daß der Fisch noch keine

noch zwei große Fische mit einander, und das Schiff GREVE THOTT nahm zwei und wir einen in unser Schiff, so daß wir nun 4½ Wallfisch hatten und 155 Quardeelen Speck davon angaben; wir hatten aber mehr. Weil ich mit meinem gebrochnen Fuß still liegen mußte, so bekam ich den Scorbut; es war für mich ein Glück, daß wir nach Hause segelten, und eine geschwinde Hinreise hatten; schon Ausgangs Juli-Monat kamen wir gottlob

Harpune bekommen hatte, also ein loser oder freier Fisch gewesen sei, und keiner der drei Fische war, an die sie Harpunen geschossen. Nun wurde die Freude der Leute, welche in dieser Schalupe waren, um desto größer, weil sie diesen Fisch allein und ohne die Hülfe der andern Schalupen gefangen hatten. Eine Lense, die an dieser Stelle eingestoßen wird, trifft die edleren Theile des Thieres, als das Herz, Lunge und Leber; auch wenn ein Fisch beim Lensen sich, wie er gewöhnlich thut, rollt, so kann ihm leicht eine Lense unter seine Flußfedern oder Finnen eingestoßen werden, und diese trifft denn auch die Gedärme des Fisches und die edleren Theile; auch nach einem solchen Stich fängt er bald darauf an, Blut zu blasen, so daß er dann bald stirbt. Das Lensen an dem hintern Theile des Fisches taugt zu nichts Gutem, denn derselbe wird dadurch nicht matt, sondern wird böse, schlägt wüthend mit dem Schwanze um sich, so daß keine Schalupe sich ihm ohne Gefahr nähern darf. Beim Lensen oder Todtstechen eines Wallfisches hat der Steurer der Schalupe darauf zu sehen, daß er die Schalupe queer über den Fisch hält, denn der Fisch hebt immer die Schalupe mit dem Rücken in die Höhe, und so gleitet sie denn (da der hintere Theil derselben im Wasser ist) vom Fisch ab, und fällt nicht um, hingegen wenn die Leute und Steurer in der Schalupe nicht aufpassen, dieselbe queer zu halten, so daß sie, wenn der Fisch sich hebt, der Länge nach auf demselben zu liegen kommt, kehrt sie das Unterste nach oben, und dann sind die Leute verloren; schon Mancher hat auf diese Weise sein Leben in Grönland verloren. Darum lieben Kinder und Enkel, solltet ihr einst auf Grönland als Officiere oder Commandeure zu fahren kommen, so merkt euch dies Obengesagte, denn es ist auf meine eigene Erfahrung gegründet. Wenn man bei Wallfischen kommt und ein wenig Glück hat, so kann man leicht einige fangen, besonders in der ersten Zeit wenn man in Grönland kommt, die Fische noch nicht gejagt sind und keinen Feind kennen, dann liegen sie ruhig und still zu athmen, oder wie man derzeit da ich fuhr, zu sagen pflegte: die Fische liegen da, als wie ein Stück Brennholz; ein anderes ist es aber, wenn diese schon gejagt sind und ihre Feinde kennen, dann ist der Fisch so klug, weil er nicht voraus sehen kann, sondern nur seitwärts siehet, daß er, ehe er über das Wasser kommt, sich auf die Seite drehet und sieht, ob auch eine Schalupe da liegt, wo er aufsteigen will um Athem zu schöpfen; ist für ihn da nun nichts zu sehen, so kommt er oben, ist dann aber noch so klug und stellt seinen Kopf aus dem Wasser und dreht sich rundum, so daß er dann nach allen Seiten hinsehen kann; ist für ihn nun nichts zu sehen, sodann legt er sich ruhig hin zu athmen; siehet er aber eine Schalupe in der Nähe, dann läßt er sich gleich und geschwinde auf sein Ende niedersinken, wie ein Stein in die Tiefe. In Grönland ist das Wasser an vielen Stellen so hell und klar, glücklich in Kopenhagen an; wo ich bald durch frische Speisen, als Kohl und Grünigkeiten etc. von meiner Scorbutkrankheit geheilt wurde, mußte aber noch hinkend gehen, denn mein Fuß war noch nicht genesen. Wir hatten auf unserm Schiffe eine ansteckende Krankheit gehabt; 10 bis 12 Mann waren von derselben befallen gewesen. Ich mit mehreren unserer Leute fuhren von Kopenhagen mit einem Flensburger Jagdschiff nach Flensburg, wo wir in Zeit von einigen Tagen glücklich ankamen; von hier fuhren wir über Land nach Dagoböl, und dann mit dem Fährmann zu Wasser nach Föhr. Wie ich nach Hause kam, lag meine Mutter schwer krank darnieder; ich pflegte selbe so gut ich konnte, aber auch ich fiel in eine schwere Krankheit, so daß ich dem Tode nahe war; auch mein Bruder Olof wurde sehr krank; es war eine ansteckende Krankheit; doch wir genasen Gottlob alle. Ich lernte diesen Winter nochmals die Navigations-Skatkammer von Klaas Hendriksen Gietermaker durch, und da das nächste Jahr 6 Schiffe von Kopenhagen nach der Davidsstraße zum Fischen ausgesandt werden sollten, und diese nicht Mannschaft genug hatten, so wurden alle Seeleute auf Föhr aufgefordert, sich zu melden, welche lieber Lust hätten, nach der Davidsstraße als nach Grönland zu fahren; denn viele, worunter auch ich, waren schon von Kopenhagen nach Grönland verhäuert. Als wir nun beim Landvogt dieserwegen erschienen, wurde gefragt: wer hat Lust nach der Davidsstraße zu fahren? es war kein einziger der Lust dazu hatte als ich, und ich sagte, wenn ich ein Steuerruder bekommen kann, so will ich mich annehmen lassen. Die Commandeure dieser Schiffe waren alle gegenwärtig und so wurde der Commendeur Jacob Riewerts von dem Landvogt gefragt, ob er mich haben wollte; er sagte: er hat das vorige Jahr mit mir gefahren, er ist noch

daß man gewiß 7 bis 10 Faden unter der Oberfläche des Wassers sehen kann; deswegen hat schon Mancher einen Fisch unter Wasser gesehen so daß es schien, als ob solcher in der Nähe seiner Schalupe über Wasser kommen würde, allein er drehte sich wie gesagt, auf die Seite, sah so nach oben, ward die Schalupe gewahr, und kam nicht in die Höhe, sondern lief geschwinde weiter; die Hoffnung der Leute in der Schalupe den Fisch bei sich aufsteigen zu sehen, ward vereitelt. — Ich habe gesagt, daß in Grönland an vielen Stellen das Wasser so hell und klar ist; allein die Wallfischfänger halten sich, wenn sie es ändern können da nicht auf, indem die Fische durch dieses helle und klare Wasser nur durchlaufen und sich da nicht aufhalten, sondern nach den Plätzen hinziehen, wo das Wasser dunkel und voll Nahrung für die Wallfische ist. An diesen Plätzen halten die Fische sich länger auf, deswegen sagte man auch damals zu meiner Zeit, wie ich dahin fuhr: das Wasser ist klar und blau wie Blei, hier halten sich keine Fische auf, wenn auch einige kommen, so sind es nur schnelle Durchläufer.

jung und noch nicht völlig ausgewachsen, sonst ist er ein flinker Matrose. Der Landvogt sagte: sie müssen es wissen. Nun ja, sagte er, und so wurde ich als Schalupssteurer angenommen; daß ich dieß that, war mir 15 Rthlr. Profit, denn wir waren 1½ Monat länger im Dienst als die Grönlandsfahrer, auch hatte ich als Steurer 2 Rthlr. pr. Fisch, den wir fingen; anstatt die andern Matrosen nur 2 Mark pr. Fisch hatten.

Anno 1777 fuhr ich mit mehreren Officieren und Matrosen, die auch nach der Davidsstraße fahren sollten, den 20. Januar von Föhr nach Kopenhagen ab; wir hatten viele Mühe durchs Eis nach Dagoböl zu kommen, und gingen noch den Tag von Dagoböl zu Fuß nach Klicksbüll, wo wir des Abends ankamen und Nachts dablieben; gingen am andern Morgen weiter zu Fuße, und kamen am andern Tage nach Hadersleben, wo wir die Nacht über blieben; am andern Morgen ging es nach dem kleinen Belt; wir fuhren hinüber, kamen Abends auf Fühnen zu Assens an, und blieben da die Nacht. Am andern Tage gingen wir 3 Meilen zu Fuß und nahmen dann einen Wagen, der uns von Odensee noch des Abends nach Nyburg brachte, wo wir Nachts blieben. Den andern Tag fuhren wir über den großen Belt nach Corsöer und blieben da des Nachts; nun reiseten wir zu Fuß nach Rothschild, besahen dort die berühmte Kirche, worin die Königlichen Särge stehen; auch besahen wir die Königin Margaretha im Sarge, welche in Alabaster schön ausgehauen ist; auch hängt eine Kanonen-Kugel an einer kleinen Kette, womit Just Juel, ein General oder Admiral, getödtet sein soll; auch sind schöne Gemälde in dieser Kirche, die ich nicht alle nennen kann, da es nun, indem ich dieses schreibe, über 54 Jahre her ist, als ich diese sah; eines stellt, wo ich mich nicht irre, einen der ersten christlichen Könige vor, der auf den Knien betend, von hinten zu, von einem Heiden durch den Rücken erstochen wird. – Hier in Rothschild mietheten wir uns einen Wagen, der uns nach Kopenhagen bringen sollte. Der Weg von Rothschild nach Kopenhagen ist schön und läuft in gerader Linie fort, und ist eben so schön darauf zu fahren als auf unseren jetzigen Chausseen. Wir kamen den 29. Januar auf Königsgeburtstag in Kopenhagen an; ich ging wieder an Bord bei meinem vorigen Schiffe, GRAF BERNSTORFF, Commandeur Jacob Riewerts. Es war noch Winter und das Eis im Hafen lag noch fest. Wir takelten unser Schiff zu, rüsteten es aus und segelten den 12. März in See, oder trieben vielmehr, denn des Nachts vom 11. auf den 12. März kam, als wir bei Helsingör lagen, das Eis aus der Ostsee auf unser Schiff antreiben, daß das Anker nicht halten konnte und mitschleppte; wir kamen nicht eher frei vom Eise, als nahe bei Kullen und wie wir das Anker aufgezogen hatten, zeigte sich die Hand desselben so blank gescheuert, als ob es polirt sei. Den 16. März im Trigter hatten wir einen fliegenden Sturm aus Südosten, wir mußten vor dem gerefden Vock lensen, es war eine fürchterliche hohe See und trübe dicke Luft. Um 4 Uhr den 17. März, Morgens, gab der Commandeur den Befehl, nordwest zu steuern, (denn der Cours war die ganze Nacht Norden gewesen.) Der Speckschneider Peter Tahmen von Föhr bekam die Wache, und sagte zum Commandeur: sind wir schon fern genug von Hittland? ja, sagte der Commandeur, wir sind noch zehn Meilen vom Lande. Wir steuerten also nordwest. Allein um 5 Uhr beim Anbruch des Tages, sieht dieser brave Speckschneider die Brandung am Backbordsboog hoch empor an die Klippen sich brechen; er spricht gleich: das Ruderbackbord an Bord! werft die Steuerbords Vocke brasse los! und so wehete die Vock um bei dem Wind. Wir waren keine 5 Kabellängen mehr von dem Nordhock von Hittland; es wurde gerufen: überall! überall! kommt aufs Deck so wie ihr geht und steht, der Tod ist vor Augen! Die Leute beeilten sich die Marssegel loszuschneiden (dicht oder nahe bei hohem Lande weht der Wind, wie die Seeleute es nennen, todt; auch war der Wind nun bei uns nicht so stark, als er die Nacht hindurch geweht hatte, deswegen konnten nun die Marssegel beigesetzt werden) und wir setzten die Marssegel, das Großsegel und Besahn bei, so segelten wir mit genauer Noth die hohen Klippen vorüber. Gott sei gelobt, der uns von dem nahen Untergange rettete; kein Mensch von uns auf dem Schiffe wäre gerettet worden, denn es ist da kein Vorland, sondern die hohe See schlägt gleich an die hohen Klippen, die höher sind als der Michaelisthurm in Hamburg, die Brandung schlug höher daran hinauf als unsere Masten hoch waren. Die Officiere schliefen in einem abgesonderten Logis vorne im Zwischendeck, auch ich schlief da; weil alle Luken, da ein Sturm wehte, dicht gemacht waren und nur allein die Luke des hintern Logis offen war, so war nur in diese Luke: »überall« gerufen; wir, die vorne schliefen, hatten nicht gehört daß es geheißen: »kommt nur oben so wie ihr geht und steht!« Nun denkt euch Kinder, wie wir alle vorne zu Muthe wurden, als ein alter Mann, der auch Harpunier war, vom Deck zu uns herunterkam zu lamentiren: o wir sind alle weg mit Mann und Maus, wir sind nahe an der Brandung bei Hittland. Ich lief geschwind mit meinen Stiefeln in der Hand nach hinten (denn nur da war eine Luke offen) und aufs Deck; es war ein schrecklicher Anblick, denn das Schiff segelte nur eben längs der Brandings; wie wir oberhalb der ersten Ecke waren, kam noch eine Ecke zum Vorschein; (denn es war dunkles und dickes Regenwetter, so daß wir nicht sehen konnten) diese Ecke aber lag mehr westlich gestreckt; so kamen wir, wie gesagt, glücklich diese Klippen vorüber. Gott sei noch herzlich (jetzt da schon 54 Jahre seitdem vergangen sind) dafür gedankt, daß wir unsern

Untergang da nicht fanden. Wir hatten ferner auf dieser Hinreise nach der Davidsstraße fast immer Sturmwetter, so lange bis wir Caap Varewell oder Staaten Hoeck passirt waren, mußten die Davidsstraße größtentheils mit nördlichem Winde auflaviren, bis wir in die Südostbucht bei Dicko kamen. Wir sahen nur einzelne Wallfische daselbst. Ende Mai laufen sie von da weg und ziehen nordwärts nach Stecken Jacobs-Bucht auf 72 Grad nördlicher Breite; wir segelten also Ende Mai dahin, und fingen einen Wallfisch von 50 Quardeelen. Um Johannis ziehen sie auch hier weg und schwimmen weiter nördlich hin; die Fischerei ist alsdann dort zu Ende.[29] Wir segelten von da nach Disco, ankerten in der Liefdebay, jetzt Gothaven genannt, um Wasser einzunehmen, und unsere andern Schiffe von Kopenhagen kamen auch daselbst, um Wasser zu holen, an. Die Wilden (wie wir gesitteten Europäer sie nennen) die da wohnen, sind gute Menschen, sehr geschickt um Robben und Weißfische zu fangen in ihrem kleinen von Fellen gemachten oder überzogenen Schiffchen. Ein Mann kann nur darin sitzen. Der Grönländer schießt mit seinem in der Hand habenden Pfeil 150 bis 200 Fuß weit von sich einen Vogel oder sonstigen Gegenstand so accurat, als ein guter Jäger mit der Flinte. Auch rudert er so geschwinde in seiner Schütje, daß er gemächlich 3 deutsche Meilen in einer Stunde zurücklegt. Die Robben oder Seehunde schießt er mit einer, mit sich führenden kleinen Harpune woran ein Strick von Leder mit einem aufgeblasenen Robbenfell fest ist, das er von sich wirft, so bald er die Harpune in die Robbe oder den Fisch fest geschossen, und läßt die Robbe damit laufen. Sie kann das aufgeblasene Fell nicht unter Wasser ziehen, und so sieht der Grönländer an der Blase, wo die Robbe ist; wenn nun die Robbe von dem Ziehen an der Blase matt und müde ist, und um Athem zu holen über Wasser kommen muß, so rudert er hin, sticht sie mit einer Lense die er bei sich führt, todt, und schleppt oder bugsirt die Robbe dann mit seinem Fahrzeuge ans Land. Das Speck verkäuft er an den Kaufmann, der vom Könige da eingesetzt ist, das Fleisch bratet er und verzehrt es mit seiner Familie. In einem sol-

[29] Da liegt das Eis so häufig, daß es derzeit niemand wagte, hinein zu segeln und nach Norden hin zu fahren, um dort die Wallfische aufzusuchen. Nun aber die Engländer unter Parry einen Versuch gemacht haben, von Norden eine Oeffnung zu finden, um in den stillen Ocean von der Davidsstraße zu kommen, so kam er auf die Poolshöhe von 78 Graden, wo er so viele Wallfische fand. Dies machte er bei seiner Zurückkunft bekannt; deshalb fahren auch jetzt, 1831, die Wallfischfänger dahin, haben auch, wenn sie durchs Eis kommen konnten, an der Ostküste von Amerika viele Fische gefangen; doch auch im Eise viele Schiffe verloren.

chen Fahrzeuge kann niemand fahren, als der es gelernt hat.[30] Ich habe es in ihren Winterwohnungen selbst gesehen, wie sie eine junge Robbe brateten; wie sie gahr war, sah sie grade so gut aus, als bei uns ein gebratenes Lamm und ich möchte mit gegessen haben, wenn ich nicht gewußt hätte, daß es eine Robbe sei, so herrlich sah sie aus. Auch haben diese Einwohner noch eine Art Fahrzeuge, die sie Koneboten nennen. Diese sind auch wie die Schütjen, ein schwaches hölzernes Gerippe mit Robbenfellen überzogen, und sind so groß, daß mehr als 20 Menschen darin fahren können. In diesen Fahrzeugen kommen die Einwohner mit ihren Frauen und Töchtern an Bord der Schiffe um selbe zu besehen, und bitten dann um ein Geschenk, wie Graupen etc. Wie wir unser Wasser eingenommen und im Schiff hatten, segelten wir 6 Schiffe von Disco ab. Den 1. Juli, Nachts 12 Uhr, drehten wir südwärts ab, um nach Kopenhagen zu segeln. Ein Schiff aber, worauf Christian Johannen Commandeur war, segelte westwärts nach dem Eise hin; die andern Commandeure spotteten darüber, und Commandeur Paulus Jansen rief unserm Commandeur zu: (als dieser ihn fragte: wo will Christian hin,) nach dem Westeis; ich habe wohl eher gehört, daß ehemals da eine Fischerei gewesen. Genug, wir segelten nach Kopenhagen (jedes Schiff hatte nur einen Wallfisch von ungefähr 50 Quardeelen, nur Christian Johannen hatte zwei solcher Fische gefangen) und kamen Gottlob glücklich am 20. Juli daselbst an. Der Commandeur Christian Johannen segelte wie gesagt nach dem Westeise und alsdann südwärts dabei weg, bis zum 65 Grad nördlicher Breite, wo er große Wallfische fand. Er fing einen von 70 Quardeelen Speck, und verlor noch solche zwei; von da segelte er nach Hause. Er kam 14 Tage nach uns in Kopenhagen an, ihr könnt nun leicht denken, wie es die andern Commandeure verdroß, daß er noch einen so großen Wallfisch gefangen hatte, sowie auch, daß sie nicht dahin gesegelt waren. Ich fuhr sammt unsern andern Matrosen auf einer Jagd von Kopenhagen nach Flensburg ab; kamen dort glücklich an und reiseten nun über Land

[30] Unser Commandeur kam auf den Einfall zu probiren, ob er nicht auch in einer solchen Schütje rudern könnte. Der alte Speckschneider Peter Tahmen rieth ihn ab, allein der Commandeur ließ sich nicht abrathen, sondern setzte sich in die Schütje, welche an der Seite einer unserer Schalupen lag. Zwei Matrosen mußten aus der Schalupe die Schütje fest halten, damit sie nicht umfiele während der Zeit, daß der Commandeur sich hinsetzte. Wie er nun darin saß, sagte er: gieb mir nun den Riemen (Ruderstock) wie er den hatte, sagte er: so, nun laß los; doch so wie die Matrosen los ließen, fiel die Schütje mit dem Commandeur gleich um, so daß das Unterste nach oben kam. Wir mußten also geschwinde die Schütje umkehren, daß er nicht ertränke. Er prustete sehr stark wie er wieder mit dem Kopfe in die Höhe kam.

nach Dagoböl, von da zu Wasser mit dem Fährschiffer nach Föhr. Ich fand meine Mutter gesund und wohl. Während des Herbstes war ich als Handlanger bei den Zimmer- und Mauerleuten, welche bei meinem Onkel Otto John Eschels arbeiteten, dessen Haus reparirt wurde, und hatte gute Kost dafür. Im Winter hielt ich Steuermannsschule, unterrichtete meinen Bruder Olof und einige von meinen Schulcameraden, die mit mir zugleich confirmirt waren, in der Navigation unentgeldlich. 1778 Anfangs Februar, wurde mein Bruder Olof verhäuert mit Commandeur Dircks Jansen und mein Bruder Eschel mit Commandeur D.... J.....; diese sollten von Kopenhagen nach Grönland; ich aber wollte nicht mehr auf Grönland, sondern als Kauffahrteifahrer fahren und nach Holland reisen. Die Leute die nach Kopenhagen reisen sollten, um von da mit den Grönländischen Schiffen zu fahren, bekamen jeder so wie in vorigen Jahren 6 Rthlr. Cour. Reisegeld. Meinem Bruder aber wollte man nichts geben.[31] Den 2. März schiffte ich mein Seegut an Bord auf eine Schmack, die nach Amsterdam segeln sollte. Den 3. März half ich meines Bruders Eschel's Seezeug nach der Wyck in ein Fahrzeug bringen, das am andern Morgen dasselbe, nebst den anderen Grönlandsfahrern, von Kopenhagen nach Dagoböl bringen sollte, sammt den Leuten die nach Kopenhagen wollten. Mein Bruder Eschel ging von der Wyck nach Midlum, wo der Commendeur wohnte, um seine 6 Rthlr. Reisegeld zu holen; ich ging nach Hause. Wie nun mein Bruder von Midlum zurück kam, weinte er. Ich fragte ihn, warum weinst du? er sagte: ich bekomme kein Reisegeld. Da sagte ich: dann sollst du auch nicht mitfahren, gleich gehe wieder hin nach dem Dorfe Midlum zum Commandeur und sage ihm, daß wenn er dir die 6 Rthlr. Reisegeld, die jeder nach Kopenhagen Reisende, welcher mit Grönlandsfahrern fährt, erhält, nicht auch giebt, so willst du nicht mit, sondern nach Amsterdam fahren; denn wo sollen wir die 6 Rthlr. hernehmen? selbst haben wir nichts,

[31] Der Commandeur, mit welchem mein Bruder Eschel fahren sollte, wollte diese sechs Thaler wahrscheinlich in seine Tasche stecken (denn warum sollte mein Bruder, der arm war und keinen Fürsprecher hatte, der Einzige sein, der kein Reisegeld erhielt?) und glaubte daß mein Bruder nichts thun konnte um es zu verhindern, es wohl genehmigen und sich fügen müsse, wenn er nicht um eine Häuer in Verlegenheit kommen wolle. Ich aber, der es niemals leiden kann daß Jemand, wenn auch ein Fremder, vorzüglich wenn er arm ist und keinen Fürsprecher hat, Unrecht geschiehet, fühlte von Kindheit an einen innern Antrieb, mich der Ungerechtigkeit, (selbst beim Kinderspiel) zu widersetzen und mich des Schwächeren, der Unrecht litt, anzunehmen; ich zerbrach immer gerne wo ich konnte, die Zähne des Ungerechten, und riß den Raub aus seinen Zähnen.

so möchte der Commandeur, falls er dir das Reisegeld nicht geben will, nur einen Schein an den Schiffer geben, daß du deine Seekleider wieder aus dem Fahrzeuge nehmen kannst. Der Commandeur gab meinem Bruder den Schein, machte aber die spöttische Bemerkung: ja, du kannst in Amsterdam leicht eine Häuer bekommen. Da der Wind des Abends östlich wurde und ich am andern Morgen mit diesem günstigen Winde nach Amsterdam absegeln sollte, so gingen ich und mein Bruder noch diesen Abend zehn Uhr nach der Wyck, klopften den Schiffer aus dem Bette und sagten ihm, daß wir meines Bruders Seezeug aus seinem Schiff holen wollten, und gaben ihm den Verabfolgeschein vom Commandeur, und so ließ er das Gut verabfolgen; ich aber mußte ihm die volle Fracht, 20 Schilling, bezahlen. Ich hatte 2 Mark bei mir, mußte 4 *ß* geben um das Gut aus dem Fahrzeug zu helfen und in ein Boot zu bringen, 8 *ß* mußte ich dem Bootschiffer bezahlen, daß er das Seegut und uns Beide an Bord der Schmack, welche uns nach Amsterdam bringen sollte, brachte; als ich nun keinen einzigen Schilling mehr hatte, sagte ich: das sind große Ausgaben gewesen, es wird eine große Einnahme folgen; dies ist auch wahr geworden. Nach dieser Zeit hat der liebe Gott mich ausserordentlich gesegnet und mir Glück gegeben Geld zu verdienen, so daß es mir bis jetzt nicht gemangelt hat.

V. Die ersten Jahre in der Handelsschiffahrt (1778-81)

Als ich den 3. März des Abends mit meinem Bruder nach der Wyk (dies ist der Abgangsort der Schiffe von Föhr) ging, nahm ich Abschied von meiner Mutter, und sagte: Adieu, liebe Mutter! nun komme ich nicht eher wieder nach Hause, als bis wir alle unsere Schulden bezahlt haben, oder wenn ich zehn Jahre weg gewesen bin. Dem lieben Gott sey gedankt, daß dieses wahr geworden; denn 1783 wurden alle unsere Schulden bezahlt, und 1788 im Julimonat kam ich wieder nach Föhr, nachdem ich zehn Jahre und vier Monat vom Hause gewesen, und blieb dann elf Tage da. – Da es schon 2 Uhr des Nachts war, ehe ich mit dem Zeuge meines Bruders an Bord kam, der Wind günstig blies und wir mit Tagesanbruch segeln sollten, ich auch kein Geld mehr in der Tasche hatte, um ans Land zu fahren und der Mutter nochmals Lebewohl zu sagen, so blieben wir beide, wie auch mein Kamerad Hinrich Jannen, der mit mir in der Steuermannsschule gewesen, und mein und meines Bruders Seegut mit transportirt hatte, an Bord, und nahmen den besten Platz bei dem Vorschott ein. Kurz nachher kamen auch schon mehrere Passagiere, und ehe es Tag wurde waren Alle, etwas mehr als hundert Personen, an Bord. Mit Tages Anbruch, den 4. März, gingen wir unter Segel, und kamen den 7. März Gottlob glücklich in Amsterdam an. Mein Bruder bekam noch denselben Tag, als wir dort ankamen, eine Häuer als Kocksmaat mit Capitain Klaas Paulsen nach Libau, und ich verhäuerte mich den andern Tag mit Capitain Hans Peter Hansen. Ich war aber nur vier Tage bei ihm an Bord, und ging mit noch fünf Mann, weil es mir daselbst nicht anstand, wieder ans Land. In Holland war es derzeit gebräuchlich, daß man, so lange als man noch nicht gemunstert war und Geld empfangen hatte, falls es einem nicht gefiel, wieder frei vom Schiffe gehen konnte; so wie es ebenfalls dem Capitain frei stand, falls die Leute ihm nicht gefielen, sie wieder ans Land zu schicken; denn man arbeitete damals in Holland beim Auftakeln und Laden des Schiffes blos für die Kost, und die Monatsgage fing nicht eher an zu laufen, als bis man in See segelte. – Den 13. März 1778 verhäuerte ich mich mit Capitain Volckert Broders, für die Reise nach Frederikshaven im Finnischen Meerbusen und retour, für 60 Gülden. Das Schiff, welches in Ostende lag, hieß De Vrauw Margaretha, und war ein großes dreimastiges Huckerschiff von circa 200

Lasten. Wir reiseten über Land in Treckschuiten (Flußfahrzeuge, die mit Pferden gezogen werden) mit unsererem Seezeuge von Amsterdam nach Ostende; takelten unser Schiff zu, nahmen Ballast ein, und segelten am ersten Ostertage, den 20. April, in See.[32] Auf dieser Reise hatten wir viel stürmisches Wetter, contrairen Wind und Nebel, und kamen erst den 10. Mai in Helsingör an, wo wir des widrigen Windes wegen 8 Tage liegen bleiben mußten; so daß wir erst Anfangs Juni in Frederikshaven ankamen. Hier wurden wir mit Brettern geladen; das Deck, Rüsten, alles voll; so daß wir auf dem Außenbord oder den sogenannten Billen allein 36 Tült oder Dutzend, 432 Stück, 12 Fuß lange, 12 Zoll breite und 2 Zoll dicke Bretter oder Diehlen hatten. Nun, den 20. Juni, fuhren wir von Frederikshaven nach Ostende ab. Auf dieser Reise passirte nichts besonderes, und wir kamen gegen Mitte Juli glücklich in Ostende an, wo wir unsere Ladung in Saß durch die Schleusen löschten. Diese Schleusen und die in Ostende beim Bassin sind die schönsten, die ich je gesehen habe; denn bei den letzten war ich Augenzeuge, daß, als der Bassin voll Wasser war, und die großen Schiffe darin flott lagen, dennoch kein Tropfen Wasser durch die Thüren kam, obgleich es an der Außenseite ganz trocken war, so daß man da auf dem Grunde gehen konnte – Den 3. August segelten wir wieder mit diesem Schiffe von Ostende nach Drammen in Norwegen ab. Wir waren für diese Reise accordirt, und bekam ich 36 Gülden für selbe und von dort nach Amsterdam. In Zeit von 8 Tagen kamen wir daselbst an, löschten am Montage unsern Ballast, fuhren dann mit dem Schiffe nach dem Ladeplatz, und fingen den Dienstag an fichtene Balken zu laden, um damit nach Amsterdam zu segeln. Am Sonnabend, also in 5 Tagen, hatten wir unsere Ladung an Bord; das Deck, Rüsten und Billen, alles war voll gepackt. Sonntag, den 17. August, segelten wir von Drammen, und den 18ten in See. Der Wind wurde contrair, das Wetter stürmisch, und wir lavirten; den 25. August erhob sich aber ein schwerer Nordwest-Sturm, bei welchem wir der jütländischen Küste, nahe bei Harthals und Robberknut, zutrieben. Wir mußten schwer segeln und prangen, um uns von der Küste abzuhalten; unsere Segel zerrissen aber, und den 26. August, Morgens 4 Uhr, gingen unsere Balken auf dem Decke los, denn das Bord lag fast beständig unter Wasser, und das Deck am Lee ebenfalls, so daß die Balken auftrieben.

[32] In Ostende waren die Leute derzeit erzkatholisch und intolerant, fast noch mehr als die Spanier. An den Sonntagen und allen ihren Feiertagen mußten alle Schiffe ihre Flaggen wehen lassen, und kein Mensch durfte auf denselben arbeiten; dies stand uns Matrosen gut an. Ihre Processionen am grünen Donnerstag und stillen Freitag, welche wir mit ansahen, waren sehr feierlich.

Wir lagen mit Backbordshalsen zu, und mußten also die Balken ans Steuerbord schieben, um sie von dort aus mit Bootshaken nach außen zu stoßen, damit sie mit großer Schnelligkeit über Bord flögen; denn bei dem Stampen des Schiffes flogen sie hin und her, und würden das Bord des Schiff eingestoßen haben, wenn wir nicht geeilt hätten sie in See zu werfen oder schwimmen zu lassen. Unser Schiff wurde sehr leck, und wir mußten beständig pumpen; so daß wir, wie man zu sagen pflegt, den Tod vor Augen sahen, wofern der Wind sich nicht minderte und veränderte. Wir warfen auch die Bretter, die auf den Ankertauen auf dem Dekke lagen, über Bord; stachen unser Pligt-Ankertau in den Pligt-Anker, und legten Beile bereit, um die Masten zu kappen, denn wir waren nicht mehr weit vom Strande, und wollten auch das letzte Mittel versuchen, unser Leben zu retten; wir wollten nemlich sehen, ob wir das Schiff nicht abankern könnten, denn ohne Masten kann es sich länger und besser vor Anker halten. – In einer solchen Zeit kann man am besten sehen, wie die Leute zu Muthe sind. Alle sehen betrübt aus; einige weinen, andere beten; ich konnte, wenn ich dieses sahe, (und bei mehreren ähnlichen Gelegenheiten habe ich dieses gemerkt) mich des Lachens nicht enthalten, obgleich mir eben auch nicht wohl zu Muthe war. Sonderbar genug: ich wollte auch beten, aber kein einziges Gebet wollte mir einfallen; ich, der ich in der Jugend so viele Gebete gelernt hatte, konnte mich nun auf kein einziges besinnen. Zwei Brüder aus unserm Dorfe: Hans und Peter Matthiessen, und ich waren beschäftigt, unser Pligttau am Anker einzubinden; beide weinten, und da sie sahen, daß ich darüber lächelte, so sagte Peter zu mir: Jens, lache nicht, denn es wird für deine Mutter auch nicht gut aussehen, wenn du nun stirbst; eben so wie für meines Bruders Frau. (Hans war erst den vorigen Winter verheirathet worden.) Nach dieser Ermahnung wollte ich mich auch betrübt anstellen, konnte es aber nicht. Ob ich eine Ahnung hatte, daß es nicht zum Sterben kommen würde, dies weiß ich nicht; – aber wahr ist es, daß ich nie, bei allen Gefahren, in denen ich gewesen bin, wie man zu sagen pflegt, den Kopf verloren, oder bange geworden bin; ausgenommen da wir 1779 im Archipelagus von einem Seeräuber, wie ihr unten sehen werdet, angefallen wurden, und dann auch nicht länger, als bis einige Kanonenschüsse abgefeuert waren. – Wir wurden durch Gottes Güte dem uns so nahe scheinenden Unglück entrissen; denn Abends 8 Uhr nahm der Nordwest-Sturm ab, der Wind lief nördlicher, und um 9 Uhr war er gar Nordost. Nun war die Freude auf dem Schiffe groß; denn nun konnten wir mit Steuerbordhalsen zu, und quer aus vom Lande segeln; das Wetter wurde auch schön; wir schlugen statt des weggeflogenen Großsegels ein anderes unter, und machten, so viel als möglich, die andern

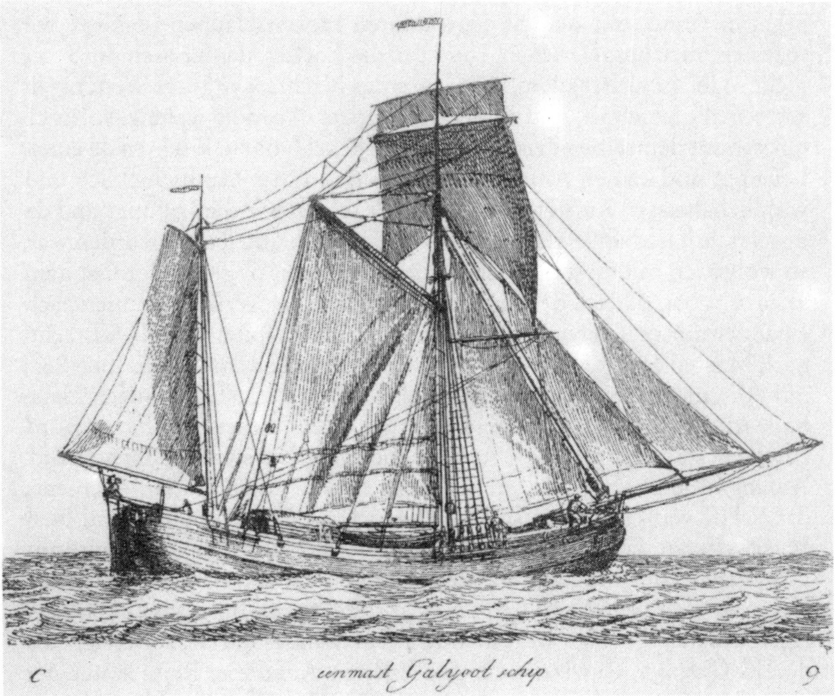

Einmastgaliot. Kupferstich aus G. Groenewegen: Verzameling van vier en tachtig Stuks hollandsche Schepen, 1789

Segel in Stand, mit derzeit sogenannten Hoornselappen (das ist: wir theerten, dick aufgestrichen, rund um die Löcher, dann rissen die Segel nicht so leicht weiter). Um zwölf Uhr des Nachts war gutes Wetter; wir setzten alle Segel bei, und da der Wind frisch Nordost wehete, so segelten wir mit demselben den dritten Tag in Texel binnen, löschten da einen Leichter, und kamen Anfangs September, Gott sei Dank glücklich und wohlbehalten, in Amsterdam an. Hier löschten wir die Ladung, und da unser Schiff in dem letzten Sturme sehr gelitten und leck geworden war, so wollte ich mit diesem nicht wieder ausfahren, obgleich der Capitain mich sehr bat, daß ich bei ihm bleiben möchte. Ich verhäuerte mich nach einander mit verschiedenen Schiffern, als: mit Capitain Jacob Albrecht, nach Marseille; mit Richel Kersemacker, nach der Mittelländischen See; mit Alexander Gripmann, nach Cadiz; und mit C. Hiddes, nach Lissabon. Allein nachdem ich einige Tage bei jedem dieser Schiffer an Bord gewesen, stand es mir da nicht an, und ich ging jedesmal wieder an Land. Anfangs October verhäuerte ich mich mit Capitain Adrian Clement; das Schiff war eine einmastige Galliot, circa 80 Lasten groß, und hieß WERCKHOVEN, der Eigner desselben nannte sich Brant, und handelte mit Droguerien (Materialien). Wir sollten nach Riga, und erhielt ich für diese Reise 58 Gülden. Wir fuhren von Amsterdam ab und kamen ins Vlie; lagen dort einige Tage wegen contrairem Winde und Sturmwetter, bis den 18. October, da wir denn in See segelten. Auf dieser Reise hatten wir in der Nordsee viel Sturm und contraire Winde. Eines Tages brach unser sogenannter Papagoystock, die Besan flog mit demselben über und schlug unsern Mannskopf auf dem Ruder ab, so daß wir denselben verloren. Auf der jütländischen Küste hatten wir einen Sturm aus Nordwest, weshalb wir außerordentlich schwer segeln mußten, um Skagen vorüber zu kommen. Nachts 12 Uhr bekamen wir in Südost von uns Skagens Feuer zu sehen. Wir kamen hoch genug, passirten das Skagenriff, und konnten nun abhalten und in das Kattegatt einsegeln. Der Koch und ich mußten die Klüfock fest machen; wir waren beide auf dem Boogspriet; das Schiff lief so schnell (zwei Meilen in jeder Stunde), daß mit dem Einstampfen der See die Wellen nur einige Zoll unter unserm Leibe durchliefen, so daß, hätte das Boogspriet nur einen Fuß tiefer herunter gestampft, wir beide sicher durch die See von demselben abgerissen worden wären, denn wir hätten uns unmöglich an demselben fest halten können, weil es nach damaliger Sitte nur ein loses Boogspriet, das weder Perden noch Laufstag hatte, folglich nur ein rundes Holz war. Besser und vernünftiger wäre es gewesen, wenn der Capitain den Klüfock nach den Steven zu hätte einlaufen lassen; er würde dann das Leben seiner Leute nicht der Gefahr ausgesetzt haben, von der See über Bord gespült zu werden; Gott sei gedankt, daß dies nicht geschah![33] – Wir segelten nun mit gutem Winde im Kattegatt fort, und kamen Gottlob

[33] Hier kann ich nicht umhin zu bemerken, daß diesen Sommer 1834, da ich dieses niederschreibe, drei mir bekannte Schiffscapitaine hier ankamen; nachdem ich mich nach ihrem Befinden, und was ihnen auf der Reise begegnet, erkundigt, beklagten sie sich alle drei, daß sie jeder einen Mann verloren hätten, und zwar waren alle beim Festmachen des Außenküvers in das Meer gestürzt und hatten ihr Leben darin geendet. Nun möchte ich gern meinen Rath ertheilen, um dazu beizutragen, daß diesem Unglück so viel als möglich vorgebeugt würde, oder wenigstens seltner stattfände. Die Hauptursache, warum bei dem Außenklüver so viel Unglück entsteht, kommt nach meiner Erfahrung vorzüglich daher, weil es so beschwerlich ist, von dem Perd des Binnenklüverbaums in das des Außenklüverbaums zu kommen, da die Perden gewöhnlich zu kurz sind, daß man nur mit den Knieen an den Klüverbaum reicht, folglich keine rechte Festigkeit hat, und bei dem Stampfen des Schiffes leicht vorüber stürzt. Jeder Seemann weiß, daß die Perden unter einer Rah nach dem Nock kürzer werden so wie man demselben näher kommt, daher man denn auch an den Rahen Nockperden angebracht hat; wenn man nun an den Klüverbaum ebenfalls ein gleich nützliches Perd machte, so könnte man beim Ausentern auf ersterem mit dem Leibe auf letzteres, eben so als auf einer Rah, liegen, und nicht so leicht vorüber fallen, als es jetzt auf den Klüverbäumen geschieht. Deshalb rathe ich, bänselt ein Perd auf das Perd des Binnenklüvers, etwa 1½ Faden lang (ein Bootsmann sieht leicht ein, ob es etwas länger oder kürzer seyn kann, ehe er es fest macht) und circa ¾ Faden von dem Ende des Binnenklüverbaums, fest, und das andere Ende bänselt an das Perd des Außenklüvers; dann kann der Mann, der auf die Klüverbäume hinaus muß, wenn er ans Ende des Binnenklüvers kommt, in das befestigte Perd steigen, und so gemächlich in das des Außenklüverbaums kommen, indem er mit dem Leibe auf den Klüverbäumen, wie auf einer Rah, liegt, und fällt dann gewiß so leicht nicht herunter. Besser ist es, und wer vernünftig handelt thut dieses auch, daß man den Außenklüver einlaufen läßt, wenn er fest gemacht werden soll. Auch wäre es gut, wenn die Schiffe mit ihren, in jetziger Zeit übertrieben langen Bramstengen, in die Bramwanten (wenigstens in See) Wewelins machten, damit die Matrosen nicht mit ihren Schienbeinen da hinauf müssen (die sie dadurch oft entzwei scheuern und wund machen); denn wenn es in See hart slengert und stampfet, haben sie nichts, worauf sie stehen und fußen können, sondern müssen sich blos mit den Beinen anklammern, wodurch sie leicht müde werden, sich nicht festhalten können, und also von oben herunter fallen. Ich halte es für besser (mag man auch dagegen einwenden was man will), daß die Ober-Bramsegel, Bramlesegel und Außenklüver lose sind, so wie man selbe zur Zeit meiner Seereisen hatte, weil dies nicht so mühevoll und lebensgefährlich für die Matrosen ist. Diese losen oder laufenden Segel ziehen die Schiffe eben so gut, und nützen eben so viel, als die festen Segel.

des andern Abends 11 Uhr, den 2. November, in Helsingör vor Anker. Am andern Tage clarirten wir beim Zoll, segelten dann von Helsingör die Drogden bei Amack durch, kamen bis Falster, und da Ostwind wehete, woraus ein Sturm entstand, liefen wir unter Falsterriff und ankerten daselbst. Es lag sich hier, wo wir drei Tage blieben, recht gut, weil das Riff die See abhielt, und folglich das Wasser schlicht war. Als Wind und Wetter wieder günstig geworden, zogen wir die Anker auf und segelten in die Ostsee ein. Wir hatten mehrentheils contrairen Wind und starken Frost, so daß unsere Lothleine beim Lothwerfen vom Eise so dick als ein Troß wurde. Am 19. November kamen wir Gottlob glücklich in die Düna, und machten das Schiff zu Boldera fest, indem das Fahrwasser schon so voll Eis war, daß wir nur mit Mühe binnen kommen konnten. Der Capitain fuhr nach Riga, um Fracht zu suchen; bekam auch eine mit Leinsaamen nach Amsterdam, für 3 Gülden 12 Stüver pr. Tontje; dies war eine hohe Fracht. Wir löschten gleich den Ballast, wobei wir, weil es dort nicht theuer war, schönes frisches Fleisch zu essen bekamen, welches mir sehr gefiel. Hierauf nahmen wir unsere Ladung ein, und waren Anfangs December zum Segeln fertig; da aber schon so viel Eis im Jardpool war, so wollte es kein Schiffer wagen, in See zu gehen, und also blieben wir sammt 14 Schiffen, worunter 2 englische, 3 russische Bordings und die übrigen von Lübeck, Danzig etc. waren, liegen. Gegen Mitte Decembers bekamen wir einen schweren Sturm aus Nordnordwest; wir lagen das nördlichste oder äußerste Schiff im Boldera, und hatten 5 Parten von unserem Kabeltau fest; es fror aber so hart, daß, obgleich die Wellen hoch liefen, dennoch das Eis in sogenannte Pfannekuchen[34] fror, welche von der See über unsere Tauen hingeworfen wurden, und diese abschabten oder abschnitten, so daß sie des Nachts brachen. Nun ging es mit unserm Schiffe fort; knicks! knacks! von einer Schiffsseite auf die andere. Wir ließen unser täglich Anker fallen, aber als es fest halten sollte, brach das Ankertau; wir trieben auf eine Sandbank, wo wir fest zu sitzen kamen und heftig auf den Grund stießen; das Steuerruder stieß ab, und mit jeder Welle rutschte das Schiff höher auf die Sandbank. Der Koch, ein Matrose und ich sollten suchen ein Troß ans Land zu bringen, um dabei unser Pligttau auszuholen und es am Lande fest zu machen, damit das Schiff nicht weiter auf die Sand-

[34] Runde Stücken; dies kommt daher: die Stücke Eis stoßen durch die Wellen an einander, so daß alle Ecken abgehen und ein rundes Stück nachbleibt. In Grönland geschieht dies häufig; denn wenn bei sehr starkem Froste sich Wellen in Wasser zeigen, so entstehen immer solche runde Stücke Eis, welche dann von den Grönlandsfahrern Pfannekuchen genannt werden.

bank treibe, als es bereits war. Es hielt schwer, das Troß mit unserer Jolle ans Land zu bringen, denn es läuft längs dem Ufer ein Bollwerk hin, worauf man steigen muß, um von da ans Land zu springen, und dieses war über und über mit Eis befroren, weil die Wellen bei dem wehenden Sturme darüber hinspülten. Da ich immer flink war, und gern überall der erste seyn mochte, so sprang ich, mit dem Ende des Trosses in der Hand, aus der Jolle aufs Bollwerk und zugleich ans Land. Ich hielt nun das Troß fest und steif, so daß der Koch und ein Matrose, die mit in der Jolle oder dem Fahrzeuge waren, dasselbe anfassen und zu mir kommen konnten. Nun schleppten wir drei unser Pligttau mit dem Troß ans Land, machten das eine Ende an einem Pfahl fest, fuhren dann mit der Jolle an Bord und befestigten dort auch das andere Ende, so daß unser Schiff nicht weiter auf den Sand hinauf stoßen konnte. Meine Kleider, so wie die der andern Beiden, waren bei dieser Arbeit steif gefroren und blank von Eis. Unser Schiff hatte durch das Anlaufen auf die andern Schiffe, die vor uns lagen, viel gelitten; das Boogspriet war in drei Enden geflogen, das Bord eingedrückt, das Schandeckel zersplittert, das Ruder, abgestoßen, hing hinten quer, und das Schiff war leck geworden. Da wir nun zum Vortheil des Schiffes nichts mehr thun konnten, so gingen wir in unser Logie in der Roof, und machten uns Feuer an um Kaffee zu kochen und uns aufzuwärmen. Als wir nun alle bei einander saßen, sagte ich: es ist doch Jammerschade, daß wir diese Nacht so unglücklich gewesen, und unser Rheder nun so viel Geld hergeben muß, um den Schaden zu bessern und das Schiff wieder in Stand zu setzen. Der Capitain nahm mir diese Rede sehr übel, und sagte zu mir: was geht das dich an; dieses Unglück, welches wir gehabt haben, ist ein Butterbrodt für mich; das Schiff ist versichert, und die Assecuradeure müssen zahlen. Nun, dachte ich, sprichst du so, so soll es mir denn auch gleich seyn, und ich will mich darüber nicht weiter quälen. Den andern Tag wurde es gut Wetter, und das Wasser fiel, denn mit dem Nordnordwest-Sturm war es so hoch geworden, daß wir jetzt nur 2 Fuß tiefes Wasser beim Schiff hatten, während wir mit 9 Fuß auf den Sand getrieben waren. Unser Schiff war, wie schon gesagt, leck gestoßen; wir mußten es deshalb ganz leer löschen, und dann warten, bis das Wasser wieder höher wurde, um es von der Sandbank abzuwinden. Einige Tage darauf kam ein nördlicher Sturm, das Wasser wurde wieder hoch, und so kamen wir von der Sandbank ab und in flottes Wasser. Wir blieben den Winter über mit unserm Schiffe an der Boldera liegen; wir Leute wurden am Lande einlogirt, und der Reihe nach schlief nur ein Mann des Nachts am Bord des Schiffes. Wir mußten unser Schiff nun über Eis kielholen, um es zu kalfatern und zu verspikern, damit es wieder dicht würde und in fahrbaren Stand käme. — Im

Frühjahr 1779 nahmen wir unsere Ladung wieder ein[35], Ende März brach das Eis im Flusse auf und das Fahrwasser ward für die Seefahrt wieder frei. Wir segelten den 6. April aus dem Flusse in See, bekamen aber gleich darauf Sturmwetter. Eines Tages, wir lagen just bei der Insel Oesel vor Anker, erhob sich ein schwerer Sturm aus Westnordwest; die See ging sehr hoch, und wir ritten so schwer vor Anker, wie ich es später nie wieder erlebt habe. Unser Ankertau, das ganz neu und zum ersten Mal im Wasser war, wurde viele Male um zwei Faden höher, als unser Boogspriet lag, geschleudert, und so sah ich, daß es möglich ist, daß ein Ankertau über ein Boogspriet, worunter keine blinde Rah ist, hinschlagen und dasselbe abbrechen kann. Wir hatten auf dieser Reise viel contraire Winde, kamen Anfangs Mai nach Helsingör, und mußten später, Gegenwindes halber, in Kleven in Norwegen einlaufen. Von da segelten wir nach Holland, kamen ins Vlie binnen und den 23. Mai Gottlob glücklich nach Amsterdam, woselbst wir unsere Ladung löschten. Da wir bei der Reise gefahren hatten, so verlangten wir Vergütung von unserm Capitain; dafür, daß wir Winterlage gehalten, (gewöhnlich und fast ganz gebräuchlich) eine halbe Reise-Gage, und weil wir zwei Mal hatten laden und löschen müssen, auch das Schiff bei der Havarie repariren helfen, ebenfalls eine halbe Reise-Gage. Der Capitain sagte uns, mit Güte kann ich euch nichts geben, ihr müßt mich vor Gericht verklagen; nehmt euch einen Advocaten an, und je mehr ihr bekommt, desto besser ist es auch für mich, denn dann bekomme ich auch mehr. Wir gingen also unserer sechs, der Steuermann, Koch, drei Matrosen und der Schiffsjun-

[35] Diesen Winter lernte ich zum ersten Mal Punsch kennen. Ich hatte wohl davon gehört, daß große reiche Leute ihn tränken, und glaubte denn auch natürlich, er müsse sehr schön schmecken; als ich daher eines Abends mit meinen Cameraden in einer Kabak (russisches Wirthshaus) war, woselbst auch einige englische Matrosen, die eine Punschbowle vor sich auf dem Tische stehen hatten und ihre Gläser daraus füllten, saßen, so fragte ich unsern Steuermann: was ist das, was die Engländer trinken? er antwortete mir, es ist Punsch. Ich war neugierig, wie Punsch schmecke; als wir daher am andern Abend wieder in die Kabak kamen (denn wir saßen jeden Abend dort, so lange wir nicht am Lande einlogirt waren, weil es im Schiffe kalt war), sagte ich zu unseren Leuten: wollen wir nicht auch einmal Punsch trinken? sie antworteten ja. Wir ließen uns also eine Bowle zu einem halben Alberthsthaler bringen; ich wurde aber sehr getäuscht, denn anstatt daß ich ihn für sehr schön und süß von Geschmack geglaubt hatte, mochte ich ihn gar nicht trinken; — so bewies es sich auch hier, daß manches Gut, welches wir uns wünschen, blos in der Einbildung besteht.

ge, nach einem Advocaten, Namens Melius.[36] Jeder von uns gab ihm einen Schilling flämisch, so daß er seine geforderten sechs Schillinge erhielt. Nachdem er das Geld empfangen, fragte er uns, was ist zu euren Diensten? wir antworteten, wir haben mit Capitain Adrian Clement auf dem Schiffe WERCKHOVEN gefahren, für 58 Gülden die Reise. Wir haben in Riga überwintert, Havarie gehabt und das Schiff repariren helfen, haben zwei Mal laden und löschen müssen, und verlangen für diese Extra-Arbeit eine volle Reise-Gage, nemlich 58 Gülden. Der Advocat sagte, ich will eure Sache führen; es ist aber jetzt die kleine Vacantie (kleine Ferien), nach vierzehn Tagen will ich sie im Seegericht vortragen. Dies geschah, und wie er aus der Gerichtsstube kam (wir sechs Leute waren mit auf dem Stadthause), sagte er uns, euch ist eine viertel Reise-Gage bewilligt, 14 Gülden 10 Stüver. Wir ließen bei diesem Urtheile unsere Ohren gewaltig hängen; denn daß wir weniger, als gebräuchlich war, bekommen würden, daran dachten wir nicht, und konnten es auch nicht begreifen. Die Richter haben vielleicht gedacht: die Extra-Arbeit hat die Leute vom Scorbut befreit erhalten, also können sie für diese Wohlthat eine halbe Häuer missen; oder auch, was glaubwürdiger ist, wir Matrosen waren schlecht addressirt, und hat unser und unsers Gegners Advocat vielleicht mit einem Kalbe gepflügt. Genug, wir bezahlten dem Advocaten noch einige Unkosten, hatten vierzehn Tage in Schlafstelle, 4 Gülden pr. Woche, gelegen, so daß mit dem verzehrten Taschengelde diese Viertel-Häuer wegen des Processes weg war, weshalb ich zu meinen Mitfahrenden sagte: ich werde nie wieder processiren.

Es war damals eine gute Zeit in Amsterdam, man konnte fast eine Häuer bekommen wohin man nur wollte. Die Matrosen erhielten 20 Gülden pr. Monat. Da aber ein Freund von mir, der, als ich auf Föhr in die Steuermannsschule ging, mit mir zugleich die Steuermannskunst erlernte (derselbe der mir den 3. März 1778 half, die Seekleider meines Bruders Eschel an Bord zu bringen), mir erzählte, daß er mit seinem Onkel auf die Levante gefahren, daß er in Smirna im Johannistempel und im Herodes-Castell gewesen, sowie in Alexandretta oder Scanderona,

[36] Jedes Land hat seine eigene Sitte. Als wir in des Advocaten Haus kamen, blieben wir auf der Diehle stehen; der Herr Advocat kam aus seinem Comptoir, trat mit raschen Schritten auf uns zu, und sagte blos: seß Schellinge (sechs Schillinge, dies waren aber Schillinge flämisch, wovon jeder 6 Stüver gilt). Wir langten in die Taschen, zogen unsere großen leinenen Geldbeutel hervor, lösten den Knoten und zahlten. (Derzeit trug jeder Jütländer einen solchen großen langen Geldbeutel, und wenn auch nur ein einzelner Schilling darin war, so wurde doch ein Knoten darein geschlagen, ehe man ihn wieder in die Tasche steckte.)

aus dem Labans-Brunnen, wo der Erzvater Jacob bei Rahel kam, getrunken, etc. so bekam ich schon Lust diese Länder zu besuchen. Da nun in Amsterdam ein Schiff war das nach diese Gegenden hin sollte, so verhäuerte ich mich mit demselben als Matrose für 20 Gülden pr. Monat; die Monatsgage nahm aber sogleich ihren Anfang. Das Schiff hieß DE JONK VRAUWE JOHANNA, der Rheder desselben Johannes de Lower und unser Capitain Jochim Köhler, ein Preusse von Geburt; das Schiff war eine ziemlich große Fregatte, hatte 14 Kanonen und war bestimmt nach Smirna, Constantinopel und Scanderona zu segeln. Wir ladeten in Amsterdam; erhielten mit Schiffen die von London kamen, Lakenpacken, Kisten mit silbernen Uhren, Silberzeug etc. etc. an Bord, ohne daß sie in Amsterdam an Land gebracht wurden.[37] Wir segelten den 10. Juli von Amsterdam nach dem Texel, erhielten da den Rest der

[37] Wie die Verrätherei schon damals weit ging. Als wir in Amsterdam Englische Waaren luden, wurde dieses nach Smirna gemeldet, um uns aufzulauern. Es sollte auch ein Pastor als Passagier mit uns fahren; dieses geschah indeß nicht, weil etwas im Wege kam; allein auch dieses war gemeldet, daß wir einen Priester an Bord hätten, deswegen fiel es unserm Capitän sehr auf, als der Kaper-Capitän, welcher uns aufbrachte, fragte: ob er nicht einen Priester als Passagier an Bord hätte? Er fragte den Kaper-Capitän, warum er darnach frage? Er sagte: es ist nach Smirna gemeldet, daß das Schiff, welches Englische Güter an Bord hat, auch einen Priester mitnimmt. Hier muß ich noch bemerken: als wir in den Golf von Smirna aufgebracht lagen, kam eines Tages eine Kriegs-Fregatte ansegeln. Unser Capitain war mit einigen von unsern Leuten, worunter auch ich, an Bord auf unserm Kaper, der uns aufgebracht hatte; die Franzosen glaubten, es sey eine Englische Fregatte, die ein Capitän Schmidt führte, von dem die Franzosen wußten, daß er im Archipelagus kreutzte; nun wurde Alles auf unserm Kaper in Bewegung gesetzt um zu fechten; die Luken wurden geschlossen, damit keiner hinunter kommen und sich verstecken könnte, die Wollen- und Haar-Decken wurden in die Schanznetze gelegt und jeder auf seinen Posten beordert. Hier konnte ich nun wieder bemerken, wie ängstlich einige Gesichter aussahen; nur einen Griechischen Hauptmann sah ich, der nicht bange zu sein schien, sondern mit der größten Kaltblütigkeit seine Leute commandirte und jeden auf seinen Posten hinwies. Der alte deutsche Graf schien auch nicht furchtsam zu sein; er ging mit großen gravitätischen Schritten in der Mitte des Decks auf und nieder. Einer von unsern Leuten fragte ihn: wo haben Ihro Gnaden Ihren Posten? er sagte: ich gehe hier mit meinem Degen und commandire die Leute hier, der Commandant commandirt sie hinten und der Capitän commandirt die Segel. Wie nun das Schiff nahe bei uns kam, so war es eine Königliche Französische Fregatte; alle Gesichter wurden heiter und vergnügt, ich auch; man nahm die Kugeln aus den Kanonen und salutirte die Fregatte mit 21 Schüssen.

Fregatte. Kupferstich aus G. Groenewegen: Verzameling van vier en tachtig Stuks hollandsche Schepen, 1789

Ladung in 3 Leichterschiffen an Bord und segelten den 24. August in See. Auf der Portugisischen Küste mußten wir bei einem Englischen Kaper an Bord kommen. Ich war mit an Bord; es war ein Lugger-Schiff, seine Schanzkleidung war lauter Korck, die Kanonenpforten waren eiserne Stangen, gabelartig und mit Korckholz ausgefüllt, so daß die Leute dahinter vor Flintenkugeln gesichert waren. Dieser Kaper that uns nichts Böses und ließ uns segeln. In der Meerenge von Gibraltar hatten wir auch einen Französischen Kaper bei uns, ich war gleichfalls wieder mit an Bord; er ließ uns auch fahren. Da derzeit noch immer viele Seeräuber in dem Archipelagus sich aufhielten, so waren die Holländischen Smirna-Fahrer allezeit bewaffnet; auch wir Matrosen auf unserm Schiffe wurden auf der Reise einexercirt, erhielten jeder eine Patrontasche, eine Pistole, einen Säbel und eine Flinte oder Gewehr. Unser Capitain hatte früher als Steuermann auf Smirna gefahren und war in diesem Fahrwasser bekannt. Abends als wir vor dem Archipelagus ankamen, segelten wir zwischen der Insel Serigo und dem Cap Mathapann durch und in denselben hinein. Unsere Kanonen wurden scharf geladen und brennende Lunten dabei gesteckt.[38] Um 1½ Uhr Nachts kam ein Räuberschiff gerade auf uns zu. Es war eine große Barke mit drei Ruhsegel. Der Capitain unsers Schiffs rief ihm zu, nicht näher an uns heran zu kommen. Er kehrte sich aber nicht daran, und so schossen wir eine Kanonenkugel auf ihn ab; er kam aber mit vollen Segeln auf uns zu und wollte entern; nun aber gaben wir ihm die volle Lage, und ein Kanonenschuß mit einer Knüppelkugel und Kartätschen traf recht mitten in die Barke. Es erhob sich ein großes Geschrei an Bord des Räubers; wir hielten die ganze Zeit während des Gefechts, vor unserm Marssegel vor dem Wind. Der Kaper wollte uns nun von hinten anfallen und entern, weil er glauben mochte, daß wir hinten keine Kanonen hätten; allein wie er ankam, hatten wir zwei Kanonen auf der Kajüte, feuerten damit auf ihn, und wenn wir die Kanonen an einer Seite geladen hatten, dreheten wir das Schiff quer und gaben ihm die ganze Lage; dann dreheten wir das Schiff wieder vor dem Winde ab. Sobald die Kanonen wieder an der andern Seite geladen waren, dreheten wir das Schiff wieder quer, und so erhielt der Räuber die volle Lage abermals von der andern Seite; so hielten wir es bis 4 Uhr Morgens aus, so daß wir circa zwei Stunden mit dem Schiffe beschäftiget waren.[39] Es war eine helle Nacht weil der Mond schien; zu unserm

[38] Es war derzeit bei den Holländischen Smirnafahrern Gewohnheit, daß Nachts, im Archipelagus immer brennende Lunten bei den Kanonen standen.

[39] Es versteht sich, daß wir mehrere Lagen auf ihn abschossen, die nicht trafen, denn wenn alle unsere Kugeln getroffen hätten, so wäre sicher das Raub-

Glück kam ein großes dreimastiges Raguser Schiff ansegeln; der Räuber muß gedacht haben, daß es unser Macker sey, denn nun verließ er uns. Es war ein Glück daß er von uns abließ, denn er hätte uns wahrscheinlich genommen, da verschiedene unserer Raperden schon entzwei geschossen waren durch das übermässige Laden; denn dadurch flogen unsere Kanonen so stark in ihre Brockings zurück, daß sie wieder zurück an Bord flogen, dadurch ramponirt und mehrere unbrauchbar wurden. Von unsern Leuten war der größte Theil betrunken, wenigstens hatten sie mehr Getränke zu sich genommen, als ihnen dienlich war, denn wie das Schießen anging, wurde ein hölzernes Back oder Schiffsschüssel mit Genever aufs Deck gebracht, in das Back wurde etwas Schießpulver gethan, ein hölzerner Löffel hinein gelegt und dann die Leute animirt, löffelweise davon zu trinken; dies sollte ihnen Courage geben, und das Schießpulver die Leute wüthend und erbittert machen. Ich probirte dies Getränk auch, es wollte mir aber nicht schmecken, deshalb ließ ich das Trinken davon nach. Der Capitain stand die ganze Zeit während des Kanonirens hinten auf der Cajüte, hielt und lehnte sich an dem Traljewerk. (Er hatte auch mehr als ihm diente, zu sich genommen.) Er feuerte die Leute an und rief: Carolus der Zwölfte schoß mit 3 Kugeln, ihr müßt mit 7 Kugeln schießen; einer unserer Matrosen, der auch zuviel getrunken hatte, lud sein Pistol, steckte 3 Kugeln hinein und schoß es ab. Das Pistol flog ihm als er es abschoß an den Kopf und er stürzte nieder wie ein Ochs.

Wir segelten nun unsern Cours. Wir hatten keinen Lootsen an Bord genommen.[40] Nach ein paar Tagen kam ein Englischer Kaper bei uns an Bord, that uns aber nichts zuwider. Endlich bekamen wir guten Wind und liefen in den Golf von Smirna ein. Circa 2 Meilen von dem neuen Kastell von Smirna hielten sich zwei Französische Kaper auf; wir mußten beilegen und mit unserer Schalupe zu ihnen an Bord kommen. Diese Kaper brachten uns zwischen die Inseln die in dem Golf von Smirna liegen vor Anker, wo es mit den Schiffen gut und sicher zu liegen ist. Diese

schiff in Splittern gewesen. Das Sprichwort sagt ja auch: wenn in einer Schlacht alle Kugeln träfen, dann wäre es nicht gut Soldat zu sein.

[40] Fast alle Schiffe die im Archipelagus fahren, nehmen von der Insel Milo einen Lootsen an Bord um bei contrairem Winde in die Häfen der Inseln einzulaufen, denn den Lootsen sind die Häfen der Inseln bekannt. Bei contrairem Winde und dunkeln Nächten ist dort gefährlich zu kreuzen, der vielen Inseln wegen, die da zerstreut liegen. Auch wir, da wir in Smirna waren, nahmen einen Lootsen an für 20 Löwenthaler pr. Monat; dieser blieb bis wir in Scanderona waren, bei uns an Bord.

beiden Kaper waren dreimastige kleine Fregatten mit Polacker-Takellage und waren in Smirna als Kaper ausgerüstet, weil von Amsterdam ihnen berichtet war, daß wir nach Smirna kommen würden, und viele kostbare Englische Waaren an Bord hätten. Diese beiden Fahrzeuge hörten in Marseille zu Hause und waren Smirnafahrer; jedes hatte circa seine 16 Mann starke Französische Besatzung, aber als sie zu Kapern ausgerüstet wurden, nahm man Griechen an, so daß jeder Kaper 150 Mann an Bord hatte. Die Griechen hatten ihre eigenen Capitaine oder Hauptleute; auch war ein alter deutscher Graf als Hauptmann an Bord, der sich von einem Deutschen, der auch mit dem Kaper fuhr, Ihro Gnaden tituliren ließ, welches uns Holländischen Matrosen sehr auffallend war. Die Kaper nahmen nun Besitz von unserm Schiffe, liessen ein Schiff von Smirna kommen, nahmen alle Englischen Waaren, welche an Englische Kaufleute, die in Smirna wohnten, addressirt waren, aus unserm Schiffe heraus und luden selbe in das von Smirna gekommene Schiff. Es war Ende November wie sie uns aufbrachten und hielten uns bis Mitte December auf; da sie uns endlich frei gaben, segelten wir mit den Waaren die uns gelassen worden, nach Smirna; sie sollten theils in Smirna, theils in Constantinopel und Scanderona gelöscht werden.[41] In Smirna (es ist eine schöne Stadt) löschten wir die Waaren, die da bleiben sollten. An einem Sonntage da wir Matrosen Erlaubniß hatten an Land zu gehen, und alles Merkwürdige besehen wollten, nahmen wir einen Janitscharen

[41] Während der Zeit daß wir aufgebracht waren, sollten die Kaperleute in unserm großen Boote Wasser holen; unser Steuermann und ich sollten mitfahren und zusehen, daß unser Boot nicht beschädiget werden möchte. Wir holten das Wasser bei dem neuen Kastell von Smirna. Da der Steuermann und ich auf Holländisch gekleidet waren, so sahen die Janitscharen und die Türkischen Einwohner, daß wir Fremde waren, und sprachen durch Dolmetscher mit uns. Sie gaben uns Wein zu trinken (obgleich sie selbst nicht mit tranken, denn die Türken trinken keinen Wein, weil es ihnen in ihrem Alcoran verboten ist) und liessen ungesäuerte Kuchen backen; diese machten sie in einer halben Stunde fertig zum Essen, denn sie rührten das Mehl in Wasser, kneteten sie aus und legten sie dann auf den heissen Feuerheerd. In einer Viertelstunde wurden die Kuchen gaar, wir aßen mit Appetit davon. Dies Kuchenessen erinnerte mich, daß auch Abraham für seine Gäste ungesäuerte Kuchen backen ließ, deswegen war es mir angenehm, auch einmal solche zu essen. Ich schreibe dieses blos deswegen auf, damit ihr seht, daß die Türken nicht so böse Leute sind, als wir Christen uns vorstellen; daß man überall in der Welt wo man hinkommt, gute Menschen antrifft, und daß Viele uns Christen in der Tugend übertreffen, denn ich möchte sehen, ob es viele Christen gäbe, die, wenn Türkische Matrosen hier ankämen, sie mit Wein und Brod tractiren würden.

an, für einige Paras, (12 ß nach unserm Gelde) um uns zu begleiten. (Wenn man einen Janitscharen bei sich hat, ist man sicher daß man frei geht und von Keinem beleidigt wird.) Wir besahen nun erst den Johannis-Tempel; es ist aber kein Tempel, sondern ein Local wie ein großer Vorplatz und eine 3 oder 4 Stufen hohe steinerne Treppe führt hinauf nach einem viereckigen Platz, worauf ein paar Mann stehen konnten. Von diesem Platz ab, soll Johannes zum Volke gepredigt haben. Wir besahen nun den ganzen Platz; dieser war so voll von eingegrabenen Namen in den Mauern und weiß getünchten Wänden, daß ich kaum einen Platz finden konnte, den meinen auch dabei zu setzen; auch das sogenannte Herodes-Kastell besahen wir, es stehen aber nur die Aussenmauern davon, die mit Eisenblech beschlagenen Thüren waren voll eingedrückter Stellen von Flinten-Kugeln; nur einzelne waren durchgegangen und hatten Löcher gemacht. Auch ist da der Sage nach Johannes des Täufers Grab, welches wir auch besahen. Dieses Grab wird beständig von einem Janitscharen bewacht; also muß es doch von den Türken wohl für etwas Ausserordentliches gehalten werden. Ob diese Gegenstände aber, wie die Sage geht, wirklich Herodes Kastell, Johannes Tempel und Johannes des Täufers Grab sind, dies lasse ich dahin gestellt sein. Hier in Smirna war es wohlfeil zu leben, schönere und größere Suppenkräuter habe ich nirgends wo ich gewesen, gesehen; auch gutes Fleisch, Muscat- und Crasseeweine, Alles aufs Beste war dort; ich habe mich oft an schönen Weintrauben und gutem Brodte recht satt gegessen. Am Weihnachtsabend waren wir Matrosen am Lande und feierten diesen Abend in einem Griechischen Wirthshause; wir hatten eine gebratene Schafskeule mit Gemüsen und Muscatwein; wir hielten eine herrliche und vergnügte Mahlzeit. Hier kann man die Türken täglich beten sehen; sie sind sehr andächtig und ehe sie zum Gebete gehen, waschen sie sich rein. Die Gebetsstellen sind entweder auf einem erbaueten Gerüste, wo sie auf einer Treppe hinauf steigen, oder auf einem erhöheten Platze. Hier habe ich nur zwei Türkische Frauenzimmer gesehen; es schienen mir aber alte Weiber zu sein (denn sie gingen so klotzig auf den Füßen); Sie hatten aber ihr Gesicht so in Tüchern eingewunden, daß ich nichts als ihre Augen sehen konnte. Ich war hier auch zur Kirche; der Gottesdienst wurde in des Holländischen Consuls Hause gehalten; ein schönes, allerliebstes Griechisches Mädchen spielte die Orgel. Also in der Türkei ist fremder Gottesdienst erlaubt, im christlichen Spanien nicht. Anno 1780, Anfangs Januar, segelten wir von Smirna nach Constantinopel ab; wir hatten einen reichen Englischen Kaufmann mit seiner Frau, sowie einen Perückenmacher an Bord als Passagiere. Wir bekamen contrairen Wind und segelten bei der Insel Ipsera in den Hafen ein. Unser Lootse, den wir von Smirna mit uns genommen hatten, war an Bord für die accordirte Gage von 20 Löwenthalern pr. Monat und blieb selber bei uns bis wir in Scanderona ankamen. Er war in allen Häfen des Archipelagus bekannt. Wir wurden hier durch contrairen Wind circa 8 Tage aufgehalten, deshalb wurden die frischen Provisionen, die die Passagiere mitgenommen hatten, schimmlich. Unter andern war auch eine Pastete (die erste welche ich in meinem Leben sah und auch die größte und am schönsten geformte, die ich je gesehen). Diese Pastete war wie eine Türkische Festung geformt, hatte drei Batterien und aus jedem Kanonenloch steckte ein Vogel den Kopf, mit Federn und Kämmen, wie er gewachsen war, als ob er lebte. Diese Festung oder Pastete wurde uns Matrosen gegeben; wir stürmten selbe bei Tisch, zerlegten sie und verzehrten sie mit Appetit. In der Mitte vom Januar kamen wir in Constantinopel an. Dieses ist eine große Stadt, und einige prächtige Gebäude sind da. Der Palais des Sultans hat 11 Thürme, das Serail wo seine Weiber wohnen dreizehn. Auch ist dort ein schöner Hafen; wir lagen an einer Brücke beim Zoll in flottem Wasser und konnten die Güter von Bord gleich an Land setzen. Die Sclaven kamen alle Morgen mit Körben und mußten den Schmutz, den die Hunde auf dem Zollplatze gemacht hatten, in ihren Körben aufsammeln und wegtragen, so daß der Zollplatz, der Wachthunde wegen sehr reinlich war. Auch habe ich gesehen, daß die Polizei auf der Straße mit einer Waagschale ging, aus den Körben derjenigen, die Brod zum Verkauf umher trugen, einige Stücke heraus nahm und selbe wog. Hier hatte man auch Kringel so wie in Altona, doch nicht solche kleine, sondern ohngefähr daß zwei 1 *ß* werth waren; ich sah einst daß ein einzelner Kringel gewogen wurde. Sonst habe ich nie an andern Seeplätzen Kringel gesehen. Ich wäre eines Tages bald todt geworfen, indem ich in unserm Boot saß, welches am Schiffe lag, mein Bedarf zu verrichten; ein Türke warf mir einen Stein, so groß als eine halbe Faust an den Kopf und traf mich auf dem Backenknochen, daß, hätte der Stein nur 2 Zoll weiter meine Schläfe getroffen, ich dann bestimmt todt gewesen wäre. Eines Tages sah ich auch den Sultan; ich war nemlich Bootschiffer und wurde mit unserm großen Boote hingesandt um Wasser zu holen, aus einem Springbrunnen der bei der Aussenmauer des Sultans-Pallastes stand. Es war an einem Tage wo der Sultan in seiner Barke nach der Moschee fahren sollte. Wie nun der Sultan sich aus seinem Pallast nach der Barke hin begab, kamen Janitscharen und winkten; alle Leute fielen auf ihr Angesicht. Die Leute die in den Caiken (Fährjollen) im Fahrwasser zwischen der Christenstadt Galata und Constantinopel fuhren, mußten alle still liegen und mit ihrem Angesicht sich auf die Riemen (Ruderstangen) legen. Ich lief in unser Boot, setzte mich hinter die Wasserfässer nieder, so daß mein Kopf darüber war, hielt die Hände vor das Angesicht daß ich durch die Finger sehen konnte, und konnte den Sultan so recht betrachten, denn er fuhr keine 50 Fuß weit unserm Boote vorbei. Der Sultan saß in der Mitte des hintern Theils der Barke, auf einem Sessel; seine Räthe oder Minister saßen auf Bänken an jeder Seite, so daß der Sultan in ihrer Mitte saß. Auch hatten wir eines Tages den Holländischen Gesandten oder Ambassadeur Baron von Haften, an Bord. Wie dieser an Bord kam und von Bord ging, hatte er einen Janitscharen der vor ihm herging, zwei Deutsche Diener die hinter ihm gingen. Auch war hier eine Lutherische Kirche im Hause des königlich Schwedischen Gesandten; wir Matrosen gingen Sonntags in diese Kirche. Diese hatte die Freiheit, dreimal vor dem Anfang des Gottesdienstes zu läuten mit einer Glocke; obgleich die Türken doch kein Glockengeläute hören wollen, denn wir mußten die Glocken auf unsern Schiffen mit Segeltuch umwikkeln, damit kein Klang gehört werden konnte. Dies ist wieder ein Beweis daß die Türken tolleranter sind als viele Christen. Hier waren die Lebensmittel gleichfalls sehr wohlfeil. Die Russen bringen selbe, sowie auch Holzwaaren aus dem schwarzen Meere dahin, Butter wurde zum Theil in Ochsenfellen gebracht. Wir bekamen dort einen neuen Fockmast für 75 Löwenthaler (derzeit war ein Löwenthaler 22 Stüver holländisch werth), also war der Mast viel wohlfeiler als selbst in Holland. Hier habe ich kein einziges Türkisches Frauenzimmer gesehen. Aber ich sah eine große metallene Kanone, die sehr blank gescheuert war; diese hatte an der Mündung 11 Löcher und konnte aus jedem Loche eine Kugel geschossen werden, so daß wenn selbe geladen und losgebrannt wurde, alle 11 Kugeln in einem Gegenstand, nahe bei einander zu sitzen kamen oder trafen, daher natürlich viel zerstören konnten. Das größte Loch war in der Mitte der Kanone, denn es war so groß, das man einen runden Mannshut hinein setzen konnte, ohne ihn zu biegen. Die 10 andern Löcher waren um das große Loch herum und an der Seite der Kanone; diese waren so groß, daß eine 36- bis 48pfündige Kanonenkugel aus jedem Loche geschossen werden konnte. Ungefähr in der Mitte des Februars segelten wir von Constantinopel nach Scanderona oder Alexandretta ab. In den grossen Dardanellen an der Asiatischen Seite, wo wir clariren mußten, gingen wir vor Anker. Unser Capitain sagte uns: nun nehmet Fässer, Krüge, was ihr nur an Behältnissen habt mit an Land, denn hier ist der Wein so wohlfeil, als in irgend einem Platz der Welt; wir thaten es, und kauften schönen guten Wein für ohngefähr 20 Schilling nach unserm Gelde den Anker. — Die Kanonen, welche auf den Castellen der großen Dardanellen liegen, sind erschrecklich groß, und die Kugeln, die dazu gebraucht werden, sind von Stein und haben circa 2

Fuß, minder oder mehr, im Durchmesser. Der englische Admiral Duckword, welcher im französischen Revolutionskriege vor Constantinopel war und fliehen mußte, erhielt beim Zurücksegeln eine solche Kugel in den Dardanellen, die seinen großen Mast traf und dann aufs Deck niederfiel. Nach dem Schreiben der Engländer wog diese Kugel von Stein 1100 Pfund. – Wir blieben hier einige Tage wegen Sturmwetter liegen; unser zweites Ankertau brach, wir erhielten aber den Anker wieder, weil ein guter Boyreep daran war, mit dem wir ihn aus dem Grunde hoben. Hierauf segelten wir in See, und einst bei Nacht, da der Mond hell schien, passirten wir gerade die Insel Pathmos, wo der Evangelist Johannes seine Offenbarung geschrieben hat. Ich stand auf dem Uytkeyk (Aussicht); wir segelten mit gutem Winde rasch vorwärts, und ich mußte mich also genau umsehen, damit das Schiff nicht an irgend einen Gegenstand anlaufe und Schaden leide. Das Matrosenleben hatte ich satt, und dachte, der Boots- und Steuermann haben es doch viel besser als die Matrosen, und der Capitain noch weit mehr; ich betete deshalb bei mir selbst daß der liebe Gott mich auch avanciren lassen möchte. Mein Gebet ist erhört worden, denn etwas über zwei Jahre danach hatte ich alle Classen durchgemacht, und also hat der liebe Gott mir geholfen, daß ich bei weitem früher, als ich es damals denken konnte, Schiffscapitain geworden bin; wofür ich ihm noch jetzt herzlich danke. Anfangs März kamen wir Gottlob glücklich in Scanderona an; wir mußten hier mit unserm großen Boote die Ladung an Land bringen; ich war zum Bootschiffer ernannt, und hatte es als solcher besser als die andern Matrosen, weil diese bis an den Gürtel im Wasser gehen mußten, um die Güter, die ich ihnen auf die Schultern legte, vom Boot an Land zu tragen; denn ich mußte mit demselben auf flottem Wasser bleiben, damit es nicht auf den Grund stieß, indem die See dort auf den Strand schlägt. Auch hatten wir Türken und Griechen gemiethet, die beim Abtragen der Güter mit helfen mußten; so daß immer vier Mann eine Kiste oder Packen auf die Schultern nahmen und vom Boot ab ans Land trugen. Als wir gelöscht hatten fuhren wir mit dem Schiffe ab, und segelten nach der Insel Cypern, um daselbst Ocker zu laden, und zwar so viel, als unsers Kollschweins Höhe im Schiffe war. Dieser Ocker ist auf jener Insel so häufig, als bei uns der Lehm. Wie wir den Ocker im Schiffe hatten, segelten wir wieder hin nach Scanderona; unsere Ladung, die wir hier einnehmen sollten, war aber noch nicht von Aleppe gekommen, weshalb wir nun auf selbe warten mußten.

Scanderona ist nur ein unbedeutender Ort, aber merkwürdig durch den Labansbrunnen, bei welchem Jacob zu seiner lieben Rahel kam. Wir Matrosen waren alle Sonntage am Lande und tranken Wasser aus diesem

Brunnen, welches gut schmeckte und rein und klar war; und weil er in der Bibel erwähnt ist, war es uns ein Vergnügen, bei demselben zu sitzen. Es ist eigentlich kein Brunnen, sondern eine Quelle, die aus den Klippen läuft, und kann also schon Jahrhunderte oder Jahrtausende gelaufen haben. Das Land um Scanderona ist flach, und wegen des schönen Grases sehr zur Viehzucht geeignet. Statt Kühe haben sie dort Büffel, die schöne Milch geben, welche man sehr wohlfeil kaufen kann. – Der Sage nach soll hier der Prophet Jonas vom Wallfisch ans Land gespieen worden seyn, und man hat auf dieser Stelle einen Wachtthurm errichtet. Nahe bei diesem Thurme mußten wir von einem Wasserfall mit unserm großen Boote unser Wasser zum Schiffsgebrauch holen, aber jedesmal einen Janitscharen als Schutzwache mitnehmen. – Sonderbar ist es, daß die Frauenzimmer in Scanderona, statt daß sie bei uns Ringe in den Ohren tragen, alle Ringe in der Nase tragen, und zwar so groß als ein Speciesthaler, woran die Vornehmen noch Bommels mit allerlei Zierrathen hängen. Eines Sonntags wäre ich bald übel angekommen;[42] wir Matrosen gingen nemlich einem oder anderthalb Dutzend alten Weibern und jungen Mädchen, welche auf dem Grase saßen, vorbei; einer von uns sagte: wer darf einem dieser Mädchen einen Kuß geben? dies würde ihm übel bekommen, meinte ein anderer. Da ich gern immer der vorderste Mann seyn mochte, so sagte ich gleich, das darf ich thun, und bei diesen Worten bog ich mich nieder, um ein Mädchen zu küssen, aber, Himmel! als die alten Weiber sahen, was ich zu thun willens war, was fingen diese da ein Geschrei an! sie rafften Gras, Sand, Steine, kurz Alles, was sie nur habhaft werden konnten, zusammen, und warfen nach mir; kreischten und spieen, und sahen so erbittert und abscheulich aus, als man die Hexen auf alten Zeichnungen abgemalt sieht. Nun kamen die Männer auf dieses Geschrei herbei gelaufen, um zu hören, was es gäbe, und es war ein Glück für mich, daß einige unter ihnen mich kannten, weil sie bei uns arbeiteten, wenn wir Güter einluden; auch wir Matrosen Milch von ihnen kauften. Ich sagte, ich hätte es aus Spaß gethan, gab etwas Geld als Strafe aus, und so kam ich gut davon, probirte aber nie wieder einen solchen Spaß. Während wir hier lagen, hatten wir einen Wind der uns ganz die Luft benahm, so daß wir, mit dem Angesicht gegen den Wind gekehrt, gar nicht Athem holen konnten, sondern uns stets umdrehen mußten; denn es war just so, als wenn Einem Jemand Mund und Nase mit der flachen Hand so fest

[42] Die Frauenzimmer, obgleich der mahomedanischen Religion zugethan (eigentlich sind es Araber), sind dort nicht, so wie in Smirna und Constantinopel, verschleiert, sondern sie gehen, wie bei uns öffentlich umher.

zudrückt, daß es schlechterdings unmöglich wird, Athem zu holen. Auch wehete einmal ein Wind der mit solchen starken Fallwinden über das Land kam, daß das Wasser in die Luft flog, und unser Loßbord, mit sammt dem Benett daran, uns wie eine Feder aufs Deck wehete. Wenn die Fallwinde übers Land herfielen, konnten wir es sehen, denn sobald als sie bis ans Wasser kamen, wirbelte dieses hoch auf, und wir konnten nicht stehen bleiben, sondern mußten uns festhalten. Unsere Anker, obschon sie verkattet waren, gingen und schleppten mit durch den Grund; der Wind wehete aber keine Viertelmeile vom Lande ab, dann war er still. – Als wir noch hier lagen, passirte auch eine Karavane mit sehr vielen Reisenden, die nach Mekka wollten, vorbei; sie reiseten sehr langsam, denn wir hatten sie zwei Tage lang im Gesicht. Endlich kam unsere Ladung von Aleppo auf 1100 Kameelen an; jedes trug zwei Ballen Galläpfel. Nun mußten wir stark arbeiten, und alles mit unserm großen Boote an Bord nehmen; auch erhielten wir einige große Kisten mit trokkenen Schalen, welche einen so starken Geruch hatten, daß wir durch die Herbe desselben kaum schlucken konnten. – Wir fuhren von hier nach Larnika, auf der Insel Cypern, ab, und kamen in zwei Tagen glücklich daselbst an. Hier nahmen wir den Rest unserer Ladung, bestehend in Baumwolle und roher Seide, ein. Cypern ist eine große schöne Insel; vortrefflicher Wein und gutes Brodt ist dort wohlfeil. Zwei türkische Linienschiffe von 74 Kanonen, die in Egypten und der Küste entlang die Contributionen abgeholt hatten, lagen hier eine Zeit lang bei uns.[43] Den 6. Juli segelten wir von hier, bestimmt nach Amsterdam. Wir hatten fast immer westlichen contrairen Wind (in dieser Jahreszeit weht es hier fast beständig westlich), so daß wir das Wasser in Rationen erhielten, und zwar jeder im Schiffe nur eine Flasche in 24 Stunden, welche Einschrän-

[43] Auf dieser Insel Cypern konnten wir nahe zu einer Moschee oder türkischen Kirche kommen, und ich sah einst einen alten graubärtigen Türken beten; er kam aus der Moschee und setzte sich an eine Ecke der Mauer. Ich denke, er mag wohl von seiner Geistlichkeit Befehl gehabt haben, außerhalb der Moschee zu beten. Dieser Türke war bei seinem Gebet so andächtig, daß ihm die Thränen über die Backen in seinen grauen Bart liefen. – Indem ich dieses ansah, dachte ich bei mir selbst: Gott hört dich gewiß eben so gut, als er die Christen hört, und es kann nicht wahr seyn, daß nur allein die Lutheraner selig werden, wie es mir in der Schule gelehrt ist. Also erhielt mein Glaube hier den zweiten Stoß; ich durfte dies aber Niemand sagen, daß ich glaubte, meine mir in der Jugend eingepflanzte Lehre sei falsch, sondern mußte dies still für mich behalten; war aber doch dieserwegen sehr unruhig, bis 1784, da ich nach Anhörung einer Predigt des Dr. Münter in Copenhagen mich in meinem Glauben (den ich hatte, aber, wie gesagt, geheim hielt) befestiget fand; wie ihr hernach hören werdet.

kung drei Wochen dauerte. Ach! es ist hart, bei starker Hitze und lauter gesalzenen Speisen den Durst nicht löschen zu können. Den ersten Tag, da wir des Morgens unsere Flasche Wasser empfingen, schloß ich dieselbe in meine Kiste ein, und als wir des Mittags gegessen hatten, nahm ich sie heraus, um zu trinken; ich nahm nur ein Schlückchen, als ob es Branntewein wäre. O, wie angenehm und kühlend war das! ich nahm noch einen Schluck; o, wie herrlich! dann zwei Schluck, dann drei; o, wie erquickend! Nun konnte ich nicht mehr widerstehen, und sagte: dursten wenn man etwas hat, und dursten wenn man nichts hat, dies geht nicht an; ich setzte daher die Wasserflasche vor den Mund, und gluck, gluck, ging es los, bis die Flasche leer war; nun that es mir aber leid, daß ich das Wasser auf einmal ausgetrunken hatte, und ich sagte zu mir selbst: dies sollst du nicht wieder thun. Aber es ging mir mit dem Wassertrinken eben so, als wenn man aus Uebereilung gefehlt hat, Reue darüber fühl, und sich vornimmt, nicht wieder in diesen Fehler zu verfallen, nachher aber doch wieder fehlt; denn obschon ich mir jeden Mittag, wenn ich meine Flasche mit Wasser geleert hatte, vornahm, dies sollte nicht wieder geschehen, so habe ich doch die ganze Zeit, in welcher wir Rationen erhielten, nicht Wort gehalten, denn die Versuchung war zu groß und der Durst zu stark. Endlich kamen wir im September bei der Insel Malta an, und weil der Wind contrair war, liefen wir dort in den Außen-Hafen ein und ankerten beim Quarantaineplatz. Auf selben konnten wir ans Land gehen, um Proviant etc. einzukaufen, welcher uns dort hin gebracht wurde; das Geld dafür legten wir auf die Erde, von wo dann die Verkäufer es mit einer eisernen Zange aufnahmen und in ein Gefäß mit Essig tauchten. Hier im Hafen füllten wir nun auch unsere Wasserfässer mit frischem Wasser, und so hielt die Ration, zu unserer großen Freude, auf.[44] Nach ein paar Tagen segelten wir wieder in See;

[44] Eine Flasche Wasser in 24 Stunden ist in dem heißen Clima wirklich zu wenig, zumal bei trocknen und gesalzenen Speisen. Ich habe bei Capitain Warden auch Wasser-Ration gehabt, aber wir erhielten jeder eine halbe Gallone oder $2\frac{1}{2}$ Flasche täglich, und dieses ist auch hinlänglich. Seitdem ich aber selbst Capitain geworden, haben meine Leute, so wie ich selbst, nur ein einziges Mal Wasser-Ration gehabt, und zwar auf der Reise von Demirara nach Altona, wo ich 52 Mann am Bord hatte; denn ich sorgte immer dafür, daß ich Wasser genug mitnahm. Dieses Mal konnte ich mir jedoch nicht anders helfen, weil wir lange Zeit contrairen Wind hatten; ich mußte also vierzehn Tage lang Ration geben, und empfing jeder, auch ich selbst, nicht mehr als zwei Flaschen gutes Wasser, aber vom Regenwasser, welches wir auffingen, konnte jeder so viel bekommen als er haben wollte. Da aber das Regenwasser, was man auf einem Schiffe auffängt, selbst wenn dies mit einem ausgespannten Segel geschieht, immer nach

bei Gibraltar hatten wir die Schalupe von einer Königl. Spanischen Kriegs-Fregatte an der Seite des Schiffs, da wir aber dem Officier, welcher in der Schalupe war, sagten, daß wir aus der Türkei kämen, und folglich ein Quarantäneschiff wären, so kam er nicht an Bord, sondern examinirte uns von der Schalupe aus und gab uns frei. Wir segelten nun mit einem steifen Lawant (Ost-Wind) durch die Meerenge von Gibraltar. Auf dieser Reise hatten wir zwischen dem Cap Finisterre und dem englischen Canal einen fliegenden Südwest-Sturm. Wir lensten vor das dichtgerefte Großmarssegel und Fock, und erhielten eine schwere Brechsee von hinten über, die wohl zwölf Fuß hoch über das Heck hereinstürzte und aufs Cajüt-Deck niederschlug. Diese Seestürzung war die größte, die ich je von hinten über das Heck erhalten habe. – Wir segelten nun weiter, kamen ohne besondere Unfälle in der Mitte October im Texel binnen, und mußten dort vierzehn Tage Quarantaine halten. Der Doctor kam zu uns an Bord, und untersuchte die Mannschaft; befühlte uns unter der Kinnlade; wir mußten die Arme ausstrecken, die Beine schwenken und Sprünge machen; da er uns aber alle gesund fand, ließ er einen Helbardeur oder Quarantaine-Wächter bei uns an Bord und fuhr ans Land. Was mir sehr auffiel, war, daß der Doctor, welcher ganz in grünem Wachstuch gekleidet, als: einem großen weiten Mantel, worin er ganz eingehüllt war, eine Capuze etc., seine große Haar-Perücke auf dem Kopfe hatte, da doch, wie bekannt ist, Haare, Wolle etc. zu den giftfangenden, ansteckenden Sachen gehören. Unsere Galläpfel löschten wir während der Zeit der Quarantaine; auch einen Leichter mit Baumwolle, dieser mußte aber so lange bei dem Schiffe liegen bleiben. Als wir nun vierzehn Tage im Texel gelegen hatten, kam der Doctor wieder an Bord; er war eben so, wie das erste Mal, gekleidet; auch hatte er etwas zu kauen im Munde, damit er den Speichel nicht niederschlucke, sondern ausspeie. Dieses Mittel habe ich auch immer gebraucht, wenn ich ansteckende Oerter, oder Kranke die in Hospitälern am gelben Fieber lagen, besuchte. Ich gebrauchte dazu Taback, den ich als Seemann viel geprümt oder gekaut habe; derjenige aber, welcher den Taback nicht vertragen kann, muß etwas anderes in den Mund nehmen, was bitter oder herbe ist, und wodurch man den Speichel, der sich in einem Krankenzimmer durch das Athmen vergiftet, nicht hinunter schlucken kann, sondern ihn ausspeien muß.) Er visitirte uns, wie das erste Mal, und da er fand, daß

Theer schmeckt, so kann man es im Nothfall wohl trinken, und es ist auch nicht ungesund, aber der Geschmack ist Einem zuwider, selbst wenn man Thee darin kocht. Zum Kaffee kann man es jedoch sehr wohl gebrauchen; denn selbem kann man kaum den Theergeschmack anmerken, wenn er darin gekocht ist.

wir alle gesund waren, gab er uns Erlaubniß nach der Bucht von Dürckerdam zu segeln, um auch da vierzehn Tage Quarantaine zu liegen; jedoch wurden die Tage, welche, bis wir dahin gelangten, verflossen waren, abgerechnet. Nach Verlauf dieser letzten vierzehn Tage gab der Helbardeur, der während dieser Zeit an Bord geblieben war, uns frei, um nach Amsterdam zu segeln, woselbst wir in der Mitte November ankamen.[45]

Ich verhäuerte mich gleich denselben Tag, wie ich meinen Abschied und meine verdiente Gage vom Capitain Köhler empfangen hatte, mit Capitain Hendrick Dircks (das Schiff war eine Brigg, hieß De Amsterdamse Post, und fuhr für De Weedwe Juran & Zoon und L. Grefülle & Comp. in Amsterdam) als Matrose, für 24 Gülden pr. Monat. Der Sage nach sollten wir nach Curaçao; das Schiff lag unter Havarie in Medemblick. Ehe ich von Amsterdam abfuhr, sandte ich meiner Mutter die für meine Smirnaer Reise verdiente Gage, 200 ₰. Ende November reisete ich nun mit meinem Capitain Hendrick Dircks in einer Chaise (die erste worin ich je gefahren) von Amsterdam über Land nach Medemblick. Ich kam als Matrose an Bord; der Capitain versprach mir aber, mich sobald als möglich zum Steuermann zu machen, denn er wußte, daß ich fertig in der Steuermanns-Kunst war. Da aber zu der Zeit, als ich mich mit ihm

[45] Ehe wir uns von Amsterdam auf diese Reise begaben, lag das Schiff auf Strom, vor der neuen Stadts-Herberge, um mit Flaggen, Kanonen etc. zu prunken, und unser Capitain sagte während der Reise: wenn wir nun wieder zurück und an die Stadt kommen, dann will ich vor der neuen Stadts-Herberge ankern, die Lage Kanonen abfeuern lassen, und mit Flagge und Wimpel zum Prunk da liegen. Aber wie ganz anders lief es ab! Als wir von Dürckerdam nach Amsterdam segelten, war es stiller Wind, und wir trieben mit der Fluth hinauf nach den Sandhock, wo wir löschen sollten; ehe wir aber dort anlangten trat die Ebbe ein, wir kamen einer kleinen Fregatte vor den Boog und mußten bis Abend so quer liegen bleiben, weil wir nur mit der Fluth davon frei kommen konnten. Um 7 Uhr Abends kam ein Sturm aus Nordwesten, der Anker der Fregatte (der Capitain, welcher diese führte, hieß Barend Hofker) ging mit fort, und so trieben wir von diesem Schiffe los; wir ließen nun unsern Anker fallen, allein er hielt nicht, sondern schleppte bei einem Ankertaue eines Curaçaofahrers auf. Der Capitain darauf hieß Jan Kerckhoff; als unser Anker vor seiner Klüße aufstropte, hieb er mit einem Beil das Ankertau ab. Nun war unser Schiff los, wir trieben an verschiedene Schiffe, und liefen just vor der neuen Stadts-Herberge auf den Grund; allein nun war es weit davon zu prunken; denn unsere Gallerien waren von dem Antreiben an die andern Schiffe zerbrochen, und so saßen wir nun da mit einem ramponirten Schiffe. Die Damisanen mit Cyper-Wein, die in der Gallerie gestanden, waren entzwei gedrückt, und der Wein an der Seite des Schiffs niedergelaufen.

verhäuerte, in Amsterdam die Kauffahrtheischiffe für jeden dritten Mann, den sie führten, 50 holländische Ducaten an die Regierung bezahlen mußten, um für dieses Geld Matrosen für die Kriegsschiffe anzuwerben, deren jeder einige Ducaten Handgeld erhielt, und ich der zehnte Mann auf unserm Schiffe war, so sollte ich nicht in der Munsterrolle stehen, um 50 Ducaten zu sparen; sondern ich sollte, wenn jemand an Bord käme nachzufragen, sagen, daß ich als Passagier nach Curaçao auf dem Schiffe wäre; ich hatte mich folglich auch zu nichts schriftlich verbindlich gemacht, welches ein großes Glück für mich wurde, wie ihr weiter unten erfahren werdet. Ich ging also, wie schon gesagt, in Medemblick an Bord; mein Bruder Olof, den ich in einigen Jahren nicht gesehen, fuhr auch als Matrose mit diesem Schiffe; wir machten es fertig und beluden es wieder, denn die Ladung war wegen der Havarie, die es im Texel erlitten, indem es ein anderes Schiff im Sturm vor den Boog getrieben, in Medemblick gelöscht worden. In der Mitte des Decembers waren wir fertig und segelten nach dem Texel. Unser Steuermann war in Medemblick krank geworden, und nach Amsterdam, wo er wohnte, gereiset. Da mein Capitain mir versprochen hatte, mich bei erster Gelegenheit als Steuermann anzustellen, so bat ich ihn, mich nun dazu zu machen; er sagte er wolle dies auch, und erwarte nur Antwort von unseren Rhedern, an welche er deshalb geschrieben habe.[46] Als wir den 16. December im Texel ankamen, meldete sich unser Capitain bei dem Linienschiffe NASSAU von 64 Kanonen, geführt von dem Capitain Rietfeld; dieses und noch ein Linienschiff von 54 Kanonen, genannt NASSAU-WEYLBURG und geführt vom Capitain Craß, sollten die Schiffe nach Westindien und der Mittelländischen See convoyiren. Es war eine große Menge Schiffe, die mit dieser Convoy, unter welcher zu segeln wir nun auch angenommen wurden, fahren sollten. – In der Nacht vom 18ten auf den 19ten December wurde der Wind nordost; es wehete stark und fror gewaltig. Unsere Ziege, die wir am Bord hatten und Milch gab, fror des Nachts todt. Ich mußte Morgens den 19. December, mit Tages Anbruch, eine Signal-Flagge auf den Vortop bringen, damit der Lootse an Bord käme; hierbei wehete mich der Nordost-Wind so kalt an, daß

[46] Dieses war aber eine Lüge; denn auf der Reise bekam ich von unserm nachherigen Steuermann (dieser war in Jütland geboren, folglich eben so wie ich ein Köngl. Dänischer Unterthan, weshalb wir sehr bekannt mit einander und gute Freunde wurden) zu wissen, daß der Capitain an unsere Rheder geschrieben, sie müßten ihm einen Steuermann an Bord schicken, der schon als solcher auf Westindien gefahren, sonst könne er nicht segeln. Die Rheder hatten ihm den Brief, wie sie ihn angenommen, selbst vorgelesen.

ich nie in meinem Leben (selbst in Grönland nicht), so gefroren habe, als bei dieser Arbeit. Die Schiffe, welche mit der Convoy segeln sollten, erhielten vom Commandanten der Flotte Signal die Anker zu lichten und unter Segel zu gehen. Wir hatten aber unsern Kaufmann oder Cargador und seinen Commis, die mit uns nach Westindien fahren sollten, noch nicht am Bord, mußten also liegen bleiben, um sie zu erwarten. Die ganze Flotte segelte Morgens 9 Uhr in See, unsere Kaufleute kamen aber erst um 12 Uhr Mittags, und brachten unsern Steuermann, den sie in Amsterdam gehäuert hatten, mit an Bord. Der Capitain sagte mir, er könne es nicht helfen, daß ich es nicht geworden, denn statt eines Matrosen, warum er geschrieben, hätte man ihm einen Steuermann gehäuert (daß dies eine Lüge war, wißt ihr); ich glaubte damals, was er mir sagte. Wir gingen nun gleich unter Segel und eilten der Convoy nach, welche uns schon längst aus dem Gesicht war. Da aber unser Schiff eine französische Prise war, und die Franzosen selbes, als ein vorzüglich schnellsegelndes Schiff, unter dem Namen Le Postillon[47] zu einem Postschiffe gebraucht hatten, so holten wir die Flotte bald ein, und des Nachts zwei Uhr waren wir zur Seite des Commandantenschiffes. Mit Anbruch des Tages; den 20. December, waren wir schon im Gesicht von Dover.

Nun, lieben Kinder, muß ich euch erst aufmerksam machen, wie der liebe Gott mich auf dieser Reise so glücklich werden ließ, und uns bewahrte, daß wir nicht, so wie fast die ganze Kauffahrtheiflotte, von den Engländern genommen wurden. Ich habe bereits gesagt, daß wir den 19. December aus dem Texel in See segelten und den 20. December bei Dover waren. Am letztgenannten Tage nun erklärte der König von Groß-Britannien den Krieg an Holland; Kaperbriefe waren schon fertig gemacht, denn es ist bekannt genug, daß die Engländer damit nicht säumen, und den 21. December wurden schon die holländischen Schiffe von ihnen weggenommen oder gekapert. Die Holländer wußten derzeit noch gar nicht daß Krieg war, und so haben englische Lootsenböte mit 10 bis 12 Mann Besatzung verschiedene holländische Schmack- und Kufschiffe genommen, denn die Engländer kamen als Freunde an Bord, zogen aber, sobald sie im Schiffe waren, ihre geladenen Pistolen hervor, und nun hieß es, gebt euch gleich gefangen oder die Kugel durch den Kopf. – Unser Schiff segelte, wie gesagt, sehr schnell, deshalb wollte unser Capitain sich nicht nach den andern Schiffen aufhalten; wir setzten alle Segel bei und liefen selben bald aus dem Gesicht, so daß wir den 22. December, also einen Tag früher, als die Kaper- und Kriegsschiffe bei

[47] Auch unser Galion war ein Postillon, mit grünem Rock, weißen Aufschlägen, und einem Caskett auf dem Kopfe.

Plymouth oder Fallmouth wußten, daß Krieg mit Holland war, schon aus dem englischen Canal und im großen Ocean waren, und nun glücklich in die spanische See hinauskamen. Anno 1781 den 7. Januar begegneten wir einer englischen Flotte[48] von sieben Linienschiffen und einigen Kauffahrern; diese kamen von Jamaika und wollten nach England. Sie erkundigten sich bei uns nach Neuigkeiten; da sie aber eben so wenig als wir, wußten, daß Krieg zwischen England und Holland sey, so ließen sie uns frei passiren. Den 11. Januar hatten wir noch einen englischen Kaper bei uns an Bord; dieser war aber schon einige Wochen in See gewesen, hatte auf Prisen gekreuzt, und wußte folglich auch nicht, daß Krieg mit Holland stattfinde. Wir hatten den 10. Januar des Nachts einen westlichen Sturm gehabt, und am andern Morgen, mit Tagesanbruch, als der Wind im Abnehmen war, aber die See noch sehr hoch lief, sahen wir im Osten von uns eine Brigg, auf welche wir, nachdem sie einen Kanonenschuß abgefeuert hatte, zusteuerten; nachdem wir bei ihr angelangt waren, rief der Capitain derselben uns zu, wir sollten unser Boot aussetzen und zu ihm an Bord kommen. Unser Capitain antwortete ihm es ist zu schlechtes Wetter und die See geht zu hoch, ich kann nicht. Der Kaper-Capitain aber befahl, daß wir kommen sollten, oder er wolle uns in Grund schießen; wir mußten also gehorchen. Es war uns nicht möglich, unser großes Boot auszusetzen; denn unser Schiff schlenkerte in der hohen See zu hart; wir mußten also unsere kleine Jolle aussetzen, ein plattes Ding (derzeit auf den Schiffen ein Moses genannt) und sehr klein, so daß sie nicht mehr als vier Mann tragen konnte, mit welcher von Bord zu fahren bei dieser hohen See aber sehr lebensgefährlich war. Wir waren nur vier Matrosen an Bord, und da die Gefahr ins Boot zu gehen so groß war, sagte ich zu meinem Bruder: Olof, bleib du im Schiff, damit wir doch nicht beide ums Leben kommen, und unsere Mutter alle Stütze verliert. Die andern beiden Matrosen machten sich aber bei, die Takels achter Hand zu halten (wie man auf Schiffen zu sagen pflegt), als sie sahen, daß die Jolle oder der Moses aus sollte, damit sie davon frei kommen möchten, und meines Bruders Ehrgefühl ließ es nicht zu, sich auch zurück zu ziehen; also mußten wir beide und unser Steuermann, der die Schiffsdocumente bei sich hatte, in die Jolle. Wir setzten die Takels in selbe ein, so wie zwei Nocktakels von der großen und Fock-Rah, und als wir drei uns hineingesetzt, ließen wir, als das Schiff nach außen schlenkerte, die Seitentakels los und schwenkten dann an die Nocktakels nach

[48] Weil wir vor Kapern bange waren, so hatte unser Capitain von seinen Rhedern Ordre, nördlich nach den azorischen Inseln, und dann weit westlich von Madeira hin nach dem Ost-Passatwinde zu segeln.

außen; nun wurden mit eins alle Takels losgelassen und aus der Jolle gehakt, und so kamen wir glücklich vom Schiffe frei (das Gefährlichste in solchen Fällen ist immer, frei vom Schiff zu kommen oder an Bord zu legen). Wir ruderten nun hin nach dem Kaper, welcher eine amerikanische Flagge wehen ließ. Es war fürchterlich schön anzusehen, wenn wir so mit der kleinen Jolle oben auf einer Welle waren und dann in die Tiefe hinabblickten; es war als ob sie von einem hohen Berge in die Tiefe hinab taumeln sollte. Ich war noch nie mit einer Jolle oder Boot in einer so hohen See gewesen, und Mancher kann fünfzig Jahre fahren und erlebt so etwas nicht. Als wir nun an die Seite des Kapers kamen, wollten gleich drei Mann von den Kapergästen in unsere Jolle steigen, diese schöpfte aber unter Bord und lief voll Wasser; unser Steuermann, mein Bruder und ich stiegen hierauf an Bord des Kapers. Da der Kaper-Capitain sah, daß unsere Jolle, in welcher drei Mann von den Kapergästen nach unserm Schiffe wollten, so klein und meist voll Wasser war, so befahl er, daß sein eignes großes Boot ausgesetzt werden sollte, und in diesem fuhren sie, mit unserer Jolle, die sie leer von Wasser schöpften, nach unserm Schiffe hin. Wir wurden jetzt erst gewahr, daß sie rauben wollten, denn sie nahmen was sie wollten; alle unsere Hühner, Schweine, Zucker, Kaffee und Taback etc.; von der Ladung nahmen sie mehrere Keller Genever, geräucherte Schinken, Käse etc., bohrten die Weinfässer an, und ließen den Wein, wenn sie getrunken hatten, laufen. Unser Zimmermann machte Pfropfen in die Löcher, damit die Fässer nicht leer liefen. Die Kisten unserer Schiffsmannschaft brachen sie auf, nahmen unsern Taback, Hemden, Kleider etc. weg, und brachten alles an Bord ihres Kapers. Der Wind wurde immer stiller und die See legte sich und wurde ruhiger, so daß sie den ganzen Tag Zeit zu plündern hatten. Ein Kaper-Officier, der auf unserm Schiffe war, rief dem Kaper-Capitain zu: es ist ein französisches Schiff, denn es hat französische Passagiere an Bord. Freilich war unser Kaufmann Grevülle, den wir an Bord hatten, ein Franzose von Geburt, wohnte aber in Amsterdam. Der andere Kaufmann auf unserm Schiffe war ein geborner Hamburger, er hieß Joh. Hinrich Schmeichel und ist später Postmeister in Hamburg gewesen. Nun wußten wir gewiß, daß es ein englischer Kaper war, denn wenn wir auch ein französisches Schiff gehabt hätten, so konnten die Amerikaner uns ja nichts thun, indem Amerika und Frankreich derzeit Alliirte waren. Weil unsere holländischen Documente in guter Ordnung waren, so wollte der Kaper-Capitain es doch nicht wagen uns aufzubringen. Wie mag er sich aber wohl später mit seinen Leuten geärgert haben, als sie erfuhren, daß schon seit dem 20. December Krieg zwischen England und Holland sey, und sie eine so reiche Prise in Händen gehabt und freigelassen. Der Kaper-Capitain erhielt auch von seinen Kapergästen einen Keller Genever, bezahlte selben an unsern Kaufmann für einen Preis, den er selbst bestimmte; nemlich: was derselbe zum Einkauf in Holland gekostet hatte. Unser Kaufmann forderte nun auch Bezahlung von ihm, für dasjenige, was seine Leute weggenommen hatten; erhielt aber zur Antwort: das was seine Leute genommen hätten, ginge ihn nichts an. Es war auch ein deutscher Matrose an Bord des Kapers, welcher zu mir und meinem Bruder kam wie er sah, daß wir so stille auf dem Deck standen, und sagte zu uns: ihr dürft nicht ängstlich sein, denn es wird euch nichts Uebels gethan werden. Einer von den Kapergästen kam bei dem Herrn Schmeichel, fragte ihn: wie viel ist die Uhr? Herr Schmeichel aber war ihm zu klug, er hatte seine goldene Uhr versteckt; er sagte: ich habe keine Uhr. Es ist sicher, hätte er die Uhr hervorgezogen, so wäre sie ihm weggerissen worden. Gegen Abend wurden wir diese unangenehmen Gäste los. Da wir noch immer contrairen Wind hatten, so blieb der Kaper noch drei ängstliche Tage bei uns; er kam aber, Gott sei gedankt! nicht wieder zu uns an Bord. — Nun erhielten wir einen frischen Nordostwind, mit dem segelten wir geradesweges nach Süden hin zum Ostpassatwind, denn es hatte uns nichts geholfen, daß wir nördlich gesegelt, um den Kapern bei Madeira auszuweichen; wir hatten hier ja doch einen bösen Kaper gehabt. Nun behielten wir guten Wind, segelten schnell[49]

[49] Wie wir den Tropicus Cancri passirten, mußten alle diejenigen, welche ihn noch nie passirt waren, nach Seemannsgebrauch, hänseln, (das heißt: man wird dreimal von der großen Rah ins Wasser untergetaucht; man heißt es auch wohl nach Schiffsgebrauch: die Leute sollten getauft werden) oder Geld bezahlen um dafür Rum, Wein etc. zu kaufen; dieses wird dann, wenn die Matrosen an Land kommen, verzehrt. Alle unsere Leute wollten bezahlen, es war kein einziger darunter der sich wollte über Bord stürzen lassen und getauft oder gehänselt werden. Da aber unsere beiden vorher genannten Kaufleute gerne eine solche Ceremonie sehen wollten, sagten sie zum Capitain: o es ist Schade und verdrießt uns daß da keiner ist, der sich hänseln lassen will, wir hätten diese Ceremonie so gerne gesehen, welches ich, eben am Steuer stehend, hörte, und sagte ich zu den Kaufleuten: um Ihnen dies Vergnügen zu machen, so will ich mich hänseln lassen. Ich wurde von dem Steuer abgelöst, setzte mich auf den Knöppel (ein Stock gleich einem Besenstiel) woran ein Tau von dem Nock der großen Rah befestigt ist; ein Seising oder Tau wird dem der ins Wasser gestürzt wird, unter die Arme gebunden, und dieses an das Tau, welches von der Rah herab läuft, befestigt, damit der Gehänselte, falls er sich nicht mit seinen Händen halten kann, daran hängen bleibt und nicht fallen kann. Nun ließ man mich dreimal ins Wasser fallen, denn dreimal ist Schiffsgebrauch; auch liessen sie mich nicht höher niederfallen als unser Rumpf des Schiffs über dem Wasser war; wie ich

und kamen Anfangs Februar zu Granada im Hafen. Dieses war eigentlich unser bestimmter Platz (welches wir Schiffsvolk aber nicht wußten, weil unser Capitain und unsere Kaufleute solches für sich behalten). Unser Bestimmungsort Curaçao war nur für die Kriegs- und Kaperschiffe, angegeben; denn weil die Franzosen v. J. im Herbst, diese Insel von den Engländern genommen hatten, so war hier ein guter Markt für unsere Waaren. Wir erstaunten aber hier bei unserer Ankunft zu hören, daß die Engländer St. Eustatius schon durch den Admiral Rodney weggenommen hatten, sicher ist es, daß die Engländer schon vorher, ehe der Krieg declarirt, Ordre gehabt haben St. Eustatius wegzunehmen. Die

nun diesem Seemannsgebrauche dreimal Genüge geleistet hatte, so sagte ich: nun noch einmal zu meinem Plaisir. Nun zogen die Leute mich so hoch, daß ich bis unter die große Rah kam, und liessen mich dann hinunterstürzen, so daß ich gewiß drei Faden unter Wasser war; auch zogen sie mich nicht eher auf als bis ich so weit hinter dem Schiff war, daß ich den Namen des Schiffs lesen konnte. Wir segelten derzeit 1¼ deutsche Meilen in jeder Stunde; unsere Leute wollten mir meine Verwegenheit ablehren, allein ich ließ mich noch fünfmal so hinunter fallen; nemlich: 1stens für unsere Kaufleute, 2tens für den Capitain, 3tens für seine Braut (diese war meine Cousine Antje Hansen), 4tens für die vaterländischen Mädchen und 5tens für unser ganzes Schiffsvolk, also daß ich neunmal mich niederfallen ließ. Gewöhnlich dreht ein Schiff beim Hänseln bei, dieses ist auch sehr vernünftig; ich habe dieses immer gethan, denn wenn ein Schiff schnell durchs Wasser läuft, so muß der Mann sich schon mit den Händen fest halten wenn sie ihn durchs Wasser schleppen; zweitens können auch Hayfische in der Nähe sein, die ihn während er in die Höhe gezogen wird, anbeissen; ist aber das Schiff beigedreht, dann fällt der Mann nur gerade nieder und falls Hayfische da sind, kann man sie sehen und den Mann aufziehen bevor er angepackt wird; denn ein Hayfisch kann nicht gleich anbeissen, sondern muß sich erst auf seinem Rücken umkehren; dieses habe ich oft gesehen, wenn wir sie mit einer großen Angel oder einem krummen, 12 Zoll großen Nagel oder Spicker fingen. Bei meinem Hänseln aber ließ der Capitain das Schiff segeln; ich hielt mich mit meinen Händen fest an dem Tau, das Reservetau um mich zu halten, brauchte ich gar nicht. Ich habe euch liebe Kinder mehreremale gesagt, daß das in der Jugend Gehörte tiefe Wurzeln faßt, es sei etwas Gutes oder Böses. Daß ich mich nun neunmal hinterstürzen ließ, kam daher: ich hatte einen Mutter Bruder, Olof genannt, gehabt, (nach diesem ist mein Bruder Olof genannt in der Taufe) dieser hatte mit meinem Onkel Kord Eschels eine Reise nach St. Croix gemacht, und hatte er sich, da er gehänselt wurde, neunmal niederfallen lassen. Dieses hatte ich als kleiner Knabe gehört, auch das solches ihm als eine große Heldenthat auf Föhr war angerechnet worden. Dieses fiel mir ein wie ich gehänselt werden sollte, und blos um meinem Onkel nicht nachzustehen, ließ ich mich auch neunmal niederfallen.

Engländer haben dort erstaunlich viele reiche Prisen gemacht, auch den Kaufleuten am Lande ihre Packhäuser und das Ihrige genommen. Wir löschten hier unsere Waaren aus. Ich war auch oft bei unsern Kaufleuten in ihrem Packhaus zu arbeiten, Waaren abzuliefern und Kaffe etc. zu empfangen und solche, da ich Schreiben und Rechnen konnte, zu notiren; diese Herren mochten mich gerne leiden und hielten viel auf mich, da sie mich auf der Reise bei mehreren Gelegenheiten als einen guten Seemann hatten kennen lernen. Es grassirte derzeit hier in Granada das gelbe Fieber; er starben viele Leute auf den Schiffen, auch auf unserm Schiff waren Alle krank; ich war der Letzte der krank wurde; diese Krankheit überfiel mich sehr plötzlich. Ich lag Abends 11 Uhr auf dem halben Deck unter dem Sonnenzelt, um zu schlafen, und so war es mir, als ob ein Netz über mich geworfen wurde, denn ich bekam ein solches Zittern und Beben, daß ich kaum nach meiner Koye (Bett) hinkommen konnte. Ich nahm Morgens ein Brechmittel ein, und war 14 Tage krank, ehe ich genas. Es waren drei Schiffe hier im Hafen, welche ihre Steuerleute am gelben Fieber verloren hatten, welche mich gerne als Steuermann gehabt hätten, wenn mein Capitain mich hätte gehen lassen wollen, er aber wollte mich behalten, weil er nur selbst nothdürftig die Steuermannskunde gelernt, und ich ihn fast täglich darin unterrichten mußte. Allein der liebe Gott fügte es so, daß es besser für mich wurde, daß ich nicht mit einem der obgenannten Schiffe als Steuermann kam, denn sonst wäre ich nicht nach Altona gekommen, wo ich so viele Jahre glücklich gelebt habe. Denn das eine Schiff sollte nach Kopenhagen, das andere nach Ostende und das dritte nach Amsterdam; auch hatte der liebe Gott mir ja schon die Gnade und Güte auf dieser Reise erzeigt, daß wir nicht von den Engländern genommen waren, da doch fast die ganze Flotte die mit uns vom Texel aus in See segelte, von den Engländern genommen wurde, denn wir hatten ja holländische Flagge und Krieg mit England. –

VI. Der Kampf um den »Steuermann« und die Launen des Glücks (1781-82)

Es war in diesem Frühjahr, eine Französische Convoy von circa 400 Schiffen (Kauffahrer) unter Commando des Admirals Compte de la Grasse, von Frankreich nach Westindien gesegelt, unter dieser Convoy war auch ein Hamburger Schiff, welches in Bordeaux eine französische Flagge genommen und eine französische Besatzung hatte, dieses Schiff kam mit der Convoy nach Martenica, und von da mit derselben nebst verschiedenen andern französischen Schiffen nach Granada; es waren nur an Bord dieses Schiffes an Deutschen: der Capitain Jan Warden, in Jütland geboren, der Obersteuermann Johannes Petersen Möller, zu Wyck auf Föhr geboren, und zwei deutsche Matrosen, die andern der Besatzung waren Franzosen; diese wurden hier Alle abgedankt, um bei den Engländern keinen Verdacht zu erregen, daß das Schiff unter französischer Flagge gefahren, wenn selbe auf der Nachhausereise bei diesem Schiffe in See an Bord kommen würden zu examiniren, daß Niemand es verrathen könnte. Dieser Capitain Warden kam täglich bei uns an Bord und unser Capitain wieder bei ihm, denn sie waren beide geborne Dänen, wurden dadurch mit einander bekannt und gute Freunde, so kam es, daß ich mit Capitain Warden bekannt wurde. Er war eines Tages wie gewöhnlich bei uns an Bord und sagte zu meinem Capitain: der Jan (er meinte mich) glaube ich, ist ein fixer;[50] und nun strich mich mein Capitain noch mehr heraus gegen Capitain Warden, daß ich nicht nur ein flinker Matrose, sondern auch ein Meister in der Steuermannskunde sei;

[50] Hier lieben Kinder könnt ihr euch eine Lehre zu Nutze machen, nemlich: daß, wenn einer seine Arbeit flink und gut verrichtet, es oft bemerkt wird, ohne daß man daran denkt; denn, wäre ich bei meiner Arbeit schläfrig, langsam und träge gewesen, oder wie manche sich zeigen: komme ich heute nicht, so komme ich morgen, so würde Capitain Warden gar keine Notiz von mir genommen oder auf mich gemerkt und meiner gegen meinen Capitain gar nicht erwähnt haben; also seid immer, wo ihr seid, flink und fleißig in eurem Beruf, dies wird euch gewiß auf dem Schiffe, mit dem ihr fahrt, nützen. Ich habe dieses auf allen meinen Fahrten gethan, und bin auf allen Schiffen, mit denen ich gefahren, von dem Capitain, Officieren, ja selbst von meinen Kammeraden, den Matrosen, geachtet worden.

so sagte Capitain Warden zu meinem Capitain: o gieb mir ihn als Bootsmann und Untersteuermann, denn ich muß einen Untersteuermann haben. (Unser Steuermann der bei dieser Unterredung war, hat mir dieses erzählt.) Nein, sagte mein Capitain, ich will Jan nicht missen, auch ist sein Bruder bei mir an Bord, und ich mag die beiden Brüder, die viel von einander halten und sich gut vertragen, nicht trennen, auch er ist ein geschickter Navigateur. Hierauf erwiederte er: gieb mir sie Beide; den einen mache ich zum Untersteuermann, den andern zum Bootsmann, und ich gebe dir meine beiden noch an Bord habenden deutschen Matrosen, so ist uns Beiden geholfen. Allein mein Capitain wollte dies nicht, und da Capitain Warden ihn mehrere Tage noch darum ersuchte, so schlug mein Capitain es ihm rund ab; hierauf unterließ er es, noch weiter mit ihm darüber zu sprechen. Unsern Steuermann, mit dem ich gut Freund war,[51] verdroß es inzwischen, daß mein Capitain mir nicht forthelfen wollte; er wußte, daß der Capitain mir in Amsterdam versprochen, mich, so bald Gelegenheit wäre, zum Steuermann zu machen. Eines Tages sagte er mir: der Capitain Warden von dem Hamburger Schiff will dich gerne zum Untersteuermann und Bootsmann haben, aber unser Capitain will dich nicht frei lassen. Wie ich dieses hörte, verdroß es mich sehr, daß mein Capitain mir so entgegen war, und sagte zum Steuermann: darf ich heute Abend bei dem Hamburger Schiff an Bord fahren? er sagte ja, nur sage es unserm Capitain nicht, daß ich dir dazu Erlaubniß gegeben.

[51] Mit diesem Steuerman hatte ich einen Vorfall, der uns Beiden leicht das Leben hätte kosten können. Er nahm mich eines Abends mit an Land und führte mich in ein Wirthshaus, das eine Majorin in Granada etablirt hatte; sie war eine Deutsche von Geburt, und wir speiseten des Abends da. Als wir nun an Bord gehen wollten, war es schon nach 10 Uhr; deshalb sagte die Wirthin uns: wenn euch die Schildwache beim Hafen zuruft: Qui vive? dann antwortet: Bon ami. Wir kamen neben unser Schiff und riefen, die Jolle an Land zu senden. Der Soldat der da Schildwache stand, rief uns an: Qui vive? Der Steuermann sagte barsch auf holländisch: Dat rackt jauw Donnerslag niet (das geht dich Donnerschlag nichts an.) Nun sprang der Soldat (er war ein Holländer von Geburt) hervor, hielt mir sein Bajonet vor die bloße Brust, (denn in Westindien ist es warm, so daß ich nur ein gestreiftes Hemd und Hose an hatte) und drohete mich zu durchstechen. Der Steuermann beruhigte ihn etwas, denn wir waren ja auch Holländer etc; so kamen wir so eben mit heiler Haut davon. Wir sprangen in unsere Jolle die eben an Land gekommen war, uns an Bord zu holen, und fuhren damit ab. Der Steuermann und ich meinten, es wäre ein französischer Soldat, der kein holländisch verstände, und hatten uns also beide sehr geirrt. Lieben Kinder, werdet nicht übermüthig, und begehet nie so etwas.

Nachdem es Abend geworden fuhr ich zu Capitain Warden an Bord, ließ mich anmelden, und wurde von ihm in die Cajüte genommen; hier sagte ich zu ihm: ich habe gehört, daß Sie mich als Bootsmann und Untersteuermann haben wollen, ich will gern mit ihnen fahren; er antwortete: ja, ich wollte dich gern haben, aber dein Capitain will dich nicht frei lassen. Hierauf entgegnete ich: wenn sie mich nur haben wollen, so will ich mich wohl frei machen, denn ich stehe gar nicht auf der Munsterrolle; er sagte aber: nein, ich mag keine Feindschaft mit deinem Capitain haben, denn wir sind gute Freunde. Nun fragte ich ihn, ob er mich denn dann häuern wolle, wenn ich in Freundschaft von meinem Capitain loskäme, und es mit seiner Bewilligung geschähe; worauf er mir erwiederte: ja, sehr gern, und es soll mir lieb seyn, wenn du dies bewerkstelligen kannst. Ich fuhr nun von ihm. – Den nächsten Morgen ging ich zu meinem Capitain und sagte: der Capitain Warden braucht einen Bootsmann und Untersteuermann, und wenn sie mir helfen wollen, so kann ich zu ihm kommen. Er antwortete: ja, ich will nur mit meinen Herren sprechen, und wenn diese es erlauben, so soll es gern von mir geschehen. Er fuhr hierauf ans Land, und als er wieder an Bord kam, sagte er zu mir: die Herren wollen es nicht gestatten, daß du frei kommst, folglich mußt du bei mir bleiben. Ich bat, gab gute Worte, aber alles half nichts; denn die Herren wollten es nicht haben. Des andern Morgens früh, ehe mein Capitain aufgestanden war, fragte ich unsern Steuermann, ob ich zu den Herren ans Land gehen könnte; er erlaubte es, und so ging ich hin zu den Herren Grevülle und Schmeichel, wartete bis sie aufgestanden waren und fragte selbe, was sie dagegen hätten, daß ich mich mit dem Hamburger Schiff verhäuerte; sie antworteten, sie hätten nichts dagegen, aber der Capitain hätte ihnen gesagt, er wolle mich nicht missen, und es könne ohne Schaden des Schiffes nicht geschehen. Wie ich dieses hörte, wurde ich sehr böse auf meinen Capitain, weil selber so falsch gegen mich war, ging wieder an Bord und sagte zu ihm: ich bin bei den Herren gewesen, und diese sagen mir, Sie wollen mich nicht frei lassen, und Sie allein sind es, der mich an meinem glücklichen Fortkommen hindert. Hierüber wurde er böse und hieß mich an meine Arbeit gehen. Ich fuhr ans Land nach unserm Packhause, wohin ich diesen Tag bestellt war.[52] Hier nun sprach ich sehr ernsthaft mit den Herren Grevülle und Schmeichel, und sagte: es sey schändlich, einem jungen Menschen an

[52] Unsere Kaufleute konnten mich daselbst, weil ich schreiben und rechnen gelernt hatte, gut gebrauchen. Ich empfing das Gewicht von Kaffee, Cacao etc., und die Waaren, die aus dem Hause verkauft wurden, notirte ich an. Sie hielten deshalb auch viel von mir und waren mir gut.

seinem Fortkommen zu hindern, wie sie es bei mir thäten. Es wäre gar kein Schade, weder für sie noch für das Schiff, wenn sie mich frei ließen, denn der Capitain Warden wolle ihnen an meiner Statt einen Matrosen übergeben, u. s. w. Allein wenn sie mich auch nicht freilassen wollten, so würde ich doch nicht auf ihrem Schiffe bleiben, denn ich wäre nicht in der Munsterrolle eingezeichnet, auch hätten sie nichts Schriftliches von mir in Händen, daß ich auf demselben engagirt sey, sondern ich wäre als Passagier mit dem Schiffe nach Curaçao eingezeichnet, und sie hätten mich betrogen, daß sie, statt nach Curaçao zu segeln, hier in Granada eingelaufen. Zwar könne ich meine verdiente Matrosen-Gage nicht fordern, allein diese wolle ich im Stich lassen, wenn sie so unbillig seyn wollten, sie mir vorzuenthalten; dann würde ich ihnen aber eine Brille auf die Nase setzen, daß sie gewiß an mich denken sollten; denn sobald ich wieder nach Holland käme würde ich sie verklagen, daß sie, um die gesetzmäßigen 50 holländische Ducaten für jeden dritten Mann zu sparen, mich aus dem Lande gestohlen und heimlich auf ihr Schiff genommen hätten. Wie die Kaufleute dieses hörten, ward ihnen bange, und sie sagten zu mir, sie wollten nun mit dem Capitain darüber sprechen; dieses thaten sie denn auch, und es wurde beschlossen, mich frei zu lassen. Diese Unterredung fand im Anfange des Maimonats Statt. – Capitain Warden reisete Anfangs Juni mit einem Schoonerschiff nach St. Thomas, um daselbst zehn Matrosen zu häuern,[53] und wenn er von dort zurückkäme, sollte auch ich zu ihm an Bord gehen. Ich ersuchte meinen Capitain oftmals, mich frei lassen, aber er machte noch immer Einwendungen; z. B. er könne mich noch nicht entbehren u. s. w. Am 22. Juni kam Capitain Warden mit der gehäuerten Mannschaft von St. Thomas zurück, und nun drang ich auch darauf, zu ihm an Bord zu gehen, erhielt aber immer noch keine Erlaubniß. Endlich auf St. Johannistag, den 24. Juni 1781, ging mein Glücksstern auf; des Vormittags unterrichtete ich, wie schon vorhin gesagt, meinen Capitain in der Navigation; er war bereits mehrere Tage beschäftigt gewesen, den Sonnen-Azimuth zu berechnen, nun gab ich ihm ein Exempel auf und sagte: dieses müssen sie allein machen und den Sonnen-Azimuth finden. Es glückte ihm, und er kam damit zu Stande; worüber er so freudig und entzückt wurde wie ein Kind. Diese Stimmung nahm ich wahr, und fragte ihn: darf ich nun diesen Nachmittag zu Capitain Warden an Bord fahren? er sagte ja; o,

[53] Hier waren keine Seeleute zu bekommen, aber in St. Thomas desto mehr; denn von den holländischen Schiffen, welche die Engländer auf St. Eustatius genommen hatten, waren deren viele dorthin gereiset um Häuern zu suchen, weil die Schiffahrt derzeit dort im größten Flor war.

wie froh ward ich! – Mein Capitain Dircks war diesen Mittag zum Speisen bei Capitain Warden an Bord; ich fragte deshalb nach dem Essen unsern Steuermann, ob ich unsere Schalup nehmen dürfe, um mein Seezeug zu Capitain Warden an Bord zu bringen; er antwortete ja; nun fragte ich ihn auch, ob er meine Sachen visitiren solle; hierauf entgegnete er mir aber: nein, fahren Sie mit Gott. Ich fuhr also nun mit meinem Seegute zu Capitain Warden an Bord (dieses Schiff hatte eine Hamburger Flagge, hieß DE VRIENDSCHAP und fuhr für die Herren Willnik in Hamburg); wie ich an die Seite des Schiffes kam, waren beide Capitaine auf dem Deck, und als Capitain Dircks sah, daß ich meine Schiffskiste und Kleider in der Schalupe hatte, sagte er mit barschem Tone und verdrießlicher Miene: wie, kommst du schon mit deinem Gute? Capitain Warden aber sagte zu ihm mit lächelnder Miene: nun ist er mein, und Sie haben ihm hier nichts zu sagen. Er schwieg dazu, und als ich nun an Bord und aufs Deck kam, gratulirten mir Beide zu meinem Avancement. Nun hieß es gleich: Steuermann Jan! Glückselige Veränderung! Ich konnte nun auch mit diesen beiden Capitainen des Abends in der Cajüte speisen, welches mir außerordentlich wohl gefiel, denn sie aßen sehr gut, und auf unserm holländischen Schiffe hatten wir sehr karges Essen,[54] frisches Fleisch habe ich dort nie gegessen, ausgenommen ein einziges Mal etwas Schweinefleisch. Capitain Dircks kaufte nemlich ein kleines Ferkel wie wir in Granada ankamen, und da wir 18 Wochen daselbst gelegen, wurde es geschlachtet, und wir erhielten Suppe davon und etwas Fleisch oder Speck. Wie ganz anders hatte ich es nun! (Es war auch ein französischer Capitain oder Supercargo, so unter der Hand, wie man zu sagen pflegt, an Bord, und die Franzosen essen gern Hühner-Suppe.) Alle Tage Hühner-Suppe, schönes gesalzenes Fleisch und Pudding; auch wurde ich oftmals, wenn ich Abends mit meinem Capitain Warden zu Capitain Dircks an Bord kam, dort ebenfalls in die Cajüte eingeladen, und aß dann mit den Capitainen und Steuerleuten; mein Bruder Olof, der bei Capitain Dircks als Matrose war, sagte eines Tages zu mir: du hast bei dir an Bord gutes Essen, und wenn du hier kommst, so wirst du auch noch in der Cajüte gespeist; ich wollte, ich könnte statt deiner in die Cajüte gehen, da du es ohnedies gut hast. Ich sagte: ich wünschte dies von Herzen; aber so ist es in der Welt, der es am wenigsten nöthig hat, dem wird

[54] Jedoch fing ich in einer Fück oder Hamen, den ich selbst von Segelgarn gemacht hatte, täglich einige Fische; auch einmal einen Aal, der 7½ Pfund wog, und auf welchen wir Matrosen uns eine Suppe kochten. Auch fing ich mehreremale Hummer, welche eben so groß als hier zu Lande waren, aber keine Scheeren hatten.

es angeboten. Doch konnte ich meinen Bruder, wenn er zu mir an Bord kam, tractiren und sich satt essen lassen, auch wurde er schon ein Jahr darauf auf einem andern Schiffe Obersteuermann. Capitain Dircks erhielt vom Capitain Warden einen Matrosen an meiner Statt, und ich und Capitain Dircks sind seitdem lange Jahre Freunde gewesen; auch brachte er mir selbst eine bei ihm verdiente und zu Gute habende Gage an Bord. Bei Capitain Warden hatte ich 47½ Gülden holländisch Courant pr. Monat;[55] wir luden unser Schiff voll Zucker in Fässer, und segelten den 29. Juli von Granada, bestimmt nach Hamburg. Um den Kapern zu entgehen, segelten wir im Westen der Insel Portorico vorbei; aber im 28. Grad Norderbreite kam dennoch ein englischer, in Nordamerika ausgerüsteter Kaper zu uns; dieser kannte unsere Hamburger Flagge nicht, sondern glaubte wir wären ein holländisches Schiff, und ließen die Flagge von einer der sieben holländischen Provinzen wehen. Als er bei uns war, hieß es gleich: holt eure Flagge nieder! Unser Zimmermann lief hin und strich selbe; wie aber unser Capitain dieses gewahrte, rief er: zieht die Flagge sogleich wieder auf! Da nun der Kaper sah, daß wir unsere Flagge wieder aufgezogen hatten, fragte er: warum zieht ihr eure Flagge wieder auf? setzt gleich euer Boot aus und kommt zu mir an Bord! Unser Capitain fuhr hierauf hin, und der Kaper-Capitain sagte zu ihm: es thut mir leid um dich! wie so? fragte unser Capitain; er antwortete: ich sehe, daß du noch ein junger Mann bist, und ich muß dir nun dein Schiff und Ladung als eine gute Prise wegnehmen. O, sagte mein Capitain Warden, du wirst doch wohl erst meine Documente besehen? Wie, sagte der Kaper-Capitain, du bist ja ein Holländer, und führst eine Flagge von einer der sieben vereinigten holländischen Provinzen. Capitain Warden antwortete: das thue ich nicht, ich bin ein Hamburger und führe eine Hamburger Flagge; hierauf zeigte er ihm seinen Hamburger Seepaß, mit dem großen Wachssiegel, welches daran hing. Der Kaper-Capitain erstaunte, als er dieses sah, und fragte, wo liegt Hamburg?[56] Capitain Warden sagte ihm dies, und fügte hinzu: falls du mich aufbringst,

[55] Während der Zeit da wir hier lagen, kam auch die französische Flotte an; sie bestand aus 34 Linienschiffen, unter Commando des Admirals Compte de la Grasse, welcher das Linienschiff von 110 Kanonen, La Ville de Paris, führte. Ich war eines Tages an Bord dieses Linienschiffes, und erstaunte über die Größe, welches Alles auf demselben hatte.

[56] Derzeit war die Hamburger Flagge in Westindien noch nicht so bekannt, als jetzt, 1831; und, wenn ich nicht irre, so waren wir, wie Capitain Warden mir sagte, das erste Hamburger Schiff, welches unter dieser Flagge direct aus Westindien nach Hamburg segelte.

wird es dir Geld kosten; alle Unkosten, Versäumniß der Zeit, Alles sollst du mir bezahlen.[57] Der Kaper-Capitain berief nun seine Officiere zusammen, um sich mit ihnen zu berathschlagen, und das Resultat war: daß sie uns frei gaben. Wir hatten in der Westpassat noch einmal einen amerikanischen Kaper bei uns; er wollte auch, daß wir an Bord kommen sollten, da wir uns aber weigerten, weil ein heftiger Sturm wehete, und er auch wohl einsah, daß es unmöglich war, so ließ er uns laufen. Eben so hatten wir vor dem englischen Canal noch drei Kaperschiffe bei uns; wir lensten vor dem dichtgereften Großmarssegel und Fock, weil ebenfalls ein Sturm wehete, und da es unmöglich war, mit einem Boote an Bord zu kommen, die Kaper folglich nur mit uns sprechen konnten, so ließen auch sie uns segeln. Wir waren den 23. September bei Dover, und liefen mit Nordnordwest-Wind in die Nordsee ein. Es war Abend, und der Wind fing hart an zu wehen, so daß wir alle Refen in unsern Marssegeln einstecken mußten. Wir wollten zurück nach den Hoofden, konnten sie aber nicht wieder besegeln, und so trieben wir auf die Vlamsebänke zu.

Es wehete ein heftiger Sturm; des Nachts zerrissen unsere Segel, und so konnten wir das Schiff nicht von der Küste abhalten. Morgens, den 24. September, wollten wir versuchen es abzuankern, und ließen deshalb, als wir über eine Außenbank waren, unsern besten Anker und Tau fallen; das Schiff drehete auch meistenstheils davor auf, aber unsere Galgstützen, woran die Pallen vom Bradspill fest waren, bogen so weit ein und zurück, daß die Pallen überm Kopf gingen, und unser Bradspill nun wie eine Garnhaspel umlief, bis das Ankertau vor dem Stich, der um den Fockmast war, aufdrehte; allein keine Viertelstunde währte es, so brach unser Ankertau. Nun war die Gefahr groß! Eine Bank war nahe bei uns, und wir mußten darüber segeln; ich lief nach oben, um zu sehen, wo es am wenigsten brandete, so daß wir mit dem gereften Fock, ohne Grundstöße zu bekommen, glücklich über die Bank hinliefen. Keiner, als der es selbst gesehen, kann sich einen Begriff davon machen,

[57] Man konnte derzeit noch mit den Kapern pochen; denn wenn sie ein Schiff aufbrachten, wozu sie nicht berechtigt waren, so wurden sie, und selbst Kriegsschiffe, von dem englischen See-Gerichte zu den Kosten verurtheilt. Im französischen Revolutionskriege aber erhielten die Kriegs- und Kaperschiffe mehr Freiheit, indem es selben damals erlaubt wurde, auf bloßen Verdacht die Schiffe aufzubringen, und wenn sie dann auch, als unschuldig, frei gesprochen wurden, so erhielten sie doch keine Vergütung. Die Engländer machten derzeit viele Prisen; so daß ein Admiral, welcher anderthalb Jahr die Jamaika-Station hatte, wie mir erzählt worden ist, für sich monatlich 18 000 £ Sterling Prisen-Gelder von dem, was die ganze Flotte, die unter ihm steht, aufbringt.) Es ist also kein Wunder, daß einige Engländer sehr reich sind.

wie die See im Sturm auf einer Sandbank schlägt und wüthet. Als wir über diese Bank waren, ließen wir unsern zweiten Anker fallen, und dieser hielt Gottlob. Wir schwebten in der größten Gefahr und hatten den Tod vor Augen, denn wir lagen zwischen den Vlamsebänken, und wenn unser Tau brach, dann waren wir verloren. Hier war die See aber auch nicht so hoch, als da, wo wir unsern besten Anker und Tau verloren; weil wir nun schon einige Bänke außer uns hatten. Wir waren neben Duynkerke; zwischen welchem Orte und Ostende in der Nacht 18 Schiffe gestrandet waren. Mit unserm hatten sich nur drei abgeankert und waren behalten geblieben. Wir holten das gebrochene Tau ein; es war nahe bei dem Anker gebrochen, und da wir keine schwere Anker mehr hatten, so stachen wir das Tau in unsern schweren Werpanker ein und befestigten unsern kleinen Werpanker daran, um zu verkatten, und im Nothfall den Anker fallen zu lassen. Des Nachts nahm der Wind ab, und am andern Tage erhielten wir einen Lootsen von Duynkerke an Bord. Unsern Anker konnten wir nicht einwinden, weil wir keine Pallen am Spill hatten, denn diese waren, wie gesagt, eingebogen, und unser Schiff mit der laufenden See stampfte; wir waren also genöthigt, unser Ankertau wegzukappen. Nun gingen wir unter Segel, und kamen den 26. September zu Ostende binnen. Hier erhielten wir neue Anker und Tauen, reparirten unser Bradspill und unser großes Want, wovon drei Hoftauen in der Westpassat gesprungen waren, und verproviantirten uns. Ausgangs October waren wir fertig, um nach Hamburg zu segeln, und hatten schon einige Tauen los, denn wir lagen an den Ostpfählen, rechts vor dem Seegatt, da wurde die Luft in Nornordwest so schwarz, daß wir bald einsahen, es werde Sturm daraus entstehen; wir machten also unsere Tauen wieder fest, und ehe eine halbe Stunde verlief, stellte der befürchtete Sturm sich schon ein. Nun machten wir auch Wriefhölzer außerm Bord, denn die See geht mit nördlichem Winde dort ziemlich hoch, und die Schiffe stoßen dann an die Pfähle. Nach drei Tagen wurde besseres Wetter, und wir segelten Anfangs November in See, nach Hamburg. Wir hatten guten Wind und gutes Wetter, und kamen den dritten Tag nach unserer Abfahrt von Ostende bei Helgoland an. Unser Schiff war auf dieser Reise sehr leck, und wir mußten beständig pumpen; denn bei dem Sturm in Ostende hatten die Wriefhölzer, und das Anstoßen des Schiffs an die Pfähle, das Werg aus den Näthen gerieben; wie wir nun in See kamen und das Schiff sich schief legte, geriethen die Näthe unter Wasser, wovon das Schiff so leck wurde. Wir waren von dem Pumpen sehr abgemattet, als wir Helgoland erreichten, kamen aber glücklich die Elbe binnen, und nach einigen

Bark, Takelage

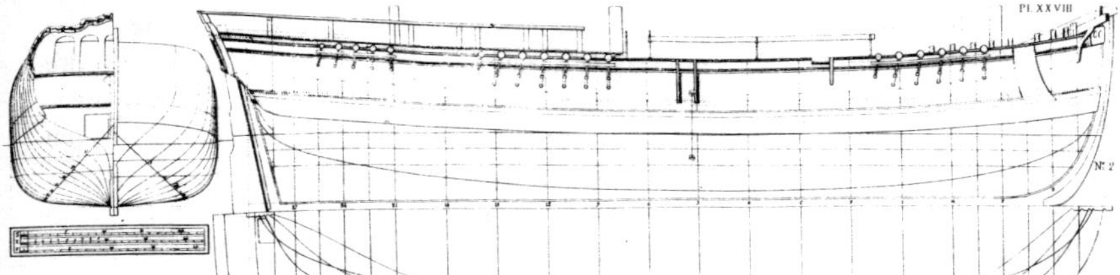

Bark, Schiffsriß. Abbildungen aus Frederick H. af Chapman: Architectura Navalis Mercatoria, 1768

Tagen langten wir mit dem Schiffe in Hamburg an.[58] Hier löschten wir unsere Ladung, und da das Schiff den Winter über in Hamburg bleiben sollte, so wurde die Mannschaft, und auch ich, abgemunstert. Als ich des Nachmittags meine verdiente Gage empfing, so munsterte ich noch denselben Abend, unter meinem holländischen Namen Jan Jacobs, mit Capitain Christian Roosen, als Ober-Steuermann, für 19 Rthlr. Courant pr. Monat. Das Schiff war eine derzeit sogenannte Bark, ein Jahr alt und über zweihundert Kaufmannslasten groß, sollte nach St. Thomas und hieß HENRICUS DE VIERDE; die Haupt-Rheder waren Hinrich van der Smissen Söhne. Noch ehe ich mich mit Capitain Roosen verhäuerte, waren mir zwei Obersteuermanns-Häuern nach Westindien angeboten, denn mein Capitain Warden hatte mich gegen andere Capitaine sehr gerühmt, als einen fähigen Steuermann; da mir aber Capitain Roosens Schiff am besten gefiel, so verhäuerte ich mich mit ihm. Und wie muß ich dem lieben Gott danken, daß er es so fügte, daß ich mit diesem Schiffe zu fahren kam; denn auf selbem habe ich nachher siebenzehn Jahre glücklich gefahren, und mein Geld damit verdient. – Dieses Schiff war Ausgangs October von Altona abgesegelt, und sollte nach St. Thomas; während wir, wie oben gesagt, in Ostende den heftigen Nordnordwest-Sturm hatten, lag es bei Cuxhaven, woselbst es auf einen Steinwall lief, weil sein neues Ankertau mit dem Durchgiren des Schiffes gebrochen war; es wurde vorne unter Wasser beschädigt, und da mit

[58] Wie ich das erste Mal von Hamburg nach Altona ging, hatte ich (wie man zu sagen pflegt) nur einen Gott und keinen Rock. Ihr, lieben Kinder, müßt aber nicht denken, daß ich mein verdientes Geld verschwierte (verschwendete), oder es unnütz durchbrachte, weil ich noch keinen Rock hatte. – Nein, ich sandte mein Geld immer an meine Mutter, damit sie zu leben hatte und allmählig unsere Schulden bezahlen konnte; einen Rock, so wie Sonntagskleider, hatte ich auch nicht nöthig, weil ich stets den folgenden Tag, wenn ich von einem Schiffe abgelohnt wurde, mit einem andern mich wieder verhäuerte, also immer an Bord eines Schiffes war, und nur Matrosenkleider brauchte, welche in einer langen leinenen Hose und Jacke oder Futterhemd bestanden; hiermit ging ich auch, wenn wir an einem Orte waren, wo ich des Sonntags dem Gottesdienst beiwohnen konnte, in die Kirche. Mit einem Worte, ich kehrte mich nicht daran, welche Kleidung ich trug; wenn selbe nur reinlich war; denn es kannte mich ja Niemand. – Ich hatte also fast nichts als meine Seekleider, als ich zum ersten Mal in Altona einging, und der liebe Gott hat doch so für mich gesorgt, daß ich Eigenthümer von Häusern geworden bin, und der Stadt nützliche Bürger an euch, liebe Kinder, erzogen habe. Ich habe also auch wohl Ursache, mit dem Erzvater Jacob zu sagen: O Gott, ich bin viel zu gering aller Barmherzigkeit und Treue, die du mir, deinem Knechte, erzeiget hast.

dem Abkommen von dem Grunde noch zwei neue Anker und Tauen weggekappt werden mußten, so sah der Capitain sich genöthigt, mit dem Schiffe wieder nach Altona zu segeln, daselbst zu löschen, zu repariren, und wieder zu laden. Die Matrosen bekamen Streit mit dem Obersteuermann, und wollten nicht wieder mit dem Schiffe ausfahren, wenn der Steuermann nicht abgedankt würde; da es nun derzeit schwer hielt, Matrosen zu bekommen, weil es an Seeleuten fehlte, so mußte der Steuermann abgedankt werden, und ich wurde an seine Stelle gehäuert. Hätte dieses Schiff den Sturm bei Cuxhaven nicht gehabt, so wäre es unbeschädigt geblieben, und eher in See gewesen, als ich in Altona ankam; folglich wäre ich nicht mit ihm ausgekommen, und hätte mein Glück mit selbem nicht gemacht. Wie ich noch auf dem Hamburger Schiffe beim Löschen war, lag ich auf dem Hamburgerberge, bei Herrn Hans Bruhns, einem gebornen Jütländer und allbekannt braven Manne, in Schlafstelle; diesem trug ich auf, mir eine Taschenuhr zu kaufen, denn ich wußte, daß ich nun für Obersteuermann zu fahren kommen konnte, weil, wie gesagt, mir schon zwei Obersteuermanns-Häuern angeboten waren, indem mein Capitain Warden mich so sehr bei andern Capitainen, als dazu besonders tüchtig, herausstrich. Sobald als ich von dem Hamburger Schiffe frei war, konnte ich bei ihnen an Bord gehen; aber den letzten Tag, da ich bei Capitain Warden war, kam Herr Matth. Sottmann, ein Schwager von Capitain Roosen, denn beide hatten ein paar Schwestern zur Ehe, zu uns an Bord, und bot mir die Obersteuermannsstelle bei Capitain Roosen an; da mir nun dieses Schiff besser als die andern gefiel (es war auch wirklich neuer, größer und besser), so nahm ich diese Stelle gleich an, verhäuerte mich mit Capitain Roosen, und empfing noch selben Abend zwei Monat Gage als Handgeld. – Die oben erwähnte Taschenuhr wollte ich deswegen kaufen, damit, wenn mein Capitain außer Land zu mir sagte: um die und die Zeit sende die Schalupe ans Land, um mich zu holen, ich doch selbst eine Uhr hätte, um danach zu sehen. Dies war die erste Uhr, die ich mir anschaffte; denn vorher hatte ich kein Geld dazu übrig, weil ich das, was ich verdiente, stets meiner Mutter zum Unterhalt sandte, auch nie etwas unnütz ausgab. Herr Hans Bruhns kaufte mir also eine Uhr, und, ohne daß ich es ihm gesagt, auch ein silbernes Pettschaft dazu, in welches er die Buchstaben J. J. E. hatte eingraviren lassen; weil er von einem Föhringer Landsmann von mir, der auch bei ihm in Schlafstelle lag, und den er, während ich am Bord meines Schiffes war, darum befragt, erfahren hatte, daß ich Jens Jacob Eschels heiße; denn er kannte mich nur unter dem Namen Steuermann Jan. Als nun Herr Bruhns mir die Uhr übergab, und ich das Pettschaft mit meinem Föhringer Namen erblickte, fiel mir dies zwar auf, allein es war mir doch lieb; dachte aber bei weitem nicht daran, daß dieses mir nützlich werden würde, wie es doch hernach geschah, und ihr weiter unten hören werdet. – Ich war, wie bereits oben gesagt, mit Capitain Roosen als Obersteuermann verhäuert, und fuhr des andern Morgens, nachdem ich am vorigen Abend gemunstert hatte, an Bord. Wir nahmen in Altona so viel von unserer Ladung ein, als wir laden konnten, um über den Sand bei Blankenese (12 Fuß tief) zu kommen; der Rest der Ladung sollte uns in drei Leichter-Fahrzeugen nach Twielenfleth gebracht werden. Wir trieben den 18. November mit stillem Wetter und westlichem Winde von der Stadt Altona bis Neumühlen; den 19. November, des Nachts, werpten wir über den Blankeneser Sand, und kamen bei Twielenfleth vor Anker. Hier kamen unsere Leichter mit dem Rest der Ladung an Bord, welche ich ins Schiff einnehmen ließ.

Den 22. November sandte der Capitain Roosen den bekannten Jollenführer Carsten Hollander an Bord mit seinen Kleidern, Bettzeug etc. und ließ mich fragen, wann das Schiff zum Segeln fertig sein würde; ich ließ ihm sagen, daß wenn der Capitain morgen Abend (als den 23. Novbr.) an Bord kommen wollte, dann sollte das Schiff zum Segeln fertig sein. Der Capitain kam den 24sten des Vormittags an Bord, er hatte dem Lootsen Ordre gegeben an Bord zu fahren, um mit dem östlichen Wind den wir hatten, mit dem Schiff nach Glückstadt zu segeln. Der Lootse aber hatte die Zeit versäumt und kam nicht zehn Minuten früher, als der Capitain mit seiner Jolle an Bord. Da ich den Capitain erwartete, so hielt ich mit dem Fernglase ein Auge nach seiner Jolle, ob ich selbe sehen konnte; nun sah ich zwei Jollen ankommen, und ich vermuthete, daß mein Capitain in eine derselben wäre. Da diese Jollen nur langsam gegen die Fluth (die nun lief) ansegelten, und ich wußte, daß wir mit dem hohen Wasser über das Stadersand segeln mußten, so war keine Zeit zu verlieren um unter Segel zu kommen; ich ließ gleich die Segel aufziehen, das Ankertau einwinden, und sobald ich nun durch mein Fernrohr sah, daß mein Capitain in der einen Jolle war, ließ ich das Anker lichten und ließ das Schiff queer treiben, bis der Capitain und Lootse an Bord waren, und so durfte nur gerufen werden: Brast voll! da segelte das Schiff. Die Leesegel hatte ich anschlagen und die Leesegelspieren ausstecken lassen; jetzt hieß es nur: zieht die Leesegel auf, und so war das Schiff in einigen Minuten, nach dem der Capitain und Lootse an Bord waren, unter volle Segel; dies stand dem Capitain Roosen sehr gut an, und wie mir Herr Sottmann, Schwager des Capitains, hernach wie ich mit dem Schiffe wieder zu Hause kam, gesagt hat, so hatte Capitain Roosen ihm geschrieben: ich glaube, ich habe einen tüchtigen Obersteuermann bekommen, denn wie ich an Bord kam, fand ich Alles fix und

Ansicht des Altonaer Hafens, um 1825 (Altonaer Museum, Hamburg)

fertig, und in der besten Ordnung. (Capitain Roosen hatte mich in den paar Tagen die wir in Altona lagen, noch nicht kennen lernen können, ob ich ein fähiger Mann sei, indem nur alltägliche Arbeit da vorfiel.) Ich erzähle euch lieben Kinder dieses nur deswegen, daß, wenn einer von euch Seemann wird, ihr vor allen Dingen euch in der ersten Zeit wenn ihr an Bord kommt, zeigt, daß ihr auf Alles merkt, und dasjenige was ihr im Voraus machen könnte, macht; denn hat man erst den Namen eines activen und fleißigen Mannes, so wird, wenn man auch hernach einen Fehler macht, nicht so sehr darauf gesehen, als wenn jemand es macht, der keinen so guten Ruf hat.[59] Auch war es mir nützlich, daß ich bei dem Ueberwerpen über den Sand allenthalben aufpaßte, und die Werptrossen auf jeder Seite des Schiffs so regulirt hatte, daß, wenn ein Werpanker ein war, gleich an der andern Seite der ander mit einem Hurahrufen eingelaufen wurde, denn wir hatten einen Bugsir-Ever mit Mannschaft zu Hülfe. Wie nun die Lootsen und Everleute auf das Comptoir kamen um ihr Geld dafür zu holen, fragte Capitain Roosen dieselben: was habe ich für einen Obersteuermann an Bord, ich kenne ihn noch zu wenig um zu beurtheilen, ob er in seinem Fache gut ist? so sagten diese Leute ihm: er ist ein flinker Kerl und weiß gut mit den Leuten umzuspringen und sie in Arbeit zu setzen; also bekam Capitain Roosen auch durch ihr Zeugniß eine gute Meinung von mir. Wir gingen, wie oben erzählt, unter Segel und kamen noch mit der Fluth über das Stadersand und segelten nach Glückstadt, wo wir vor Anker gingen. Den 25. November segelten wir nach Cuxhaven, und den 26sten in See. Auf dieser Reise nach St. Thomas hatten wir nur einen kleinen Sturm, ausserhalb des englischen Kanals und in der Ostpassat kamen 2 Kopenhagener Schiffe bei uns, die auch nach St. Thomas wollten. Da diese beiden Schiffe mit unserm Schiffe im Segeln gleich waren, so blieben wir bei einander, um, wenn kleine Kaper bei uns kämen, wir ihnen desto bessern Widerstand leisten könnten. Wir hatten auf unserem Schiffe 10 Kanonen, und die Kopenhagener Schiffe noch mehrere. Die Capitaine auf selbigen hießen, der eine Cappel und der andere Koch. Unsere Gissung kam gut aus, denn nach derselben sollten wir Antigua des Morgens um 8 Uhr sehen, und um 11 Uhr Vormittags sahen wir es. Wir segelten zwischen Antigua und Guadelupe durch; des Abends passirten wir die hohe Klippe Rodondo. Wie wir des Nachts

[59] Ich sage euch dieses deswegen nicht, daß ihr hernach unachtsam werden sollt, nein! weit davon entfernt; ihr müßt immer, wie ich auch gethan habe, euer Beßtes thun, und nie nachläßig in Euerm Geschäft werden; ich sage dieses blos deshalb, weil man in der ersten Zeit mehr von seinen Obern beobachtet wird, als hernach, wenn sie erst wissen, daß man ein achtsamer Mann ist.

in der Gegend von St. Christoph kamen, so geriethen wir in eine Kriegsflotte. Das erste Linienschiff welches wir passirten, schoß drei Raketen in die Luft und gab fünf Kanonen-Schüsse als Signal, daß drei fremde Schiffe bei der Flotte seien, und gleich darauf kam eine Fregatte bei uns, rief uns zu, beizudrehen, und Capitain Roosen mußte bei ihm an Bord kommen woselbst er die Nacht über blieb, und Morgens an Bord des Admiralschiffes gebracht wurde. Ich hielt unser Schiff in der Flotte und zwar nahe bei dem Admiralschiffe auf, weil, ehe wir bei demselben waren, immer Linienschiffe bei mir ankamen und riefen: ich solle an Bord kommen; ich konnte selbe nicht gut verstehen, und rief nur immer, auch wenn sie pochten und auf ihre Kanonen zeigten: mein Capitain ist mit den Schiffs-Documenten bei dem Admiral an Bord. Ich ward dieses Anrufens und Pochens aber müde, und segelte dicht an Lee des Admiralschiffes hin; kam aber näher bei diesem Schiffe als ihnen lieb war, und so rief ein dänischer See-Officier, der bei dem Admiral an Bord war: Hvad gjör du saa tett under vores Lee? (was thust du so nahe an unserer Lee?) Ich rief: ich werde euer Schiff nicht zu nahe kommen, denn es liegt fester im Wasser als das unsrige, auch treibt unser Schiff stärker ab als das eurige, und kann euch nicht an Bord treiben. Der Officier rief: mache, daß du von unserer Seite weg kommst; ich ließ also vollbrassen und segelte nicht weiter, als daß er uns kranbalksweise voraus hatte, dann ließ ich das Schiff wieder beilegen, und hier nahe bei dem Admiralschiffe hatte ich Friede vor den andern Kriegsschiffen. Es war dieses die aus 34 Linienschiffen und noch einer Anzahl Fregatten bestehende französische Flotte, unter Commando des Admirals Compte de la Grace, welche das vorige Jahr bei uns zu Granada gelegen, und blockirte die englische Insel St. Christoph, allwo die französischen Truppen gelandet waren und die ganze Insel schon im Besitz hatten, ausgenommen ein Castel, welches auf einer hohen Klippe lag und für uneinnehmbar gehalten wurde,[60] und unter dem Schutz dieses Castels lag eine englische Kriegsflotte von 25

[60] Dessen ungeachtet, daß dieses Castel für uneinnehmbar gehalten wurde, nahmen die Franzosen es doch weg, denn sie unterminirten die Klippe, legten Pulver in die Mine und dann sandte der Chef der französischen Armee einen Officier als Parlamentair hinauf nach dem Commandanten des Castels und ließ ihn fragen: ob er das Castel nun übergeben wolle, oder ob er in nächster Nacht mit sammt dem Castel und Klippe in die Luft gesprengt werden wolle? und um sich nicht zu täuschen, so möchte er, der Commandant, nur einen Officier, mit dem Parlamentair senden und Alles in Augenschein nehmen lassen. (Der Weg zum Castel hinauf, war so schmal, daß nur ein Mann hinter dem andern hinaufsteigen konnte; deswegen war es für uneinnehmbar gehalten.) Dieses geschah, und auf solche Weise wurde das Castel eingenommen oder übergeben.

Linienschiffen und einer Anzahl Fregatten, ebenfalls von den Franzosen blockirt.[61] Damals war es also eine andere Zeit als jetzt, denn nun und im französischen Revolutionskriege sind die Engländer ganz Meister zur See geworden, denn fast alle Schiffe aller Nationen haben sie theils genommen, theils in Verwahrung behalten, und theils sind sie ihnen ohne Schlag und Schuß übergeben. Des Mittags brachten die Franzosen meinen Capitain Roosen wieder an Bord, und er sagte mir: die Franzosen wollen uns aufbringen, eine französische Fregatte wird uns nach Martinique begleiten; Capitain Koch erging es auch so; nur den Capitain Cappel liessen sie nach St. Thomas segeln, weil er für die Compagnie in Kopenhagen fuhr. Wir, so wie Capitain Koch, segelten also unter Convoy der französischen Fregatte nach Martinique, kamen in drei Tagen daselbst an und ankerten vor Portroyal. Allein die Richter fanden es nicht für gut unsere Ladung wegzunehmen, weil Capitain Roosen, seiner Pflicht gemäß, gegen die Captur protestirte. Wir lagen hier vier Tage, dann wurden wir frei gegeben, segelten nun nach St. Thomas und kamen daselbst den 5. Februar 1782 Gottlob glücklich an. Hier löschten wir einen Theil unserer mitgebrachten Waaren, nahmen andere wieder ein, und erhielten Ordre mit der Convoy nach St. Domingo zu segeln. Den 1. März segelten wir mit einer dänischen Convoy nach Cap français (jetzt Hayti genannt) von der Insel St. Thomas ab. Es war die königliche dänische Fregatte, genannt ST. THOMAS, die uns convoyirte, und wurde vom Capitain Knudsen commandirt; wir kamen den 5. März glücklich zu Cap français an. Hier lag eine spanische Kriegsflotte, auch waren viele tausend (wenn ich mich nicht irre, 15,000 Mann) spanische Soldaten ausgeschifft, die am Lande logirten; diese spanische Flotte wartete hier auf den französischen Admiral Compte de la Grace, indem sie dann nach

[61] Anno 1831 war ich bei einem englischen Schiffe hier an Altona liegend, an Bord, um die Stauung seiner Ladung zu untersuchen. Der Capitain auf diesem Schiffe sprach mit mir über verschiedene Gegenstände der Seefahrt, wie es bei Seeleuten, wenn selbe beieinander kommen, gewöhnlich der Fall ist. Da die Engländer gerne ihre Nation als die erste in der Welt angesehen haben wollen, so wollen sie es auch gerne im Seewesen sein, (obgleich unsere Seeleute, als Dänen, Schweden und Norweger, gewiß eben so weit in dem Seefache sind, als die Engländer) und weil sie durch ihre große Seemacht auch die größte im Seefach sind und auch darauf pochen, so that es auch dieser Capitain gegen mich. Ich sagte ihm aber: ich bin dabei gewesen, daß 25 englische Linienschiffe sammt einer Anzahl Fregatten von den Franzosen blockirt waren. Da machte der Capitain große Augen und fragte: wo war dies? ich sagte bei St. Christoph 1782 im Januar; wie ich ihm dieses sagte, lächelte er und antwortete: Sie haben ganz recht, denn ich war derzeit im Dienste dieser englischen Kriegsflotte.

Jamaica wollten, um gemeinschaftlich diese Insel zu erobern; welches aber nicht dazu kam, indem der französische Admiral Anfangs April von dem englischen Admiral Rodney mit einem Theil seiner Flotte genommen wurde. Als wir hier eine Woche gelegen, fingen einige von unsern Leuten an, krank zu werden, denn es war hier damals eine ungesunde Zeit mit dem Klimafieber; ein Kopenhagener Schiff verlor 16 Mann durch diese Krankheit, ungefähr die Hälfte seiner Mannschaft;[62]

[62] Hier will ich euch, lieben Kinder, einen, auf meine Erfahrung gegründeten Rath mittheilen. Wenn einer von euch je nach Westindien kommt und ihr gesund bleiben wollt, so lebt dort so wie ich es euch jetzt sage, und wie ich selbst da gelebt. Ich habe immer so lange ich beim Lande in Westindien war und mich da aufhielt, mich niemals recht satt gegessen, so blieb ich gesund, und fühlte dann eben so großen Appetit, als ich in Grönland in der Kälte fühlte; auch müssen so wenig als möglich fette Speisen genossen werden, indem diese überall, vornehmlich in Westindien ungesund sind und sich nur für Leute die schwere körperliche Arbeiten verrichten, eignen. Ich trank des Morgens Kaffe, auch zuweilen Thee, den ich in einem großen Theetopf kalt werden ließ und so aus der Tülle trank; indeß war mein gewöhnlichstes Getränk Limonade, und ziemlich saure, das heißt: Limonen oder Lemmetjes, wie man sie dort nennt, (welche in Menge dort zu haben sind) und Wasser mit etwas Zucker darin; dieses ist ein kühlendes, angenehmes Getränk. Sobald ich aber spürte daß ich nicht recht wohl war, nahm ich etwas zu brechen ein. Auch muß man des Nachts nicht auf dem Deck schlafen, sondern unten, oder unter dem Sonnenzelt, damit der Thau vorzüglich nicht auf die bloße Brust fällt; denn solcher ist sehr schädlich. Vor einem Zugwinde muß man sich besonders hüten, wenn man schwitzt, denn die Schweißlöcher oder Poren werden dadurch verstopft, und wenn diese verstopft sind, so mß man gleich mit Wollenzeug oder Flanell den Körper reiben, daß sich die Poren wieder öffnen. Ich habe einige von meinen Leuten dadurch gerettet, die sonst bestimmt gestorben wären. Sobald man krank wird, muß man gleich etwas zu brechen einnehmen, denn, kommt die Galle erst ins Blut, dann ist es vorbei mit der Genesung; 24 Stunden gewartet, so ist das sogenannte gelbe Fieber da, (auf holländisch de Rottkoers genannt,) das Blut gerinnt in den Adern und es ist sodann keine Rettung mehr möglich. In Westindien schlägt vieles was man genießt in Galle über, deßwegen muß man diese bei Zeiten wegschaffen, und ich kenne kein bessres Mittel dafür, als das Brechen, und gewiß habe ich, da ich meine Leute, so bald sie nicht wohl waren, zu brechen eingab, viele vom Tode gerettet, denn nie habe ich einen meiner Leute am gelben Fieber verloren, obgleich ich manchmal an Stellen lag, wo auf den andern Schiffen, die bei mir lagen, viele an dieser Krankheit starben. Auch brauchte ich, um einen gesunden Geruch im Schiffe zu verbreiten, Weinessig; diesen ließ ich umher sprengen, auch auf heiße Kugeln gießen daß der Dampf im Zwischendeck blieb; das Beßte aber war: ich ließ eine Carduse Schießpulver circa 1½ Pfund schwer, in Essig auskneten, dann alle Luken dicht und fest zumachen und die Carduse in einer Balje

als wir hier 14 Tage gelegen, ward auch mein Capitain Roosen krank, jedoch nicht so gefährlich wie es schien, allein da es sich doch nicht bessern wollte, (wir hatten in St. Thomas einen Doctor gehäuert, der für eine bestimmte Monatsgage mit unserm Schiffe fuhr, weil er einen Matrosen curiren sollte, der beim Abschiessen der Kanonen, bei unserer Ankunft in St. Thomas sich beide Hände blessirt hatte, welches auch geschah) so riethen die dänischen Capitains die hier waren, worunter ein Capitain aus Apenrade, Hans Heysel genannt, und der ein großes Compagnieschiff von Kopenhagen führte, meinem Capitain an Land zu fahren, sich dort einzulogiren und die dortigen Doctores zu gebrauchen. Mein Capitain fuhr also an Land, wurde in ein gutes Haus einlogirt und gut gepflegt; ich fuhr täglich mit dem Löschen fort, und jedesmal wenn ein Boot voll Güter das ich an Land brachte (denn ich fuhr immer selbst als Aufseher mit dem Boote) gelöscht waren, so lief ich zu meinem Capitain, dessen Wohnung nahe beim Löschplatz war, um zu sehen was er machte und ob es ihm auch an irgend etwas fehlte. Einer unserer Matrosen mußte beständig bei ihm bleiben und ihn bedienen. Da ich noch so jung war (24 Jahr) und durch eine blühende Gesichtsfarbe noch jünger aussah, als ich war, so hatte Capitain Heysel, der des Capitain Roosen vertrauter Freund war, ihm eines Tages gesagt: dein Steuermann ist noch sehr jung, kannst du ihm dein Schiff auch wohl anvertrauen? so hatte Capitain Roosen geantwortet: (dieses sagte mir hernach ein anderer Capitain Bohn, der bei dieser Unterredung gegenwärtig gewesen) deshalb bin ich ganz ohne Sorge, denn ich habe nie, seit ich fahre einen so guten Steuermann gehabt. Dem Capitain Heysel muß ich es nächst Gott danken, daß ich so früh Capitain geworden bin; er war das Werkzeug in Gottes Hand. Der Capitain Heysel war ein Mann vom ersten Rang; er war verständig, hatte Lebensart und Menschenkenntniß, sprach gut französisch und war bei unserm gemeinschaftlichen Correspondenten hoch angesehen.[63] Dieser, als Freund von Capitain Roosen, kam oft zu mir an Bord (während der Krankheit meines Capitains,) und sah nach wie es ging. Eines Nachmittags als er bei mir an Bord war, fragte er mich: was für ein Landsmann seid ihr? ich sagte: ich bin auf der Insel Föhr

mit Sand, in Brand stecken; dieses giebt dann einen dicken Rauch, wenn dann die Luken geöffnet wurden, so war ein sehr saurer Geruch im ganzen Schiffe, welches sehr gesund ist. –

[63] Die Dänen die für die Compagnie oder für den Herrn Grafen von Schimmelmann fuhren, oder auch, so wie unser Schiff, von ihm befrachtet wurden, waren alle an ein Haus addressirt; die Firma des Hauses war Fouche, Hellot & Comp.

geboren; und so fragte er: kennen sie einen Capitain Rörd Eschels? ich sagte ja, denn er ist meines Vaters Bruder; da erwiederte Capitain Heisel: das freut mich, so bist du von einer guten Familie und deswegen habe ich ein gutes Zutrauen zu dir, denn dein Onkel ist mein langjähriger Freund und ist ein braver Mann.[64] Er hieß mich nun von dieser Zeit an, Steuermann Eschels, ich durfte ihm nicht sagen, daß ich auf holländisch mich Jan Jacobs nannte, denn er war den Holländern nicht gut und würde mich als ein geborner Däne, ausgelacht haben, daß ich mich auf einem dänischen Schiffe noch eines holländischen Namens bediente. Von dieser Zeit an, ließ ich mich immer bei meinem Taufnamen Jens, und mit meines Vaters Zunamen, Jens Jacob Eschels nennen, und nun kam mir mein Pettschaft, worin J. J. E. eingravirt war, gut zu Statten; denn nun stimmte mein Pettschaft womit ich meine Briefe versiegelte, mit der Namensunterschrift im Briefe überein. Mein Capitain Roosen wurde alle Tage kränker; drei Tage vor seinem Tode sagte er mir, als ich wie gewöhnlich bei ihm kam: Steuermann, ich wünschte daß du bei mir bleiben wolltest; ich bin sehr krank, und du pflegst mich doch besser als die Andern. Ich sagte: von Herzen gerne, Sie haben ja nur über mich zu befehlen, ich will nur an Bord fahren und dem Untersteuermann und Bootsmann sagen, was gemacht werden soll an Bord, und werde gleich wieder kommen; welches auch geschah. Ich blieb also die drei Tage und Nächte bei meinem Capitain Roosen, nur Morgens kam unsere Schalupe an Land, um mich an Bord zu bringen, wo ich bestellte, was den Tag über gethan werden sollte und Abends fuhr ich wieder an Bord, zu sehen, ob Alles gethan sei, also daß ich sonst immer beständig bei meinem Capitain am Bette saß und ihn pflegte. In der dritten Nacht als ich bei ihm war, starb er; seine letzten Worte an mich waren: wenn du zu Hause kommst dann grüße meine Frau und Kinder; kurz darauf betete er: Vater ich befehle meinen – weiter konnte er nicht sprechen, dann holte er nochmals einen tiefen Athem, strengte sich sichtbar an, und so brachte er die Worte des sterbenden Erlösers vollends heraus: Vater ich befehle meinen Geist in deine Hände; er that nach diesen Worten keinen Athemzug mehr, sein Leib war todt, die Seele aber in Gottes Händen. Wie es Tag wurde, kam unsere Schalupe wie gewöhnlich an Land um

[64] Hier könnt ihr sehen, lieben Kinder, wie gut es ist, wenn Jemand einen guten Namen hat; befleißiget euch euren guten Namen, den ihr jetzt habt, zu erhalten, denn oftmals erndten oder genießen die Nachkommen die Früchte, die ihre Vorfahren gepflanzt haben, so wie Capitain Heysel der meinen Onkel als einen braven Mann kannte, auch glaubte, daß ich in meines Onkels Fußstapfen treten würde.

mich an Bord zu holen; wie ich an Bord kam, ließ ich gleich unsere Flagge zur Trauer halberstock aufziehen, sandte die Schalupe nach Capitain Heysel und den andern hier liegenden dänischen Schiffen und ließ selben den Tod meines Capitains melden, worauf alle diese Schiffe ihre Flaggen zur Trauer halberstock aufzogen. Capitain Heysel kam gleich bei mir an Bord; ich sagte ihm, daß ich doch nicht gerne wolle, daß nun ein fremder Mann als Capitain auf unser Schiff gesetzt würde, und bat ihn, sein Beßtes für mich zu thun, daß ich als Capitain auf unserm Schiffe angestellt würde, um es nach Hause zu führen. Er sagte mir: ich will für dein Beßtes sorgen, und du kannst dich darauf verlassen, es soll Niemand das Schiff haben als du. Hierauf sagte er zu meinen Leuten (die ich Alle beisammen rief): euer Capitain ist gestorben, und nun müßt ihr euern Obersteuermann als euern Capitain betrachten, ihm gehorchen und ihn als solchen respectiren, da ihr dann auch gut von ihm werdet behandelt werden, wie es sich gebührt. Meine Leute sagten Alle: ja. Sie waren Alle mit mir zufrieden, indem ich immer vernünftig mit ihnen umgegangen. Nun fuhr ich mit Capitain Heysel an Land zu unseren gemeinschaftlichen Correspondenten und Capitain Heisel, der gut französisch sprach, sagte zu ihnen: Capitain Roosen ist gestorben. Sie erwiederten: wer soll nun das Schiff führen? Capitain Heysel wies auf mich und sagte: der ist Obersteuermann auf dem Schiffe; sie sagten: er ist noch sehr jung, ist er fähig dazu? Capitain Heysel sagte: ich kenne ihn, denn ich habe ihn während der Krankheit seines Capitains beobachtet; er hat das Schiff in guter Ordnung gehalten, auch hielt sein Capitain, mit dem ich von ihm geredet, viel auf ihn, als einen tüchtigen Steuermann; auch wißt Ihr es ja selbst, daß er Euch Eure Waaren gut und wohl, und ohne Verzögerung an Land gebracht hat; da sagten sie: ja, das ist auch wahr, und gratulirten mich zum Schiffe. Nun fuhr ich wieder an Bord, holte meine Leute an Land (nur einige ließ ich an Bord um das Schiff zu bewachen) und so folgten und begleiteten wir unsern Capitain Roosen bis ans Grab. Die Aerzte hatten ihn, ohne daß ich es wußte und mich zu fragen (während ich meine Leute an Land holte) geöffnet, und untersucht was seine Krankheit gewesen. Des andern Tages schickten meine Correspondenten mich mit einem Mackler, der holländisch sprach, nach der Admiralität, wo ich als Capitain eingezeichnet wurde. Hier schrieb ich zum erstenmal meinen Namen in ein Buch: Jens Jacob Eschels und nach dieser Zeit immer. Jetzt war ich freilich Capitain, aber nun wurden auch meine Sorgen viel größer wie vorher, und obgleich ich mich tüchtig genug fühlte, das Schiff zu regieren, so wurde ich doch so himmelangst wenn ich bedachte, daß ich von einem Kaper aufgebracht werden könnte, und was ich dann zu thun hätte; ich hatte wohl gehört daß die Capitaine dann dagegen protestiren müßten, wußte aber fast nicht, was ein Protest sey; wenigstens wußte ich kein Formular dazu; mit einem Worte, es ging mir fast so, wie Gellerts jungen Drescher, der wenn es ihm keine Schande gewesen, gerne als Drescher auf dem Lande gestorben wäre. Es ist sicher, hätte ich das Schiff an seine Eigenthümer überliefern können, daß ich es mit Freuden gethan hätte, aber mein Ehrgeiz konnte es doch nicht zugeben, daß ich einen Fremden als Capitain über mich wollte setzen lassen. Ich wurde indessen nachher über viele Puncte, welche ein Capitain zu beobachten hat, beruhigt, denn ich sprach eines Tages mit einem alten, erfahrenen Kopenhagener Capitain Terkel Bentzen Rönne, und klagte ihm, daß ich in großer Angst sei, wenn ein Kaper mich aufbringen sollte; ich wüßte keinen Bescheid wie ich mich dabei zu verhalten hätte. Hierauf sagte Capt. Rönne mir folgendes: wenn ein Capitain aufgebracht wird oder um Fracht zu suchen an einen Ort kommt, dann nimmt er einen Correspondenten an; dieser ist an seinem Ort bekannt und besorgt mit dem Capitain Alles was nöthig ist; nimmt einen Rechtsgelehrten an und läßt ihn gegen den Kaper protestiren und ganz des Capitains Sache führen. Der Correspondent sucht, wenn man um eine Fracht an einen Ort kommt, selbige, falls er selbst keine annehmliche Fracht hat, und trägt es einem Mackler, die an allen Orten sind, auf, um eine solche zu besorgen, das Schiff ein- und auszuclariren etc. Kurz, ein Capitain hat an allen Orten Hülfe, denn er bezahlt ja einem jeden für seine Mühe und Commissionen etc. Hierauf entgegnete ich: ist dem so, dann will ich mich auch nicht ängstigen, ich glaubte ein Capitain müsse dies Alles selbst wissen und besorgen, und das vielleicht in Ländern, deren Sprache er nicht mächtig ist; ja, sagte Capitain Rönne, wenn ein Capitain wie du meinst, Alles selbst wissen und thun sollte, dann würde es beschwerlich, ja fast unmöglich sein einen Capitain zu bekommen, der Alles wüßte, denn in allen Ländern und Städten sind Gesetze und Gebräuche verschieden und die Correspondenten und Mackler wissen an ihrem Orte, was ein Capitain zu beobachten hat, und helfen ihn überall zurecht. Er fügte noch hinzu, es ist des Correspondenten und Macklers Schuldigkeit, einem Capitain zu dienen, denn sie werden ja von demselben für ihre Mühe und Dienste bezahlt. Nun wurde ich durch diesen Unterricht sehr beruhigt und ängstigte mich nicht mehr, sondern dachte: kommt Zeit, kommt Rath. Wie ich nun Capitain war, mußte ich auch Geld in Händen haben, um die Schiffsausgaben, die täglich, wie in einem Hausstand vorfallen, zu bezahlen. Capitain Heysel ging mit mir zu unsern Correspondenten, und sagte: ich müßte 200 spanische Thaler haben; (so viel hatte ich noch nie gehabt, denn das mehrste was ich je gehabt, war etwas über 200 holländische Gülden gewesen) ich empfing selbe und Capitain Heysel schrieb eine Quitung in deutscher Sprache, die ich unterschrieb. (Ich hätte selbst kein Formular einer Quitung zu schreiben gewußt, denn nie hatte ich eine solche gesehen.) Die Quitung lautete, wie folgt: Empfangen von den Herren Fouche, Hellot & Co. zum Behuf meines Schiffes Henricus de Vierde 200 spanische Thaler, schreibe: zwei hundert spanische Thaler, welches ich hiermit bescheinige. Cap français, den 7. April 1782.[65] Wir nahmen unsere Ladung hier ein, und da, als mein Capitain gestorben war, die andern

[65] Hier eine Lehre für euch lieben Kinder, die ihr nicht aus der Acht lassen müsset, wenn ihr je in ähnliche Umstände kommen solltet. Ich habe diese Quitung hier vornemlich deswegen abgeschrieben, damit wenn Einer oder der Andere von euch Capitain wird, ihr dann wisset, daß oft ein einziger Ausdruck eine Sache sehr verändert. Wohl weislich setzte der Capitain Heisel in der Quitung: zum Behuf meines Schiffs, denn wenn eine Quitung ausgefertigt ist, ohne diesen Behuf beizusetzen, so ist der Capitain oder Empfänger des Geldes, persönlich für die empfangene Summe verantwortlich, aber der Beisatz: zum Behuf, macht dann einen großen Unterschied; nemlich: alsdann kann derjenige, welcher das Geld vorgeschossen, sich wohl an das Schiff, aber nicht an den Capitain halten, der es empfangen. Hier eine Erläuterung des eben Gesagten, und solches ist eine wahre Thatsache. Im französischen Revolutionskriege brachten, wie bekannt, die Engländer alle Schiffe die sie habhaft werden konnten (neutrale oder nicht, gleichviel) welche in Westindien von den holländischen oder französischen Colonien kamen, auf. Ein Schiff wurde in Martinique, welches die Engländer derzeit den Franzosen genommen hatten, aufgebracht; damals nahm (dieses ist leider bekannt genug, und mancher hat viel dadurch verloren) kein englischer Advocat daselbst eine Schiffssache vor Gericht an, um sie zu vertheidigen, und Schiff und Ladung zu reclamiren, ehe der Capitain ihm einen Schein von 500 £ Sterling, zeichnete, daß er denselben an dem Advocaten bezahlen wollte. Der Capitain des obenerwähnten Schiffs, es war ein Bekannter von mir, zeichnete einen solchen Schein; hätte er da nur in denselben gesetzt: zur Reclamirung meines Schiffes und der Ladung, so wäre er selbst für sich von der Bezahlung frei gewesen. Wie er aber nach Hause kam, wollten seine Rheder und Ladungs-Interessenten, die 500 £ Sterling nicht bezahlen, weil nicht in dem Schein stand: zur Reclamirung meines Schiffs und Ladung, sondern die Rheder sagten: er hat die 500 £ Sterling für sich gebraucht; der Capitain mußte vor Gericht und verlor den Proceß, mußte selbige Summe bezahlen, und würde dadurch zu Grunde gerichtet sein, hätte sein Sohn nicht diese bezahlt. Schlecht war es aber von den Rhedern und Ladungs-Interessenten der Ladung, daß sie durch die Unwissenheit des Capitains sich bereicherten, sicher würde der Capitain seinen Proceß gewonnen haben, hätte er in den Schein geschrieben: empfangen von Herrn N. N. zum Behuf und zur Reclamirung meines Schiffs und Ladung, die Summe von 500 £ Sterling. So lieben Kinder, hängt manchmal eine wichtige Sache von einem einzigen Ausdruck ab.

dänischen Capitains, vornehmlich Capitain Heysel, den Gesetzen gemäß, bei mir an Bord kamen, ein Inventarium von des verstorbenen Capitains Kleider und Effecten zu machen, und diese an einem Sonntag, wo alle Leute von den dänischen Schiffen bei uns an Bord waren, verauctioniren ließen, so kaufte ich alle seine Seebücher und Seecharten, so wie seine silbernen Schuhschnallen, (diese waren die ersten silbernen Schnallen, die ich trug.) Für das aus der Auction gelösete Geld, und was sonst dem seeligen Capitain gehörte, kaufte ich Kaffee für seine Witwe ein, circa nach unserem Gelde das Pfund zu 8 *ß* und verkaufte selben hernach als ich in Norwegen kam, für circa 22 *ß* nach unserem Gelde das Pfund, so daß ich der Witwe einen hübschen Avance in Geld nach Hause brachte.

Die Königl. Dänische Fregatte Kiel kam Anfangs Mai mit einigen Schiffen von St. Thomas hier an, und segelte sodann nach Port au Prince und Leogana (auf der Westseite dieser Insel gelegen), um die Capitaine Feddersen und Lorentzen hierher zu convoyiren. Sie kamen Ende Maimonats an, und da alle hier liegenden dänischen Schiffe, die mit dieser Convoy nach Europa segeln wollten, fertig waren, so fuhren wir den 31. Mai von hier ab. Capitain Heysel und ich sollten in Fleckeröe in Norwegen einlaufen, und in Christiansand Ordre holen, wo wir mit der Ladung hinsegeln sollten. Während der Zeit als wir in Cap françois lagen, wurden immer zwei Schiffe, welche an die Adresse meines Correspondenten waren, zugleich in Ladung gelegt; denn dieses Haus hatte alle Compagnie-Schiffe, so wie auch die, welche vom Herrn Grafen von Schimmelmann befrachtet waren, an seine Adresse; ich mußte daher mit dem Laden warten, bis die Capitaine Heysel und Rönne, beide hatten große Schiffe, fertig waren. Nun bin ich immer etwas ungeduldig, wenn die Arbeit nicht hurtig von statten gehen will; darum ging ich oft zu meinem Correspondenten und bat, mir doch auch etwas zu laden zu geben, damit ich ebenfalls fertig würde, und, wenn die andern Schiffe mit der Convoy abführen, mitsegeln könnte. Der eine Correspondent, Chef des Hauses, sagte mir dann immer mit lächelnder Miene: du sollst zu allererst fertig seyn; ich hielt dieses für Spaß, allein er hielt Wort, denn da alle Schiffe, worunter auch ich, beladen waren, und wir alle zugleich ausclarirt wurden, packte der Correspondent die Documente jedes Schiffes in ein Couvert, gab mir die meinigen zuerst, und sagte: ich habe dir ja gesagt, du solltest zuerst fertig seyn; siehe, nun bist du es, — und so gab er den andern Capitainen auch ihre Documente.

Mir hat es immer sehr wehe gethan, wenn ich in Westindien sah, daß die schwarzen Menschen so barbarisch von den weißen behandelt wurden; ich habe auch erfahren, daß, wenn man die Neger mit Güte behandelt, selbe dankbar sind und treu arbeiten. Während dem Laden waren meine Leute krank, so daß ich von zwanzig Mann oft nicht mehr als vier bis sechs gesund hatte, um zu arbeiten; den Kaffee mußten wir selbst mit unserm großen Boote vom Lande an Bord holen. Unsere Ladung bestand in 261 großen Fässern weißen Zucker von 2000 bis 2200 Pfund schwer, in 208 Bonceau, 365 Oxhofden, 252 Quarten und 1000 Säcken Kaffee und einigen Fustagen Indigo. Die Zuckerfässer wurden uns in Fahrzeugen an Bord gebracht, und kamen täglich zwei bis drei Fahrzeuge, die 16 bis 20 Fässer Zucker geladen hatten, und in jedem derselben waren 7 bis 8 Neger; diesen ließ ich Mittags am Bord Schiffskost zu essen geben, als: Erbsen, Speck, Fleisch, und einen Schnaps, so wie meine eigenen Leute es aßen, und so hieften die Neger die Zuckerfässer hinüber ins Schiff, und meine Leute konnten selbe gleich im Raum wegstauen, welches für diese eine große Erleichterung war. Auch gab ich den Negern mitunter wohl einen spanischen Thaler, weshalb sie so willig und froh waren, daß sie mit großem Vergnügen uns halfen, und wenn ein Fahrzeug für mich am Lande beladen werden sollte, so stritten die Neger unter einander darum, wer mitfahren sollte, denn alle wollten bei dem Schiffe HENRY QUATRO (mein Schiff hieß auf deutsch, oder vielmehr auf holländisch, HENRICUS DE VIERDE) an Bord, und ich bin überzeugt, daß, wenn ich während der Revolution, die einige Jahre nachher dort ausbrach, da gewesen wäre, und in welcher Zeit so viele weiße Menschen ermordet wurden, selbst diese Schwarzen mich beschützt haben würden, so liebten sie mich. Also, lieben Kinder, wo ihr auch in der Welt seid, behandelt alle Menschen liebreich, sei er weiß oder schwarz; dieses ist nicht allein Gott angenehm (denn der liebe Gott hat uns Alle erschaffen), sondern es schafft euch auch noch hier auf Erden Nutzen. – Wir segelten, wie gesagt, den 31. Mai von Cap François in See; unsere Flotte bestand: erstens aus unserm Convoyschiffe, der Königl. Dänischen Fregatte von 44 Kanonen, genannt KIEL, welche vom Herrn Capitain Fasting commandirt wurde; ferner aus sieben Kauffahrern, geführt von: Capitain Hans Heysel, Schiff PRINDSEN AF BEVERN, Capitain Terckel Bentzen Rönne, Schiff GREVE E. VON SCHIMELMANN, Capitain Hinrich Feddersen, Schiff TUGENDREICH, Jens Jacob Eschels, Schiff HENRICUS DE VIERDE, Capitain Lorenzen, Bohn und Herlöffen. (Die drei letzten Schiffsnamen habe ich vergessen.) Auf dieser Reise hatten wir durchgehends gutes Wetter, aber viel contrairen Wind; so daß wir über acht Tage kreuzen mußten, ehe wir durch die Caikes kommen konnten, woselbst wir eine königl. französische Fregatte, deren Capitain mit der Schalupe an Bord unsers Convoyschiffes kam, bei uns hatten. In der Gegend von Barmuda bekamen wir einen günstigen Wind, der frisch wehete, so daß wir schnell, und zwar in drei Wochen von dort bis vor den englischen Canal, segelten; hier aber bekamen wir Ost-Wind, womit wir beinahe drei Wochen kreuzten. Wir hatten in der Westpassat viel Nebel, wodurch ich und Capitain Herlöfsen von der Convoy abkamen, und selbe erst nach drei Tagen fanden. Dieses waren drei ängstliche Tage für mich, denn wäre uns in selber Zeit ein englischer Kaper begegnet, so würde ich sicher aufgebracht worden seyn, weil ich von einer französischen Colonie kam; doch der liebe Gott wendete dieses Unglück in Gnaden von mir ab. Wir segelten nun, als wir günstigen West-Wind bekamen, in den englischen Canal ein, und hatten neben Plymouth ein englisches Linienschiff und eine Fregatte bei uns, die an Bord unsers Convoyschiffes kamen. Es ist schön und angenehm, so unter Convoy zu segeln; denn man braucht sich nicht zu fürchten, wenn Kriegs- oder Kaperschiffe kommen, weil der Capitain der Convoy alles für Einem abmacht. Derzeit war eine bewaffnete Neutralität zwischen Rußland, Dänemark und Schweden abgeschlossen; diese wurde von den Engländern respectirt, und wenn unser Fregatten-Capitain nur sagte: diese Schiffe gehören unter meinen Schutz, so war es genug, und kein Engländer that ihnen dann etwas zu leide. Seit dieser Zeit ist es aber anders geworden; denn im französischen Revolutions-Kriege griffen die Engländer die Schiffe, die unter Convoy fuhren, an, und brachten sie auf; ihre Alliirten erlaubten ihnen das, und nun wird es schwer halten, ihnen dieses anmaßende Recht wieder zu nehmen. In der Nordsee fanden wir ein neues Briggschiff, welches sein Ruder abgestoßen hatte und von der Mannschaft verlassen war; wir ließen es treiben. Den 10. August, Morgens, kamen wir unter Norwegen; Capitain Heysel und ich mußten uns nun von der Convoy trennen, und in Fleckeröe einlaufen, um Ordre zu holen. Wir mußten Beide an Bord unsers Convoyschiffes fahren, um ihm unser Signalbuch zurück zu geben; hierauf nahmen wir Abschied vom Capitain Fasting, und wie wir wieder an Bord unserer Schiffe kamen, gaben Capitain Heysel und ich jeder neun Kanonenschüsse zum Abschied von der Convoy, wofür wir von der Fregatte jeder drei Schüsse als Dank empfingen. Des Vormittags erhielten Capitain Heysel und ich Lootsen an Bord. Unsere Flotte segelte mit günstigem Winde nach Kopenhagen, wo sie nach zwei Tagen ankam. Capitain Heysel und ich segelten nach Norwegen, und kamen gegen Abend in Fleckeröe (dem Außen-Hafen von Christiansand) vor Anker. Hier kamen Fischerleute mit schönem, selben Tag gefangenen Kabeljau an Bord, und ich kaufte Fische für meine Leute, die sich diese des Abends gut schmecken ließen. Capitain Heysel aber ließ mich zu sich an Bord holen, und wir beide fuhren ans Land zu dem Lootsen-Aeltermann Marcus Kielland, bei dem wir, nachdem wir unsere Lootsen abgelohnt hatten, Abends schönen Kabeljau speisten. Den andern Morgen fuhren wir beide Capitaine nach dem Castel, um uns bei dem Commandanten zu melden; dieses war ein sehr höflicher Mann, und zeigte uns das ganze Castel. Hierauf fuhren wir mit einer Lootsenjolle nach Christiansand, um Ordre zu holen, und erhielten selbe: Beide nach Altona segeln. Der Ordre-Brief an Capitain Christian Roosen (ich war nun an seiner Stelle) lautete wie folgt: »Mit Diesem habe ich Ihnen nur anzeigen wollen, daß Sie mit Ihrer Ladung nach Altona segeln müssen, und addressiren Sie sich an die Herren Baur & Rode.« (Der Brief war gezeichnet: Schimmelmann. Kopenhagen d. d. 1782.) –

Während ich in Fleckeröe lag, kam einst ein über achtzig Jahr alter Fischer, welcher im Hafen, nahe bei unsern Schiffen, mit seiner kleinen Jolle fischte, und daselbst kleine junge Kabeljau fing, zu mir an die Seite des Schiffs, und fragte, ob ich Fische von ihm kaufen wolle; ich sagte ihm, er möchte an Bord kommen, und da er kam nöthigte ich ihn in die Kajüte, und ließ ihm etwas Essen und einen Schnaps vorsetzen. Als er satt war, nahm ich für mich und meine Leute von seinen Fischen, und fragte ihn, wieviel diese kosten sollten; er antwortete: ich will für die Fische nichts haben, denn ich würde sehr unverschämt seyn, wenn ich sie mir bezahlen ließe, da du mich so tractiret hast. Ich sagte: dann nehme ich die Fische nicht, ich will selbe bezahlen, und den Preis geben, wofür du sie am Lande oder sonst wo verkaufst. Der Alte mußte also, obgleich ungern, die Bezahlung annehmen; nachher kam er alle Morgen, wenn er gefischt hatte, zuerst zu mir, und verkaufte an Niemand eher Fische, als bis ich mir diejenigen, die ich für mich und meine Leute kaufen wollte, ausgesucht hatte. Die Norweger sind durchgehends gute, dienstfertige, treue und brave Leute. – Hier in Christianssand sagte Capitain Heysel zu mir: du mußt dir nun auch Kleider machen lassen, damit du dich als Capitain sehen lassen kannst; er ging deshalb mit mir zu einem Schneider, und ich ließ mir einen Rock, Weste und Hose anfertigen, von feinem braunen Laken, mit weißen Knöpfen, nach englischem Schnitt und Façon, so wie derzeit die norwegischen Capitaine in Kleidung gingen. Vorher hatte ich nur einen blauen Oberrock, den ich mir, als ich Obersteuermann wurde, in Altona hatte machen lassen; nun hatte ich aber auch noch keine feine Wäsche, und da mein Doctor, der mit mir fuhr, nicht wollte, daß ich in Norwegen ohne feine Wäsche ans Land fahren sollte, (denn in Westindien ging ich immer mit meiner Seekleidung, als: gestreifter leinen Hose, Jacke etc. ans Land,) so gab er mir eins von seinen Manschetten-Hemden anzuziehen, ein feines weißes Halstuch umzubinden, und putzte mich überhaupt so heraus, daß ich doch einem Capitain ähnlich sah. Den ersten Sonntag, wie ich in Christiansand war, ging ich in die Kirche;[66] der Pastor, welcher predigte, war noch ein junger Mann, aber ein vorzüglicher Kanzelredner. Wir hatten diesen Sonntag das Evangelium von dem Pharisäer und Zöllner, und der Prediger bewies, wie gut Gott sey, und wie er Jedem, der zu ihm um Vergebung ernstlich bitte, und sich bessern und gut werden wolle, seine Sünden vergäbe und wieder zu Gnaden annähme etc. etc.; kurz, der Pastor hielt eine vortreffliche Predigt, die mir außerordentlich wohl gefiel. Dem Bootsmann vom Capitain Heysel, welcher in der Kirche mir zur Seite saß, hatte die Predigt auch so wohl gefallen, daß, als der Pastor Amen gesprochen, er zu mir sagte: O Gud wil signe den Mand (O! Gott wolle segnen diesen Mann). Am Dienstage nach diesem Sonntage kamen vier Kaufleute von Christiansand, die noch zwei junge Männer bei sich hatten, in einer großen Lootsenjolle in Fleckeröe zu mir an Bord, um Kaffee zu kaufen. Ich verkaufte an diese Kaufleute den Kaffee, welchen ich in Cap français für Rechnung der Witwe des Capitain Roosen eingekauft hatte, für einen guten Preis, und während der Kaffee in ihre Jolle geladen wurde, ließ ich Kaffee für sie bereiten und Wein aufsetzen. Wie wir nun alle beisammen am Tische saßen und tranken, so sah ich einen der beiden jungen Männer an, der mir sehr bekannt vorkam, ohne mich besinnen zu können, wo ich ihn gesehen hatte; er war außerordentlich lustig und ausgelassen, fluchte auch mitunter, und selbst von Mädchen zu sprechen wurde nicht vergessen; mit einem Wort, es war ein außerordentlich lustiger Bursche, und ich zerbrach mir noch immer den Kopf, wo ich ihn gesehen. Während wir nun alle so lustig und vergnügt bei Tische waren, griff der junge Mann in die Tasche und zog seine Uhr heraus, um zu sehen, wie spät es sey; hierauf sagte er mit dem bekannten nordischen Fluche: Döde Pine, ich muß nach Hause, denn ich soll morgen predigen. Was, sagte ich, sind sie der Pastor, der am Sonntage in Christiansand so erbaulich predigte? Ja, antworte er. Ich fragte: wie ist es möglich daß sie so ausgelassen lustig sind? Ja, sagten die Kaufleute, wenn er auf der Kanzel steht, dann hat er einen priesterlichen Rock an, aber wenn er den abwirft, dann ist er ein lustiger Bruder und ein angenehmer Gesellschafter. Ich sagte zu dem Pastor: sie sind ein sehr guter Kanzelredner und können ihre Zuhörer gut erbauen, machen sie es indessen nicht zu arg

[66] Meine Gewohnheit ist immer gewesen, daß, wenn ich an einem Orte war, wo ich dem Gottesdienst beiwohnen konnte, zur Kirche ging; indem ich gern eine vernünftige und moralische Predigt höre, und wenn selbe nicht nach meinem Geschmack ist, so denke ich an andere gute Dinge, oder erbaue mich an einem moralischen Gesange.

mit ihrer Lustigkeit; sondern lassen sie sich so sehen, daß die Leute sich auch an ihrem Lebenswandel erbauen können. Der Pastor nahm es mir nicht übel, daß ich dieses zu ihm sagte, und wir schieden als Freunde. —

Wir wurden wegen stürmischer Witterung und Südwest-Wind bis zum 3. September in Fleckeröe aufgehalten. Als ich einige Tage hier gelegen, schrieb ich pr. Post an meine Mutter, daß ich hier angekommen, und jetzt Capitain auf dem Schiffe wäre, um es nach Hause zu bringen. Da aber Capitain Hinrich Feddersen, wie wir einander unter Norwegen verlassen, in zwei Tagen mit der Convoy zu Kopenhagen angekommen, und gleich darauf nach Föhr gereiset war, um seine Frau und Kinder zu besuchen, so bekam meine Mutter es früher von ihm, als mein Brief aus Norwegen ankam, zu wissen, daß ich ein Schiff hatte. Es kam nemlich so: die Schwester des Capitain Feddersen war meines Onkels Otto John Eschels Ehefrau, und Capitain Feddersen, wie er auf Föhr zu Hause kam, besuchte ihn, und im Gespräch, wie es auf der Reise gegangen etc., erwähnte er oft: ich und Jens segelten so und so, oder, wir thaten dieses oder jenes, so daß Otto John ihn zuletzt fragte: was ist das für ein Jens, von dem du sprichst? Von eurem Jens, deines Bruders Jacob ältestem Sohne, sagte Capitain Feddersen. Was? sagte Otto John, hat der ein Schiff? Feddersen sagte: ja wohl hat er ein Schiff, und zwar ein großes, neues, nur etwas über ein Jahr altes; und dies wißt ihr noch nicht? Nun lief meine Cousine, die bei Otto John diente, gleich zu meiner Mutter mit der Nachricht: Euer Jens hat ein Schiff. Meine Mutter wollte es nicht glauben, aber meine Cousine Antje Hansen sagte zu ihr: komm dann nur mit nach unserm Hause, Hinrich Feddersen ist noch da, und so kannst du es von ihm selbst hören. Meine Mutter ging also mit und hörte es selbst von Feddersen; sagte aber: sprecht es doch noch nicht nach, wenn es vielleicht nicht wahr seyn sollte. Feddersen sagte: warum soll ich es nicht nachsagen? ich und Jens sind mit einander, und unter einer Convoy, von Westindien nach Hause gesegelt, und ich wundere mich nur, daß ihr es noch nicht wißt. (Von Westindien aus hatte ich nicht an meine Mutter geschrieben, und mein Brief, den ich ihr von Christiansand schrieb, war noch nicht angekommen.) Es dauerte nun nicht lange, so war es auf ganz Föhr bekannt, daß Jens Jacob Eschels Capitain geworden und ein Schiff führe, und viele wunderten sich, daß so ein unbekannter armer Junge ein Schiff zu führen bekommen habe.

Am 3. September wurde der Wind östlich, und Capitain Heysel und ich segelten mit einander in See. Der Wind lief aber schon am Abend wieder contrair, jedoch blieb immer gutes Wetter, und so lavirten wir meist den ganzen Weg, so daß wir erst den 14. September auf der Elbe binnen kamen. In Norwegen hatte ich mir, wie schon gesagt, einen lakenen Kleidrock, (dies war der erste, den ich mir machen ließ,) Weste und Hose machen lassen, und da derzeit die norwegischen Capitaine alle Kleider (weil sie viel auf England fuhren) nach englischer Mode trugen, so hatte der Schneider auch meine Kleider nach dieser Façon gemacht, so wie mit blanken weißen Knöpfen, und da wir vier Leichter auf der Elbe löschen mußten, ehe wir über den Blankeneser Sand segeln konnten, so war ich stets an Bord geblieben, und nicht nach Altona gekommen. Da der Wind aber contrair war, so daß wir nicht mit dem Schiffe an die Stadt segeln konnten, und doch auch auf der Elbe nicht mehr löschen durften, so fuhr ich mit meiner Lootsenjolle nach Altona, ging in das Haus meiner Herren Patrone und blieb auf der Diehle stehen, denn ich war noch nie in ihrem Hause gewesen, und wußte also auch nicht, wo das Comptoir war; auch hatte ich nie einen der Herren van der Smissen, eben so wenig wie sie mich, gesehen. Ein Mädchen kam und fragte mich, was mein Begehr sey? ich sagte, ich verlange den Herrn zu sprechen; sie fragte mich: die alten oder die jungen Herren? ich antwortete: die alten; sie ging, und nun kam ein alter Mann, (es war der Herr Gysbert van der Smissen, Vater des Herrn Jacob Gysbert van der Smissen,) der, als er sah, daß ich nach englischer Art gekleidet war, glaubte, daß ich Engländer sey (und von den Engländern hielt er viel, denn er war in seinen jungen Jahren in England gewesen); er fing deshalb gleich an in englischer Sprache mit mir zu reden, und fragte, was mein Begehr sey? Ich antwortete ihm in derselben Sprache, daß ich der Obersteuermann auf ihrem Schiffe Henricus de Vierde sey, und daß ich mit der Lootsenjolle von Twielenfleth nach Altona gekommen wäre, um mit den Herren zu sprechen, und für meine Leute frisches Brodt, Bier, Fleisch, Grünigkeiten etc. mit an Bord zu nehmen. Wie er hörte, daß ich Eschels war, und ihr schönes Schiff Henricus de Vierde[67] durch Gottes Güte nach Hause

[67] Dieses war ihr Lieblings-Schiff; der alte Herr Hinrich van der Smissen hatte $^{10}/_{16}$ Part darin, Herr Gysbert van der Smissen $^{2}/_{16}$, die Herren Hinrich & Jacob Gysbert van der Smissen $^{2}/_{16}$, Herr Nicolaus Linnich $^{1}/_{16}$ und die Herren Hermann & Jacob Linnich $^{1}/_{16}$ Part. Wie dieses Schiff gebaut wurde, durfte in Regenwetter nicht daran gebaut werden, und alles mußte von dem besten Holz seyn, damit es ein dauerhaftes Schiff werden möchte. Es wurde auch nach seinem Enkel, als vierten Hinrich der Firma des Hauses, genannt, und dieser Hinrich war der Urenkel des ersten Hinrichs, nachdem diese Firma beinahe ein und ein halbes Jahrhundert bestanden hat. Dieses Schiff hielt sich auch immer gut, und es dauerte 47 bis 48 Jahr, ehe es Alters wegen auf dem Hamburgerberge abgehauen oder abgeschlachtet wurde. – Auf Föhr, wo ich geboren, wurde immer beim Graben eines Seemanns-Grabes gesagt: es ist ein glücklicher Seemann, der auf dem Kirchhofe begraben wird. Also kann man

gebracht habe, wurde ich genöthigt, in die Vorderstube zu treten, und unterhielt mich hier mit diesem alten Herrn in englischer Sprache. Wie nun die, damals jungen, Herren Hinrich und Jacob Gysbert van der Smissen geholt waren, und auch sie in die Stube traten, so redete ich dieselben deutsch an, beantwortete alle ihre Fragen, und erzählte Alles, was auf der Reise passirt war, und übergab denselben meine Rechnungen. Nachdem ich nun hier fertig war, wurde ich durch einen Comptoirdiener nach dem beinahe achtzigjährigen alten Herrn Hinrich van der Smissen gebracht, so wie zu den andern Rhedern, den Herren Linnich; mit diesen allen sprach ich, und selbe waren sehr freundlich gegen mich. – Aus Cap français hatte ich an die Herren Jac. Gyb. van der Smissen geschrieben, denn ich wußte nur, daß wir für die Herren van der Smissen fuhren, wie aber die Firma oder der Vorname der Herren war, wußte ich nicht, und keiner von meinen Leuten konnte mir es sagen; (weil die Schiffsdocumente mit sammt dem Gute des verstorbenen Capitains versiegelt waren, so konnte ich die Firma auch daraus nicht ersehen; hätte ich dieselben derzeit unter Händen gehabt, dann würde ich es gewußt haben;) blos ein Matrose, früher Bäckergesell, welcher bei dem Herrn Jacob Gysbert van der Smissen in Dienst gewesen war, sagte mir auf meine Frage: wie der Vorname der Herren van der Smissen sey? der Herr heißt Jacob Gysbert van der Smissen: ich schrieb also an diesen, und dies war ein Glück für mich, denn Herr Jacob Gysbert war eigentlich der, welcher das Hauptgeschäft führte. In dem Briefe an ihn meldete ich blos das Passirte, als: daß wir in Martinique aufgebracht gewesen, daß wir in St. Thomas etwas gelöscht und wieder geladen hatten, daß wir unter Convoy von da nach Cap français gesegelt, daß Capitain Roosen d. d. gestorben und ich an seine Stelle gesetzt wäre, um mit Gottes Hülfe das Schiff nach Hause zu führen, und daß sie sich darauf verlassen könnten, daß ich so viel als möglich für ihr Interesse sorgen, gut Acht auf das Schiff geben, und sie redlich behandeln würde. Am Schluß des Briefes fügte ich hinzu: wenn ich nun mit Gottes Hülfe das Schiff nach Hause gebracht, und sie dann finden, daß ich alles gut und wohl gemacht, dann ersuche ich Sie um ihre Gunst und Gewogenheit. – In diesen Brief schloß ich auch einen an meines Capitains Roosen Wittwe ein, und bat Herrn van der Smissen in dem seinigen, den einliegenden Brief an die Wittwe Roosen besorgen zu lassen. Dieser Brief war aber ganz anderer Art; in ihm hatte ich den Tod ihres Mannes zu melden, und natürlich

auch von einem Schiffe sagen: es ist ein glückliches Schiff, das so lange auf der See herum fährt, bis es alt wird, und Alters wegen am Lande geslopt oder abgeschlachtet wird; so wie dieses Schiff es wurde.

setzte ich, so viel ich konnte, Trostgründe hinein. Ich schrieb: daß es mir sehr leid thue, ihr den Tod ihres Mannes melden zu müssen, und berichtete ihr, wie lange er krank gewesen, daß er während seiner Krankheit aufs beste verpflegt worden, daß ich auf seinen Wunsch die drei letzten Tage und Nächte, die er gelebt, beständig bei ihm geblieben, und seine letzten Worte: Vater, ich befehle meinen Geist in deine Hände! gewesen wären, und er gewiß selig gestorben sey. Ich rieth ihr an, sich so viel als möglich in der Trauer zu mäßigen und auf Gott zu vertrauen, da derselbe in seinem Wort die Wittwen und Waisen besonders in seinen Schutz nähme, (und dies ist auch mein fester Glaube, denn wenn ich manches in der Bibel für unwahr halten sollte, so halte ich dies gewiß für wahr, daß da steht: Ihr sollte keine Wittwen und Waisen beleidigen, sie werden zu mir schreien und ich werde ihr Schreien erhören) und ihnen hälfe, und daß dies eine rechte Wittwe sey, die auf Gott ihre Hoffnung setze etc. etc., und was ich sonst noch für Trostgründe aus Gottes Wort beifügte. Am Schluß des Briefes erwähnte ich, daß sie um das Eigenthum ihres Mannes ganz unbekümmert seyn solle, indem Alles sich unter meinem Verwahrsam befände, und ich sie als ein ehrlicher Mann behandeln würde, dies möchte sie mir auf mein Wort glauben, und sie würde es erfahren, wenn ich nach Altona käme. Ich wäre daselbst zwar unbekannt, und sie könne dort nicht über mich nachfragen, auch schicke es sich nicht, daß ich selbst sagte ich sey ein ehrlicher Mann; allein andere Leute, die mich kennten, hielten mich dafür, und sagten wohl auch: er ist ein guter Junge. Diesen Brief brachte Herr Jacob Gysbert van der Smissen selbst nach der Wittwe Roosen; er wurde in seiner und der Verwandten Gegenwart geöffnet und gelesen, und sind Thränen dabei geflossen. (Dieses war natürlich, weil der Tod ihres Mannes darin gemeldet war; aber meine Trostgründe hatten auch Beifall gefunden.) Es ist schon gesagt, daß es ein Glück für mich war, daß ich den ersten Brief an Herrn Jacob Gysbert van der Smissen adressirte, weil er doch, im eigentlichen Sinne des Worts, die Hauptgeschäfte des Comptoirs führte, er sich auch darüber zufrieden zeigte und mir keinen Verweis gab. Die beiden alten Herren hatten es aber etwas übel genommen, und sagten mir es auch; sie meinten, sie wären eigentlich die Herren, so lange als sie lebten, und ich sollte an sie, und nicht an Herrn Jacob Gysbert van der Smissen, geschrieben haben. Als ich ihnen aber erzählte, daß es, wie oben bemerkt gekommen sey, so waren sie zufrieden. Wie ich nun von den Herren Abschied nahm, sagte ich: ich bitte um ihre Gunst und Gewogenheit; (dies ist das einzige Mal, daß ich um das Schiff zu behalten gebeten, hier mündlich und in Cap français schriftlich im Briefe;) die Herren sagten mir hierauf, sie könnten mir noch nichts versprechen, aber ihr Freund solle ich bleiben, und sie wollten mich im Andenken behalten. – Ich fuhr nun wieder an Bord, und den 21. September kam ich bei West-Wind mit dem Schiffe an die Stadt. Es war Abend, wie ich vor Altona ankerte; hierauf fuhr ich ans Land und ging aufs Comptoir meiner Herren, um ihnen meine, Gottlob glückliche, Ankunft zu melden. Die derzeit jungen Herren, Hinrich und Jacob Gysbert van der Smissen, sagten zu mir, daß sie morgen Vormittag an Bord des Schiffes kommen wollten, und ich solle sie um zehn Uhr mit meiner Schalupe abholen. Dies that ich. Ich hatte Kaffee bereiten lassen, wovon sie eine Tasse tranken; hierauf besahen sie das Schiff, fanden alles in der besten Ordnung, und blieben ein paar Stunden an Bord und sprachen mit mir. Auch sagten sie, daß es ihnen lieb sey, daß ich die ganze Kajüte voll Kaffee geladen habe. (Die Fracht war hoch: 1 *ß* pr. Pfund, und also hatte ich circa 3000 ₰ an Fracht in der Kajüte gehabt.) Ich antwortete ihnen, man müsse immer des Schiffes Bestes suchen; und ich für mich brauche keine Kajüte, denn Commodität wäre ich nicht gewohnt, und in See wäre ich die meiste Zeit auf dem Deck. – Als die Herren nun ans Land fahren wollten, sagten sie zu mir: wir können dir nichts versprechen, denn es hängt noch alles von den lieben Alten ab, aber was wir für dich thun können, werden wir thun, darauf kannst du dich verlassen; lösche nur erst das Schiff leer, und so werden wir sehen, wie es wird. –

Nach ein paar Tagen hielten die sämmtlichen Herren Rheder eine Versammlung, um sich zu berathen, wer das Schiff HENRICUS DE VIERDE als Capitain führen solle. Sie hatten noch, schon eher als ich mit dem Schiffe nach Hause kam, einen alten Capitain im Auge, der das Schiff führen sollte, aber fest bestimmt hatten sie nichts. In der Versammlung hatte Keiner, außer den alten Herren, (und diese hatten, wie schon früher gesagt, ¾ Part im Schiff, folglich die Oberhand,) welche behaupteten, daß ich noch zu jung sey, etwas gegen mich einzuwenden; da traten aber die jungen Herren van der Smissen, von den Herren Linnich unterstützt, auf, und der alte Herr Linnich nahm das Wort und fragte: hat Eschels seine Sachen nicht gut gemacht? Ja, antworteten Alle. Nun denn, fügte er hinzu, so wird er sie auch fernerhin gut machen; auch scheint es, daß der liebe Gott es so gefügt hat, daß Eschels das Schiff haben soll; denn warum mußte das Schiff in Havarie von Cuxhaven wieder nach Altona zurückkommen, der Obersteuermann abgedankt, und Eschels an seiner Stelle angenommen werden? Die jungen Herren van der Smissen und die Herren Linnich sagten: wir stimmen für Eschels, und weil die alten Herren van der Smissen gar nichts gegen mich zu sagen hatten, als daß ich noch zu jung sey, so traten sie ihnen auch bei, und so wurde in dieser Versammlung beschlossen, daß ich das Schiff HENRICUS DE VIERDE führen solle. – Den 27. September (wir waren noch nicht gelöscht) des Morgens, als ich wie gewöhnlich aufs Comptoir kam, gingen die Herren van der Smissen mit mir in eine Stube, und gratulirten mir zur Führung ihres Schiffes HENRICUS DE VIERDE; nun hielt der alte Herr Gysbert van der Smissen auch eine Ermahnungsrede an mich, in welcher er unter anderm sagte: wenn der liebe Gott dir ein Unglück zuschickt, so wird dies unsere Gunst zu dir nicht mindern, aber solltest du dich verführen lassen, oder liederlich werden, oder nicht auf deine Sachen Acht geben und saumselig in deinen Geschäften werden, dann bist du für immer unsere Freundschaft los; es hängt also nur von dir ab, ob wir Freunde bleiben sollen oder nicht; habe du aber immer Gott vor Augen und im Herzen, und hüte dich, daß du in keine Sünde willigest, noch thust wider Gottes Gebot etc. etc. Ich versprach, ihnen treu dienen zu wollen, und mich immer gut aufzuführen. Gottlob! ich habe es auch treu gehalten, was ich versprochen, und bin, so lange die alten Großväter lebten, ihr Freund geblieben; eben so wie ich der ihrer Söhne bis zu ihrem Tode war, und noch jetzt erfreue ich mich der Freundschaft ihrer Enkel, die nun auch schon bejahrte Männer sind. – Ach, wenn ich dies überdenke! – wie schnell ist dieses beinahe halbe Jahrhundert mir vorüber gegangen. Dies kommt ja wohl daher, weil der liebe Gott mir seitdem mehr Gutes als Leides bescheert hat.

VII. Als Kapitän auf Henricus de Vierde (1782-85)

Der 27ste September 1782 war also für mich ein fröhlicher und vergnügter Tag; denn mein Vetter, Capitain Jan Rörd Eschels, gab auch an selbem Hochzeit, welche auf Seidlers, nachher Köhlebanders, jetzt Rainvilles Garten gefeiert werden sollte, und wozu ich, nebst verschiedenen seiner bekannten Capitaine, eingeladen war. Ich fuhr in einer Kutsche (die erste in der ich jemals saß) dahin, und nun war es mir lieb, daß ich zu Jedem, der mich fragte ob ich das Schiff behielte, ja sagen durfte, und wenn Einige daran zweifelten, so konnte ich sagen: es ist gewiß, denn die Herren haben mir heute dazu gratulirt. Auch konnte ich nun mit den andern Capitainen im Garten spatzieren gehen, weil ich mit ihnen in einem Range stand, und sie sich nichts vergaben, wenn ich, obgleich jünger, an ihrer Seite ging. – Hier bei Tafel ward ich, zum ersten Mal in meinem Leben, gewahr, daß man Eis aufsetzte, um es zu essen.[68]

Wie wir unsere Ladung in Altona gelöscht hatten, rechnete ich mit meines Capitains Roosen Frau Wittwe ab, und gab ihr alles Geld, was aus dem Nachlaß ihres seligen Mannes, und für den gekauften und wieder verkauften Kaffee gelöst worden; sie war sehr damit zufrieden, und konnte es auch seyn, denn ich sagte zu den Herren van der Smissen, wie selbe mich fragten, was ich für Verdienst dafür verlange, daß ich das Schiff nach Hause gebracht habe, daß ich dafür nichts verlange, sondern die Herren des seel. Capitain Roosen Wittwe den ganzen Verdienst, welchen Capitain Roosen auf dieser Reise hätte verdienen können, wenn er am Leben geblieben wäre, geben möchten; indem ich nichts weiter als meine Steuermanns-Gage, 19 Rthlr. pr. Monat, haben wolle. Die Herren aber gaben mir freiwillig vierhundert Mark Courant, und haben sie der Wittwe Roosen das andere gegeben.

[68] Da ich das Eis nicht kannte, so nahm ich einen Theelöffel voll in den Mund; weil dies aber so kalt war, und ich es doch bei Tafel nicht ausspucken durfte, so setzte es Grimassen. Der Bräutigam, mein Vetter Eschels, hatte schon vorher die Andern an der Tafel aufmerksam gemacht, nach mir zu sehen, wenn ich das Eis in den Mund nehmen würde; denn er wußte, daß ich nie an einer großen Tafel gespeiset hatte. Während ich also mit meinem Eise im Munde verlegen war, wurde ich von allen Seiten recht herzlich ausgelacht.

Meine Correspondenten in Cap français hatten mich ohne daß ich es wußte oder sie darum ersucht hatte, sehr bei meinem Befrachter, dem Herrn Grafen von Schimmelmann in Kopenhagen, empfohlen; (wahrscheinlich mehr ihret- als meinetwegen; denn weil ich von ihnen als Capitain bestellt worden, so mußten sie es ja verantworten, wenn sie keinen geschickten Mann als Führer eines so großen Kapitals angestellt hätten; auch konnten sie es mit Wahrheit melden, daß ich während der Zeit des Löschens und Ladens dort, mich als activer, fleißiger Mann betragen hatte.) Dieser alte Herr war aber während ich auf der Reise war, gestorben, und so schrieb der Chef des Comptoir's an meine Herren van der Smissen, daß sie das Schiff Henricus de Vierde, Capitain Eschels, wieder befrachten wollten, wenn sie dieses für gut fänden; die Fracht wurde angenommen, und so wurde ich nach St. Thomas befrachtet, für den Preis der vorigen Reise; ich mußte nach der Löschung mit dem Schiffe nach Hamburg fahren um das Schiff dort zu kielholen, denn in Altona konnte man es derzeit nicht; erst Anno 1818 schaffte mein Sohn, Jens Jacob Eschels junior, der hier Schiffsbaumeister war, einen Kiellichter an, und war der Erste, der das Kielholen in Altona in Gang brachte. So fand es sich denn, daß meine Spickerhaut ganz von Würmern in Westindien zerfressen worden, deshalb mußte ich eine neue Spickerhaut haben. Es waren derzeit viele Schiffe in Hamburg, die zimmern mußten, so daß es an Schiffszimmerleuten fehlte und deshalb die Arbeit nur langsam von Statten ging. Anfangs November fror es schon des Nachts; am Mittwoch den 13. November fror es des Nachts so, daß am Morgen etwas junges Treibeis in der Elbe war, und wie ich des Morgens aufs Comptoir kam, sagte Herr Jacob Gysbert van der Smissen mir: nun ist Alles vorbei, denn der alte Herr (Hinrich van der Smissen) hat gesagt: das Schiff soll nicht aus Hamburg heraus fahren; ich will es nicht heraus haben und hier vom Eise entzwei schneiden lassen. Ich ging zu dem alten Herrn aufs Comptoir, (dieser war sehr taub, so daß man Alles was man ihm sagen wollte, auf eine Tafel die bei ihm lag, aufschreiben mußte) und dieser fragte mich: wie gehts? Ich nahm die Tafel und schrieb auf derselben, es geht gut; Sonnabend werde ich in Hamburg mit dem Zimmern fertig und hole dann gleich das Schiff heraus nach Altona; Montag und Dienstag laden wir hier so viele Güter ein, als daß wir damit über das Blankenesersand segeln können; Mittwoch segele ich von der Stadt; die Waaren die noch an Bord gebracht werden sollen, werden in die Leichter eingeladen, und bei Twielenfleth in das Schiff abgeliefert; dann segle ich mit dem ersten guten Wind in See. Der alte Herr, wie er dieses gelesen, sah mich mit großen Augen scharf an und sagte: du hast große Lust; wohl, gehe deinen Gang fort. (Herr Jacob Gysbert freute sich, daß ich

Erlaubniß erhalten, das Schiff nach Altona zu holen, denn er war auch ein betriebsamer Mann und wollte das Schiff gerne vor dem Winter in See haben.) So wie ich es dem alten Herrn auf die Tafel geschrieben, so ging es auch; denn am Sonnabend den 16. November kam ich mit dem Schiff in Altona, (ich holte das Schiff bei hohem Wasser aus dem Baum, die Flotten auf der Seite des Schiffs und die Zimmerleute waren noch auf denselben, das am Schiff fehlende zu schmieren) denn das Schiff sollte so schnell wie möglich vor dem Winter fort.[69] Montag und Dienstag luden wir so schnell als wir konnten; schlugen unsere Mars- und Focksegel unter, bekamen unsern Proviant an Bord und segelten am Mittwochen des Mittags von Altona mit Nordostwind. Er war aber nur schwach. Es

[69] Während der Zeit ich in Hamburg zu zimmern lag, fiel es mir ein, daß ich wohl einmal sehen möchte was eine Komödie sei, denn ich war noch nie da gewesen, weil ich es bisher für eine Sünde gehalten hatte, und ein Mensch will doch nicht sündigen; denn in unserm Fragebuch, woraus wir in der Schule lernten, und wovon ich derzeit glaubte das Alles wahr sei was darinnen stände, stand: Fressen, Saufen, Krug- und Komödiengehen ist allezeit an und für sich sündlich; muß an heiligen Tagen aber zur doppelten Sünde werden; deswegen war ich in keine Komödie gegangen. Da ich aber, wo ich auch in der Welt war, gerne alles Merkwürdige besehen mochte, so dachte ich, es kann doch keine Sünde sein, ich thue ja dadurch Niemand etwas zu leide, denn Sünde ist ja doch nur allein, wenn ein Mensch etwas thut, wodurch er Jemanden kränkt und Kummer macht; also entschloß ich mich, ich wollte es doch einmal selbst sehen, was eine Komödie sey; denn ich glaubte damals noch, daß es eine Art Hexerei wäre. Da ich nicht wußte wo sie war, so sagte ich zu einem Arbeitsmann der auf der Straße stand: was soll ich dir geben, wenn du mich nach der Komödie bringst? Er sagte: 12 Schilling. Ich gab sie ihm, und er brachte mich hin. Bei dem Komödienhause angekommen, war ich nicht ganz ausser Furcht, und sagte zu dem Arbeitsmann, gehe mit mir hinein, ich will für dich bezahlen. (Ich sagte ihm nicht, daß ich bange sey allein hinein zu gehen, sondern: ich könne den Weg nach den Vorsetzen nicht wieder finden.) Der Arbeitsmann erwiederte: wenn der Herr mir das Geld (20 Schilling für's Parterre) geben will, so will ich hier vor der Thür auf den Herrn warten, und den Herrn wieder nach den Vorsetzen bringen, denn ich habe Frau und Kinder zu Hause und will das Geld lieber für diese haben, als es in der Komödie vergucken. Dieses gefiel mir sehr von dem Mann; ich ging also allein hinein und wunderte mich nicht wenig als ich sah, daß es gewöhnliche Menschen waren, die da spielten. Das Stück welches gespielt wurde, hieß: Zemire und Azur; das Spiel muß ich sagen, gefiel mir nicht sonderlich, allein die schön geputzten Damen daselbst desto besser. Wie das Spiel zu Ende war, ging ich hinaus, wo der Arbeitsmann schon an der Thüre in Bereitschaft stand; er brachte mich nach den Vorsetzen, von wo ich an Bord meines Schiffes fuhr.

lag hier in Altona ein ganz neues Schiff für Herrn Hinrich Dultzens Rechnung; es hieß FERDINAND A VICTORIA, und sollte auch nach St. Thomas. Dieses Schiff sollte, obschon es drei Tage ganz fertig gelegen, nicht von der Stadt segeln, weil es so flaue Kühle oder wenig Wind war, und sich schon Treibeis in der Elbe befand. Wie ich mit dem Schiff bei Neumühlen kam, so wurde es mehr Wind, so daß ich mit dieser Fluthzeit glücklich über das Blankeneser Sand kam, und ankerte Abends bei Twielenfleth. Wie Herr Dultz sah, daß wir so schön vorwärts kamen, so ließ er sein Schiff auch nachsegeln, es kam aber zu spät und nicht über das Sand. Ich schickte zwei Leichter mit Gütern nach meinem Schiffe und mit dem dritten wollte ich selbst an Bord fahren, zuvor aber meinen Herrn Lebewohl sagen. Als ich nun von dem alten Herrn Hinrich van der Smissen Abschied nehmen wollte, war er in seinem Hause (welches mein Sohn Jacob jetzt bewohnt) und so fragte er mich: hast du nun Alles in Ordnung und nichts vergessen? Ich schrieb auf seine Tafel: ja, Alles in Ordnung; hierauf fragte er mich: hast du auch geräuchertes Fleisch? ich schrieb: nein. Siehe, sagte er, so muß ich dir doch bedenken helfen was du vergessen; du bist in St. Thomas addressirt an den Gouverneur, und wenn dieser nun einmal an Bord des Schiffs kommen will um Schinken und geräuchertes Fleisch (denn dieses ist in Westindien eine Delicatesse, obgleich es keine gesunde Speise dort ist) bei dir zu essen, dann hast du nichts; hierauf befahl er seiner Haushälterin, mir, von dem, für seinen Hausstand angeschafften Rauchfleisch und Schinken, von jeder Sorte drei Stück, zu geben; sie sah dabei etwas sauer aus, mußte aber doch gehorchen. Nun fragte er mich noch: hast du auch Aepfel? Nein. Siehe, sagte er, indem er ein Kaffe-Ourt voll seiner beßten Aepfel für mich packen ließ. Ich bedankte mich, beim Abschiede von diesem Guten Alten, nahm Fleisch, Schinken und Aepfel mit in meinen Leichter und segelte nach Twielenfleth nach meinem Schiffe, wo ich Nachts an Bord kam. Ich hatte einen Passagier mit, der mir 100 spanische Thaler Reisegeld bezahlte. Den 24. November wehete ein heftiger Ostwind, es fror stark und war schon viel Treibeis im Fahrwasser. Wir nahmen so geschwind als möglich die Waaren aus dem Leichter hinüber ins Schiff; des nachmittags kam ein Schneegestöber. Die Schiffe die bei uns zu Twielenfleth lagen, fingen schon an, vor dem vielen Eise welches im Fahrwasser trieb, zu Twielenfleth an den Strand zu holen,[70] ich aber

[70] Diese Schiffe lagen den ganzen Winter da am Strande; das Schiff des Herrn Dultz war mit darunter. Wie Anfangs März 1783 mit Capitain Martin Feddersen von mir die Nachricht in Altona ankam, daß ich den 9. Januar glücklich in St. Thomas angekommen sey, lagen noch alle diese Schiffe zu Twielenfleth am Strande wegen Eis.

wollte es nicht, sondern lichtete meine Anker und segelte mit meinem Leichter zur Seite nach Glückstadt; während dem Segeln nahmen wir die Waaren aus dem Leichter ins Schiff; wir ankerten vor Glückstadt. Hier war nicht so viel Eis als bei Twielenfleth, und um 8 Uhr Abends waren alle Waaren aus dem Leichter im Schiffe. Nun fingen wir an, die Waaren wegzustauen und Alles fest an seinen gehörigen Platz zu legen. Mein Obersteuermann kam um 9 Uhr zu mir und sagte: die Leute murren und wollen nicht in See. Ich lief hinunter in das Zwischendeck, wo sie die Waaren wegstaueten, that als ob ich von dem Murren nichts wüßte, und sagte: nun hurtig, Jungens! flink gearbeitet, daß wir aus der Kälte in See und in ein warmes Clima kommen etc. Nun nahm der Bootsmann das Wort, und sagte: sollen wir mit einem so ungeretheten Schiffe in See gehen? Ich sagte: nein, denn ehe wir nach Cuxhaven kommen, ist Alles am gehörigen Platz und fest gemacht; arbeitet nur lustig zu, nach geschehener Arbeit sollt ihr ruhen. Der Bootsmann machte allerlei Einwendungen; die Leute waren Alle auf seiner Seite. Da sagte ich: wie sehr habe ich mich in euch getäuscht; ich meinte daß ich tüchtige Matrosen und fixe Officiers gehäuert hätte;[71] ich habe euch zu Officiers gemacht, und muß nun sehen, daß ihr feige Memmen seid; gehe ich denn nicht mit euch? muß ich nicht eben so gut wie ihr mit in See segeln? etc. Nun bedachten diese Leute sich, und der Bootsmann sagte mit hängenden Lippen: wenn der Capitain nicht bange ist, so sind wir es auch nicht. Nun sagte ich: nur munter an die Arbeit; welches denn nun auch geschah. Den 25. November, Morgens 1½ Uhr ging der Mond auf; es war eine helle Luft und ein frischer Ostwind; wir gingen unter Segel; es fror stark und war schon vieles Eis im Fahrwasser. Mit vieler Mühe hatten wir das Anker aufgewunden, da das Ankertau steif gefroren war. Wir segelten bei dem Mondschein die Elbe hinunter, und als es Tag wurde, hatten wir die Ladung weggestauet; nun gingen wir bei der Takellage, denn die Stengen, Wants und Stagen hingen noch so lose als wenn die Stengen erst aufgesetzt wären, und nur die Mars- und Focksegel waren allein unterschlagen. Da wir mit dem Laden eilen mußten, so wurde an die Takellage nicht gedacht, und derzeit war es noch nicht Gebrauch, Schauerleute anzunehmen, weil Alles sparsam behandelt werden mußte. Ich war überall gegenwärtig; die großen und Fock-Schooten sollten auch eingebunden werden, und bei jedem derselben konnte ein Matrose einige Stunden zubringen; ich machte deshalb selbe mit einigen Halben-

[71] Von meinen besten Matrosen, welche ich auf der vorigen Reise mitgehabt, hatte ich einen zum Untersteuermann, einen zum Bootsmann und einen zum Koch gemacht.

stichen und einem Kabelgarn darauf, in fünf Minuten fertig; ich sah nur darnach, daß es halten konnte, und hernach wenn mehr Zeit sey, konnten sie zierlicher und wie sichs gehört, eingebunden werden. Die Stengen, Stagen und Wants wurden angesetzt; Klüver und Stagsegel angeschlagen. Als wir neben Cuxhaven waren, wurde das große Segel gleichfalls angeschlagen, und so segelten wir fix und fertig in See. In dem Augenblick wie die Sonne unterging, sah ich noch im Schein die rothe Tonne (der Lootse war schon bei Neuwerk von Bord gegangen) und so segelten wir in See; es war eine helle Luft und ein schöner Ostwind. Wie mein Lootse nach Altona kam und meinen Seebrief an meine Herren brachte, waren selbe vergnügt, daß ich in See war, und nicht wie die andern Schiffe bei Twielenfleth des Eises wegen an Strand geholt, sondern in See gesegelt war; dieses sagten sie mir selbst, wie ich von St. Thomas wieder nach Altona zurück kam, daß ich meine Sachen brav gemacht, gleichsam wie ein Mann, der in Eile aus seinem Hause irgendwohin gehen muß, und sich keine Zeit läßt den Rock anzuziehen, sondern denselben im Herausgehen überwirft. Dieses setzte mich bei meinen Herren in guten Ruf, und da ich in der Folge mich immer als einen betriebsamen Mann gezeigt, so habe ich auch stets als solcher, einen guten Namen behalten. Den zweiten Tag als wir in See waren, bekamen wir beim Texel südlichen Wind, die Bramstangen und Rahs waren schon aufgesetzt nach oben. Hier mußten wir einige Tage kreutzen; nachdem lief der Wind wieder östlich, und wir kamen den 1. December bei Dover; den 3. December waren wir schon aus dem englischen Canal gesegelt. Auf den Grunden, vor demselben, hatten wir einen Südweststurm, der jedoch nur einen Tag wehete. Jetzt bekamen wir einen starken günstigen Wind, mit dem wir geschwinde segelten, so daß wir am 17ten Tage von der Elbe schon bei der Insel Madeira waren; hier kreutzten zwei englische Fregatten. Ich wurde mit der Schalupe der einen Fregatte an Bord geholt. Der Capitain derselben war ein freundlicherMann; er examinirte mich, untersuchte meine Schiffs-Documente, fand dieselben in Ordnung und ließ mich ungehindert segeln. Nun segelten wir längs der Ostpassat, und hatten eines Tages folgenden Spaß: des Morgens, als es anfing Tag zu werden, hatten wir ein Briggschiff, circa eine Viertelmeile von uns entfernt, an Backbordsseite; ich ließ meine Flagge aufziehen, welches die Brigg gleich darauf erwiederte. Es war ein Ostender Schiff; ich hielt nach ihm zu um mit ihm zu sprechen; wie wir bei ihm waren, rief ich ihm durch das Sprachrohr zu: von wo er herkäme. Er antwortete: Parlez vous Français, Monsieur? Ich fragte meine Leute, die um mich her standen: wer von euch spricht französisch? Mein Küper, ein Berliner von Geburt, sagte: ich spreche französisch; ich gab ihm daher das

Sprachrohr mit dem Befehl: frage du, auf welcher Länge er sich befindet oder gisset. Der Küper, der freilich französisch sprach, aber von den Seemannsausdrücken als Länge, Breite, Longitude, Latitude, nichts verstand, und also von dem, was vom Schiffe geantwortet wurde, keinen Begriff hatte, rief ihm abermals etwas zu, worüber die Leute auf dem Schiffe in ein allgemeines Gelächter ausbrachen. Ich fragte den Küper: was hast du zu ihnen gesagt? Er antwortete: ich sagte, er früge uns ob wir französisch sprechen könnten, und er könne selbst nicht. Nun gab ich das Sprachrohr meinem Passagier, der der englischen Sprache mächtiger war wie ich; dieser rief auf englisch der Brigg zu, und es wurde von dem Capitain in derselben Sprache geantwortet; so wurden wir mit einander fertig. Unsere Gissung war mit der seinen nahe genug übereinstimmend. Wir segelten, wie gesagt, die Ostpassat längs, erhielten aber ungefähr 100 deutsche Meilen im Osten von den Caraibischen Inseln drei Tage lang, einen halben Sturm aus südwest, so daß das Vormarssegel fest gemacht werden mußte; es ist nur sehr selten der Fall, daß in dieser Gegend westliche Winde wehen.

Anno 1783 den 7. Januar, bekamen wir gegen Abend die Insel Antigua zu Gesicht; ein englisches Linienschiff, welches da kreuzte, sandte seine Schalupe zu mir an Bord, examinirte mich und sah meine Schiffs- und Ladungs-Documente nach. Er fand Alles in Ordnung, und um 8 Uhr Abends wurde ich freigegeben. Den 8. Januar segelten wir zwischen Antigua und Guadelupe durch und passirten während des Tages die Inseln Montferat, Rodondo, St. Christoph, St. Eustatius und Sabba; wir drehten des Nachts bei. Den 9. Januar segelten wir mit Tagesanbruch längs den Inseln Spanischtoun, Tortola, St. Jean, und kamen des Nachmittags 1½ Uhr Gottlob glücklich und wohlbehalten in den Hafen von St. Thomas an; wir salutirten mit neun Kanonenschüssen. Hier löschten wir unsere Ladung nun aus; es war aber damals in St. Thomas eine schlechte Zeit mit dem Handel und waren nur wenig Güter nach Europa zu verschiffen. Die Capitaine Peter Jan Meynders, der das Schiff NEPTUNUS führte und dessen Galion NEPTUNUS mit seinem Dreizack noch jetzt 1831 auf dem Zimmerwerft des Herrn Dolck sitzt, und Capitain Jan Meyndert Meynders, führend das neue Glückstädter Schiff CANZLER VON EYBEN (der alte Herr Warnholtz war Supercargo mit ihm) waren schon 14 Tage in See gegangen, als ich in Hamburg bei dem Zimmern war, und Capitain Jürgen Jürgensen, der schon in Cuxhaven war, als ich noch in Twielenfleth mit meinem Schiffe lage, und einen Tag nach mir in See segelte; alle diese waren noch nicht in St. Thomas angekommen, wie ich daselbst ankam. Erst nachdem ich neun Tage hier gelegen, kam Capitain Peter Jan Meynders an. Wie er mit seiner Schalupe an Land kam,

Ansicht von St. Thomas, um 1770. Stich von F.L. Bradt (Kgl. Bibliothek Kopenhagen)

hieß ich ihn bei der Brücke willkommen; er sah verwunderungsvoll aus, daß ich schon da sey, und sagte zu mir: ich glaubte du wärest auf der Elbe eingefroren; ich entgegnete: ich bin schon ausgelöscht. Elf Tage nach mir kam Capt. Jan M. Meynders hier auch an, und drei Wochen nach mir Capitain Jürgensen. Capitain Martin Feddersen lag hier fertig um nach Altona zu segeln, als ich hier ankam, und den dritten Tag nachher segelte er ab, und mit ihm meldete ich meinen Herren meine Gottlob glückliche Ankunft allhier. Selbiger kam Anfangs März auf der Elbe an, mußte aber mit dem Schiffe in Cuxhaven einholen, denn die Elbe war noch fest mit Eis belegt; meine Herren erhielten also erst Anfangs März meinen Brief, der meine glückliche Ankunft in St. Thomas enthielt, und daß noch keiner der andern Schiffe, die vor mir in See gegangen waren, in St. Thomas angekommen sey. Hier in St. Thomas sprach ich mit zwei von meinen früheren Capitainen, mit welchen ich vorher gefahren war und die auch hier mit ihren Schiffen lagen, nemlich Martinus Claasen, mit dem ich das erste Jahr als ich zur See fuhr, 1769 in Grönland das Schiff verloren hatte, und Adrian Clement, mit dem ich 1778 von Amsterdam nach Riga ausfuhr; Beide wunderten und freuten sich, daß ich so jung, schon Capitain geworden sei. Es traf sich, daß während meines Hierseins die Nachricht einlief, daß ein allgemeiner Friede geschlossen worden; nun fielen die Provisionen und europäischen Producte sehr im Preise, und nach Europa zu laden war Mangel an Producten, so daß meine in der Cartepartie bestimmten neunzig Liegetage zu Ende liefen, ehe ich noch den dritten Theil meiner Ladung an Bord hatte. Ich protestirte also gegen meinen Correspondenten, an den ich von meinem Befrachter addressirt war. Dieser war der Gourverneur der Insel, von Schimmelmann, ein Vetter des Herrn Grafen von Schimmelmann, der mein Befrachter war. Ich ließ durch einen Notarius protestiren. Alle Vormittag um 10 Uhr ging ich zu dem Herrn Gouverneur um zu fragen, ob auch etwas zu Diensten sey; wie ich jetzt kam, sagte mir derselbe: was, sie haben gegen mich protestirt? Ich antwortete: Ihro Excellenz können es mir nicht übel nehmen, daß ich meine Pflicht thue; ich bin ein junger Mann, und muß mich mehr in Acht nehmen, Fehler zu begehen, als ein alter Mann, indem einem alten leichter etwas nachgesehen wird, wie einem jungen Manne. Wie ich des andern Vormittags wieder bei ihm, wie gewöhnlich, fragte, ob etwas zu Diensten sey, so sagte er: ich habe 72 Fässer Zucker gekauft; diese lagern bei den Herren Dethlefsen & Limprecht, und sie müssen selbe an Bord holen; wenn sie aber damit säumig sind, so werde ich gegen sie protestiren. Ich erwiderte: sehr wohl. Da wir alle unsere Waaren mit unserm eignen Boote an Bord holen mußten, so ging das Löschen und Laden nur langsam. Dieses wußte der

Gouverneur auch recht gut, und da die Zuckerfässer groß und schwer waren, so konnte ich nur 5 solcher Fässer auf einmal in mein Boot laden. Ich ging also von dem Herrn Gouverneur weg, und direct nach dem Hause der Herren Dethlefsen & Limprecht; sagte, daß ich die 72 Fässer Zucker, welche vom Gouverneur bei ihnen lagerten, haben sollte, und erfuhr, sie wüßten es schon. Da diese Herren einen großen platten Prahm hatten, den sie pr. Tag für 8 spanische Thaler an Schiffe vermietheten, die geschwinde laden mußten, so sagte ich, daß ich am andern Morgen ihren Prahm gerne miethen wollte; dieses wurde zugestanden. Ich fuhr also selbst den andern Morgen mit Tages-Ansbruch mit meinen Leuten an Land; wir gingen gleich dabei und rollten 36 Fässer Zucker in den Prahm, (denn derselbe konnte gemächlich so viel laden) und bugsirten selbe mit unserer Schalupe an Bord; nachdem meine Leute gefrühstückt hatten, hießten sie die Zuckerfässer über ins Schiff; sodann fuhren wir wieder mit dem Prahm ans Land, und rollten sogleich die andern 36 Zuckerfässer in denselben; ich ließ meine Leute gleich damit an Bord fahren, um selbe ins Schiff einzunehmen, und so war es erst zehn Uhr, als die letzten 36 Fässer im Prahm waren. Ich ging nun wie gewöhnlich nach dem Gouverneur und sagte: Ihro Excellenz, die 72 Fässer mit Zukker sind an Bord; haben Ihro Excellenz mehrere? Er wunderte sich, und erwiederte: was? sind sie schon an Bord? Ich sagte: ja. Hierauf fuhr er fort: es werden nun täglich 12 Fässer Zucker auf meiner Plantage fertig, die können sie jeden Tag holen; auch habe ich ihr Schiff an die Adresse der Herren Dethlefsen & Limprecht übergeben, und diese Herren werden nun ferner für ihre Ladung sorgen. Als wir hier nun bald fertig waren, um nach Altona zu segeln, ließ der Herr Justizrath Wilmannns mich rufen, und sagte zu mir: ich bin Willens mit Frau und Kind nach Europa zu reisen, und weil sie ein großes Schiff haben, so hätte ich Lust mit ihnen nach Hause zu reisen; was wollen sie für die Passage für mich, meine Frau und Kind, meine Domestiken, zwei Schwäger und andere Freunde, die ich mit mir nehmen werde, haben? ich will die ganze Kajüte zu meiner Disposition haben; beköstigen will ich mich selbst mit den Meinen; sie sollen mir nichts geben, denn von Allem werde ich genug mitnehmen. Da ich derzeit nicht wußte, daß meine Herren mir das Passagegeld zufliessen liessen, indem ich die Reise vorher keine Passagiere gehabt, so dachte ich: mit Passagieren ist viel Mühe, auch manchmal Verdruß, du sollst reichlich fordern; alsdann bekömmst du vielleicht etwas von dem Passagegeld ab.[72] Ich forderte also 500 Rthlr. Cour.; die-

[72] Wie ich nach Hause kam, und den Wechsel von 600 Rthlr. Cour. von Herrn Justizrath Wilmanns den Herren van der Smissen vorzeigte, sagte ich:

ses schien dem Herrn Justizrath etwas zuviel, denn in den holländischen Schiffen konnte er, wie er sagte, für 1000 Gülden eine Kajüte befrachten um nach Europa zu fahren. Da ich aber von meiner Forderung nichts nachlassen wollte, (hätte ich es gewußt, daß ich das Passagegeld behielte, so hätte ich den Bogen nicht so scharf gespannt) so wurden wir denn einig für 500 Rthlr. Cour. Nun sagte der Herr Justizrath zu mir: ich wollte auch noch gerne ihre Kammer für meine Frau haben, was soll ich ihnen dafür geben? Ich antwortete: die Kammer gehört mir (denn wegen der Kajütspassage sagte ich: dies ist für meine Herren und für diese kann ich nichts weggeben) und sie können mir dafür geben, was sie wollen. So antwortete er: ich will ihnen 100 Rthlr. Cour. dafür geben und können sie statt ihr Bette in der Kammer, eine Koye in der Kajüte nehmen. Wir waren also einig; auch ließ der Herr Justizrath alle seine Waaren, als Kaffee, Zucker und Taback, die er nach Europa senden wollte, in mein Schiff als Fracht laden, und ließ alle diese Güter an meine Herren van der Smissen addressiren. Mein Obersteuermann, der diese Waaren vom Lande empfing, und mit unserm Boote abholte und an Bord brachte, ließ sich oft von den Comptoir- Dienern, welche die Waaren an ihn ablieferten, zuviel Punsch und Grog geben, so daß er mehrmals ganz betrunken an Bord kam. Ich stellte ihn darüber zur Rede, und so wurden wir Unfreunde. Da ich nun Connoissemente zeichnen sollte über die von Wilmanns empfangenen Waaren, so waren 3 Fässer Kaffee mehr auf den Connoissementen, als mein Steuermann mir aufgegeben, und von welchen er behauptete, sie nicht empfangen zu haben. Ich wollte also auch nicht für diese 3 Fässer Kaffee im Connoissemente zeichnen. Da aber der Herr Justizrath fest behauptete, die 3 Fässer Kaffee wären ins Schiff gekommen, so sollte auf Kosten desjenigen, welcher Unrecht hatte, das Schiff wieder ausgelöscht werden. Weil aber dieses große Kosten und Auffenthalt verursacht haben würde, so sagte ich zu dem Herrn Justizrath: lassen Sie mir kein Connoissement über die 3 Fässer Kaffee zeichnen, und ich gebe Ihnen mein Ehrenwort, daß, wenn diese 3

dies ist für die Passage. Darauf sagte Herr J. G. v. d. Smissen mir, als ich ihn fragte: ich bekomme doch wohl etwas von den Passagegeldern ab? diese sollen Sie ganz haben, denn unsere Capitaine bekommen selbe alle; nur gilt dieses nicht, wenn das Schiff mit lauter Passagieren befrachtet ist; auch müssen die Capitaine, was sie an Provision für die Passagiere anschaffen, nicht auf Schiffsrechnung setzen, sondern solches alles aus ihrer eigenen Tasche bezahlen. Ich bedankte mich; eine solche Summe hatte ich noch nie gehabt, und selbst die Herren v. d. Smissen freuten sich, daß ich hierin so glücklich gewesen und sagten mir: Du hast auf dieser Reise viel Geld, aber mit Gott und Ehren, verdient.

Fässer Kaffee im Schiffe sich finden, ich selbe an Sie abliefern will. Hiermit war der Herr Justizrath zufrieden. Ehe ich aber die Beschreibung dieser Reise fortsetze, will ich erst erzählen, in wie viele Unannehmlichkeiten ich durch diese 3 Fässer Kaffee kam, und diese mir leicht einen bösen Leumund hätten machen können, jedoch noch Alles, gut für mich ausschlug. Auf der Reise nach Altona, schmeichelte der Obersteuermann sich immer bei dem Herrn Justizrath ein, (der Herr Justizrath und ich hatten nie Streit mit einander auf der Reise; nur wenn ich mehr Segel beisetzen und stehen ließ, oder stärker segelte und mit dem Segeln forcirte, als es der Herr Justizrath wünschte; denn er war sehr ängstlich auf der See) und stimmte ihm immer bei, wenn er die Segel gemildert haben wollte. Da ich aber immer meinen eigenen Gang gegangen, und nie leiden kann, daß man mir in mein Fach eingreift, so hatten ich und der Justizrath dann wohl einen kleinen Wortwechsel, doch wenn es hernach wieder besseres Wetter geworden war, so gab er mir immer Recht, und es war ihm lieb, daß ich den guten starken Wind benutzt hatte; bat dann um Verzeihung, und entschuldigte sich damit: daß er so ängstlich auf der See sey. Der Steuermann glaubte sicher, daß der Justizrath ihm ein Schiff zu führen geben würde, wenn wir nach Hause kämen, und der Justizrath gab ihm auch etwas Hoffnung dazu, wenn er ihm gegen mich beistehen wolle, um mich zu überrreden, nur wenig Segel beizusetzen und ganz langsam zu segeln. Im englischen Kanal hatten wir lange östlichen Wind, und da der Justizrath nicht länger kreuzen oder laviren, er auch seiner Frau und seinen zwei Schwägern, die noch nie in Europa gewesen, gern England besehen lassen wollte, so fuhren sie in einem Lootsenfahrzeuge bei Portsmouth ans Land. Als der Justizrath Abschied von mir nahm, war er sehr freundlich, dankte mir für alle Gefälligkeiten, die ich ihm und seinen Freunden erzeigt hatte, und sagte mir: ich gebe ihnen nun allen Proviant, Wein, Rum, Cider (Ceyder), Alles, was nachgeblieben ist, gebrauchen sie es nun als ihr Eigenthum; auch gab er mir einen Wechsel von 600 Rthlr. Courant, auf meine Herren van der Smissen, als Bezahlung der Passage-Gelder. Wie ich nun in Altona ankam, und meine Ladung, welche ganz an meine Herren abgeliefert war, gelöscht hatte, fanden sich noch drei Fässer Kaffee, ein Faß Zucker und einige und dreißig Rollen Portorico-Taback, welches alles dem Herrn Justizrath Wilmanns zugehörte. Daß das Faß Zucker und die Rollen Taback im Schiff wären, wußte der Herr Justizrath Wilmanns in St. Thomas nicht, eben so wenig wie ich selbst. Ich sagte zu dem Obersteuermann: lade die drei Fässer Kaffee, das Faß Zucker und die Rollen Taback in den Ever, der noch mit dem Rest der Ladung an der Seite des Schiffes lag; der Steuermann antwortete: es ist wohl eher Mode gewesen, daß, wenn von der

Ladung etwas übrig bleibt, der Steuermann dieses zu sich nimmt. Ja, sagte ich, wenn er sich gut aufführt und auf seine Sachen Acht giebt, allein in St. Thomas war schon Streit über diese Fässer, und ich habe versprochen, daß, wenn selbige sich im Schiffe fänden, ich sie abliefern wolle; also lade sie in den Ever. Dieses wurde unter Murren vollbracht; ich ging hierauf nach dem Comptoir meiner Herren, und sagte: in St. Thomas war Streit wegen drei Fässer Kaffee, diese haben sich nun, so wie noch ein Faß Zucker und 36 Rollen Portorico-Taback, im Schiffe gefunden, und diese Güter schicke ich nun mit einem Ever nach ihrem Packraum, denn sie gehören dem Herrn Justizrath Wilmanns. Nun war diese Sache abgemacht, und ich dachte nicht weiter daran.

Ich wurde nach Cadiz befrachtet, und segelte nach der Stöhr, um daselbst von Kellinghusen Eichenholz ins Schiff zu laden; da ich nun in Hamburg Leichter-Schiffe liegen hatte, um die Stückgüter zu laden, so fuhr ich alle Posttage mit meiner Lootsenjolle von der Stöhr nach Altona, um in Hamburg Connoissemente für die Stückgüter, die in Leichter-Schiffen für mich geladen waren, zu zeichnen. Während der Zeit war auch der Justizrath Wilmanns mit seiner Familie in Bremen, wo er zu Hause gehörte, angekommen; wie ich nun eines Tages von der Stöhr nach Altona kam, und wie gewöhnlich erst nach dem Comptoir meiner Herren ging, so sagte mein Herr J. G. van der Smissen zu mir: hier ist ein Brief für dich angekommen, der Inhalt wird dir nicht angenehm seyn, allein du mußt dich nicht darüber ärgern, denn wir wissen schon, daß er nicht wahr ist. Du mußt einen schlechten Steuermann gehabt haben, denn er hat dich schändlich verleumdet; siehe, hier ist ein Brief von dem Herrn Justizrath Wilmanns an uns, in diesem lag der an dich. Der Brief des Justizraths Wilmanns an meine Herren lautete im Wesentlichen wie folgt: daß er mit mir von St. Thomas nach England gefahren, und nun in Bremen angekommen sey; daß er diverse Waaren an ihre Adresse in mein Schiff geladen; daß ich ihn aber betrogen, und drei Fässer Kaffee, die ihm gehörten, zu mir genommen, und damit sie nicht glauben möchten, als verleumde er mich, so sende er ihnen den Brief von meinem Steuermann an ihn im Original. Wie der Herr van der Smissen dieses gelesen, besann er sich, und sagte zu den Comptoirbedienten: Ist Capitain Eschels nicht hier gewesen, und hat berichtet, daß er drei Fässer Kaffee zu viel geliefert? hierauf antwortete derjenige von ihnen, welcher das Lager hatte, ja wohl! er lieferte auch noch ein Faß Zucker und 36 Rollen Portorico-Taback dabei, und sagte, daß dies alles dem Justizrath Wilmanns zugehöre; so steht es hier im Lagerbuche notirt. — Der Brief von dem Steuermann an den Justizrath (in holländischer Sprache geschrieben) lautete nach der Anrede: Mein lieber Herr Justizrath Wilmanns! im

Wesentlichen wie folgt: er hoffe, daß er, laut Versprechen, ihm bald ein Schiff geben würde; daß die drei Fässer Kaffee sich im Schiffe gefunden hätten, der Capitain selbe aber zu sich genommen, und von den Sachen, die er an Proviant, Bisquit etc. nachgelassen, hätte er nichts bekommen, sondern der Capitain habe alles in Hamburg mit seinen Freunden verzehrt etc. etc. Der Brief des Justizraths an mich lautete im Wesentlichen: daß er mit Verwunderung vernommen, daß ich seinen Kaffee behalten, da ich ihm doch versprochen, daß, wenn die drei Fässer Kaffee, die nicht auf dem Connoissement ständen, sich im Schiffe finden würden, ich ihm dieselben ausliefern wolle etc.; er wäre noch Willens gewesen, mir ein Präsent zu machen, weil er während der Reise sehr mit mit zufrieden gewesen sey, nun aber daran zweifle, ob ich es verdiene etc. Ich antwortete ihm, daß ich seinen Brief empfangen, und daraus sähe, daß mein gewesener Steuermann mein großer Feind sey, indem er solche Lügen, um mich zu stürzen, an ihn geschrieben habe. Die drei Fässer Kaffee wären allerdings im Schiffe gewesen, aber ich hätte selbe nicht für mich behalten, sondern sie, so wie seine andern Waaren, an seine Correspondenten, die Herren van der Smissen, für ihn abgeliefert. Auch wäre noch ein Faß Zucker und 36 Rollen Portorico-Taback, wovon er in St. Thomas eben so wenig etwas gewußt hätte, als ich, für ihn im Schiffe gewesen, welches alles ich an die Herren van der Smissen abgeliefert hätte. Daß, obgleich der Brief von meinem Steuermann mir hätte schaden sollen, so müsse ich doch Gott danken, daß er es so gefügt, indem dieser Brief zu meinem Glück mitwirke, und daß es wahr sey, was in meinem Gesangbuche stehe: Oft dacht' ein Feind nun woll' er mich verderben, doch er ward durch dich (Gott) gebraucht zu meinem Glücke. Meine Herren sähen nun, daß ich Feinde hätte, und würden hinfüro so leicht keiner Verleumdung, die noch gegen mich gemacht werden könnte, Glauben schenken. – Hiermit war nun diese Sache abgemacht. Im Jahre 1789 sprach ich den Herrn Justizrath in Amerika wieder; wir waren daselbst gute Freunde, und er schenkte mir noch ein Paar goldene Knieschnallen.

Nach dieser Abschweifung will ich nun in meinem Lebenslauf fortfahren. – Am 30. April Abends kam der Herr Justizrath mit seiner Frau und seiner ¾ Jahr alten Tochter, so wie seinen Domestiken, einer jungen Mulattin und einer jungen Negerin, zu mir an Bord; auch fuhren die beiden Brüder der Frau Justizräthin, die Herren Salomons, welche beide, so wie ihre Schwester, auf St. Eustatius geboren, und alle drei noch nie in Europa gewesen waren,[73] und ein Major Gabriels als Passagiere mit mir.

[73] Den ersten Abend, also am 30. April, wurde am Bord meines Schiffes in der Kajüte recht herzlich gelacht. Dies kam nemlich so: als die Justizräthin vom

Der Herr Justizrath hatte Alles im Ueberfluß angeschafft; als: Hühner, Enten, Gänse, Kalekutten, Schafe, Schweine und Schildkröten, das ganze Deck, große Boot, Alles war voll; auch an Früchten, Wein etc. war ein Ueberfluß, so daß wir eben so herrlich, als auf dem Lande, leben konnten. Wir hatten auch drei Ziegen an Bord, welche Milch gaben.

Den 1. Mai, Morgens, segelten wir in See, waren Mittags schon die Passage durch, und fuhren unsern Weg. Auf dieser Reise hatten wir gar keinen Sturm von Bedeutung, aber viele Ost-Winde und Windstillen. Hier kann ich nicht umhin, eine Anmerkung zu machen. Ich wurde auf dieser Reise bekehrt, wenn es nemlich bekehren ist, wenn ein Mensch besser wird als er bisher gewesen ist, edlere Gesinnungen annimmt und selbe dann auch in Thaten ausübt; wenn, sage ich, dieses Bekehren heißt, so ward ich, wie aus Folgendem zu ersehen, bekehrt. Ich hatte in meiner Jugend und auch später noch, in allem zehn Jahre, von Holland, und zwar von Amsterdam aus, zur See gefahren. Die Holländer hielten aber derzeit[74] ihre Matrosen sehr scharf unter Commando, besonders auf den Kriegsschiffen und ihren Ost- und Westindienfahrern. Fluchen und Toben war derzeit an der Tagesordnung, und das allgemeine Sprichwort hieß: wer einem Matrosen Gutes thut, der thut dem Teufel einen Wohlgefallen.[75] Ich war leider auch von diesem bösen Irrthume ange-

Lande ab an Bord fuhr, weinte sie darüber, daß sie sich nun von ihrem Vaterlande trennen mußte, und als wir darauf des Abends bei einander in der Kajüte saßen und sie noch immer zu weinen fortfuhr, so wurde ihr ältester Bruder verdrießlich und sagte in englischer Sprache zu ihr: (denn sie redeten immer Englisch zusammen) what for doo you crie so, it is such a different as, if you came out of the prison, and goes to the paradies. (Warum weinest du? es ist ein so großer Unterschied, als wenn du aus dem Gefängniß kommst, und in den Himmel oder das Paradies eingehst.) Nun fingen alle laut an zu lachen, und selbst die Justizräthin mußte mit lachen; denn obgleich Herr Salomon, der dieses zu ihr sagte, noch nie in Europa, und nie aus Westindien gewesen war, so sprach er dies doch so zuversichtlich, daß Westindien ein Gefängniß, und dagegen Europa als ein Paradies anzunehmen sey, daß man hätte meinen sollen, er wisse es gewiß.

[74] Es sind seit der Zeit, als ich das erste Mal von Holland aus zur See fuhr, 62 Jahre verflossen, und seitdem werden die holländischen Seeleute sich auch wohl gebessert haben; denn, was auch die Alten immer gesagt haben mögen, und man noch jetzt bisweilen von alten Leuten sagen hört, daß die Menschen immer schlechter und böser werden: ich behaupte dreist (denn 70 Jahre kann ich gut denken, wie es da war), daß die Menschen im Allgemeinen besser, und nicht mehr so böse sind, als sie in meiner Jugend waren.

[75] Alles was man in der Jugend hört, und Einem von den Eltern und Lehrern eingepflanzt wird, faßt tiefe Wurzel und bleibt fest sitzen, sowohl das Gute, als das Böse. Darum, lieben Kinder, pflanzt vor Allem euren Kindern Gottes Allge-

steckt, daß man nemlich die Matrosen nicht regieren könne, ohne zu fluchen und sie mitunter etwas zu plagen. Es war mir zwar immer zuwider, und mein Gewissen sagte mir es auch laut genug, daß es nicht recht sey, allein der Gedanke: was werden die andern Capitaine von dir sagen, wenn du nicht thust wie sie? sie werden sagen: du bist ein Schafskopf etc. Als daher eines Nachts ein Gewitter aufkam, rief ich: Ueberall! das heißt, alle Mannschaft kommt aufs Deck; ich ließ die Segel aufgihen (einziehen), wenn vielleicht starker Wind mit dem Donner käme. Hierauf fing es heftig an zu regnen, und da es stockfinster war, verkrochen sich einige Matrosen, so daß ich sie nicht finden konnte; weil ich nun die Leute nicht sehen konnte, um sie anzustellen, und die Arbeit mir viel zu langsam ging, ich auch eben so wie die Andern durch und durch naß wurde, so war ich verdrießlich. Ich lief nun aus Verdruß, daß es so lange gedauert, ehe die Segel eingezogen worden, auf die Treppe in der Kajütskappe, wo ich trocken stehen und aufs Deck sehen konnte. Hier stand Herr Major Gabriels, mein Passagier; ich rief meinen Leuten zornig zu: lauft nach oben und macht das Großsegel fest, und zum Major sagte ich: weil die Leute so langsam gewesen, so sollen diese Teufel nun noch das Großsegel fest machen; ich will ihnen lehren, ein andermal geschwinder zu seyn. Der Herr Major sagte hierauf mit sanfter Stimme zu mir: höre, Capitain, ist es nicht nöthig, daß das Großsegel fest gemacht wird, so spare den Matrosen diese Mühe, sie werden dadurch nur nässer und kälter. – Ich antwortete: ich will ihnen lehren ein andermal geschwind seyn. Der Major sagte hierauf: sie sind doch sonst kein so böser Mann, warum wollen sie ihre Leute mit unnöthiger Arbeit plagen? Ein guter Mensch macht keinem andern Kummer und Verdruß. Was sollen diese armen Matrosen thun? sie müssen wohl gehorchen; was hat aber ein Mann für Ehre davon, daß er Leute plagt, die sich nicht wehren dürfen? Ein guter Mann macht seinen Leuten den Dienst so leicht als es ihm möglich ist etc. etc.; mit einem Wort, der Herr Major Gabriels hielt mir eine solche erbauliche Bußpredigt, daß ich bei Anhörung derselben heiß und kalt wurde. Ich ergriff hierauf des Majors Hand und sagte zu ihm: Herr Major, ich danke ihnen, daß sie so mit mir gesprochen; denn, ist es ihnen keine Schande, der sie Kriegsmann sind, und viel mehr Leute unter ihrem Befehl gehabt haben, als ich, so ist es auch für mich keine Schande, den Matrosen freundlich zu begegnen. Nach dieser Predigt rief

genwart ein, so wie Gottes- und Menschenliebe; denn wenn sie den festen Glauben haben, daß der liebe Gott allgegenwärtig ist, und auf alle ihre Handlungen achtet, so werden sie nicht leicht etwas Böses oder Unerlaubtes thun, sondern sich vielmehr bestreben, Gott wohlgefällige Thaten zu verrichten.

ich gleich meinen Leuten zu: laßt das Segel nur hängen und kommt herunter. – Ich fühlte mich nach dieser Unterredung leicht, denn der Herr Major hatte so gesprochen, wie mein inneres Gefühl und Gewissen es mir schon längst gesagt hatte; daß man nemlich, ohne sich etwas zu vergeben, auch seine Untergebenen freundlich behandeln kann, und dann desto mehr geachtet wird. Von dieser Zeit an habe ich meinen Leuten ihren Dienst immer so leicht als möglich zu machen gesucht, so daß die Seeleute immer gern mit mir fahren wollten, und oft mehrere Reisen nach einander bei mir an Bord geblieben sind. Verschiedenen, die dazu Lust hatten, lehrte ich die Steuermannskunst, welche sie am Bord zugleich practisch ausüben lernten, und das Practische ist doch bei weitem besser, als das Theoretische, welches Jeder am Lande lernen kann. Mehrere ließ ich auch bei mir an Bord avanciren; als: zu Bootsmann, Untersteuermann, Obersteuermann, bis selbe Capitaine wurden und selbst Schiffe zu führen bekamen; welches nicht geschehen seyn würde, wenn sie die Steuermannskunst nicht gelernt hätten. Darum, lieben Kinder und Enkel, solltet ihr euch der Seefahrt widmen, so lernt vor allem die Steuermannskunst vollständig, denn ohne diese zu kennen, könnt ihr nie avanciren, wenn ihr auch noch so flinke Seeleute seid; nur bis zum Bootsmann könnt ihr euch emporschwingen. Wenn ich die Steuermannskunst nicht früh gelernt hätte, so würde ich in Westindien die Häuer nicht bekommen haben, die nachher durch Gottes Güte mein Fortkommen in der Welt gründete; jetziger Zeit wird dies eingesehen, und viele Seeleute lernen die Steuermannskunst oder Navigation. In meiner Jugend war dies nicht so auf Föhr, obgleich dort fast Alle Seeleute waren, und wurde oft darüber gespottet, wenn Einer in die Steuermannsschule ging; es hieß dann: siehe, dieser denkt auch noch was zu werden; selbst einzelne meiner Cameraden, die ich überreden wollte mit in die Steuermannsschule zu gehen, sagten mir: nein, wir wollen die Steuermannskunst nicht lernen, es müssen auch Leute auf den Schiffen seyn, die den großen Hals niederziehen (das Großsegel hat Schooten und Halsen, und wenn es heftig weht, müssen viele Matrosen stark an dem Halse ziehen, um ihn nieder zu ziehen) wie es sich gehört; sie haben auch ihre Lebenszeit daran ziehen müssen. –

Auf dieser Reise bemerkte ich, und habe es nachher auch erfahren, daß kleine Kinder auf der See nicht seekrank werden, denn das Kind des Herrn Justizraths war immer munter, wenn auch die Mutter, welche das Kind selbst stillte, noch so seekrank war. – In der Westpassat, nahe bei den Terranova-Banken, hatten wir einen kleinen Sturm, jedoch nicht härter, als daß wir unsere volle Untersegel und das Großmarssegel führen konnten, und da es Tag wurde, hatten wir fünf große Kriegsschiffe im Norden von uns. Der Wind war Nordost, und wir lagen ostwärts über; es wurde gutes Wetter, und die Kriegsschiffe lagen mit uns ostwärts; um 10 Uhr des Vormittags segelten vier Schiffe weg, das fünfte lag beigedreht, hatte sein Großmarssegel auf Steng gebrast, und lag so, als wenn ein Schiff auf Jemand wartet; da aber keine andern Schiffe im Gesicht waren, als das meinige, so glaubte ich, daß es mich sprechen wolle; ich ging also überstaags und lag nordwestwärts über, bis ich in sein Kielwasser war, wandte da ostwärts mit ihm hin, und ließ unsere Flagge aufziehen, als ich nahe zu ihm kam. Ich kannte dieses Schiff, obschon der Name nicht dahinter stand; es war das holländische Kriegsschiff NASSAU, welches 1780 im Texel bei uns lag, und mit dem wir, wie früher gesagt, bis Dover unter Convoy gesegelt waren. Ich wunderte mich sehr, daß es seine Flagge nicht auch beisetzte; da wir aber längs der Seite des Schiffes segelten, und ich mein Sprachrohr in der Hand hatte, um mit ihm zu sprechen, sahen wir keinen Menschen am Bord, denn die Leute waren des Vormittags auf die vorbenannten vier Schiffe geflüchtet. (Dieses hörte ich 1784 in Kopenhagen, wo ich einen Mann sprach, der mit auf diesem Schiffe gewesen; sie hatten, um nur ihr Leben zu retten, das Schiff verlassen, weil es sehr leckte und war Alles an Bord gelassen worden.) Hier hätte ich sehr Vieles aus dem Schiffe bergen können, allein der Herr Justizrath Wilmanns rieth mir ab, dort an Bord zu fahren; er meinte, es könne ein Lauffeuer angelegt seyn, das in einer gewissen Zeit die Pulverkammer anzünde, und dann das Schiff in die Luft fliegen mache. Ich fuhr also nicht an Bord, und da es des Nachts stiller Wind war, so konnte ich am andern Morgen das Schiff noch sehen, und ich wunderte mich, daß die Leute wegen Leckalie ein Schiff verlassen hatten, welches doch nicht lecker war, als daß es in 24 Stunden, ohne zu pumpen, noch hoch über dem Wasser trieb.

Als wir während dieser Reise auf der Länge der azorischen Inseln waren, kamen wir in einen Nebel, der dieses Jahr den ganzen Sommer, bis im Augustmonat, im Ocean und in der Nord- und Ostsee war, weshalb dieses 1783ste Jahr von den alten Seeleuten das Mist-Jahr genannt wird. Dieser Nebel ist der Vermuthung nach von dem Erdbeben in Messina (welche Stadt meist unterging) und zu gleicher Zeit in Island, entstanden, und weil diesen Sommer die meiste Zeit stiller Wind war, und gar kein Sturm wehete, so konnte er nicht weggehen, sondern blieb so lange stehen. Es war für die Seeleute sehr schlimm zu fahren, weil man nicht weit vor sich hinsehen konnte, doch Gottlob, ich fand meinen Weg. Als wir in den englischen Kanal kamen, hatten wir vierzehn Tage Ost-Wind und dicken Nebel. Ein Capitain von Rotterdam, mit Namen Hermanus Pingster, kam zu mir; wir sprachen zusammen, er war nach

Rotterdam bestimmt, und da der Herr Major Gabriels doch von Hamburg nach Holland reisen wollte, so bat ich jenen, ob er diesen nicht mit nach Rotterdam nehmen wolle? Capitain Pingster sagte: recht gern, und so ließ ich den Major, nachdem wir freundlich Abschied von einander genommen hatten, mit meiner Schalupe zu Capitain Pingster an Bord bringen. Den andern Tag waren wir bei der Insel Whigt; es kam ein Lootsen-Kutter bei uns an Bord, welcher den Herrn Justizrath leicht überredete, mit ihm ans Land zu fahren, indem er doch gern seiner Frau und seinen Schwägern England besehen lassen wollte; auch sehnten sie sich alle, wieder ans Land zu kommen, weil der Nebel und der Ostwind so lange anhielt. Der Justizrath setzte sich also (nachdem wir alle freundlich von einander Abschied genommen, und er mir gesagt hatte: allen übrig gebliebenen Proviant an Bisquit, Wein, Porter, Cyder etc. gebe ich ihnen, verbrauchen sie alles wie sie wollen; nur die drei lebendigen Schildkröten senden sie mir, wenn sie in Altona angekommen, nach Bremen; dies habe ich auch gethan,) mit seiner Frau und Kind, seinen beiden Schwägern, so wie dem Mulatten- und Negermädchen in das Lootsenschiff und fuhr zu Portsmouth ans Land. Da ich schon seit vielen Nächten in kein Bett gekommen, sondern, des beständigen Nebels wegen, mich immer auf dem Deck aufhielt, wo ich mich denn auch des Nachts niederlegte zu schlafen oder vielmehr zu schlummern, und der Wind nun fast ganz still wurde, so ging ich in die Kajüte, und legte mich auf das Bettzeug der Mulattin und Negerin, das gerade auf der Tummelbank lag, und welches ich aufs Kajüts-Deck niederwarf. Kaum hatte ich mich aber niedergelegt, als etwas auf mich fiel, so daß ich kein Glied rühren konnte; ich wollte um Hülfe rufen, vermochte aber keinen Laut von mir zu geben. Endlich kam ich los, lief aufs Deck, und sagte zu meinen Leuten: eben hat mich die Negerin oder die Mulattin verteufelt in der Mache gehabt, seht, wie ich schwitze. Ob mich, wie man sagt, der Alp gedrückt, oder ob die Neger oder Mulatten solche Künste verstehen, und ihrem Gute etwas einstreuen, daß es den, der es benutzt, beängstiget, dies lasse ich dahin gestellt seyn (in einigen Stücken sind die Farbigen sehr bewandert); genug, ich war während der Zeit, daß ich fest lag, in keiner Angst, denn ich pochte und sagte: ihr Teufelszeug könnt mir nichts thun, ich kenne euch recht gut, die ihr mich fest haltet. Daß ich so in Schweiß gerieth, kam daher, weil ich mich sehr anstrengte, um loszukommen. – Den 2. Juli, wo meine Passagiere ans Land fuhren, ward des Abends der Wind ganz still. Den 3. Juli, des Morgens, bekamen wir einen schönen West-Wind (denn unsere Jonasse waren nicht mehr im Schiff), und wir segelten durch den Kanal und die Nordsee, und kamen den 6. July des Morgens 8 Uhr bei Helgoland; Mittags 1 Uhr passirten wir die rothe Tonne, clarirten noch des Abends bei Stade und weil mein Schiff zu tief im Wasser lag, mußte ich einen Leichter auslöschen, um über das Blankeneser Sand zu kommen. Da ich keine volle Schiffsladung in St. Thomas bekommen, so hatte ich dort gegen meinen Befrachter protestirt, daß er mir keine volle Ladung gegeben, und verlangte, daß, laut meiner Chartepartie, das Ledige für voll ausbezahlt werden sollte. (Dies ist auch geschehen.) Ich fuhr also des Nachts mit meiner Lootsenjolle nach Altona; des andern Morgens nahm ich von dort zwei Schiffscapitaine mit an mein Schiff, (denn Schiffer-Alten hatten wir derzeit noch nicht in Altona) um den leeren Raum auszumessen, und mir über das Befinden einen Attest zu geben. (Dies ist geschehen.) Da ich einen Leichter voll gelichtet hatte, segelte ich mit meinem Schiffe nach Altona, und lieferte meine ganze Ladung an meine Herren ab.

Ich wurde nach meiner Ankunft in Altona gleich wieder befrachtet nach Cadiz; mußte aber 120 Last Eichenholz auf der Stöhr laden; in Hamburg hatte ich Leichters liegen, die Stückgut für mich einluden. Mit dem Schiffe segelte ich also nach der Stöhr, und legte das Schiff bei Störort vor Anker; das Eichenholz wurde mir von Kellinghusen in Prahmen an Bord gebracht. Ich fuhr an jedem Posttage mit meiner Lootsenjolle nach der Börse in Hamburg, um Connoissemente für die Stückgüter, die in die Leichter eingeladen waren, zu zeichnen; die andern Tage war ich an Bord des Schiffs auf der Stöhr. An meine Mutter hatte ich, als ich mit dem Schiffe von St. Thomas nach Altona kam, geschrieben, und ihr Reisegeld gesandt und gebeten, doch nach Altona zu kommen; denn ich hatte sie in fünf Jahren nicht gesehen. Mein alter Herr Hinrich v. d. Smissen sagte mir eines Tages: wenn ich nach der Stöhr führe und die Wasserzeit mir paßte, so sollte ich einmal in Glückstadt einfahren, Madame Lübbes von ihm grüßen, und ihm dann etwas Glückstädter Brod mitbringen. Als ich daher eines Tages von der Stöhr mit meiner Lootsenjolle, welche ich, so lange mein Schiff auf der Stöhr lag, in Dienst genommen hatte, nach Altona fahren wollte, lief ich mit derselben in den Glückstädter Hafen ein, um das mir von meinem Herrn Aufgetragene zu besorgen. Wie ich nun bei der Brücke an Land stieg, stand da ein Steuermann Ricklef Rickerts, den ich kannte, auf der Brücke; ich grüßte ihn; da er mich nun nicht kannte, so sagte ich zu ihm: sind sie nicht von Föhr? er antwortete: ja; nun fragte er mich nach meinem Namen, welchen ich ihm denn sagte. Nun erwiederte er: ich habe Deine Mutter mit mir, und wir wollen nach Altona, wir sind hier eben mit einem Wagen angekommen, und ich wollte hier am Hafen sehen, ob keine Gelegenheit nach Altona wäre. Ich sagte, ihr könnt in meiner Jolle mit dorthin fahren. Ich ging gleich mit ihm nach meiner Mutter, die in einem

Wirthshause abgetreten war. Wir wunderten uns Beide, daß der liebe Gott es so gefügt hatte, uns hier zu treffen, und ich meine Jolle hier hatte, um sie selbst hin nach Altona zu bringen.[76] Sie hatte den Sohn ihrer Schwester Nahmen Hansen, bei sich, dessen Vater schon todt war; er war im achten Jahre alt. Ich nahm ihn mit auf die Reise für die Kost, und machte ihn nach Verlauf von zehn Jahren zu meinem Steuermann, und 1 Jahr darnach wurde er Schiffscapitain. Ich besorgte meines Herrn Auftrag, und fuhr dann mit meiner Mutter zurück nach meinem Schiffe, um ihr selbes zu zeigen, denn sie hatte noch nie ein großes Schiff gesehen. Als wir nahe bei dem Schiff kamen, sagte sie: wie kommen wir aber auf ein so hohes Schiff hinauf? Als wir aber an der Seite des Schiffs kamen, und wir die große Lehungstreppe hinauf stiegen, wunderte sie sich, daß man auf eine so bequeme Treppe hinauf in das Schiff steigen konnte. Es war 11 Uhr und so frühstückten wir in der Kajüte. Nach dem Frühstück fuhren wir, auch der Steuermann Rickerts, mit meiner Lootsenjolle nach Altona. Ich nahm mit meiner Mutter Logis, in einem Eckhause auf dem Brauerhof (welches mein Sohn Jacob hernach gekauft und bewohnt hat) bei dem Herrn Broder Ketelsen. Meine Mutter war ungefähr drei Wochen bei mir in Altona, und weil der liebe Gott mich auf dieser letzten Reise so ausserordentlich gesegnet und so viel Geld hatte verdienen lassen, so sah ich meinen Lieblingswunsch erfüllt, nemlich: alle unsere Schulden auf Föhr bezahlen zu können.[77] Ausser meiner Gage, 75 ℛ pr. Monat, hatte ich von einem Passagier für die Reise nach St. Thomas 100 spanische Thaler oder 350 ℛ Cour., von dem Herrn Justizrath Wilmanns für Passage 1800 ℛ Cour., von meinem Befrachter ein Douceur von 450 ℛ und meine 2 pCt. von der Fracht, die ich machte, und da diese sich auf 50,000 Mark belief, so bekam ich 1000 Mark ab. Alles dieses Geld gab ich meiner Mutter mit nach Föhr, um alle unsere Schulden zu

[76] Ist es auch nicht sehr auffallend, daß ich just den Tag in Glückstadt einlaufen mußte, wie meine Mutter da eben angekommen war? Mehrere Male war ich schon von Altona so wie von der Stöhr, Glückstadt vorbeigesegelt, und immer war Verhinderung eingetreten, daß ich nicht in Glückstadt einlief, denn es wurde entweder zu spät, oder die Fluth oder die Ebbbezeit paßte nicht. Nun aber hatte ich dem Lootsen des Abends auf der Stöhr gesagt: morgen wollen wir früh von der Stöhr nach Glückstadt segeln, damit ich meines Herrn Auftrag erfülle. Lieben Kinder, ihr könnt leicht denken, wie vergnügt unser Zusammentreffen war, da es uns so unerwartet begegnete.

[77] 1778 den 3. März, des Abends, wie ich von meiner Mutter Abschied nahm, sagte ich zu ihr: Adieu, liebe Mutter, nun komme ich nicht eher wieder zu Hause, als nach zehn Jahren; es sey denn, daß wir alle unsere Schulden bezahlt hätten.

bezahlen; ich behielt für mich selbst nur hundert Mark zurück. Meine Herren Patrons waren so gut, daß, als sie hörten, ich wolle mein Geld gebrauchen um Schulden zu bezahlen, sie mir einen großen Theil desselben in dänischen Ducaten gaben. Wie ich nun meiner Mutter das Geld gab, sagte ich: da Mutter, hier ist Geld, nun bezahle alle unsere Schulden nebst den Zinsen, die in 19 Jahren fast eben so hoch als das Capital angewachsen sind; Gott sey gedankt, daß diese Sorge geendet ist. Meine Mutter reisete von Altona nach Föhr nach Hause mit der Post; ich begleitete sie bis Sola Bona, und gab ihr einen Brief mit, an die Wittwe des verstorbenen Pastoren von der Wetteringe, und trug ihr darin die Ehe an, welche angenommen, und 1784 in Kopenhagen vollzogen wurde. Meine Mutter kam gesund und wohl auf Föhr an, bezahlte 1783 alle unsere 1763 ererbten und selbst gemachten Schulden, nebst 20jährige Zinsen, und so liegt mein Großvater Eschels als ein ehrlicher Mann im Grabe. Den 12. September ging ich mit meinem Schiffe von Cuxhaven aus in See mit einer Ladung Eichenholz, Leinen- und Glaswaaren, bestimmt nach Cadix; auch hatte ich sechs Passagiere an Bord. Auf dieser Reise passirte nichts besonderes; wir hatten vielen contrairen Wind, kamen den 20. October zu Cadix an, löschten unser Stückgut in der Cadix-Bay, segelten mit dem Eichenholz nach der Caraccas, und löschten es da für königliche Rechnung. Den 10. December war ich mit Allem in Cadix fertig, an demselben Tage segelten wir von Cadix nach Marseille, um da eine Fracht zu suchen, und kam den 27. Decbr. dort an. Hier hatte ich beim Eingang des Hafens eine große Gefahr mein Schiff zu verlieren; es war Abend als wir vor dem Hafen mit südlichem Winde anckern mußten, weil wir mit diesem Winde nicht in den Hafen einsegeln konnten, sondern einwerpen mußten; wir waren natürlicherweise unter dem Opperwall geankert; nun sprang der Wind mit einemmal um zum Nordwest, und es fing auch gleich an stark zu wehen. So lagen wir nun auf Lenger Wall; doch dem lieben Gott sey's gedankt, wir kamen glücklich in den Hafen; keine zwölf Fuß war das Schiff von den Klippen, wie ich es unter Segel hatte. – Hier nun in Marseille lagen viele Schiffe und wenig Frachten; ich aber bekam Gottlob eine Fracht mit Salz. Ich sollte nach Cagliary auf der Insel Sardinien, segeln, um dort eine Ladung Salz einzunehmen, damit gerades Weges nach dem Sunde segeln und daselbst Bescheid in Helsingör holen, ob ich mit der Ladung nach Kopenhagen oder nach Reval in Rußland segeln sollte. Anno 1784 den 26. Januar, segelte ich von Marseille nach Cagliary ab, und kam den 5. Februar daselbst glücklich an. Es lagen viele Schiffe da, meistentheils Schwedische, die auch Salz laden wollten; weil die Schiffe nach der Reihe, so wie sie hier angekommen, laden sollten, so blieb ich bis den 11.

April daselbst, ehe ich beladen wurde. Am Ostermorgen den 11. April, segelte ich mit meiner Ladung Salz von dort ab. Dieses Jahr wehete ein fast beispiellos lange anhaltender Westwind, so daß von Ende Januar bis den 5. Mai, keine Schiffe durch die Meerenge von Gibraltar aus der mittelländischen See gesegelt waren; es befand sich deshalb eine große Menge von Schiffen bei Mallaga und Gibraltar die sich hier gesammelt hatten; ich segelte deshalb zugleich mit den andern Schiffen, welche schon im Februar von Cagliary abgegangen waren, aus der mittelländischen See. Auf dieser Reise passirte nichts sonderliches, als bis ich im englischen Canal war; aber als ich in denselben einsegelte, hatten wir Sturmwetter, der Wind war westlich und die Luft dick; ich konnte nur wenig sehen, so daß ich keine Landkenntniß bekommen konnte, deshalb segelte ich immerfort Canal einwärts; wie ich nun mit meiner Gissung (Muthmaßung) zwischen Bevesier und Singel war, wollte ich, (es war gegen Abend) ehe es finster würde, Land suchen, um zu wissen, wie weit ich im Canal sey; ich ließ deswegen drei Compasstriche nördlicher steuern, als der eigentliche Canal-Cours war; ich war sehr unruhig, weil ich kein festes Besteck hatte, denn es fing schon an zu dämmern, und konnte noch immer kein Land sehen; zu meinem Glück kam aber ein Briggschiff bei mir vorüber, welches südwärts über lag, denn wie gesagt, der Wind war westlich und wehete stark; er hatte dicht gerefte Marssegel.[78] Der Capitain dieses Schiffes sah, daß ich zu nördlich steuerte, und muß ganz richtig gedacht haben, daß ich aus dem Ocean gekommen und noch kein Land gesehen hatte, denn er ließ seine englische Flagge aufziehen, ich meine dänische; hierauf ging er überstags und hielt nach mir hin; ich ließ mein Großmarssegel auf den Rand laufen, und that ein gleiches. Wie wir einander nahe vorbeisegelten, so rief er mir zu: Sie haben Beatshead (Bevesier in den holländischen See-Charten) 5 Legus O.S.O. von sich. Ich dankte ihm für die Nachricht; er segelte nun seinen Weg, und ich den meinen. Hier, lieben Kinder, hatte ich einen sichtbaren Beweis von Gottes Schutz, der über mich waltete, denn ich war schon weit in die Bucht von Bevesier hinein gesegelt, wo schon so Mancher sein Schiff und Leben verloren hat; der liebe Gott hatte es so gefügt, daß die Brigg so weit hinein gesegelt, und ich selbe just begegnete als sie heraus kam; daß ferner der Capitain auf derselben so menschenfreundlich war, seine Flagge als Warnung für mich aufzuziehen und sich noch gar

[78] Es war eine königliche Brigg oder Zollschiff, welches auf die Schmuggler kreuzte, daß keine Contrebande an Land geschmuggelt würde: daher kam es, daß diese Brigg so weit in der Bucht von Bevesier hinein gewesen war. Andere Schiffe laufen nicht so weit.

die Mühe und Arbeit machte, überstags zu gehen, um mir zu sagen, wo ich eigentlich sey. Er war also für mich ein Engel, den der liebe Gott mir zusandte, mich auf meinem Wege vor Unglück zu bewahren; ich dankte dem lieben Gott dafür, denn ich hätte sehr wahrscheinlich in dieser Nacht Schiff und Leben verloren. Nun ließ ich wieder den rechten Cours steuern und war des andern Morgens bei Dungenes oder Singels, und segelte in die Nordsee ein, so daß wir ohne besondere Vorfälle den 19. Juni in Helsingör ankamen. Ich erhielt hier Befehl, mit meiner Ladung nach Kopenhagen zu segeln, um dort weiteren Befehl zu empfangen. Ich segelte also nach der Kopenhagener Rhede, und erhielt in Kopenhagen Befehl, mit dem Schiffe im Hafen einzuholen und meine Ladung da zu löschen.

Weil ich hier nun bleiben sollte, um zu löschen, so schrieb ich an meine Braut (während der Zeit daß ich auf der Reise war, unterhielten wir einen Briefwechsel) daß sie nach Kopenhagen kommen möchte; sie kam herüber, und wir verheiratheten uns daselbst.

Da ich, wie bereits erwähnt, nur einen nothdürftigen Religionsunterricht in meiner Jugend genossen, auch mir schon als Knabe manche verdächtige Lehren gelehrt waren, die mit meiner Vernunft und meinem Gewissen nicht übereinstimmten, mir indessen viele Unruhe verursachten, weil sie mir von gelehrten Leuten, als Predigern und Schullehrern, waren gelehrt worden, die meiner Meinung nach, es doch besser wissen mußten als ich, was der rechte Glauben sey oder nicht; so durfte ich denn meine Religion und was ich glaubte, Niemand wissen lassen. Weil mir in der Schule gelehret worden, daß die Lutherische Religion die einzige wahre und seligmachende sey, und ich doch in der viele gute Menschen kennen gelernt hatte, so glaubte ich, daß diese eben so gut selig werden könnten wie die Christen, meinte aber, daß ich dieses nur allein glaubte und durfte es deshalb gegen Niemand äussern, weil sie mich dann als einen Ungläubigen verabscheuen würden. Mir war es deshalb lieb und beruhigend, wie ich auf einmal von dieser Unruhe befreiet wurde, und dies geschah, wie folgt: Wo ich in der Welt auch hinkam, und Gelegenheit dazu hatte, ging ich des Sonntags in die Kirche. Hier nun in Kopenhagen ging ich am 4ten Sonntage nach Trinitatis in die St. Petri-Kirche. Der Herr Dr. Münter[79] war Hauptpastor in derselben; er war einer der ersten Kanzelredner, die ich gehört habe. Er predigte daselbst über das Evangelium Luc. Capitel 6, Vers 36 bis 42. Darum seyd barm-

[79] Wenn ich mich nicht irre, so war es der Vater des unlängst verstorbenen Bischofs Münter, Herausgeber der Bekehrungsgeschichte des Grafen Struensee.

herzig etc. Richtet nicht, so werdet ihr auch nicht gerichtet, verdammet nicht, so werdet ihr auch nicht verdammet etc. etc. Der Eingang oder das Gebet vor der Predigt hieß: Du, o Herr unser Erlöser, du kennest die Deinen, nur die reines Herzens sind, wirst du einst an jenem Tage für die Deinen erkennen etc. und nun fing er seine Predigt an, wie folgt: Viele unserer Vorfahren lehrten, daß die Juden, Türken und Heiden, Alle ewig verdammt werden; o, welche abscheuliche Lehre! (sagte er) und nun predigte er fort; bewieß alle Sätze seines Vortrags mit biblischen Sprüchen, von welchen ich nur folgende anführen will: Wer bist du, der du einen fremden Knecht richtest, er steht und fällt seinem Herrn. Es werden viele kommen vom Morgen und vom Abend, und mit Abraham, Isaac und Jacob im Himmelreich sitzen. Es werden nicht Alle, die zu mir sagen: Herr! Herr! in das Himmelreich kommen, sondern nur die den Willen thun, meines Vaters im Himmel; ferner: Daß unter allerlei Volk, wer Gott fürchtet und Recht thut, der ist ihm angenehm, etc. und seine letzten Worte waren: Richtet nicht, verdammet nicht. Nach der Predigt wurde das schöne, zur Predigt passende Lied, Nro. 795 aus unserm Gesangbuche: Richtet nicht wenn Sünder sterben, gesungen. Im Ganzen genommen, war mir es sehr lieb, daß ich in diese Kirche gegangen und diese Predigt mit angehört hatte, auch daß ich sehr deutlich gehört hatte, daß der Doctor dasselbe glaubte, welches ich ins geheim immer geglaubt, und daß der Doctor gewiß viel gelehrter war als meine Lehrer, die mir in meiner Jugend den abscheulichen Lehrsatz beigebracht hatten, daß nur die Lutherische Religion die allein seligmachende sey. Seit dieser Zeit habe ich mich der Religion wegen nie wieder beunruhigt, indem ich fest davon überzeugt bin, daß derjenige, welcher den lieben Gott kindlich fürchtet und liebt, Recht thut, und seine Nebenmenschen hilft und dient wo er kann, ihm angenehm ist; wenn ich deshalb in einem Buche, es sey welches es wolle, und es mag gesagt haben, wer da will, etwas gelehrt oder vorgeschrieben finde, welches gegen meine Vernunft und mein Gewissen streitet, so glaube ich es nicht. Ich lasse Jedem gerne seinen Glauben, verlange aber auch, daß man mir meinen Glauben läßt, denn eine jede Religion, die ich in der Welt kenne, lehrt doch einige moralische Sätze und Tugenden, und jeder Mensch muß eine Religion haben, oder er ist unglücklich, denn wenn Noth und Gefahr und betrübende Umstände eintreten, so muß der Mensch etwas haben, woran er sich halten kann und daß er dann seine Zuflucht zu seinem Gott nimmt, auf den er trauet. Nach geendigtem Gottesdienst ging ich vergnügt und erbaut aus der Kirche nach Hause.

Hier in Kopenhagen hatte ich Streit mit dem Hafenmeister; denn dieser chikanirte mich täglich, jagte mich jeden Tag mit meinem Schiffe an eine andere Stelle, und wollte mir keinen Platz anweisen, wo es ruhig liegen bleiben könnte. Dieses kostete mir täglich Geld, indem ich meine Leute abgedankt hatte, und immer Schauerleute annehmen mußte, um das Schiff zu verholen. Hätte ich dem Hafenmeister nur ein Douceur gegeben, dann würde er mein Schiff wohl haben liegen lassen, aber ich kannte die Welt derzeit noch viel zu wenig, und wußte nicht, daß man bestechen müsse, wenn man etwas erlangen will. Ich erkundigte mich also, wer der Chef oder Oberste über den Hafen sey, und wurde zu dem Herrn Kammerherrn Stiboldt gewiesen. Ich ging hierauf eines Morgens in sein Haus; er empfing mich freundlich und hörte mich an; ich sagte: ich bin hier mit einer Ladung Salz angekommen, und hier fremd, der Hafenmeister jagt mich mit meinem Schiffe von einer Stelle nach der andern, und will mir keinen Platz anweisen, wo ich mit selbem liegen bleiben kann. Der Herr Kammerherr war, wie ich bemerken konnte, ein Menschenfreund, und sagte zu mir: ist das wahr, was du mir sagst? ich antwortete: ja. Er setzte sich hierauf nieder und schrieb ein Billet, versiegelte es, gab es mir und sagte: bring dies an den Hafenmeister. Ich bedankte mich, und brachte diesem das Billet. Er las es, und sagte zu mir: wer Teufel hat sie gelehrt, nach dem Kammerherrn zu gehen? ich antwortete: wenn ich etwas zu suchen habe, so gehe ich immer hin nach dem Haupt, denn dort findet man eher Gehör, als wenn man sich an den Schwanz wendet. Nun wies er mir bei der Kneppelsbrücke einen guten Platz für mein Schiff an, allwo ich löschen konnte, und, so lange ich in Kopenhagen war, ruhig liegen blieb.

Den 16. August 1784 legte ich in Kopenhagen mein Steuermanns-Examen ab, und mein Examen-Zettel ist Nr. 5415.

In Kopenhagen nahm ich nach der Löschung Ballast ein, und segelte den 24. August von hier nach Stettin, mußte aber wegen der Untiefe auf der Swienemünder Rhede ankern und da liegen bleiben, um zu laden. Nur zwei Tage war ich auf der Reise von Kopenhagen nach Swienemünde unterweges. Hier wurde ich mit Pipenstäben und spanischen Balken beladen, um damit nach Mallaga zu segeln. Ich hatte meine junge Frau von Kopenhagen mit nach Swinemünde genommen, wo wir im Hause meiner Correspondentin, der Madam Voß, einer bejahrten Wittwe, recht vergnügt lebten. — Als ich hier nun volle Ladung eingeladen hatte (auch das Deck hatte ich voll geladen), segelte ich den 22. September von der Swienemünder Rhede ab, und kam schon den 23sten zwischen Kopenhagen und Helsingör vor Anker. Hier lagen wir zwei Tage mit Sturmwetter, und kamen den 26. September in Helsingör an. Hier brachte ich meine Frau ans Land, welche von da nach Föhr reisete; clarirte dann bei dem Zoll, segelte des Abends noch in See, und kam, ohne besondere Vorfälle auf der Reise, den 21. October, Gottlob glücklich, zu Mallaga an. Ich löschte hier, und da für mich keine Fracht zu bekommen war, so segelte ich nach Marseille, um dort eine Ladung zu suchen, welche ich auch erhielt; ich sollte nemlich nach Arzeau, auf der Küste von Algier, segeln, daselbst eine Ladung Weizen holen, und damit nach Alicante in Spanien fahren, woselbst ich Ordre erhalten würde, ob ich dort bleiben sollte, um zu löschen, oder ob ich mit der Ladung nach Carthagena, Mallaga, Cadix oder Lissabon segeln müsse. Ich fuhr also im Januar 1785 von Marseille ab, und kam in etwas über acht Tagen Gottlob glücklich in Arzeau (auch Arzenie genannt) an. Arzeau heißt der Hafen, ist aber eigentlich nur eine große Bucht, doch liegen die Schiffe dort ziemlich gut. Es ist hier kein einziges Haus, denn die Kaufleute wohnen in Mascora, drei Tage-Reisen im Lande, und weil selbe oft im Lande herum reisen und nicht in der Stadt sind, so hatte ich einen Brief mit, auf welchem drei Adressen standen, damit, wenn der erste und zweite Kaufmann bei meiner Ankunft nicht in der Stadt wäre, der dritte wenigstens da seyn würde. Diesen Brief (war meine Ordre) sollte ich an einen Küstenwächter, den ich dort antreffen würde, abgeben. Wie ich nun vor der Bucht von Arzeau ankam, und längs dem Lande in den Hafen einsegelte, ritten zwei Türken den Strand entlang, so wie das Schiff am Lande hinsegelte. Ich hatte mir in Marseille einen Portolain, oder Hafenbuch, für 18 Livres tournois, gekauft, worin alle Häfen in der ganzen Mittelländischen See genau aufgezeichnet waren, und nach welchem ich auch, ohne Lootsen, in den Hafen einsegelte. Die Türken riefen und schrieen uns an; ich kehrte mich aber nicht an ihr Rufen und Schreien, sondern segelte nach meinem Hafenbuche in den Hafen ein, und ging dort vor Anker. Nun fuhr ich mit meiner Schalupe ans Land, und weil keine Häuser da waren, folglich auch keine Leute wohnten, so zog ich keine andern Kleider an, sondern fuhr so, wie ich gewöhnlich in See ging, nemlich in einer leinenen gestreiften Hose und Jacke. Als ich ans Land kam, waren die beiden Türken von ihren Pferden abgestiegen, (sie waren in lange Mäntel, wie die Türken pflegen, eingehüllt,) und empfingen mich am Strande. Der eine zeigte mir einen ledernen Postsack, und sagte auf spanisch, welches ich verstand, zu mir, daß er der Postbote wäre, und daß ich ihm den Brief, welchen ich nach Mascora hätte, geben solle. Hierauf nahm ich die beiden Türken mit mir an Bord; der eine, nemlich der Postbote, brummte und zeigte sich sehr unzufrieden, daß wir die Schalupe nicht so hinlegten, daß er gemächlich einsteigen konnte, und glaubte, weil ich nur ordinair, so wie meine Matrosen, in Seemanns-Habit, gekleidet war, daß ich nur ein Matrose sey, und fuhr fort zu brummen und zu murren; ich sagte aber mit barscher Stimme zu ihm: was hast du zu befehlen? steige nur ein in die Schalupe! Wir halfen ihn hierauf in die Schalupe, und ich wunderte mich, daß er so unbehülflich war; allein wie wir an die Seite des Schiffes kamen, und er die Treppe hinauf steigen sollte, wurde ich gewahr, daß er nur ein Bein und eine Hand hatte, denn vorher hatte ich dies, wegen seines großen Mantels, der ihm über die Füße hing, und in welchen er eingewickelt war, nicht bemerken können. Als ich nun mit diesen beiden Türken an Bord gekommen war, nöthigte ich sie in die Kajüte, und da der Postbote sah, daß ich der Capitain auf dem Schiffe war, so wurde er höflicher. Ich fragte, ob sie ein Glas Wein trinken wollten; dieses verbaten sie sich aber. Nun gab ich dem Postboten den Brief and die Kaufleute, nahm aber vorher eine Abschrift von der Adresse, und bat ihn, selben doch ja gut, und so schnell als möglich, zu besorgen, welches er auch versprach. Nun ging es aber an ein Fordern: erstens waren viele Löwen am Lande, und ich mußte ihm Schießpulver geben, um sich zu vertheidigen (eine Flinte hatte er selbst); ich ließ ihm einige Schüsse Pulver geben, er sagte aber, dies ist zu wenig, so daß ich ihm eine ganze Karduse, wie wir sie zu unsern Kanonen gebrauchten, geben mußte, und nun war nichts im Schiff zu denken, was er nicht forderte; Zucker, Kaffee, Thee, Gewürz, Taback, Stockfische, seidene Halstücher (nach den letztern waren alle, die an Bord kamen, sehr begierig), und wenn ich ihm von allem etwas gab, so hieß es jedesmal: star poco (zu wenig), es sind große Herren, denen ich damit ein Präsent machen muß. Ich sah ihn mehrmal nach seinem Cameraden hinüber grinzen und hohnlächeln, und sagte zu meinem Steuermann, der bei mir saß, siehe, wie dieser Teufel mich prellt; aber was soll ich thun, ich darf ihn nicht erzürnen, denn wenn er meinen Brief nicht besorgt, so wissen die Kaufleute in Mascora nicht, daß ich hier bin, und ich bekomme keine Ladung. Wenn ich dann meine in der Chartepartie bestimmten Liege-Tage hier ausliege, und zurück nach Marseille segle, denn hier kann ich nur gegen den großen Mast protestiren,[80] so können die Befrachter

[80] Gegen den großen Mast protestiren heißt: wenn ein Schiff unter Chartepartie befrachtet ist, worinnen die Liege-Tage zum Löschen und Laden bestimmt sind, und nach selber in einem oder mehreren Plätzen laden oder löschen soll; befindet sich nun das Schiff auf einer solchen Reise von einem Platz nach dem andern in See, wenn die Liege-Tage verlaufen sind, dann kann ein Capitain ja durch keinen Notarius gegen seinen Befrachter protestiren lassen, auch denselben nicht selbst sprechen, sondern er muß in solchem Fall alle seine Mannschaft aufs Deck rufen, und in ihrer Gegenwart erklären, daß heute seine in der Chartepartie bestimmten Liege-Tage verlaufen sind, und daß er nun gegen seinen Befrachter protestirt, wegen Verlust der Zeit, und verlangt, daß von heute an die übrigen Liege-Tage, laut seiner Chartepartie, vergütet werden

daselbst sagen: du bist nicht in Arzeau gewesen, sondern hast in einer andern Bucht auf der Küste gelegen; deswegen kommt mir hier alles darauf an, daß mein Brief besorgt wird. – Wie nun mein türkischer Postbote alles von mir Verlangte (zwar nicht so viel, als er haben wollte,) erhalten, da sagte er: nun noch Geld; ich antwortete: ich habe kein Geld; was, entgegnete er, Geld her! Nun wurde ich böse und schalt ihn einen unverschämten Kerl; hierauf wurde er geschmeidiger, und so sagte ich zu ihm: wenn du mir eine Antwort auf meinen Brief bringst, dann will ich dir etwas Geld geben; nun war er zufrieden, und ich ließ ihn ans Land bringen. – Dieser Türke war 16 Jahre als Sclave zu Carthagena in Spanien gefangen gewesen, und weil er dort seinen Glauben verändert und ein Katholik geworden, so war er als Officier oder Aufseher über die andern türkischen Sclaven gesetzt worden, die er dann sehr geplagt hatte. Wie nun im Jahre 1783 oder 1784 (das Jahr weiß ich nicht genau anzugeben) der Friede zwischen Spanien und Algier abgeschlossen, wurden beiderseitige Sclaven ausgeliefert und frei gegeben, und unter diesen war auch der Postbote. Aber wie diese Sclaven in der Türkei nach Hause kamen, verklagten sie ihn bei dem Bey von Mascora, daß sie während der Gefangenschaft sehr übel von ihm behandelt, auch daß er ein Christ geworden wäre; deshalb ließ der Bey ihm ein Bein und eine Hand abhauen, und zwar kreuzweise, als rechts und links. Der Sohn des Bey's, welcher Hafenmeister in Arzeau war, begnadigte ihn aber mit der Postboten-Stelle.

Während der Zeit daß ich hier lag, kam auch ein französisches und ein ragusaisches Schiff hier an, und in den ersten Tagen kamen oft Türken von Mazagan an Bord, aber alle wollten etwas haben und boten mir ihre Dienste an etc. Nach sechs oder sieben Tagen kam ein Türke an den Strand und rief nach meinem Schiffe; ich ließ ihn an Bord holen, und hier sagte er, daß er von dem Kaufmann in Mascora an mich gesandt sey, um mir aufzuwarten, und wenn mir etwas fehle, so solle er es besorgen. Ich sagte zu meinem Steuermann: dieser ist wahrscheinlich auch ein Bettler; allein er war sehr bescheiden, und forderte mir nichts ab. Ich fragte ihn, ob er ein Glas Wein trinken wolle? er antwortete: wir Türken trinken keinen Wein; doch ich bin kein Sanct (Heiliger). Er trank ein Glas. Wir sprachen hierauf spanisch zusammen (auch er war Sclave in Spanien

sollen etc. Dieses wird dann gleich in das Schiffs-Journal eingetragen und notirt daß es so geschehen, und muß, wenn es verlangt wird, vor der Obrigkeit beeidigt werden, wenn man ans Land oder an dem Lade- oder Lösch-Platz ankommt. Ein solcher Protest ist dann vor Gericht eben so gültig, als wenn er am Lande von einem Notarius angefertigt. –

gewesen), welches er ziemlich gut sprach, so daß ich mich mit ihm verständigen konnte; was wir Beide nicht wußten, wurde durch Zeichen deutlich gemacht. Ich sagte also: da du gesandt bist um mir zu helfen, wenn mir etwas fehlt, so wünschte ich, daß du etwas frisches Fleisch für mich und meine Leute besorgtest, indem ich schon von Marseille aus in See bin, und hier auch bereits acht Tage gelegen habe. Er antwortete: gieb mir etwas Schießpulver; ich gab ihm zu ein paar Schüssen für seine Flinte und ließ ihn ans Land bringen. Ohngefähr eine halbe Stunde nachher kam er wieder an den Strand; ich ließ ihn an Bord holen, und er brachte mir ein junges wildes Schwein, circa 60 bis 70 Pfund schwer, welches er geschossen. Er fragte nun, ob mir noch etwas fehle? ich antwortete: ich möchte auch gern etwas Fisch essen. Er fuhr hierauf mit meiner Schalupe ans Land, nahm ein Wurfnetz, warf dieses ins Wasser und fischte, und jedesmal wenn er es auswarf bekam er etliche von einer Art Fische so groß wie unsere Heringe, und brachte selbe an Bord. Nun waren wir vergnügt, und ich behielt den Türken bei mir an Bord. Meine Leute fuhren nun alle Tage mit ihm ans Land, um auf die Jagd zu gehen, wozu sie große Lust hatten; sie brachten auch jedesmal einige wilde Schweine, welche sie in einem Busch in der Nähe des Schiffes schossen, wo deren sehr viele waren, mit an Bord. Ich ließ mehrere einpöckeln, und meine Leute aßen täglich frisches Fleisch, welches fast alles mager war, denn die wilden Schweine daselbst haben fast gar kein Fett. Nur zwei alte große, die wir schossen, hatten einen Zoll dicken Speck, und ihre Haut war so dick und stark, daß wir sie abzogen gleich wie man einem Ochsen das Fell abzieht; wir gebrauchten diese Felle dann, ihrer Dicke wegen, als Klüsenleder auf unsern schweren Ankertauen. – Auch Löwen und Tiger hielten sich hier in dem Gebüsche auf, und als meine Leute eines Tages von der Jagd zurückkehrten und ins Boot stiegen, um nach dem Schiffe zu fahren, kam ein Tiger aus dem Busche nach dem Strand und sah ihnen nach; während ich hier lag wurde auch ein Löwe geschossen. Wir durften hier frei Brennholz hauen und an Bord bringen, welches ich auch gut benutzte. – Nach Verlauf von etwas über acht Tagen kam auch der Postbote zurück und brachte mir einen Brief, aus welchem ich, nachdem ich ihn geöffnet, obgleich er in italienischer Sprache geschrieben war, doch so viel heraus studirte, daß der Kaufmann meinen Brief erhalten, und ehestens nach Arzeau kommen würde. Mich freute aber, zu sehen, daß der Brief von dem Kaufmann unterzeichnet war, der auf dem Adreßbriefe, welchen ich durch den Postboten nach Mascora gesandt, vorne an stand; ich wußte nun auch gewiß, daß mein Brief richtig besorgt war. Einige Tage nachher kam der Hafenmeister, Sohn des Bey's von Mascora, mit einem großen Gefolge hier an; auch waren die Kaufleute dabei, welche mich, den Franzosen und den Ragusaer beladen sollten. Wie der Hafenmeister ankam, setzen alle drei Schiffe ihre Flaggen auf, und ich ließ ihm zu Ehren neun Kanonenschüsse abfeuern. Während der Zeit daß ich hier zu laden lag, wurden täglich Speisen von des Hafenmeisters Tische, für mich und meinen Ablader, in das Zelt des letztern gebracht. Ich glaube, er würde uns wohl täglich mit an seinem Tische haben speisen lassen, wenn er allein gewesen wäre, und die andern großen Türken, die in seinem Gefolge waren, es nicht gesehen hätten; denn die Türken dürfen nicht mit den Christen essen. Eines Tages hatte ich auch die Ehre, daß der Hafenmeister mit einigen Herren zu mir an Bord kam; ich ließ ihn bei seiner Ankunft und Abfahrt mit neun Kanonenschüssen begrüßen, und als er wieder ans Land kam, sandte er mir einen lebendigen Ochsen als Geschenk, den wir an Bord schlachteten. – Unsere Ladung Weizen kam aus dem Lande mit Kameelen, Ochsen, Eseln und Pferden an; die Säcke wurden auf die Erde ausgeschüttet und gemessen, von wo wir den Weizen dann mit Hülfe der Türken, die ihn in die Fahrzeuge tragen mußten, in unserem Boote, Schalupe und einer türkischen Barke, die noch einmal so viel als unser Boot tragen konnte, an Bord brachten und in das Schiff einluden. Ich lag hier funfzig Tage, um zu laden, und segelte dann in See, um nach Alicante zu fahren und da Ordre zu holen, wohin ich mit der Ladung segeln sollte, um zu löschen.

Wie ich aus der Bucht von Arzeau lavirte, denn es blies ein Lawant oder Ost-Wind, fing es schon hart an zu wehen, ehe ich das Ende der Bucht erreicht hatte, und ich mußte schon während des Auslavirens die Marssegel refen. Des Nachts erhob sich ein Sturm, das Schiff arbeitete hart und wurde leck; wir mußten pumpen, aber jeden Augenblick waren die Pumpen unklar;[81] auch mein Hack ging bei diesem Sturme vom Ruder los,

[81] Es ist sehr unangenehm, wenn in See die Pumpen unklar werden, vorzüglich wenn ein Schiff bedeutend leck ist; denn während man immer die Pumpeneimer ausnehmen muß, um selbe zu reinigen, läuft schon viel Wasser in das Schiff. Um Korn, Späne etc. von den Pumpen abzuhalten, hat man sich wohl einer Art Körbe bedient, in welche man selbe einsetzt, allein dieses hilft sehr wenig; ich dachte aber nach, nahm eine blecherne Zucker-Trommel, die ich hatte, ließ selbe vom Zimmermann mit einem spitzen Spicker durchlöchern, (die Löcher ließ ich von inwendig durchschlagen, damit das Korn keine Festigkeit bekäme, sich in selben fest zu saugen,) und sie dann um die eine Pumpe, die ich aufs Deck genommen, unten herum festspickern, selbe dann wieder an ihren Platz einsetzen, und so pumpten wir frisch weg, denn sie blieb beständig klar. Nach dieser Zeit habe ich immer ein halbes Dutzend blecherne Blätter auf meinem Schiffe gehabt, und wenn ich nun Güter geladen hatte, wodurch unklare

doch kam ich in reichlich acht Tagen nach meiner Abfahrt von Arzeau, Gottlob glücklich, zu Alicante an. Hier bekam ich Ordre mit meiner Ladung nach Cadix zu segeln, lag drei Tage unter Quarantaine, und ließ mein Steuerruder so viel als möglich, mit Bolzen und Planken, die daran befestigt wurden, repariren, um damit nach Cadix zu kommen. Von der Quarantaine-Commission wurde mir befohlen, entweder meine vierzigtägige Quarantaine hier auszuliegen, oder gleich in See zu segeln; ich wählte das letzte, obgleich der Wind contrair für mich war. Den dritten Tag, da ich in See war, sprang der Wind mit einmal ost und mir günstig; es wehte ein Sturm, bei welchem ich fortsegelte, so daß ich den dritten Tag zu Cadix ankam. Hier wurde ich unter vierzigtägige Quarantaine gelegt, und die Tage, die ich in See und in Alicante gewesen, wurden nicht mitgerechnet, mir jedoch frei gegeben, während der Quarantainezeit meine Ladung Weizen zu löschen. Ich erhielt zwei Quarantaine-Wächter an Bord; auch hielt noch ein Boot mit Mannschaft nahe bei dem Schiffe Wache, damit sich Niemand mir nahe; eben so durfte ich meine Fahrzeuge nicht außer Bord hängen lassen, sondern mußte sie im Schiff aufs Deck setzen, damit ich nicht heimlich mit selben von Bord kommen könne. – Ich war in diesem Jahre das erste Schiff, welches aus der Barbarei mit Weizen hier ankam, und der Preis desselben war sehr hoch, so daß auf der Ladung viel verdient wurde; auch hatte ich eine hohe Fracht. Meine Ladung lieferte ich an den Herrn James Duff ab, welcher Königlich Großbritannischer Consul und ein alter ehrwürdiger Mann war. Ich habe seitdem stets viele Freundschaft von ihm genossen, wenn ich nach Cadix kam. Ich erhielt hie einen Brief von meinen Herren Prinzipalen, worinnen sie mir schrieben, daß sie von ihren Correspondenten in Middelburg Briefe hätten, welche ihnen meldeten, daß, weil zwischen dem Kaiser Joseph II. und Holland wegen der Schelde-Schiffahrt Streit entstanden, so wäre die Ostindische Compagnie daselbst willens, einige fremde Schiffe nach Ostindien zu befrachten, und wenn meine Herren Lust dazu hätten, eines

Pumpen entstehen, als: Korn, Reis, Leinsaamen, Kaffee etc., so ließ ich, ehe ich in See segelte, ein Blatt Blech durchlöchern, so wie die Reiben in unseren Küchen gewöhnlich sind, und dieses dann rundum unter die Pumpen, Nösterlöcher und die ganze Oeffnung mit Pumpspicker festnageln. Keine so versehene Pumpe kann unklar werden, und giebt doch eben so viel Wasser, als wenn nichts darum genagelt ist. Das Blech kann drei bis vier Monat sitzen, ehe es verzehrt wird oder entzwei geht, und länger ist ein Schiff doch gewöhnlich nicht auf der Reise, sollte es indessen länger währen, so kann ja neues Blech herum geschlagen werden. – Dies, lieben Kinder und Enkel, nehmt ad notam wenn einer oder mehrere von euch Seeleute werden sollten.

ihrer Schiffe nach Middelburg zu schicken, so würden sie wahrscheinlich eine gute Fracht für selbiges bedingen können. Wenn ich also Lust hätte, nach Ostindien zu segeln (sie hätten Lust dazu), dann solle ich nur in Cadix so viel Salz, als zu Ballast nöthig wäre, einladen, damit nach St. Lucar de Barameda segeln, und dort den Rest einer Ladung Salz einnehmen. — Da ich nun große Lust hatte, auch Ostindien zu besehen, so nahm ich gleich nach aufgehobener Quarantaine Salz ein (denn während der Zeit der Quarantaine war ich ganz ausgelöscht), und segelte damit nach St. Lucar, im Revier von Sevilla; nahm bei der Saline, oberhalb St. Lucar, noch so viel Salz ein daß das Schiff beladen war, und segelte im Monat Juni damit nach Middelburg, auf der Insel Walchern, woselbst ich ohne besondere Vorfälle[82] im Julimonat ankam. Ich löschte hier so viel Salz als nöthig war damit das Schiff Ballast behielt, denn ich bekam keine Fracht nach Ostindien. Die ostindische Compagnie hatte mein Schiff schon besichtigen und messen lassen, und um die Fracht waren wir auch schon ziemlich einig; da ward aber der Friede zwischen dem Kaiser und Holland abgeschlossen, und nun brauchte Holland keine fremden Schiffe; so war also meine Hoffnung auf eine gute Fracht dahin! — Hierüber, so wie daß ich die Besichtiger des Schiffs, um mir zu einer guten Fracht behülflich zu seyn, so oft am Bord tractirt hatte, welches mir Geld gekostet, ärgerte ich mich sehr, so daß ich den 1. September das Gallenfieber (den sogenannten Zeewse Cors), welches diesen Sommer auf der Insel Walchern, auf welcher die Stadt Middelburg liegt, herrschte, im höchsten Grade bekam. Wäre ich in Westindien gewesen, so würde ich es wahrscheinlich vorgebeugt haben, denn ich fühlte mich seit einigen Tagen unwohl, und just so, als wenn man in Westindien das gelbe Fieber bekommt; hätte ich da nur gleich etwas zu brechen eingenommen, so wäre wahrscheinlich das Fieber nicht zum Ausbruch gekommen; aber weil ich in Europa war, achtete ich nicht darauf, und so bekam ich, wie gesagt, das Gallenfieber im höchsten Grade. — Meine Correspondenten meldeten dies an meine Herren v. d. Smissen, und erhielten gleich Antwort, daß sie doch für mich sorgen möchten, und keine Kosten sparen sollten, damit ich besser würde. Ich lag am Bord meines Schiffes, als meine Correspondenten den Brief meiner Herren empfingen;

[82] Jedoch hatte ich auf dieser Reise das Unglück, daß ein Matrose im Sturmwetter aus der Vormars (ich hatte befohlen, das letzte Rif ins Vormarssegel zu stecken,) über Bord fiel. Wir sahen ihn noch ein paar Minuten über Wasser. — Es ist ein schrecklicher Anblick, einen Menschen in Todesnoth sehen und ihm nicht helfen zu können; denn weil ein Sturmwind wehte, vor dem das Schiff sehr schnell lief, so war es uns nicht möglich, die Schalupe auszusetzen, ohne zu riskiren, ein Schalupsvolk zu verlieren.

Reede vor der Festung Rammekes auf Walcheren um 1800.
Aus D. de Jong: Atlas van de Zeehavens der Bataafsche Republiek, 1805

sie kamen zu mir und holten mich vom Schiffe ab, ließen mich hierauf in einer Kutsche (denn ich war so schwach, daß ich kaum stehen konnte,) nach eines Bürgers Hause, zu sehr braven guten Leuten, bringen, und sorgten dafür, daß ich gut verpflegt wurde. Ich war zum Tode krank, und habe in vierzehn Tagen nichts genossen als Citronen-Wasser oder sonst etwas Flüssiges; auch kam über acht Tage kein Schlaf in meine Augen, sondern ich lag beständig im Phantasiren.

Ich hatte von meinen Herren Ordre, das Schiff nur von meinem Steuermann nach Hause bringen zu lassen, und selbst in Middelburg zu bleiben, bis ich wieder völlig gesund sey. Dieses wollte ich jedoch nicht, sondern wollte selbst mit dem Schiffe nach Altona segeln, und ließ mein Schiff von Middelburg, wo ich bei meiner Ankunft mit 14 Pferden hereingezogen war, durch einen Lootsen nach Rammekens auf die Rhede bringen, um, wenn der Wind günstig war, von da nach Altona zu segeln; wir hatten im ganzen September viel Sturmwetter und contrairen Wind; ungefähr um den 20. September wurde der Wind günstig um in See zu segeln. Ich gab Befehl das Schiff sollte von Rammekens absegeln, und ich wollte mich bei Vlissingen, wenn das Schiff dort vorbei passirte, an Bord setzen lassen. Des Morgens setzte ich mich mit der Frau und Tochter, bei welcher ich wohnte, in eine Chaise; auch nahm ich ein halbes Dutzend junger Küken mit darin, um selbe auf der Reise in See zu benutzen. Ich war sehr krank und schwach, und der Weg von Middelburg nach Vlissingen war derzeit mit Steinen so uneben gepflastert, als ich je einen befahren habe; ich wurde deshalb so zusammengerüttelt, daß, wie wir bei Vlissingen kamen, ich so matt war, daß ich kaum sitzen konnte. Ich sahe nach meinem Schiffe, allein der Wind war westlich geworden (also contrair für mich um in See zu segeln) und es erhob sich auch ein Sturm mit Regen; nun sagte ich, das Schiff kann nicht kommen, kehrt nur wieder mit nach Hause zurück. Wir fuhren also diesen Weg nach Middelburg zurück und kamen 1½ Uhr Nachmittags nach Hause. Von dem Stoßen auf dem unebnen Wege waren drei meiner Küken in der Chaise gestorben, ich selbst war so abgemattet, daß ich mich kaum erinnern kann, wie mich zwei Leute, jeder unter einem Arm, aus der Chaise hoben, ins Haus brachten, und mich mit meinen Kleidern, ins Bett legten. Diese Erschütterung auf dem Steinpflaster, hat mich wahrscheinlich vom Tode errettet. Denn obgleich ich in 8 Tagen nicht hatte schlafen können, so fiel ich doch gleich in einen sanften Schlaf, und erwachte nicht eher, als am andern Tage des Nachmittags, so daß ich länger als 24 Stunden geschlafen hatte. Wie ich nun erwachte, fühlte ich Appetit; ich bekam etwas zu essen, welches mir herrlich schmeckte und gut bekam; jetzt wurde ich von Tag zu Tag besser, so daß ich in einigen Tagen, obgleich noch sehr schwach, an Bord meines Schiffes fuhr, welches noch auf der

Rhede von Rammekens lag, und den 1. October in See segelte.[83] Wir hatten auf dieser Reise nach Altona etwas stürmisches Wetter und contrairen Wind, kamen aber, dem lieben Gott seys gedankt, den 9. October auf die Elbe. Meine Frau, die nach Altona gereist war, mit meinem Bruder Eschel und Herr Broder Ketelsen, bei dem meine Frau logierte, kamen bei mir an Bord zu Twielenfleth. Wir kamen mit dem Schiffe in Altona an; meine Herren freuten sich sehr, daß ich selbst mit war, sahen aber mit Bedauern, daß ich noch sehr krank sey, und nahmen deswegen den damals sehr berühmten Doctor Unzer für mich an; sie sagten zu mir: nun pflege dich und mache dir gar keine Sorge, sondern lebe wie ein reicher Rentenier ohne Sorge, damit du nur bald wieder gesund wirst. Es wurde zwar täglich etwas besser mit mir, aber ich war noch immer so sehr krank, daß Alle welche mich sahen, zweifelten an meiner Genesung. Weil das Schiff wieder nach Cadix segeln sollte, und meine Herren glaubten, daß ich nicht zu der Zeit gesund werden würde, wenn das Schiff zum Absegeln fertig sey, so wollten sie mich bereden, diesen Winter zu Hause zu bleiben, und meinen Obersteuermann, den ich auf ihr Verlangen gehäuert, diese Reise als Capitain mit dem Schiffe machen zu lassen; sie versprachen mir, und wollten es mir schriftlich versichern, daß ich nach beendigter Reise das Schiff wieder führen sollte. Ich entgegnete: ihr Wort ist mir genug, ich will aber selbst mit dem Schiffe ausfahren, auch seien sie meinetwegen nur ausser Sorgen, denn wenn ich nur erst die frische Seeluft wieder einathme, werde ich bald wieder gesund sein. Meine Herren gaben mir nach, weil sie mich lieb hatten und mir kein Aergerniß machen wollten, denn sie glaubten, wie Mehrere, ich würde, ehe ich Cuxhaven erreichte, todt seyn; deswegen gaben sie meinem Obersteuermann Hans Pieters, ohne daß ich es wußte, schon Instructionen mit, wie er nach meinem Tode (der ihnen gewiß zu seyn

[83] Hier in Middelburg, erhielt ich umständlichere Nachricht von dem Absterben meines Vaters, von einem Föhringer der hier wohnte, und welcher auf dem nemlichen Schiffe, worauf mein Vater nach Batavia gesegelt, auch gefahren war. Dieser erzählte mir, daß er in Batavia bei dem Tode meines Vaters zugegen gewesen, daß er in seinem Bette im Hospital gestorben und in Batavia begraben sey. Ich wußte schon 1779 daß mein Vater auf der Reise gestorben sey, denn mein Bruder Olof hatte in Amsterdam auf dem Ostindischen Hause, die Bücher aufschlagen lassen, um zu sehen, ob mein Vater noch lebe; so las der Buchhalter: Jacob Eschels, mit dem Schiffe Boven Kerken Polder, ausgefahren, ist auf der Reise gestorben. Aber wo, und wie, stand nicht dabei. Durch den auf Föhr gebornen Andreas Nickelsen aus Alkersum, erhielt ich also genauere Nachricht. Er war in Middelburg verheirathet und im Dienst der Ostindischen Compagnie; ich habe noch an einem Sonntage bei ihm in seinem Hause zu Mittag gegessen.

schien) handeln sollte. Ich war aber noch immer voller Muth, lachte und spaßte darüber, wenn Leute mir merken liessen, daß sie kaum auf meine Besserung hoffen dürften, und sagte dann zu denselben: Ach was, das ist ja nichts; laßt mich nur erst in See kommen, dann werde ich wieder so gesund, wie ein Fisch. Mein Freund, der alte Capitain Jens Hemsen, und mehrere verständige Leute sagten, daß, falls ich wieder gesund würde, dieses allein meinem guten Muthe zuzuschreiben sey; selbst mein Arzt, Doctor Unzer, der mich in meiner Krankheit bediente, sagte: ich müsse bei voller Gesundheit ein spaßhafter, lustiger Mann seyn. Denn als ich das Gallenfieber hatte, mußte ich oft etwas zu brechen einnehmen, welches mir sehr schwer wurde; allein wenn meine Umgebung mich deswegen bedauerte, so sagte ich lächelnd: das ist ja nichts, ich frage nichts darnach.

Weil mein Schiff in Hamburg lag, und Stückgüter, größtentheils Leinewand in Kisten, einlud, so mußte ich jeden Tag auf der Börse sein, um Connoissemente zu zeichnen; jedoch zu Fuße dahin zu gehen, war für mich unmöglich, weil ich noch immer sehr krank war, deswegen fuhr ich Dienstags und Freitags, als den Posttagen, mit meinen Herren in ihrer Kutsche dahin; an den andern Tagen nahm ich eine Miethkutsche für Schiffsrechnung an, (denn so wollten es meine Herren haben) womit ich an und von der Börse fuhr, und zum Spaß sagte ich zu einigen bekannten Schiffscapitainen: wollen sie mit mir an die Börse fahren? denn ich habe jetzt eine eigene Equipage; so fuhren oft einige mit. Ich erhielt eine volle Ladung Stückgüter, größtentheils Leinen, und ich glaube, daß ich über eine Million Mark Bco. am Werth im Schiffe hatte. Hiermit fuhr ich von Hamburg nach Cadix. Ehe ich aber von Altona abfuhr, machten meine Frau und ich ein Testament. Meine und auch des Steuermanns Frau, fuhren mit dem Schiffe die Elbe hinunter; bei Glückstadt ließ ich Beide ans Land bringen, und von dort fuhren sie mit einem Wagen wieder nach Altona zurück. Ich segelte mit dem Schiffe nach Cuxhaven, wo wir einige Tage vor starkem westlichen Winde lagen. Am 3. December segelten wir mit einem S.S.W. Wind in See; da mein Bruder Eschel, den ich als Untersteuermann mitgenommen, auch mitfuhr, so hatte ich also zwei Steuerleute, und hatte deshalb nicht nöthig, des Nachts selbst Wache zu halten. Jetzt wurde es alle Tage bedeutend besser mit mir, so daß ich schon den Tag über beständig auf dem Deck sein konnte.

Wir hatten eine gute Fahrt; so daß wir den 9. Decbr. im englischen Canal ankamen; hatten den 11ten bei Gaudstaart einen schweren westlichen Sturm, der zwei Tage anhielt; von jetzt an bekamen wir veränderliche Winde. Den 24. December kamen wir bei Cap St. Vincent; am ersten Weihnachtstage, den 25. Decbr. war der Wind nördlich und steife Kühlung, die Luft aber zog stark aus Süden, und ich sah an derselben, sowie am Horizont, daß wir einen südlichen Sturm bekommen würden. Ich ließ also mein Schiff vor dem Winde nach Süden hinsteuern, um mich von der Küste zwischen Cap St. Maria und Cadix zu entfernen; und es war ein Glück für mich, daß ich dies that; denn in der Nacht bekamen wir einen fürchterlichen Sturm aus Süden; weil wir des Nachts halsen mußten, lief aus Versehen die große Marsbras in das Schiefgatt des großen Schoots. Die Leute waren nach meiner Art nicht geschwind genug, es wieder in Ordnung zu bringen; ich gieng also selbst dabei um zu helfen, und fühlte nicht, daß ich vom Regen und Seewasser durchnaß geworden war, noch ehe wir gehalst und Alles wieder in Ordnung hatten. Kurz, ich erkältete mich hierbei so, daß ich wieder kränker wurde. Den 26. Decbr. wurde besseres Wetter. Es war ein Glück für mich, daß ich vom Lande südlich gesteuert hatte, denn einige Schiffe, welche in der Gegend bei mir gewesen, und es nicht gethan hatten, waren in der Nacht gestrandet, und hatten ihre Schiffe nebst den größten Theil ihrer Mannschaft verloren.

Den 27. December kam ich Gottlob glücklich in Cadix an, war aber noch immer kränklich, so daß ich blaß und gelb aussah. Wie ich nun den ersten Morgen, als ich in Cadix angekommen, an Land fuhr, nahm ich die benöthigten Documente mit, um mein Schiff und Ladung einzuclariren, auch nahm ich alle Briefe mit, die mir in Hamburg mit gegeben waren, worunter einige sehr dick von Einlagen, als Zeitungen etc. um Porto zu ersparen, sich befanden. Ich hatte selbe in ein großes Taschentuch eingebunden, und meine Schiffspapiere, Manifest und Connoissemente hatte ich in einer blechernen Dose, unter meinem großen Ueberrock, und gieng also, das Taschentuch voll Briefe in der Hand tragend, ins Stadtthor ein. Die Zollwächter die immer im Thore stehen, hielten mich gleich an und fragten mich, was ich trüge? Ich antwortete: meine Schiffs-Documente und Briefe; sie arretirten mich gleich, und gingen mit mir, unter Begleitung zweier Soldaten nach des Gouverneurs Hause, in der Stadt. Wie ich dort ankam, wurde es gemeldet. Es ist doch sehr angenehm, wenn es eine vernünftige, gerechte und menschenfreundliche Obrigkeit ist, vor welcher man unschuldiger Weise angeklagt wird, denn alsdann ist eine Sache leicht und bald entschieden. Der Herr Gouverneur kam heraus, und fragte: wer ich sey; ich erwiederte: ich bin ein dänischer Schiffscapitain, von Hamburg mit meinem Schiffe hier angekommen und bin fremd hier. Ich kam an Land um meine Documente nach dem königlich dänischen Consul zu bringen und das Schiff einzuclariren; die Briefe aber sind an hiesige Kaufleute. Man hat mich arretirt, weil ich Briefe einbringen wollte; ich aber, als ein fremder Mann habe es nicht gewußt, daß dieses nicht erlaubt sey. Nun fragte der Gouverneur die Zöllner: hat der Capitain die Briefe versteckt gehalten? sie antworteten: nein; er kam ins Thor herein gegangen und trug das Tuch mit den Briefen frei in der Hand. Hierauf sagte der Gouverneur zu mir: Capitain, sie sind frei; und zu den Zöllnern sagte er: die Briefe bringt alle nach dem Posthause, und sagt, daß für diese so viel Porto bezahlt werden solle, als wenn sie mit der Post von Hamburg nach Cadix gekommen wären; hiermit war die Sache vorbei; und so bin ich doch auch in meinem Leben einmal arretirt gewesen. Des Mittags kamen in das Schifferhaus, genannt: die drei Könige, einige Kaufmannsdiener bei mir, welche böse waren, und sagten: was haben sie gemacht, daß sie unsere Briefe auf dem Posthause abgegeben haben? Der Eine von ihnen sagte: ich habe 3 Thlr., der Andere: ich habe 2½ Rthlr. und sofort, Porto für meinen Brief bezahlen müssen. Ich erwiederte: ich bin eurer Briefe wegen arretirt gewesen, und danke Gott, daß ich frei bin.

Der Herr Philipp Walsch, war derzeit königl. dänischer Consul daselbst, und war ein guter alter Mann; dieser sagte mir, ich sollte am andern Tage an Land kommen, um mein Manifest auf dem Zollhause zu zeichnen. Als ich am folgenden Morgen an Land fuhr, sah es nach einem Sturm aus; ich clarirte also auf dem Zolle ein. Am Tage wurde es ein so harter Sturm, daß keine Schalupe an Land fahren konnte, um ihren Capitain an Bord zu holen. Ich mußte also, gleich den Capitainen der andern Schiffe, 1 Tag und 2 Nächte am Lande bleiben, weil der Sturm nicht nachließ. Wir waren 18 Capitaine, theils Altonaer, theils Holländer, und schliefen Alle in diesen beiden Nächten in dem Schifferhause, zu den drei Königen, in einem geräumigen Saal, welcher mit großen steinernen Floren gepflastert war; wir lagen auf dem Fußboden ohne Bettzeug; nur daß wir unsere Ueberröcke angezogen hatten. Es war in der Mitte des Winters, und obgleich es in Cadix nicht friert, so ist es doch um die Zeit, vorzüglich bei stürmischem Wetter und Regen, dort eben so kalt und unangenehm, wie es hier in Altona im Herbste ist; und ich, der ich noch immer kränklich und schwach war, erkältete mich so sehr, daß ich wieder Leibschmerzen bekam; doch weil ich mich keinem spanischen Doctor anvertrauen wollte, mich in meiner Krankheit zu bedienen, so nahm ich keinen an. Tags darauf wurde etwas besseres Wetter, und ich fuhr an Bord meines Schiffes. Den Tag darauf wehete wieder ein Sturm, so daß kein Mensch an Land kommen konnte. Um meine Leibschmerzen zu lindern, nahm ich eine Portion engl. Glaubersalz ein, und dachte, wenn ich nur Oeffnung bekäme würde es besser werden. Es wirkte aber leider nicht. Des andern Tages hatte ich noch mehr Leibschmerzen; nun hätte ich gerne einen Doctor vom Lande gehabt, aber es wehete ein solcher Sturm, daß es unmöglich war, mit der Schalupe an Land zu fahren. Ich nahm also aus meinem Medicinkasten 10

Stück von meinen starken Purgirpillen, und schluckte selbige hinunter; auch diese wirkten nicht, sondern die Schmerzen wurden so stark, daß ich mich am andern Morgen kaum rühren, und vor Schmerzen aushalten konnte. Der Sturm hielt an, und ich konnte keine Hülfe vom Lande suchen, weil wir mit der Schalupe des Sturms wegen nicht dahin gelangen konnten. Ich sagte also zu meinen Steuerleuten: nun will ich leben oder sterben; und somit wollte ich von meinem starken Brechpulver eine Portion einnehmen. Diese baten mich, es doch nicht zu thun; aber ich entgegnete: ich kann den Schmerz in meinem Eingeweide nicht länger aushalten, und so nahm ich das Brechpulver ein. Es währte aber auch nicht lange, so wirkte es so, daß ich stark brechen und purgiren mußte. Die Schmerzen in meinem Leibe liessen gleich nach, ich war aber von dem Purgiren und Brechen sehr abgemattet; wie es vorüber war, trank ich ein Glas Mallagawein, legte mich zu Bette, schlief ein und hatte einen ruhigen und gesunden Schlaf. Als ich wieder erwachte, fühlte ich mich viel besser, und nachdem nahm meine Gesundheit täglich zu, so daß ich Anfangs März 1768, wie es hier schon Frühling wurde, so gesund wie ein Fisch war; und seitdem bin ich bis jetzt 1831, indem ich dieses schreibe, Gottlob immer gesund, und nie ernsthaft krank gewesen.[84]

[84] Einen Spaß, der mir hier in Cadix passirte, will ich euch lieben Kinder noch erzählen; er lief gut ab, könnte aber böse Folgen für mich gehabt haben; deswegen seyd immer rechtschaffen wo ihr auch seyd. In meinem ganzen Leben habe ich die Erfahrung gemacht, daß wenn ich etwas that, welches ich nicht hätte thun sollen, ich mir immer Unannehmlichkeiten oder Strafe zuzog; und so ging es mir auch hier in Cadix. Mein Vetter Capitain Jan Rörd Eschels, der auch mit seinem Schiffe hier lag, sagte mir eines Tages: komme heute Abend bei mir an Bord, ich habe Fische gekauft, und speise selbe bei mir mit. Ich antwortete aber: du weißt es, Vetter, daß ich des Abends nicht von Bord meines Schiffes gehe, und schlug es ihm ab. Er hielt aber nicht auf zu bitten, und sagte endlich: gehst du nicht mit, so bist du mein Freund nicht. Ich fuhr also mit meiner Schalupe zu ihm an Bord; kurz darauf, wie ich und mein Vetter an Bord gekommen, und noch auf dem Deck spatzirten, kam auch Capitain Mühlenforth mit seiner Schalupe an Bord, und mein Vetter nöthigte auch ihn, des Abends bei ihm zu bleiben, um mit ihm zu speisen; er nahm es an. Capitain Mühlenforth sagte zu mir: ich kann ja wohl mit in deiner Schalupe an Bord meines Schiffes fahren, denn du kömmst doch da vorbei, wenn du nach deinem hinfährst; dann können meine Leute an Bord fahren und brauchen nicht auf mich zu warten. Ich sagte: recht gerne. Abends aßen wir also die Fische, waren vergnügt bei einander, und als wir um 10 Uhr an Bord fahren wollten, sagte Mühlenforth zu meinem Vetter: Eschels willst du mir nun geben, was du mir versprochen? er sagte: ja, nahm ein Messer und schnitt bei dem Kajütsbalken, machte ein geheimes Loch offen (mein Vetter war ein Negotiant, schmuggelte und war sehr dreist dabei) und nahm ein Pfund Schnupftaback, welches in Bley eingeschlagen,

Diesen Winter ging das Löschen in Cadix sehr langsam, denn wir waren mit unsern 8 Schiffen die von Hamburg mit Stückgütern abgesegelt waren, hier Alle kurz nach einander angelangt, und es war ein Gesetz bekannt gemacht, daß jeder Empfänger selbst seine Güter aus dem Schiffe holen, und selbe auf das Zollhaus bringen lassen sollte. Vorher war es in Cadix Gebrauch, daß man die Güter vor der Hand und wie sie im Schiffe lagen, löschte und auf den Zoll bringen ließ, auf diese Weise wurde man mit dem Löschen schnell fertig; nach der neuen Verordnung war es nun aber ganz

heraus, und gab es demselben. Da der Taback die größte Contrebande ist, so sagte ich zu Mühlenforth, wenn sie den Taback mitnehmen, so will ich sie nicht in meiner Schalupe an Bord bringen. Beide lachten mich aus, nannten mich eine feige Memme, Bangebüxe etc. so daß ich endlich nachgab. (Ich hätte es nicht thun sollen.) Mühlenforth und ich stiegen in meine Schalupe und saßen beide wie gewöhnlich hinten, Mühlenforth saß zur rechten Seite an mir. Wir fuhren von der Seite des Schiffs ab, aber gleich als wir wegruderten, kam die große Zollschalupe (welche hinter meines Vetters Schiff auf der Lauer gelegen, weil man wußte, daß er des Abends schmuggelte) hinter uns her gerudert. Ich war in tausend Aengsten, und rief meinen Leuten zu: Ruy! Ruy! Aber obgleich meine Leute stark ruderten, so holte sie uns mit ihren 12 oder 16 Riemen doch bald ein. Jetzt sagte ich zu Mühlenforth: wirf den Schnupftaback über Bord; er nahm also denselben in die rechte Hand, und hielt diese über Bord, wollte den Schnupftaback aber nicht fallen lassen. Ich saß in Angst, und stieß ihn immer mit meinem rechten Arm in die Seite, und sagte beständig: wirf es über Bord! wirf es über Bord! er aber war eigensinnig, und wollte es nicht. Als die Zollschalupe uns nun so nahe war, daß sie uns mit ihrem Schlupshaken reichen konnten, ließ Mühlenforth erst den Taback aus der Hand ins Wasser fallen, welcher auch sogleich untersank, und die Schalupen hatten eine so schnelle Fahrt, daß die Zollschalupe darüber wegfuhr, ohne daß es Jemand bemerkte; wie sie uns nun zur Seite kam da waren wir auch schon an der Seite von Mühlenforth's Schiff, wo die Laternen auf dem Fallreep kamen, um wie gewöhnlich dem Capitain zu leuchten, wenn er an Bord stieg. Die Leute im Zollboot nahmen die Laternen und visitirten meine Schalupe ganz durch, fanden aber nichts, weil nichts Verbotenes darin enthalten war. Der Commandant des Hafens, der mit in der Schalupe war, fragte uns: was wir so spät von Bord thäten? Capitain Mühlenforth der fertig spanisch sprach, sagte: wir sind dänische Capitaine, und haben doch wohl die Erlaubniß, einander zu besuchen? Hiermit war die Sache beendet. Ich zitterte aber noch an allen Gliedern, wie ich an Bord meines Schiffes kam. Gleich am andern Morgen fuhr ich nach meinem Vetter Eschels an Bord, erzählte ihm was vorgefallen, und bat ihn, daß er sich in Zukunft in Acht nehmen möchte, indem der Zoll ihn in Verdacht habe. Sicher ist es, hätten die Leute in der Zollschalupe das Pfund Schnupftaback gefunden, dann wären unsere 3 Schiffe unglücklich geworden. Meines, weil ich ihn in meiner Schalupe gehabt, meines Vetters, weil er den Schnupftaback verkauft, und Mühlenforth's Schiff, weil er ihn gekauft hatte. So kann man manchmal unschuldigerweise in Gefahr gerathen.

anders; denn oft kamen Barken um Güter zu holen, die nicht vor der Hand lagen, so daß man selbe erst suchen mußte, weil man nicht notirt hatte, wo diese hingestauet waren, und die Güter, die oben auf lagen, langsam abgeholt wurden, so konnte man zu den untersten nicht kommen. Da ich aber in Hamburg von dieser Verordnung gehört hatte, ehe ich beim Laden anfing, so machte ich ein Ladebuch von 12 Columnen, als: (1stens) Marken, (2tens) Nummer, (3tens) 1ste Lage, (4tens) 2te Lage, (5tens) 3te Lage, (die Balken im Raum ließ ich von Nr. 1 bis 27 zeichnen,) (6tens) Nummer der Balken, (7tens) Steuerbord, (8tens) Backbord, (9tens) Mittschiff, (10tens) in Matten emballirt, (11tens) in Leinen und (12tens) unemballirt. Als wir nun anfingen zu laden, so nahm der Untersteuermann dieses Stau- oder Ladebuch mit in den Raum, und machte nur einen Strich in der Columne wo es gestauet wurde. Zum Exempel, ein Collo kam nieder in den Raum, so schrieb der Steuermann das Mark und die Nummer ins Buch, und dieses Collo wurde nun in der 1sten Lage gestauet, dann machte er einen — Strich in der Columne 1ste Lage, es kam unter den Balken Nr. 17 zu liegen, wieder — Strich, in der Columne der Balken, es wurde an Backbord hingestauet, wieder ein — Strich unter Backbords Columne, und sofort, so daß ich in dem Buche sehen konnte, wo jede Kiste, Packen, Collo, im Schiffe lag; nun konnte ich den Kaufleuten anzeigen, daß ihre Güter bei der Hand lagen, und sie solche abholen lassen konnten. Jetzt war das Suchen nach den Waaren für meine Leute nicht so mühsam, und ich konnte geschwinder löschen, als die Andern. Ich schreibe dieses blos deswegen nieder, damit wenn ihr lieben Kinder oder Enkel, Seeleute werdet, daß man durch eigenes Nachdenken sich oft viel Mühe und Arbeit ersparen kann. Auch kann es nützlich in einem Packhause sein, das voll Waaren steht, denn wenn die Balken auch da nur mit Kreide nummerirt sind, und Rechts und Links im Buche steht, so kann derjenige, der das Lagerbuch führt, den Arbeitsleuten nur sagen, unter dem Balken, Nummer so und so, rechts, steht ein Collo auf die und die Art gemarkt, der muß abgeliefert werden, und so haben die Arbeitsleute nicht die Mühe, das ganze Packhaus zu durchsuchen.

VIII. Entlang den Küsten Europas. Von Rußland bis ins Mittelmeer (1786-89)

Ohngefähr in der Mitte des Märzmonats 1786 empfing ich einen Brief von meinen Herren Patronen, worin sie mir meldeten, daß sie mein Schiff nach Archangel befrachten lassen, um allda eine Ladung Weizen zu laden, und damit nach Lissabon oder auch nach Barcellona zu segeln. Meine Ordre sollte mir aus Lissabon zugeschickt werden; denn ich sollte zwei Mal 24 Stunden zu Cascayo (eine Bucht am Eingange des Hafens von Lissabon) ankern, um aus Lissabon Ordre zu empfangen, ob ich die Ladung dort oder in Barcellona löschen sollte. Ich möchte daher machen, damit ich Mitte Juni vor der weißen See wäre. – Da ich nun von Jugend auf nicht leicht etwas für den morgenden Tag aufschob, was ich heute machen konnte, und wenn mich Jemand bestellte, um die und die Zeit hier- oder dorthin zu kommen, eher etwas zu früh als zu spät hinging, indem ich lieber selbst etwas warte, als daß andere auf mich warten sollten, so nahm ich gleich Ballast ein, nachdem ich ausgelöscht war, und segelte den 29. März von Cadix ab. Ich dachte, du sollst nun mit Bequemlichkeit nach der weißen See segeln, und wenn du auch früher, als das Eis dort weg ist, hinkommst, so kannst du dort so lange kreuzen, bis du des Eises wegen in die weiße See einsegeln kannst. Auf der portugiesischen Küste bekamen wir einen harten südlichen Sturm; wir segelten hart vor dem Winde; mein Schiff war dicht gewesen, es schlenkerte aber hart in der hohen See und sprang mit einem Male so leck, daß wir beständig pumpen mußten.[85] Da ich nun nur Ballast im Raum hatte, so

[85] Des Seemanns Sprichwort ist: auf ein dichtes Schiff muß man Acht geben, denn ein leckes paßt auf sich selbst, indem man dann zu pumpen nicht vergißt, allein an ein dichtes Schiff wird nicht so gedacht. Doch bei mir mußte immer, wenn ein Officier die Wache an dem andern übergab, jener erst die Pumpen peilen und zum andern sagen: das Schiff ist lens; dieses war auch um 8 Uhr des Morgens geschehen, und war zu dieser Zeit, als gepeilt wurde, noch kein Wasser im Schiff; allein um 9 Uhr kam der Koch, welcher Brennholz aus dem Raum geholt, zu mir und sagte bestürzt: das Schiff ist leck, es ist Wasser im Raum. Ich lief gleich hinunter, und fand, daß das Seewasser schon auf den Bauchdiehlen stand; ich horchte nun längs der Seite des Schiffs, und fand die lecke Stelle bald, denn ich konnte deutlich hören, wie das Wasser hereinsausete.

konnte ich leicht nachsehen, wo der Leck war, und fand ihn auch gleich an der Steuerbordsseite, indem ich deutlich hören konnte, wie das Wasser hereinbrauste; ich konnte aber nicht dazu kommen, um es von inwendig zu dichten; allein wenn das Schiff schief nach Backbord über schlenkerte, so konnte ich hören, daß der Leck über Wasser kam, indem es alsdann aufhörte einzulaufen. Ich wußte also: daß, wenn ich in einen Hafen einlief, das Schiff leicht wieder dicht gemacht werden konnte. Wir hatten im englischen Kanal lange Zeit Ost-Wind, und kreuzten dort in Gesellschaft vieler Schiffe. Endlich bekamen wir günstigen West-Wind und segelten in die Nordsee ein. Den 7. Mai war ich bei Norwegen, neben Skutenes; der Wind lief wieder nördlich, und da ich mit diesem Winde doch nicht avanciren konnte, so wollte ich in Skutenes (dem Eingang nach Bergen) einlaufen und dort zugleich das Leck im Schiff dicht machen, denn selbes war nicht unbedeutend. Da der Wind sich jedoch etwas nach Nordost drehte, so konnte ich Skutenes nicht besegeln, sondern lief in Stavanger binnen. Als ich die Jolle mit den Lootsen ankommen sah, ließ ich die Pumpen still stehen, damit sie nicht gewahr werden sollten, daß das Schiff leck war, weil sie mir sonst Extra-Lootsengeld würden abgefordert haben. Abends kamen wir hier binnen, und am Montag Morgen ließ ich von meinen Leuten den Ballast nach Backbord hinwerfen, das große Boot voll Wasser am Backbord aufhiesen und die Kanonen ebenfalls nach dieser Seite hinziehen, so daß das Schiff so schief nach Backbord über hing, daß das Leck an Steuerbords-Seite über Wasser kam. Nun ließ ich die Spickerhaut abnehmen, und so fanden wir die lecke Stelle gleich; es war eine Quer-Nath gesprungen; ich ließ die Stelle gut kalfatern, kaufte etwas Fichtenholz und Bretter, und machte die Spickerhaut damit wieder in Stand, so daß der Schade ausgebessert, und mein Schiff wieder dicht war. Für meine Leute kaufte ich auch etwas frisches Fleisch, Grünigkeiten, Fische etc. Meine ganze Auslage für Holz zur Spickerhaut, Spicker, Lootsengeld in und aus den Hafen, Unkosten etc., belief sich auf noch nicht volle Einhundert Mark Courant, womit ich meinen Schaden am Schiff ausgebessert und die ganze Havarie abgemacht hatte. Hier war es nun erst Frühjahr, und also der zweite Frühling, den ich in diesem Jahre erlebte, denn den ersten hatte ich schon im Märzmonat in Cadix gehabt. –

Den 10. Mai segelte ich wieder in See, und bei dem Nord-Cap hatte ich etwas stürmisches Wetter mit Frost und Schnee. Den 2. Juni des Abends war ich bei Nagel-Eiland, und peilte es, so daß ich nun festes Bestick hatte. Nachts war es nebliges Wetter, und wir konnten nicht weit von uns sehen; wir segelten vor dem Winde und längs dem Lande hin; es war kühl. Den 3. Juni des Morgens sagte ich zu meinem Steuermann: ich habe wohl eher gehört, daß um diese Zeit schon Eis hier ist (denn ich war noch nie selbst in Archangel gewesen); wir wollen also lieber vorsichtig segeln, und so strichen wir das Großmarssegel, um alle drei Refen darin einzustecken. Wie die Matrosen beim Refen waren, hellte es auf, und da ich nach Backbord hinsah, wurde ich gewahr, daß der Nebel sich immer mehr verzog und der Blick heller wurde. Ich lief nun oben hinauf, und sah, daß alles voller Eis war; wir waren also des Nachts zwischen dem Lande und dem Eise hingesegelt, denn so weit ich nach hinten sehen konnte, waren wir schon im Eise hinein. Den Wind hatten wir von hinten, folglich konnten wir nicht mehr zurück; ich rief meine Leute vom Refen ab, und befahl ihnen, diejenigen, die schon eingesteckt waren, wieder auszustechen, und sagte zum Steuermann: wir sind nun schon im Eise, zurück können wir nicht, also besser ist es in die Hölle hinein zu springen als hinein zu kriechen; da wir nun einmal drinnen sind, ist es eben so gut vor- als rückwärts gesegelt. Das Großmarssegel wurde wieder in Top gehießet, und so ging es vorwärts. Ich segelte also im Eise, wie in Grönland, mußte oftmals durch die Stremen Eis hindurchbohren, und freute mich, daß ich nun eben so, wie die Grönländischen Commandeure, mit meinem Schiffe durchs Eis bohren konnte; freilich ließ ich mein Schiff nicht so stark, als die Commandeure die ihrigen, gegen das Eis ansegeln, denn mein Schiffsboog war bei weitem nicht so stark, als der der Grönlandsfahrer; ich kam aber doch gut fort, saß auch nur einmal fest, und zwar nur eine Stunde, denn der Strom öffnete das Eis wieder. So segelte ich nun im Eise durch die weiße See, und kam erst nahe bei dem grauen oder blauen Hock, wo man nach der Rhede von Archangel umbiegt, aus dem Eise und den 5. Juni des Abends auf der Rhede von Archangel zu Anker, woselbst ich in diesem Jahre das erste Schiff war.

Ich ließ eine Flagge vom Vortop wehen, um einen Lootsen zu bekommen, und meine Leute, die, so wie ich, in zwei Tagen und Nächten nicht geruhet hatten, gingen schlafen; doch zwei Mann mußten wechselweise Wache auf dem Deck halten. Den 6. Juni, des Morgens um 4 Uhr, sandte ich meine Jolle mit den Steuerleuten und ein paar Mann nach Modisco, um einen Lootsen zu holen; allein es waren noch keine Lootsen auf dem Wachtthurm, denn weil es hier noch so früh im Jahre war, so erwarteten sie noch keine einkommenden Schiffe, indem der Strom erst seit einigen Tagen vom Eise befreit, und auch noch kein Wachtschiff auf der Rhede ausgelegt war. Sobald meine Jolle ans Land gekommen, wurde von Modisco ein Bote nach der Stadt gesandt, um Nachricht zu bringen, daß schon ein Schiff auf der Rhede angekommen sey. Nun wurden sogleich Lootsen und Zollbeamte hierher gesandt; meine Jolle kam wieder an Bord und brachte einen Fischer mit, der, wenn keine Lootsen kämen, das Schiff in den Strom einlootsen sollte; allein kurz darauf erschienen über zwanzig Lootsen in ihren Carbas oder Booten bei mir an Bord, so wie auch der Zollbeamte mit Mannschaft und einem Soldaten in seinem Carbas ankam. Der Wind lief Nordost, und es fing ein Sturm an zu wehen, so daß ich mit meiner Mannschaft nicht stark genug gewesen wäre, den Anker zu lichten; aber die einige und zwanzig Russen, die zu mir an Bord gekommen waren, halfen am Spill winden, und so lichteten wir den Anker und gingen unter Segel. Mit diesem Nordost-Wind konnte ich das Seeloch nur eben mit vollen Segeln besegeln, und so wie der Anker aus dem Grund lichtete, fiel das Schiff gleich quer; wie nun die Segel voll schlugen, lief das Schiff so schnell, daß des Zollbeamten Carbas unter Wasser schleppte und immer rundum taumelte; alles, was darin war, als: Riemen, Dochten etc., trieb weg, und es war ein Glück, daß kein Mensch darin saß. Der Zollbeamte stand und fluchte: i jop jenemad; aber beidrehen und die Marssegel back brassen konnte ich nicht, weil ich sonst nieden dem Seeloch trieb, folglich mußte die Carbas unter Wasser nachschleppen, bis wir über die Baar waren und in den Strom kamen, wo der Cours leger abging und ich beidrehen konnte, um die Carbas zu retten. Es war ein Glück, daß das Tau, woran die Carbas befestiget, stark und neu war und selbe hielt, sonst wäre sie verloren gewesen. – Wir gingen Abends bei dem Castel, wo auch das Wachtschiff lag, vor Anker. Es schneite diese Nacht so stark, daß wir den 7. Juni Morgens einen Fuß hoch Schnee auf dem Deck liegen hatten; auch fror es noch stark. Ich erwartete den Capitain vom Kaiserlichen Wachtschiff, daß er kommen solle, mich einzuclariren, denn der Wind war günstig für mich, um an die Stadt zu segeln. Ich ließ Kaffee bereiten und setzte mein schönes Dresdener Kaffee-Service (als: Kaffeekanne, Milchguß, Theetopf, Tassen, Zuckerdose etc.) auf den Tisch in der Kajüte; aber es wurde 8 Uhr und der Capitain kam noch immer nicht. Nun konnte ich es nicht länger aushalten zu warten, sondern fuhr bei dem Wachtschiff an Bord, um den Capitain desselben zu sprechen; er schlief aber noch; ich bat, ihn zu wecken, dies durfte jedoch Niemand wagen. Endlich um zehn Uhr stand er auf, und ließ mich bitten, Kaffee mit ihm zu trinken. Als er fertig war kam er zu mir an Bord und clarirte mich; ich ließ ihm ein Frühstück vorsetzen. Hierauf bat er mich, ich möchte seiner Frau, welche er bei sich an Bord hatte, ein Geschenk mit meinem Kaffee-Service machen, denn sie hätte keins, und es würde ihr sehr lieb seyn wenn ich es thäte etc. – Man kann einem solchen Manne, der einem viele Widerwärtigkeiten verursachen kann, nicht leicht etwas abschlagen; ich gab es ihm also, und war mein schönes Service los. Man mußte derzeit daselbst fast bei allen Officieren, wo man clarirte, Präsente geben, wenn man nicht aufgehalten werden wollte. – Wie ich nun bei dem Wachtschiff, Castel und Pritoriezoll fertig war, gingen wir nach Archangel unter Segel, und als wir noch über eine Meile von der Stadt entfernt waren, kamen die drei Hafenmeister schon an Bord. Da ich noch nie in Archangel gewesen war, so wußte ich nicht, daß diese Hafenmeister so viele Macht hatten, und den Capitainen beim Löschen und Laden behülflich seyn, aber sie auch viel chicaniren konnten. Sie waren gewohnt, daß, wenn sie an Bord der Schiffe kamen, ihnen Punsch, Rum, Wein etc. und das Beste, was im Schiffe zu essen war, vorgesetzt wurde. Ich empfing sie zwar höflich, ließ sie jedoch auf dem Deck stehen, denn wir waren im Segeln und ich hatte mit dem Schiffe zu thun, so daß ich nicht mit ihnen in die Kajüte gehen konnte; ich fragte sie auch, ob sie einen Schnaps trinken wollten? dies schlugen sie aber ab, indem sie erwartet hatten, gut tractirt zu werden, weil ich das erste Schiff war, welches in diesem Jahre ankam, und sie nun den ganzen langen Winter über kein Tractament auf Schiffen gehabt hatten. Ich bemerkte wohl, daß sie verdrießlich waren, allein ich achtete nicht darauf. Wir gingen bei Sollenboll, dem gewöhnlichen Ankerplatz zum Löschen und Laden, vor Anker. Ich clarirte mein Schiff daselbst und fuhr mit meinem Ruymann[86] nach Archangel. Hier meldete ich mich bei meinen Correspondenten, und überall, wo ich hinkam, gratulirte man mir, weil ich das erste Schiff war, welches in diesem Jahre hier angekommen; da ich vorher nie in Archangel gewesen und doch zuerst hier ankam, so wollte dies viel sagen. Ich kaufte ein ganzes Viertel eines geschlachteten Ochsen, und wollte dieses mit an Bord nehmen, um meine Leute zu erfrischen (in Archangel ist es Sitte, daß man seinen Leuten täglich frisches Fleisch giebt); wie ich nun mit meinem Viertel Ochsen in meines Ruymanns Carbas an Bord kam, erschienen gleich die Hafenmeister, die schon auf mich gelauert hatten, indem sie wohl wußten, daß ich etwas aus der Stadt mit an Bord bringen würde, und confiscirten die Carbas mit sammt dem Fleisch, arretirten meinen Ruymann und gaben ihm auch noch einige Prügel. Dies ärgerte mich und ich pochte mit ihnen; sie kehrten sich aber nicht daran, sondern lachten mich aus, und nahmen die Carbas mit dem Fleisch, schleppten selbe bei Sollenboll ans Land und ließen das Fleisch in ihr Haus tragen; hierauf sagten sie zu mir:

[86] Jedes Schiff, das hier ankommt, nimmt einen Ruymann oder Jollenführer an, der mit seiner Carbas oder Jolle den Capitain hinführt, wohin er will. Derzeit zahlte man dem Ruymann zwei Rubel pr. Woche; dies ist aber immer höher gestiegen, denn das letzte Mal, als ich in Archangel war, mußte man schon fünf bis sechs Rubel pr. Woche bezahlen; doch bringt er auch dafür dem Capitain jeden Morgen schönen Rahm zum Kaffee und Milch für die Mannschaft.

dies ist alles unser, denn die Carbas ist nicht gestempelt, und so ist sie, mit allem was darin ist, confiscirt.[87] Ich lief gleich zu Fuß durch Sollenboll, ließ mich bei der Fähre nach Archangel übersetzen, und ging zum Director oder Obersten am Zollwesen, um ihm meinen Verlust zu klagen. Wie ich zu ihm kam (er war ein Deutscher und hörte mich freundlich an; wenn ich nicht irre, hieß er Lange, und war, als ich 1789 wieder nach Archangel kam, Hofrath) sagte ich: ich komme von einer langen Reise und wollte für meine Leute frisches Fleisch an Bord nehmen, dieses haben mir aber die Hafenmeister mit sammt der Carbas weggenommen, meinen Ruymann geprügelt und ihn arretirt. Er fragte, aus welcher Ursache mir dies weggenommen wäre? Ich antwortete: die Hafenmeister sagen, weil die Carbas nicht gestempelt ist; mein Ruymann behauptet jedoch, daß in diesem Jahre noch gar keine Fahrzeuge gestempelt sind. Der Herr Director schrieb hierauf ein Billet, versiegelte es und gab es mir mit den Worten: bringe dies an die Hafenmeister. Ich bedankte mich und ging. – Wie ich nun in das Wachthaus der Hafenmeister kam, sahen sie mich höhnisch und verächtlich an, und ließen mich an der Thüre stehen; allein als sie den Brief, welchen ich ihnen übergab, gelesen, wurden sie sehr unruhig und höflich, nöthigten mich zum Sitzen und fragten, ob ich ein Schälchen (Schnaps) trinken wolle; hierauf wurde meine Carbasse ins Wasser geschleppt, das Fleisch hinein gebracht, der Ruymann frei gegeben, und so fuhr ich mit der Carbas sammt dem Fleisch an Bord. Dies alles bewirkte das Billet, welches ich von dem Herrn Director an die Hafenmeister gebracht. Bei der Uebergabe desselben sagte ich noch zu ihnen: ich wende mich immer an das Haupt und nicht an den Schwanz, wenn ich Hülfe suche. In dem Billet stand blos: Wenn die Ursache, daß ihr die Carbas mit dem Fleisch confiscirt habt, keine andere ist, als weil selbe nicht gestempelt ist, so befehle ich euch, dem Capitain gleich alles wieder auszuliefern. – Da die Hafenmeister sahen, daß ich bei dem Herrn Director des Zolls bekannt war, so waren sie höflich gegen mich, ich aber kalt gegen sie, und gab ihnen nichts. Des andern Tages kamen einige Commis, welche auf dem Comptoir, woran ich adressirt war, dienten, zu mir an Bord. Die Hafenmeister, welche gerade gegenwärtig waren, klagten ihnen, daß ich ihnen nichts geben wolle. Die Commis sagten mir hierauf, daß die Hafenmeister Einem hier viel in den Weg legen könnten, und daß ich besser thäte, in Freundschaft mit ihnen zu leben; auch sey es hier Sitte, daß man ihnen etwas zu gute

[87] Die Fahrzeuge in Archangel werden alle Jahre neu gestempelt; weil ich aber so früh hier ankam, daß man noch keine Schiffe erwartete, so waren in diesem Jahre noch keine Fahrzeuge gestempelt worden.

thäte. Die Hafenmeister hatten sie gebeten, daß sie mir dieses sagen möchten. Ich versprach dies zu thun, versöhnte mich hierauf mit ihnen und sagte: mein Tisch wird nun alle Tage für sie gedeckt stehen. Wenn nachher des Mittags meine Schiffsglocke zum Essen geläutet wurde, so fielen sie über Hals und Kopf in ihre Carbas, und kamen an Bord, um zu speisen. Da ich hier reichlich acht Tage allein lag, ehe mehrere Schiffe ankamen, so war mir dies etwas lästig; wenn mehrere Schiffe da sind, so gehen sie heute bei dem einen, morgen bei dem andern an Bord zum Speisen, und so fällt es Einem nicht so zur Last. – Diese Hafenmeister sind nachher, wenn ich in spätern Jahren nach Archangel kam, immer meine Freunde gewesen, und haben sich auch als solche gegen mich bezeigt.

Ich nahm hier eine Ladung Weizen in Säcken ein, mußte aber ein Lotje (Leichterschiff) mit vierzig Last über die Baar einnehmen,[88] und segelte

[88] In diesem Jahre erlebte ich drei Frühlinge; denn als ich Ende März von Cadix abfuhr, war es in Spanien Frühling, und wie ich im Mai nach Stavanger kam, war dort auch erst Frühling, und als ich hier in Archangel lag, wo ich mit Frost und Schnee den 6. Juni auf den Strom kam, trat gegen Ende dieses Monats der Frühling ein, und wie ich im Juli wegsegelte, ward es dort Sommer. – Leider machte ich auch hier die traurige Bemerkung, daß den Russen, die der griechisch-katholischen Religion zugethan sind, auch von ihren Popen die abschreckende Lehre beigebracht ist, daß die griechische Religion die allein seligmachende sey, so wie mir in meiner Jugend gelehrt wurde, daß die lutherische Religion die einzig wahre und seligmachende wäre, und daß ein Jeder, der dieses fest glaubt, auch gern diejenigen, von denen er etwas hält, in seine Religion aufnehmen lassen will, um sie der ewigen Verdammniß zu entziehen. Hier ist der Beweis. – Eines Tages fuhr ich mit meinem Ruymann nach der Stadt, es war 9 Uhr Vormittags, und wie wir in Archangel ans Land stiegen, und bei einer russischen oder griechischen Kirche, welche dicht beim Landungsplatz lag, vorbeigingen, hörte ich den Popen vor dem Altar singen; mein Ruymann sagte mir hierauf daß heute ein russischer Feiertag sey. Ich sagte nun zu ihm: Alex (so hieß er), wenn du zur Kirche gehen willst, so gehe nur hinein, und hole mich diesen Abend mit der Carbas ab. Als wir nun des Abends an Bord fuhren, fragte ich ihn: Nun, Alex, (er war ein flinker junger Mann) bist du in der Kirche gewesen? er antwortete: ja. Nun fragte ich ihn: hast du denn auch etwas Gutes gehört? er bejahete es und fuhr fort: es ist doch schade, daß der Capitain (er meinte mich) ein Deutscher ist. Ich fragte ihn: warum denn das? Er antwortete, ich wäre doch ein guter Mann, und es thät ihm sehr leid, daß ich in die Hölle käme, und ewig in Theer und Pech brennen müsse. Ich lachte darüber und fragte ihn, wer ihm das weis gemacht habe? er sagte: meine Popen. Ich fragte ihn nun weiter, warum denn die Deutschen in die Hölle kämen? Er antwortete: sie essen in der Fastenzeit Fleisch, Eier, trinken Milch und halten keine Fasten. Ich sagte: viele Russen

den 6. Juli von der Rhede nach Lissabon ab. Auf dieser Reise hatten wir fast gar kein stürmisches Wetter. Ich segelte nördlich, um Irland, zwischen Island und Ferro durch. Wenn man Island in dieser Jahreszeit passirt, so ist es so voll von jungen Vögeln auf der See, daß, wenn man des Nachts segelt und ihnen nahe kommt, ein solches Geschnatter zu hören ist, daß man lachen muß, denn die alten Vögel nehmen die Jungen weit mit auf die See, und die Jungen wissen sich dann nicht zu bergen, wenn das Schiff auf sie angesegelt kommt. Wir sahen die Ferro-Inseln, und den 23. August kam ich vor Lissabon an, lief um Cap Borent hin, und ankerte in der Bucht von Cascayo. Hierauf sandte ich einen Brief mit einer Fischerbarke an meine Correspondenten in Lissabon, worin ich ihnen meine Ankunft in Cascayo meldete, und sie bat, mir Ordre zu schicken, ob ich in Lissabon einlaufen oder nach Barcellona segeln sollte. Des Abends brachte die Fischerbarke mir schon Antwort auf meinen Brief, welche so lautete: »Mit Vergnügen haben wir Ihre glückliche Ankunft vernommen, und kommen Sie, so bald möglich, hier ein mit Ihrem Schiffe, wir werden Ihre Ladung hier in Empfang nehmen, und werden uns freuen, Sie wohlzusehen. Mündlich sodann ein Mehreres. Ergebenst Bus, Renner & Holtze. Ich segelte also des andern Morgens in den Tago ein und ankerte vor Lissabon. Gott sei Dank für glückliche Reise.

Da hier keine Frachten für mich zu haben waren, so segelte ich Anfangs October nach Marseille, und kam in neun Tagen von Lissabon dort an. Nachdem ich hier drei Tage gelegen, und ebenfalls keine Aussicht hatte, eine Fracht zu erhalten, so segelte ich den 16. October wieder von hier weg und kam den 17., Gottlob glücklich, in Cette an. Hier lag ich, nebst vielen Altonaer Schiffen, den Winter über, und erhielt eine Fracht mit Wein und Branntwein nach Lübeck, à 34 ℔ pr. Last; die Frachten waren der vielen Schiffe wegen so außerordentlich niedrig. Ich

trinken Branntwein, und besaufen sich wie die Schweine; was ist nun besser, Milch trinken und nüchtern bleiben, oder sich wie ein Schwein in Branntwein voll saufen? Er zuckte die Achseln und lachte darüber. Ich fuhr fort: wenn die Popen dir wieder so etwas lehren, dann sage ihnen nur dreist, daß es Lügen sind, und daß ich dir das gesagt hätte. Ich fügte noch hinzu: die Deutschen gehen doch auch in die Kirche; hierauf entgegnete er aber, dies geschähe nur zum Vergnügen, indem da Orgel-Musik sei, und die Russen dieses so betrachteten, als wenn sie einen Ball hätten und nach der Musik tanzten. – Wann werden doch die Lehrer den Spruch benutzen: »Unter allerlei Volk, wer Gott fürchtet und recht thut, der ist ihm angenehm.« – Vielleicht geschieht es schon bei Vielen; denn es ist, seitdem mir dieses passirte, beinahe ein halbes Jahrhundert verflossen.

hatte beinahe 240 Last im Schiff, und segelte damit am 26. Febr. 1787 nach Lübeck ab.

Auf dieser Reise war mein Schiff sehr leck, so daß beständig gepumpt werden mußte. Wir hatten, so wie alle Schiffe dieses Jahr, eine lange Reise; denn wir waren vier Wochen in dem mittelländischen Meere, ehe wir aus der Meerenge von Gibraltar kamen, und im englischen Kanal hatten wir drei Wochen Ostwind.

Wir Cettefahrer, sechs Schiffe, kamen Alle zugleich den 2. Mai zu Helsingör, und den 6. Mai zu Lübeck an. Meine Frau ließ ich nach Lübeck kommen, woselbst sie glücklich anlangte. Diesmal war ich frisch und gesund, denn das letzte Mal als wir auf der Elbe bei Glückstadt 1785 von einander Abschied nahmen, war ich, wie bereits bekannt sehr krank, und sie hatte damals wenig Hoffnung, mich je wieder zu sehen. Hier auf der Travemünder Rhede löschten wir unsere Ladung aus (denn wegen Mangel an Wasser konnte ich nicht mit dem Schiffe an die Stadt kommen) und ich lieferte selbe gut und zur Zufriedenheit aller Empfänger ab; jedoch einen ausgenommen, welcher 10 Fässer Branntewein im Schiffe hatte; von diesen hatten 3 geleckt, und zwar aus dem einen der Fässer war $\frac{1}{2}$, dem andern $\frac{1}{3}$tel, und aus dem dritten $\frac{1}{4}$tel ausgelaufen. Dieses entstand daher: er hatte aus Sparsamkeit an seinen Correspondenten in Cette geschrieben, daß um Kosten zu sparen, keine eiserne Bände um seine Fässer gelegt werden sollten; so kam es denn, daß seine Fässer zu schwach waren, und geleckt hatten. Dieser Empfänger verlangte nun, daß meine Leute Verklarung thun sollten, und nicht blos wie sonst in der Verklarung zu stehen pflegt, daß sie nichts veruntreuet, heimlich weggesteckt um sich hernach davon zu bereichern, nichts unter sich getheilt, nichts an andre Schiffe übergeben oder davon verkauft und sich schon bereichert hatten, sondern der Empfänger verlangte auch noch, daß in der Verklarung gesetzt werde und darin ausdrücklich stehen solle: auch nichts von der Ladung getrunken zu haben; dieses Letzte däuchte mir sehr hart zu seyn, und da ich einen Eid für etwas sehr wichtiges halte, so sprach mein Gewissen sehr dawider, und als ich dieses meinem Mackler klagte, daß solches eine ungerechte und unerhörte Forderung sey, (meine Frau war bei dieser Unterredung zugegen) so antwortete mir derselbe: es muß so in der Verklarung eingesetzt werden, oder der Empfänger bezahlt nicht nur keine Fracht für seinen Branntewein, sondern wird auch noch Schadenersatz fordern. Also wurde denn beschlossen, daß meine Leute dies verklaren sollten. Des Abends sagte meine Frau, die sehr religiös war, zu mir: du mußt deine Leute dieses nicht beschwören lassen, denn es ist ja fast unmöglich, daß Leute, die mit einem Schiff fahren welches mit Wein und Branntewein beladen ist, nichts davon sollten getrunken haben, und du magst dich ihrer Sünde theilhaftig; und um desto mehr, weil du ihr Oberhaupt bist, und sie vom Sündigen abhalten solltest. Mir war selbst nicht wohl bei dieser Sache zu Muthe. Mein Gewissen hatte mir schon scharf genug dasjenige vorgehalten, was meine Frau mir gesagt hatte, und ich dachte schon: der Schade ist ja auch nicht so groß, du sollst lieber dem Empfänger seinen Branntewein aus deiner Tasche bezahlen, es wird doch nicht volle 100 Rthlr. seyn, und so haben deine Leute doch nicht nöthig einen so unvernünftigen Eid zu schwören. Ich konnte aber doch des Nachts vor Unruhe, die ich dieser Sache wegen empfand, nicht schlafen, und nahm es mir vor, nach Travemünde zu gehen, um mit dem Commandanten oder Amtmann zu sprechen, denn meine Leute sollten die Verklarung vor ihm ablegen. Des andern Morgens ging ich hin zu demselben, und fand an ihn einen freundlichen und vernünftigen Mann. Ich sagte zu ihm: Herr Commandant, verzeihen sie, daß ich so frei bin, um sie zu sprechen; ich komme zu ihnen und bitte sie mir zu rathen, denn es ist eine Gewissenssache, weshalb ich zu ihnen komme. Ich bin nemlich hier mit einer Ladung Wein und Branntewein von Cette angekommen, und nun verlangt man von mir, daß meine Leute in der Verklarung beschwören sollen, daß sie nichts von der Ladung getrunken haben; ich kann es wohl beschwören, daß ich selbst nichts davon getrunken habe, auch daß ich meinen Leuten keine Gelegenheit gegeben davon zu trinken, allein da ich mit Wein und Branntewein das Schiff voll geladen gehabt, so deucht es mir unmöglich zu sein, daß die Leute beim Laden und Löschen (da einige Sorten Wein nur mit einem bleyernen Nagel der Luft wegen zugesteckt sind, und welchen man nur aufzuheben braucht, um mit einem Pfeifenstiele oder dünnem Rohre Wein aus dem Faß zu saugen) nicht einmal von der Ladung getrunken haben sollten. Der Herr Commandant entgegnete hierauf: wenn wir auch für jedes Schiff, das mit Wein und Branntewein beladen hier ankömmt, einen Galgen und Rad bauen liessen, so würden die Matrosen es doch nicht nachlassen, von der Ladung zu trinken, und wenn die Kaufleute so unvernünftig sind, so etwas in die Verklarung zu setzen, so müssen wir so viel vernünftiger seyn, und es nicht geschehen lassen. In ihrer Verklarung also lassen sie es nicht einsetzen, und wenn ihnen Jemand etwas hierüber sagen will, so kommen sie nur zu mir, ich werde sie schützen. Ich bedankte mich, und da mich hernach Niemand in Anspruch nahm, so war diese Sache beendet; ich hatte also nicht nöthig, den Schaden aus meiner Tasche zu bezahlen, denn obgleich ich derzeit kein eigenes Vermögen, sondern nur von meinem Verdienst so eben mein Auskommen hatte, so wollte ich doch lieber (und ich hätte es sicher gethan, obgleich es mich gedrückt hätte,) 100 Thaler Schaden bezahlen, als daß ich meine Leute hätte schwören lassen, daß sie nichts von der Ladung getrunken hätten. – In Lübeck war eine Schiffer-Gesellschaft, und in dem Hause wo diese sich befand, war ein Tisch, den man den spanischen Tisch nannte; an diesem durfte sich Niemand anders setzen, als der nach Spanien gefahren oder das Cap Finesterra passirt hatte. Eines Abends waren sämmtliche Capitaine die von Cette angekommen waren, daselbst, und wurden an dem spanischen Tische bewirthet; jeder von uns bekam einen großen silbernen Krug, woraus wir unser Bier tranken.

Es war meinen Herren eine Fracht für mein Schiff angeboten, mit Masten von Riga nach Lissabon; aber die Klausel war dabei festgesetzt, daß, wenn das Schiff keine 42 Masten und 8 Bogspriete laden könnte, dann sey die halbe Fracht verloren. Es war eine gute Fracht, aber meine Herren glaubten nicht, daß ich so viele Masten in mein Schiff laden könnte. Sie schrieben mir also hierüber folgendes: die Masten, die eingeladen werden sollten, wären 80 bis 100 Fuß lang, und 24 bis 26 Palm dick.[89] Hierauf schrieb ich wieder zurück an meine Herren, daß ich glaubte, das Schiff könne wohl diese Masten laden, sie sollten deshalb diese Fracht nur annehmen. Sie antworteten mir aber wieder, daß sie nicht glaubten, daß ich die 42 Masten und 8 Bogsprite im Schiff laden könnte, denn Capitain Ries, der ihr Schiff De twee Gysberts, führte, glaube nicht, daß er so viele Masten in sein Schiff laden könne, da es doch größer als das Meinige sey, und es sehr empfindlich für sie sein würde, wenn ein paar Masten nachbleiben sollten, die nicht im Schiff eingeladen werden könnten, und sie deswegen die halbe Fracht verlieren sollten. Hierauf antwortete ich gleich wieder: da ich aus ihrem Schreiben ersähe, daß sie allem Anschein nach selbst keine Lust zu dieser Fracht hätten, auch Andere mehr als mir glaubten, daß das Schiff die Masten nicht alle laden könnte, so wollte ich mit dieser Befrachtung nichts mehr zu thun haben; was aber den Verlust der halben Fracht beträfe, so würde dieses gar nicht zu besorgen sein, denn gesetzt, es hätten 2 bis 4 Masten nicht im Schiff eingeladen werden können, so hätte ich diese oben aufs Deck geladen, und Henricus de Vierde (so hieß mein Schiff) würde eben so wenig dieses empfunden haben, als wenn eine Fliege einem großen Ochsen auf die Hörner säße die derselbe auch nicht einmal bemerkt; und Niemand sollte es zu wissen bekommen haben. Hierauf bekam ich nun gleich Antwort, daß ich die Fracht nur abschliessen sollte mit dem Befrachter (dieser wohnte in Lübeck) und es sollte ihnen lieb sein, seiner Zeit zu erfahren, daß die Masten in und auf dem Schiffe geladen

[89] Hier in Lübeck konnte ich nicht zu wissen bekommen, wie groß ein Palm sei, hätte ich dieses gewußt, so hätte ich bestimmt schreiben können, daß ich die Masten wohl laden könnte. In Riga bekam ich zu wissen, daß 16 Palm, 19 Zoll im Durchmesser sei.

wären.[90] Ich schloß also die Fracht ab, da mein Schiff aber sehr leck, auch die Spickerhaut, die seit 1782 um das Schiff saß, von den Würmern zerfressen war, so mußte eine neue um dasselbe gelegt werden, auch die Näthe in der festen Haut calvatert werden; weil mein Schiff zu tief im Wasser lag, so konnte ich nicht mit dem Schiffe zu Lübeck an die Stadt kommen. Ich segelte also, nachdem ich daselbst mit Allem fertig war, mit meinem Schiffe nach Neustadt; ließ es dort kielholen und gut calvatern, und legte eine neue Spickerhaut um dasselbe. Meine Frau, die schwanger war, reisete, wie ich in Neustadt mit Allem fertig war, nach Altona, und von dort wieder nach Föhr zu Hause; ich geleitete sie noch eine Strecke Weges, dann nahmen wir zärtlichen Abschied von einander, und sahen uns nie wieder. Sie starb im März 1788 im Wochenbett; ich war derzeit in Amerika, und habe, wie ich nach Altona kam, einen Leichenstein daselbst machen lassen, welchen ich nach Föhr sandte; dieser steht noch jetzt auf ihrem Grabe.

Der Ballast den ich nöthig hatte, ward mir in vier Stunden an Bord gebracht. Das Fischeramt hatte hier in Neustadt das Privilegium, allein Ballast an Bord der Schiffe zu bringen, wozu sie 40 kleine Kähne hatten. Hierbei jagte nun einer dem andern vorbei, um mehr Kähne Ballast an Bord zu bringen, denn sie erhielten für jeden Kahn Ballast den sie an Bord brachten und selbst in die Pforten des Schiffs einschaufelten, 4 Schillinge, deswegen kam es, daß, wie gesagt, wir in 4 Stunden ungefähr 80 Last Ballast im Schiff hatten. Den 7. Juli segelte ich von Neustadt's Rhede nach Riga ab, und kam Gottlob glücklich den 17. Juli zu Boldera vor Anker, löschte daselbst meinen Ballast über in ein schwedisches Schiff, segelte von dort hinauf nach Riga und holte das Schiff bei dem sogenannten Damm an Land; hier nahm ich die Masten ein, der übrige Raum wurde mit Balken, Klapholz etc. vollgepackt, das Zwischendeck und Kajüte wurde mit Flachs vollgeladen; ich segelte also mit dieser Ladung von Riga nach Lissabon ab.

[90] Ich nahm in Riga, wie hernach zu sehen, alle Masten ein im Raum des Schiffs, und sobald als ich selbe eingeladen hatte, schrieb ich an meine Herren, daß ich alle Masten in den Raum des Schiffs geladen hätte, und noch 4 hätte mehr laden können; auch wären sie größer gewesen, als sie in der Chartepartie bestimmt waren; denn statt 80 bis 100 Fuß, waren sie 90 bis 110 Fuß lang, und statt 24 bis 26 Palm, waren sie 28 bis 32 Palm dick, die ich in mein Schiff geladen, auch hätte ich noch statt der 8 Bogspriete, 7 Masten und 1 Bogspriet geladen; denn ein Bogspriet ist unter 70 Fuß lang, und sobald einer 70 Fuß lang ist, wird er für einen Mast gerechnet; ich hätte nur einen der 68 Fuß lang war, geladen, die sieben andern wären alle über 70 Fuß lang gewesen, die ich im Schiffe geladen hätte.

IX. Salz, Reis und Kaffee. Der atlantische Dreieckshandel (1787-94)

Wie ich in Helsingör kam um zu clariren, lag dort ein Brief von meinen Herren an mich, worin sie mir schrieben, daß sie mein Schiff verfrachtet hätten nach Charleston, Südcarolina in Nordamerika, um daselbst eine Ladung Reis zu holen und solchen nach Hamburg zu bringen; auch sollte ich in Lissabon Salz einnehmen, um es dort zu verkaufen. Ich sollte aber vor den 31. Januar nächsten Jahres dort sein, denn sonst stände es in des Befrachters Correspondenten Willen, ob er die Chartepartie gelten lassen oder annulliren wolle.[91] Auf der Reise von Riga, wo ich Anfangs September nach Lissabon abfuhr, ist nichts Merkwürdiges passirt. Wir kamen Gottlob glücklich daselbst an, löschten unsere Ladung aus, nahmen Salz ein, und segelten den 18. Nov. von dort ab in See. Auf dieser Reise hatten wir in der Gegend von Madeira einen Orcan; mein Schiff lag beständig mit dem Bord unter Wasser, und die Masten bogen sich so krumm, wie sie noch nie mit Segel gebogen waren; denn wir hatten keine beigesetzt, weil kein Segeltuch halten konnte; wir litten jedoch keinen Schaden. Die Ostpassat segelte ich zwischen dem 24. und 25. Grade

[91] Diese Klausel in einer Chartepartie ist sehr nachtheilig für ein Schiff, für den Befrachter aber sehr vortheilhaft. Denn kommt ein Schiff nach dem in der Chartepartie oder Frachtcontract bestimmten Tage an, und die Frachten stehen niedrig, oder daß gar keine Frachten zu haben sind, (sowie es mir 1796 ging, obgleich es zu meinem Beßten ausfiel) so sagt der Befrachter: ich kann das Schiff nicht gebrauchen und annullire die Chartepartie, denn nun kann ich Schiffe wohlfeiler befrachten, als wie in der Chartepartie bestimmt ist. Sind aber die Frachten höher, dann sagt er: ich will die Chartepartie behalten, und soll in Kraft bestehen bleiben. Darum lieben Kinder, wenn euch dies einmal passiren sollte, daß ihr eine Fracht annehmen müsset, worin diese Klausel angeführt werden soll, dann schlagt vor, daß in der Chartepartie zu stehen komme: wenn das Schiff den Dato nicht angekommen ist, so stehet es beiden Contrahenten frei, die Chartepartie zu halten oder zu annulliren und aufzuheben. Dann steht es auch dem Capitain frei, daß wenn die Frachten höher sind, als welche er in der Chartepartie bedungen, solche zu annulliren und eine höhere Fracht anzunehmen. Die Herren Befrachter werden eine solche Klausel nicht gerne annehmen, allein wenn sie lieber einen bekannten, als einen fremden Capitain befrachten wollen, dann werden sie leicht diese Klausel aus der Chartepartie auslassen.

nördl. Breite längs, und als ich mich in der Länge von der Insel Barmuda befand, segelte ich nordwestlich nach der amerikanischen Küste über, und 1788 den 18. Januar warf ich Grund auf der Küste von Südcarolina. Den 19. Januar hatten wir noch einen Nordweststurm weil ich aber dem Lande auf 8 Faden Wasser nahe, und schlichtes Wasser war, so forcirte ich mit dicht gereftem Marssegel und gereftem Untersegel und hielt was ich hatte, so daß ich nicht wieder in tiefes Wasser hintrieb. Den 20. Jan. hatten wir gutes Wetter, und des Abends ward der Wind nordost, mit dem ich den 21. Januar Gottlob binnen aufs Revier von Charleston kam; also frühe genug nach meiner Chartepartie. Hier nahm ich eine Ladung Reis ein, und segelte damit den 20. März in See, bestimmt nach Hamburg. Wir kreuzten lange im Kanal mit Ostwind und kamen erst den 26. Mai in die Elbe; hier erhielt ich die traurige Nachricht, daß meine liebe Frau Ausgangs März im Wochenbette gestorben sey und mir eine Tochter Christine Dorothea hinterlassen habe. Meine seelige Frau, Nomie genannt, war die Tochter des schon vorher verstorbenen seel. Capitain Boncke Hansen; derselbe hatte lange Jahre als Capitain von Holland gefahren. Meine Frau war glücklich entbunden, auch noch 14 Tage nach der Entbindung gesund und munter gewesen, die Kindtaufe war gleichfalls vergnügt gefeiert worden; dabei hatte sie sich aber erkältet, welches ihr einen frühen Tod zuzog. Ich erhielt von meinen Herren die Erlaubniß, auf drei Wochen nach Föhr zu reisen, (ich war in zehn Jahren und einigen Monaten dort nicht gewesen) um daselbst meine Sachen zu regulieren. Ich kam da an, und fand meine Mutter und Schwiegermutter gesund; meine Tochter aber kränkelnd am Zahnfieber, es war ein hübsches wohlgebildetes Kind; ich regulierte meine Sachen auf Föhr, besuchte meine Verwandten, bezahlte alle Schulden die gemacht waren, und reisete, nachdem ich elf Tage dort gewesen, wieder nach Altona ab. Die Schwiegermutter meiner sel. Frau, ihres ersten Mannes Mutter, Christina von der Wettering, schrieb mir, während ich noch auf Föhr war, von Christian Albrechten Koog, wo sie wohnte, daß, wenn ich nach Altona reisen wolle, so möchte ich ihr melden, welchen Tag ich in Dagoböl seyn würde, sie wolle mich dann von da mit ihrem eigenen Wagen abholen lassen, indem sie mich doch gern persönlich kennen lernen möchte. Auch ich hatte große Lust, die Familie, von der ich viel Gutes gehört hatte, kennen zu lernen. Da ich nun von Föhr abreisete und in Dagoböl ankam, stand der Wagen schon bereit; ich fuhr also mit demselben nebst meinem Schwager Hans Boncke Hansen, meinem Bruder Eschel und noch zweien meiner Leute nach Christian Albrechten Koog. Als wir in das Haus der Schwiegermutter kamen, fanden wir die freundlichste Aufnahme, und ich verweilte zwei Tage bei diesen guten Leuten, die mir alle erdenkliche Freundschaft erwiesen. Wie ich von ihnen Abschied nahm, brachte ihr Wagen mich und meine Gefährten nach Husum, von wo ich mit der Post nach Altona fuhr. – Im Augustmonat erhielt ich hier die traurige Nachricht, daß auch meine Tochter auf Föhr gestorben sey; ich stand also wieder allein da. –

In Hamburg lud ich wieder Stückgüter in mein Schiff nach Cadix und Charleston, und erhielt eine volle Ladung, womit ich den 11. August von Cuxhaven in See segelte und Gottlob glücklich in Cadix ankam. Hier löschte ich die Güter aus, die da bleiben sollten, lud wieder Salz ein und segelte damit nach Charleston, wo ich den 15. December ankam. Hier sprach ich den Herrn Justizrath Wilmanns (welcher 1783 als Passagier mit mir von St. Thomas nach Europa fuhr, wie bereits gemeldet); er sagte mir, daß es ihm sehr leid thue, meines Steuermanns lügenhaftem Brief und Bericht Glauben geschenkt zu haben, und wir versöhnten uns und wurden wieder gute Freunde; er schenkte mir auch ein paar schwere goldene Knieschnallen. Der Herr Justizrath war den ganzen Winter hier, errichtete eine Freimaurer-Loge und nahm verschiedene Deutsche, so wie auch Schiffscapitaine, darin auf; auch mich wollte er aufnehmen, da ich aber nie Lust zu geheimen Verbindungen hatte, auch in Knigge's Umgang mit Menschen steht, daß alle geheimen Gesellschaften immer an einem oder dem andern Gebrechen leiden, so ließ ich mich nicht bereden, ein Mitglied zu werden. Mir wurde zwar gesagt, daß der Orden nichts gegen die Religion lehre, daß er viel Gutes stifte und Gutes thue, Arme und Bedrängte unterstütze etc.; ich antwortete aber: dieses alles kann ich thun wenn ich auch kein Bruder in eurer Gesellschaft bin. Ich glaube wohl, daß sie Gutes lehren und thun, denn ich habe mehrere Male in Charleston (wo fast ein Jeder Freimaurer ist) gesehen, daß am dritten Weihnachtsfeiertage, wenn sie in Procession mit einander in die Kirche gingen, die Bibel ihnen vorgetragen wurde; der Pastor hatte dabei so wohl sein Schürzfell vor, als die andern Mitglieder. Auch bin ich einige Male mit ihnen in die Kirche gegangen und habe die Predigt gehört. Das eine Mal hatte der Pastor den Text: Liebet einander nicht mit Worten, noch mit der Zunge, sondern mit der That und in der Wahrheit. Der Prediger hielt über diesen Text eine sehr erbauliche Predigt, die mir außerordentlich gefiel. Das andere Jahr, wo ich ebenfalls am dritten Weihnachtsfeiertage in der Kirche war, als die Freimaurer sich darin versammelt hatten, waren vom Prediger die Waisenkinder bei einander aufgestellt, und der Text seiner Predigt war: Der Herr ist ein Vater der Waisen und ein Richter der Wittwen. Er sagte in der Predigt unter anderm: hier seht ihr nun die elternlosen Kinder stehen, beweiset an ihnen, daß ihr thut, was ihr von euch rühmt. Der Prediger hielt eine sehr erbauliche Predigt. – Ferner glaube ich auch, daß die Freimaurer gute Grundsätze haben, und Vielen helfen und nützlich sind; aber ich denke, die Lehre Jesu lehrt es uns deutlich genug, wie wir leben sollen, um Gott zu gefallen, und daß man auch, Jeder in seinem Fache, den Menschen nützlich sein und ein Gott wohlgefälliger Mensch werden kann. Ich ließ mich also nicht in ihre Gesellschaft aufnehmen, sondern blieb was ich war; jedoch glaube ich, daß es für einen jungen Menschen nützlich seyn kann, vor allem für einen der in der Welt umher reiset, denn er wird dann mehr Gelegenheit haben, Bekanntschaften zu machen und in Gesellschaften eingeführt zu werden. –

Hier nahm ich eine Ladung Taback und Reis ein und segelte den 23. Februar 1789 von Charleston nach Hamburg ab. Wir hatten auf dieser Reise viel Sturmwetter, und den 1. April bekamen wir solche fliegende Böyen, daß das Seewasser in Wirbelwinden so stob, daß es über die Spitze der Masten hinflog, und wir alle auf dem Deck wie in einem dikken Regen standen. Wir konnten nicht zusammen sprechen, selbst durch Rufen in die Ohren konnten wir einander nicht verstehen, so sehr brauste der Wind; das Schiff aber ließ sich gut steuern, und wir lensten es vor dem kleingereften Fock durch. Ueberhaupt habe ich nie nöthig gehabt mit meinem Schiffe wegen Sturm beizudrehen, sondern habe immer die Westpassat durchgelenst oder gesegelt, weil das Schiff sich so gut steuern ließ. – Ich kam Gottlob den 20. April zu Hamburg an, löschte meine Ladung gut und wohl und wurde wieder nach Archangel befrachtet, um dort eine Ladung neuen Theer zu holen, damit nach Amsterdam zu segeln und sie daselbst abzuliefern.

Da es mir in meiner Kindheit von meinen guten Eltern eingeprägt ist, daß der liebe Gott allgegenwärtig ist, daß sich seine Vorsehung über Alles erstrecket, sein Schutz uns vor allem Bösem bewahrt, und ohne seinen Willen kein Sperling vom Dache noch ein Haar von unserm Haupte fallen kann; ich auch selbst in meinem Leben so viele Spuren der Gottheit und seiner Vorsehung erlebt habe, so bin ich fest von Gottes Walten, seiner Vorsehung und Weltregierung, überzeugt, so wie auch daß der liebe Gott das Schicksal jedes Einzelnen leitet und lenkt, und auf die Gebete der Menschen achtet und sie erhört, wenn das, warum sie bitten ihnen nützlich ist. Deshalb bin ich bei allen frohen und trüben Schicksalen, die mich getroffen, gefaßt und standhaft geblieben, und durch Ergebung in den Willen Gottes und den Gedanken: was Gott thut das ist wohlgetan, Er hat es so gefügt und haben wollen, und weiß am besten was uns nützt, habe ich meine mir begegneten Schicksale als ein standhafter Mann ertragen; im Stillen sind meine Thränen wohl geflossen, aber in Gegenwart meiner Lieben habe ich mich ruhig verhalten und gefaßt gezeigt, um ihnen nicht mehr Traurigkeit zu verursachen.

Auf dieser letzten Reise von Amerika nach Hamburg entschloß ich mich, wieder zu heirathen, und nach dem was ich eben gesagt, war es ganz natürlich, daß ich mich mit meinem Vorhaben und Anliegen an den lieben Gott wandte (denn auch den in meiner Jugend gelernten Vers: Mit Gott in einer jeden Sach', den Anfang und das Ende mach'! habe ich noch nicht vergessen) und ihn in meinem täglichen Gebete bat: er möchte mir eine fromme, tugendhafte und mir nützliche Ehegattin bescheeren. – Meine Frau, die ich zur Ehegattin erhielt, war mir schon mehrere Male von meinen Freunden, die es gut mit mir meinten, als ein braves gutes Mädchen empfohlen; ich entschloß mich daher, sie gelegentlich anzusprechen. Nun traf es sich, daß ein Hausfreund meines künftigen Schwiegervaters, Herrn Otto Hinrich Finne, der auch zugleich mein Bekannter war, in das Haus kam, wo ich logirte, weil er mit meinem Hauswirth, Herrn Broder Ketelsen, ebenfalls Bekanntschaft hielt. Wir sprachen über gleichgültige Dinge mit einander, und so fragte Herr Ketelsen den Hausfreund, wie ist es, will die Jungfer Finne noch nicht heirathen? Herr Engelbrecht (so hieß der Hausfreund) sagte: nein; sie hat schon verschiedene Heiraths-Anträge gehabt, und darunter waren solche, welche ihre Eltern als sehr vortheilhaft ansahen, sie hat sie aber alle abgelehnt. Nun wandte Herr Engelbrecht sich nach mir um, schlug mich mit der Hand auf die Schulter und sagte: diese wäre eine Frau für sie! Ich antwortete nichts hierauf, aber da ich schon willens war, mich näher nach Jungfer Finne zu erkundigen, so faßte ich gleich den Entschluß, mich ihr je eher je lieber anzutragen, damit nicht ein anderer mir zuvor käme; denn Herr Engelbrecht, den ich als einen ehrlichen Mann kannte, würde mich nicht an sie gewiesen haben, wenn er sie nicht als ein gutes Mädchen gekannt hätte. Meinen Vetter, Capitain Jan Rörd Eschels, der mir auch vorher schon diese Jungfer Finne, als eine gute Frau für mich, empfohlen hatte, bat ich, den Antrag für mich zu machen, denn er war bekannt mit ihr. Er nahm den Auftrag mit Freuden an, und ging sogleich hin, mich bei den Eltern anzutragen.[92] Die Antwort, welche er auf meinen Antrag empfing, lautete: daß sie die Sache in Ueberlegung nehmen wollten. Mein Vetter bat, sie möchten sich so bald als möglich entschließen, denn ich würde bald wieder auf die Reise gehen,

[92] Den Tag, an welchem mein Vetter den Antrag machte, war gerade ihr Geburtstag, sie war 23 Jahre alt geworden; auch traf es sich daß wir just ein Jahr darnach, an ihrem Geburtstage, den 27. Mai 1790, verheirathet wurden, und sie, 24 Jahre alt, ihren 25sten Geburtstag feierte.

und möchte gern Bescheid haben, ehe ich abfahre, damit ich wisse woran ich sey. Mein zukünftiger Schwiegervater, Herr Otto Hinrich Finne, zog nun überall Erkundigungen nach mir ein, und erhielt von allen denjenigen, die mich näher kannten, die besten Zeugnisse, vor allem von den Herren Linnichs, für die er als Everführer fuhr, und welche Mitrheder meines Schiffes waren. Der alte Herr Hermann Linnich sagte zu Herrn Finne, unser Capitain J. J. Eschels ist ein Mann, daß, wenn er noch kein Schiff hätte, so wollte ich ihm gleich eins geben, also können sie denken, daß wir Rheder viel von ihm halten. – Da nun alle eingezogenen Nachrichten günstig für mich waren, auch Jungfer Finne meine Person leiden mochte, so entschloß sie sich, mich als ihren künftigen Ehemann anzunehmen. Als ich nun meinen Vetter, J. R. Eschels, am Sonnabend den 30. Mai hinsandte, um das Ja oder Nein abzuholen, und er wieder in mein Logis kam, um mir Bescheid zu bringen, war ich bei den andern Hausgenossen in der Stube; er kam in die Hausthür, ging über die Diehle, kopfschüttelnd hin und her wankend, und stellte sich sehr betrübt; hierauf trat er so in die Stube, kam auf mich zu und schrie mir aus vollem Halse ins Ohr: Ja! Ja! Wir alle, die in der Stube waren, mußten laut auflachen. – Mein Vetter war eingeladen worden, mit mir am andern Tage, als Pfingsttag den 31. Mai, nach Herrn Finne's Hause zu kommen und Mittags dort zu speisen.[93] Ich war sehr vergnügt. – Wir hatten derzeit in Altona einen alten Dichter, welcher in vielen Häusern, so auch im Hause des Herrn Ketelsen, bekannt war. Dieser Dichter, welcher zu den Verlobten und sich Verheiratheten Gratulationen und Wünsche umhersandte, schickte auch an mich und meine Braut einige. Als ich nun das erste Mal als Bräutigam im Hause meiner Braut war, um, wie schon gesagt, Mittags dort zu speisen, empfing ich das Gedicht und den Glückwunsch an mich. Der Dichter hatte auf die obere Seite des Bogens, welcher zusammen gelegt war, die Erklärung des Namens meiner Braut (sie hieß Anna Dorothea Ilsabea) mit großen Buchstaben geschrieben, die mir denn natürlich zuerst in die Augen fiel; sie lautete: der Name Dorothea ist griechischen Ursprungs, und bedeutet Duros, Deos, ein göttliches Geschenk oder eine Gottesgabe. Als ich dieses las fiel es mir so aufs Herz, daß ich mich kaum der Thränen des Dankes gegen Gott enthalten konnte; denn hier sah ich ja deutlich, daß der liebe Gott mein Gebet um eine fromme tugendhafte Ehegattin erhört hatte, indem der Dichter erklärte: der Name meiner Braut bedeute ein göttliches

[93] Mein Schwiegervater hieß Otto Hinrich Finne, und war im Westphälischen geboren; meine Schwiegermutter, eine geborne Groth, hieß Maria Elisabeth, und war aus Wedel gebürtig.

Geschenk oder eine Gottesgabe. Ich nahm es also auch an, als wenn der liebe Gott mir selbst gesagt hätte: da hast du die Gabe, um die du mich so oft gebeten.[94]– Wenn ich es recht überlege, was hatte den Dichter bewogen, mir den Namen meiner Braut auszulegen, und so umständlich zu erklären, was er bedeutete? – Es war mir ja gleichviel, wie ihr Name war, und warum schrieb er diese Erklärung auf den Umschlag oder das erste Blatt, wo es mir natürlich zuerst in die Augen fallen mußte? – Ich habe deshalb meine damalige Braut und nachherige 24jährige Ehefrau als eine mir von Gott geschenkte Gabe betrachtet, und dem lieben Gott dafür gedankt, daß er mir sie gab. Wir sind auch in unserm Ehestande so glücklich und zufrieden mit einander gewesen, als ein paar Eheleute hier in der Welt nur immer seyn können, und haben wirklich wie Kinder mit einander gelebt.[95] Sie hat mir sechs Söhne und zwei Töchter geboren, wovon drei Söhne und beide Töchter am Leben geblieben und erwachsen sind, und an denen ich viel Freude erlebt habe und noch erlebe, denn sie führen sich gut auf und werden von Jedem, der sie kennt, als tugendhafte nützliche Bürger und Mitglieder der menschlichen Gesellschaft geehrt und geachtet. Mein Vetter J. R. Eschels und ich speiseten, wie bereits erwähnt, des Mittags bei meinen Schwiegereltern. Wir blieben bis zum Abend da, und ich war seelenvergnügt, denn je mehr ich mit meiner Braut sprach und sie ansah, desto liebenswürdiger und hübscher kam sie mir vor; und, warum sollte ich es nicht sagen, ich wurde bis über die Ohren in sie verliebt. Auch sie ließ mir deutlich merken, daß sie mich liebe; wir waren also beide recht vergnügt, daß wir Braut und Bräutigam waren. Den zweiten Pfingsttag fuhren wir mit einander nach Wands-

[94] Wie ich meinen Kindern und Enkeln diese Stelle vorlas, gab ich ihnen den Glückwunsch des Dichters im Original, und sagte: hierbei gebe ich euch den Beweis, denn dies ist der Glückwunsch im Original, so wie ich denselben vom Dichter empfangen; ihr könnt gewiß glauben, daß das, was ich in dieser meiner Lebensbeschreibung sage, alles buchstäblich wahr ist, und daß ich nichts hinzu gesetzt habe, um die Fügungen Gottes noch auffallender zu machen, als sie mir begegnet sind, obgleich ich nicht alle sonderbaren Fügungen mit schriftlichen Beweisen belegen kann. Alle die Glückwünsche des Dichters habe ich aber noch aufbewahrt, und liegen bei meinen andern Documenten; vernichtet sie nicht; vielleicht lesen meine Urenkel sie noch einmal, und können dann sehen, daß wir derzeit auch Dichter in Altona hatten, und die jungen Leute damals ebenfalls ihre Ehegatten zärtlich liebten.

[95] Auch ist es wahr, daß, wenn meine Frau Jemandem von ihrer Bekanntschaft, der sich verheirathen wollte, gratulirte, dies ihr Wunsch war: Ich wünsche dir, daß du in deinem Ehestande so glücklich und zufrieden seyn magst, als ich in dem meinigen bin; dann führst du ein glückliches Leben.

beck, und besuchten nachher alle Tage unsere Verwandten hier in Altona und in Hamburg. Den 9. Juni war sie, so wie ihr Vater, Schwestern und Schwäger mit ihren Kindern, bei mir an Bord. Der Wind lief des Nachmittags östlich; ich segelte mit dem Schiffe von der Stadt und ging bei Neumühlen vor Anker; wir waren alle sehr vergnügt an Bord, fuhren des Abends ans Land und ich ging mit meiner Gesellschaft nach Altona zu Hause. Meine jetzige Frau war auch mit am Bord gewesen, und wie wir des Abends vom Schiffe nach Hause gingen, sagte ich: seht einmal, wie das kleine Mädchen laufen kann (sie war derzeit $3\frac{1}{2}$ Jahr alt); ich konnte unmöglich denken, daß dies kleine Mädchen dereinst noch meine Ehefrau werden würde. – Ich blieb des Abends bei meiner Braut, und nahm um 11 Uhr Abschied von ihr und ihren Eltern. Wir versprachen einander öfters zu schreiben, welches wir auch gehalten haben, indem viele freundschaftliche und verliebte Briefe während der Reise in Archangel, Amsterdam und Charleston zwischen uns gewechselt worden sind.

Wie ich nun Abschied genommen, fuhr ich an Bord meines Schiffes, und den 10. Juni des Morgens segelten wir mit Ost-Wind von Neumühlen, und kamen des Abends bei Cuxhaven zu Anker. Den 11. Juni segelten wir in See, bestimmt nach Archangel, woselbst wir, ohne daß was Besonderes auf dieser Reise passirte, den 13. Juli, Gottlob glücklich, ankamen. Hier traf ich an Bord eines holländischen Schiffs, das von einem mir bekannten Capitain, Simon Gerrets, von Amrum gebürtig, geführt wurde, zwei alte Bekannte an. Ich fuhr nemlich eines Morgens bei Capitain Gerrets an Bord, und fand ihn beschäftigt Ballast auszulöschen; wie ich auf sein Deck kam, sah ich mit großem Leidwesen meinen alten guten Capitain Jan Warden, der mich 1781 zuerst als Untersteuermann von Granada mit nach Hamburg nahm, an dem Ballasttakel stehen und die Ballastbalje frei halten. (Er war Bootsmann an Bord.) Ich lief auf ihn zu und sagte zu ihm: mein guter alter Capitain, o wie leid thut es mir, sie hier und so zu finden! Er antwortete: ich habe nicht die Ehre, sie zu kennen. Was, sagte ich, kennen sie denn ihren Steuermann Jan nicht mehr? Nun besann er sich, und freute sich, mich zu sehen. Ich sagte zu ihm: wenn es ihnen so geht, daß sie als Bootsmann fahren müssen, warum haben sie mich dann nicht aufgesucht? ich hätte ihnen gewiß in allen möglichen Dingen beigestanden, wenigstens hätten sie nicht an dem Ballasttakel stehen sollen. Er antwortete: ich habe mich sehr oft in Altona nach ihnen, nemlich nach Jan Jacobs, erkundiget, denn als sie mit mir fuhren, hießen sie ja Jan Jacobs. Ich sagte ja, der Name, den ich derzeit führte, war auf holländisch, weil ich von Holland fuhr; nun aber führe ich meinen Taufnamen Jens, und habe meines Vaters Zunamen Eschels, wie jetzt eine Königl. Verordnung befiehlt, hinzugefügt. (Hier könnt ihr sehen, lieben Kinder, daß es nicht gut ist, seinen Namen nach einer andern Landessprache zu verändern.) Den Sonntag darauf ließ ich ihn des Morgens zu mir an Bord holen, und waren wir den ganzen Tag vergnügt bei einander. 1797 hatte ich ihn in Altona beim Zimmern bei mir an Bord, und ließ ihn etwas Geld verdienen; später hat er mit den Heringbüysen gefahren. – Der andere Bekannte war der Koch, mit dem ich gefahren, und derselbe, der mir einst mit der Feuerzange den Rücken geschmiert hatte. Er machte große Augen, daß ich nun als Capitain und er als Matrose fuhr. –

Da ich befrachtet war um neuen Theer zu laden, dieser aber erst im September vom Strom herunter nach Archangel kommt, so mußte ich so lange still liegen bleiben; versäumte aber nicht, während der Zeit an meine Braut zu schreiben, denn ich war sehr verliebt in sie geworden, seitdem ich sie näher hatte kennen lernen, und kein Schiff ging nach Hamburg, dem ich nicht einen Brief an dieselbe mitgab; auch ich empfing in Archangel drei Briefe von ihr mit Schiffsgelegenheit. – Endlich, den 3. September, kam der neue Theer an, und wir fingen an zu laden. Ich mußte wegen Tiefe des Schiffs ein Lotje (Leichterschiff) beladen, um solche über der Baar einzunehmen. Als wir nun so viel geladen hatten, um damit über den Baar zu kommen, segelten wir ab, kamen glücklich darüber, und übernahmen nun die Ladung unserer Lotje. Wir hatten jetzt 248¾ Last Theer ins Schiff geladen, und segelten den 12. September in See, bestimmt nach Amsterdam. Auf dieser Reise hatten wir, als wir die Nord-Cap passirten, stürmische Witterung und eine Schneejagd, auch im Trigter (zwischen Norwegen und Hitland) einen schweren Sturm aus Südwest. Als es besser Wetter wurde, traten veränderliche Winde ein, bei denen wir bis über Doggersbank in der Nordsee kamen. Hier hatten wir den 31. October einen schweren Sturm aus N.N.W.; es waren verschiedene Archangelfahrer, die auch nach Amsterdam bestimmt waren, bei uns, und wir lagen alle vor gereftem Untersegel beigedreht, denn es würde unvernünftig gewesen sein, mit diesem Sturme die holländische Küste anzusegeln; um Mitternacht aber machte ich die Bemerkung, daß der Wind sich mäßigte, und immer mehr und mehr abnahm, ich drehte also um 1½ Uhr ab und segelte südwärts nach dem Texel zu. Die andern Schiffe folgten mir nicht; denn es war mondhell, so daß ich sehen konnte, wie ich sie passirte. Wie ich nachher hörte, sind diese Schiffe nicht eher als bis es Tag wurde vor dem Winde abgedreht, und zu dieser Zeit war ich ihnen längst aus dem Gesicht. Ich bemerkte an der Luft daß wir südlichen Wind bekommen würden, denn die Wolken begannen schon aus Südsüdwest zu ziehen, und der nördliche Wind nahm immer mehr und mehr ab; ich ließ also nicht südost nach dem Texel steuern, wie ich, wäre der Wind nördlich geblieben, hätte thun müssen, sondern ich ließ S.S.W. steuern, um nur Süd zu bekommen, und damit ich, wenn der Wind südlich lief, hoch genug käme um den Texel zu besegeln. So wie ich vermuthet geschah es auch; der Wind kroch allmählig westlicher, und wie er durch Westen hin war, lief er immer südlicher, so daß er Nachmittags um 4 Uhr schon Südsüdwest war und wir nur Südost über Backbord anliegen konnten. Ich ließ das Schiff S.O. hinsegeln, und Abends 8 Uhr bekamen wir im O.z.N. das Feuer von Kyckduyn zu Gesicht. Ich ließ eine Laterne an der Gaffel aufziehen, damit, falls Lootsen in See wären, sie das Schiff sehen könnten; auch ließ ich eine Kanone abfeuern. Um 10 Uhr kam eine Lootsenscheute zu uns, aus welcher wir einen Lootsen an Bord erhielten, und den andern Morgen, als den 2. November, kamen wir Gottlob glücklich im Texel binnen. Die andern Schiffe, die des Nachts nicht, so wie ich, abdrehten, sondern dies erst thaten als es Tag wurde, kamen, weil der Wind südlich lief, nicht hoch genug um den Texel zu besegeln, und mußten, da nun südlicher Wind mit Sturmwetter eintrat, noch ein paar Wochen in See bleiben; so daß einige derselben erst einen Tag früher im Texel binnen kamen, als ich wieder aus demselben nach Amerika in See segelte. Ein solcher Vortheil war es für mich, daß ich des Nachts bei Zeit abgedreht und südlich hingesegelt war.

Als ich mit meinem Schiffe im Texel einsegelte und die Rhede längs fuhr, kam eine Schiffs-Schalupe auf mich zugerudert und fragte mich nach meinem Namen; wie ich antwortete: Eschels, sagten die Leute in der Schalupe zu mir: unser Obersteuermann ist euer Bruder. Ich ließ nun gleich meine Flagge dreimal auf und nieder ziehen, welches mein Bruder von seinem Schiffe erwiederte. – Von Archangel hatte ich an meinen Bruder Olof geschrieben, ihm gemeldet daß ich nach Amsterdam solle, und ihm mein Schiff beschrieben wie es aussah und gemalt war; auch hatte ich ihm in dem Briefe gesagt, daß ich, wie derzeit nur wenig Schiffe, einen langen Besansbaum hinten übers Heck hinaus liegen hätte, woran er mein Schiff, wenn er vielleicht im Texel liegen sollte wenn ich dort ankäme, erkennen könne. Mein Bruder, der im Texel lag, hielt deshalb ein wachsames Auge auf die Schiffe, die im Texel hinein kamen, erkannte gleich mein Schiff als ich daselbst einsegelte und sandte seine Schalupe nach mir hin. Hätte ich meinem Bruder mein Schiff nicht bezeichnet, dann würde er sich wenig daran gekehrt haben, welche Schiffe in den Texel segelten, und so könnten ich und mein Bruder beide auf der Texelrhede gelegen haben, ohne es gegenseitig zu wissen, und würden uns folglich nicht zu sprechen bekommen haben. Ihr könnt hieraus sehen, lieben Kinder, daß es gut ist, etwas im Voraus zu muthmaßen und achtsam zu seyn.

Meine Freude war groß, einen so lieben Bruder, welchen ich seit 1781 in Granada nicht gesprochen, nun wieder zu sehen und zu sprechen. Wie ich nun mein Schiff vor Anker gelegt, fuhr ich gleich mit dem Fahrzeuge meines Bedienten, zugleich mit meinem Bruder Eschel, der mein Obersteuermann war, an Bord zu unserm Bruder Olof.[96] Man kann sich die Freude denken, die wir gegenseitig empfinden mußten, uns in einem so wohlhabenden Zustande wieder zu sehen; denn ich war Schiffscapitain, und nun meine beiden Brüder, Obersteuerleute. Als wir Drei das letzte Mal beisammen gewesen, war ich Matrose, Olof unbefahrner Matrose, und Eschels Schiffsjunge. Des andern Morgens ließ ich meinen Bruder Olof zu mir an Bord holen; ich hatte eine gute Suppe zum Mittagsessen kochen lassen, und den ganzen Tag waren wir vergnügt beisammen. Wir sprachen uns nun fast täglich, denn ich hatte meines Bedienten Fahrzeug, um nach ihm hinzufahren und ihn zu besuchen. Er fuhr mit Capitain Pieter Pieters und sollte hin nach Curaçao. Wie sie in See segelten, war ich persönlich in Amsterdam, um mein Schiff zu clariren; seitdem habe ich meinen Bruder Olof nie wieder gesprochen; 1796 habe ich in Demirara die letzte Nachricht von ihm erhalten, daß er als Schiffscapitain dort gewesen und eine Brigg geführt hatte, womit er nach Amerika abgesegelt, aber in einem Orcan geblieben sei.

Als ich von Archangel in den Texel einsegelte, erhielt ich mit der Postscheut, (Postschiff, welches alle Briefe an die im Texel liegenden Schiffe, bringt,) einen Brief von meinen Herren Patronen, worin sie mir meldeten, daß sie mein Schiff verfrachtet hätten nach Charleston, und ich Ende Februar k. J. dort sein sollte, denn sonst hätte des Befrachters Correspondent die Wahl, ob er die Fracht wollte gelten lassen, oder nicht. Ich sollte daher vor allen Dingen machen, daß ich vor dem Winter in See segeln könnte. Ich überlegte nun, was am Beßten zu thun sey, dies zu bewerkstelligen; weil ich nun wegen Tiefe des Wassers wenigstens 4 Leichter im Texel löschen mußte, um über das Wieringer Flaak zu segeln, sowie nachher noch 2 Leichter, um über das Pampus zu kommen, so konnte ich also nur einen kleinen Theil meiner Ladung an die

[96] Jedes Schiff, das auf der Rhede vom Texel einige Zeit um zu löschen oder zu laden liegen muß, nimmt eine Lootsenscheute als Bedienter an; für einen Lohn, der nach der Zeit, die man da liegen muß, bestimmt ist. Der Preis war damals zwischen 24 und 36 Gülden; dafür aber muß der Bedienter die Schiffe verteuen, die Anker lichten und ausbringen, sowie auch Alles was nöthig ist, vom Lande an Bord bringen, und den Capitain hinfahren, wohin er will.

Amsterdam. Hafenbild um 1800. Aus D. de Jong: Atlas van de Zeehavens der Bataafsche Republiek, 1805

Stadt bringen; deswegen entschloß ich mich, die ganze Ladung mit Leichtern nach Amsterdam bringen zu lassen; die Unkosten die ich dieserhalb mehr machen mußte, beliefen sich höchstens auf 150 Gülden, aber dagegen ersparte ich wenigstens 2 bis 3 Wochen Zeit, denn wenn ich mit dem Schiffe nach Amsterdam hätte hin sollen, so würde es Zeit erfordert haben, denn um über das Pampus zu kommen, muß man lange davor oder darauf fest liegen; auch mußte ich von Amsterdam die selbe Tour wieder machen, um nach dem Texel zu kommen, auch muß man hierzu nordwestlichen Wind oder steife westliche Winde erwarten, um hohes Wasser zu bekommen um über das Pampus segeln zu können; mit östlichen Winden ist es gar nicht möglich, dahinüber zu kommen, und weil in dieser Jahreszeit auch schon der Frost mit östlichem Winde eintritt, so hätte ich leicht einfrieren können, so daß ich vor dem Winter nicht in See gekommen wäre. Auch sparte ich an Kosten, wenn ich im Texel löschte, das Lootsengeld vom Texel nach Amsterdam, und von dort wieder nach dem Texel nebst allen Hafengeldern in Amsterdam, Voyen oder Geschenken etc., so daß das Ganze, was ich, wenn ich im Texel löschte, Schaden machte, keine 50 Gülden betrug, dagegen hatte ich aber ungleich mehr an Zeit gewonnen. Ich schrieb dieses an meine Herren pr. Post, und bat, mir meinen algierischen Seepaß, so bald wie möglich zu senden. Meine Herren schrieben mir hierauf, daß ich wohl gethan hätte, im Texel zu löschen, und daß sie mir meinen türkischen Paß zeitig genug senden würden. Ich ließ geschwinde auslöschen und Ballast einnehmen, und war den 15. Novbr. fertig um in See zu segeln; ich reisete vom Helder über Land nach Amsterdam um mein Schiff bei Zeiten zu clariren, auch um meinen türkischen Paß zu holen. Den 18. November ward der Wind östlich, und ich erwartete mit Ungeduld meinen Paß mit der Post; er kam nicht und der frische Ostwind wehete mir so zu sagen, durch die Seele. Alle Schiffe, die im Texel lagen, segelten in See, und hätte ich meinen Paß gehabt, so hätte auch ich den schönen Ostwind benutzen können. Dies schrieb ich an meine Herren von Amsterdam aus; den 23. Novbr. erhielt ich mit der Post einen Brief von meinen Herren, worin sich der Paß befand; sie schrieben: sie hätten nicht geglaubt, daß ich so geschwinde hätte fertig werden können, sie könnten es aber nicht helfen, daß der Paß nicht eher gesandt wäre, denn sie hätten genug damit geeilt. Der Wind wehete noch östlich, deshalb fuhr ich noch denselben Abend von Amsterdam mit dem Fährmann nach Zaardam, von da mit den Treckschüyten nach dem Helder ab, und von einem Orte, der Zand heißt, mit dem Postwagen nach dem Helder. Den 24. November, Nachmittags, wie ich mit dem Postwagen längs dem Strand nach dem Helder fuhr, sah ich noch ein paar Schiffe, die den Tag in See gesegelt waren, mit Ostenwind in See segeln; der Wind war still und wurde des Abends noch stiller. Ich kam auf dem Helder an; mein Lootse war dort, mich abzuholen, denn ich hatte ihn bestellt, am Helder alle Tage zu sein, wenn die Post käme; damit ich, wenn ich mit derselben ankäme, gleich an Bord meines Schiffes fahren könnte; und so fuhr ich gleich an Bord, indem es schon Abend war.

Den 25. Novbr. des Morgens war der Wind südlich, also in See contrair für mich, allein weil ich im Texel gelöscht hatte und Unkosten gemacht, um geschwinde in See zu kommen, so wollte ich nicht daselbst liegen bleiben, damit Keiner sagen konnte, was hat nun dein Löschen im Texel geholfen, da du nun doch dort liegen geblieben? Ich segelte also mit südlichem Winde in See, und dachte, du sollst nun lieber in See kreutzen, als im Texel liegen bleiben. Es war ein Glück für mich, daß ich in See gesegelt war, denn am andern Tage bekam ich einen Nordwestwind, mit dem ich vom Texel aus, nicht hätte in See segeln können, nun war ich aber 12 deutsche Meilen vom Texel, und konnte nun mit diesem Winde eine große Strecke nach den Hofden hinsegeln. Wie ich am 2ten Tage vor den Hofden war, lief der Wind nach N.W.z.N. und auch mitunter N.N.W., so daß ich mit diesem Winde in die Hofden, das heißt: zwischen Dover und Calais in den englischen Kanal, segeln konnte, und streckte mich mit diesem N.W.z.N.-Wind hin neben Bevesier mitten im Fahrwasser. Hier lief der Wind westlich, und ich kreuzte mit demselben hier einen Tag, da lief oder kromp der Wind wie gewöhnlich im Herbst, wenn es Sturmwetter werden will, gegen die Sonne um, so daß es des Nachmittags schon S.S.W. und eine frische Kühle war. Mit diesem Winde konnte ich schon meinen Cours längs dem Kanal hinsegeln; des Abends lief der Wind südlich bis S.z.O., und fing an steif zu wehen; ich segelte schnell weg, 9 deutsche Meilen jede Wache (vier Stunden). Des andern Tages war noch immer südlicher Wind, allein am Abend ward es ein Südweststurm, aber jetzt war ich schon auf Räumte und neben Lizard im Kanal. Es war ein Glück für mich, daß ich den Kanal mit dem Nordwestwind erreicht hatte, und also den Südwind benutzen konnte, sonst hätte ich eben so wohl, als die andern Schiffe in der Nordsee herumtreiben können, denn diesen ganzen Winter war es sehr stürmisches Wetter, so daß viele Schiffe in Norwegen und England mit Beschädigung einlaufen mußten. Meine Herren glaubten, daß auch ich in der Nordsee umher treibe, oder unglücklich geworden, weil von mir keine Nachricht einlief; einer meiner Rheder sagte: unser Eschels ist leider wohl weg. Doch ich setzte Gottlob meine Reise fort, denn als nach 2 Tagen der Sturm aus S.W. und W.S.W., aufhörte, lief der Wind wieder auf bis S.S.W. und S.z.W.; nun ließ ich nur mit vollen Segeln westlich hinlaufen und segelte mit diesem südlichen Winde nur stets westwärts hin; ich war 265 deutsche Meilen ausserhalb des englischen Kanals westwärts, und war noch auf der Norderbreite des Kanals; hier sprang der Wind mit Sturmwetter um zu N.W. Diesen konnte ich nun gut benutzen, weil ich so westlich war. Den andern Tag legte er sich jedoch, der Wind lief nördlicher, so daß ich Weihnachtabend den 24. Decbr., bei der Insel Madeira ankam. Der Wind blieb mir günstig, und so segelte ich längs der Ostpassat, zwischen 24. und 25. Grad nördlicher Breite, bis über die Länge von Barmuda hin; da ich nordwestlich nach der Küste von Südcarolina steuerte, so kam ich Anfangs Februar 1790 zu Charleston an; von dort schrieb ich an meine Herren, daß ich daselbst glücklich angekommen. Hier lud ich nun eine Ladung Reis und Taback ein, und fuhr den 19. März in See, bestimmt nach Hamburg. Auf dieser Reise passirte nichts besonders, und den 4. Mai kamen wir Gottlob glücklich auf die Elbe an. Mein Schwiegervater und meine Schwäger, wollten zu Twielenfleth bei mir an Bord fahren, aber ich begegnete sie schon bei der Lühe in meiner Lootsenjolle, und so fuhren wir mit einander nach Altona, wo ich meine liebe Braut gesund und wohl antraf. Meine Schwiegermutter war aber leider 14 Tage vor meiner Ankunft mit Tode abgegangen.

Den 27. Mai, als auf dem Geburtstage meiner Braut, feierten wir unsre Hochzeit. Den 28. Mai, Morgens, als wir aufgestanden, und meine Frau den Kaffee gekocht, (denn wir wohnten allein, und hatten kein Dienstmädchen) und wir uns bei einander an den Tisch gesetzt hatten, unsern Kaffee zu trinken, da kamen zwei Spinnen von der Decke des Zimmers niedergesponnen; die eine blieb vor meiner Frau, die andere vor mir ruhig hängen, und wir Beide hielten dies für ein gutes Zeichen. Sonderbar aber mußte uns dieses Begebniß doch vorkommen, denn vor einigen Tagen war das Haus von oben bis unten gescheuert und gereinigt; die Decke des Zimmers war neu gegipst; ich frage nun: wo kamen die Spinnen her? Dieser Sommer war einer der vergnügtesten für uns Beide, und so will ich euch einen von den Späßen erzählen, deren wir mehrere hatten. Wir Beide wohnten derzeit in dem, hernach von Timm, von mir gekauften Hause, nächst dem, meines Schwiegervaters; wir hatten in unserm Hause nur 2 Stuben, die eine, unten, und die andere, oben; die öbere Stube bewohnten wir, und giengen durch die Pforte, die zwischen unserm und unsers Schwiegervaters Hause war, wenn wir nach dem Hof gehen wollten. Eines Abends sagte meine Frau zu mir: ich gehe in den Hof, gieb du Achtung auf die Hausthür, wenn Jemand kömmt. Meine Frau gieng die Treppe hinunter; die Hausthür wird auf- und zugemacht. Nach einer Weile ging sie wieder offen, ward wieder zugemacht, und ich glaubte, daß meine Frau wieder herein käme; sie kam aber nicht. Nun hörte ich, daß Jemand auf der Diele, guten Abend, sagt; ich gehe also die Treppe hinunter, zu sehen wer es sey, und siehe, es stand ein flincker, junger Mann in Seemannskleidung, als: Jacke, gestreifte lange Hose und ein seidenes Tuch einmal um den Hals geschlungen, kurz, als ein lustiger Matrose, der auf Westindien fährt, da; sagt mir guten Abend und frägt: kann die Coptain noch enen Matrosen bruken? Ich fragte: bist du ein befahrner Matrose? meine Stimme stockte und ich zitterte an allen Gliedern; die Ursache davon war folgende: die Stimme des Matrosen kam mir so bekannt wor, so daß ich glaubte, es sey mein Bruder Olof, welcher im Geiste bei mir käme. Wie ich also fragte: bist du ein befahrner Matrose? so fing der Matrose an zu lachen, denn länger konnte er sich dessen nicht enthalten, und siehe da, es war meine Frau. Diese hatte sich des Tags von meinen Seekleidern zurecht gelegt, und hatte solche in der Geschwindigkeit in der Zeit angezogen, während ich glaubte, sie sey auf dem Hofe. Wie wir nun Beide auf der Diele standen, und über diesen Spaß tändelten und lachten, so kam ihr Vater ins Haus bei uns, und wußte vor Erstaunen nicht was er sagen sollte, wie er sah, daß ich mit dem Matrosen schäckerte. Wie ich aber sagte: es ist ja meine Doris, so gab er uns einen kleinen Verweis und sagte: macht es nur nicht zu toll.

Dieser Sommer war, wie gesagt, ein sehr vergnügter für uns Beide, denn ich blieb bis den 21. August bei ihr; wo ich alsdann in See nach Cadix segelte, und sie bei mir blieb, bis an die rothe oder äusserste Elb-Seetonne; hier schieden wir, und sie segelte mit der Lootsenjolle nach Altona. Während der Reise unterhielten wir einen starken Briefwechsel, denn wir schrieben mit jeder Schiffsgelegenheit zärtliche Briefe an einander. Was das für eine Freude ist, einen Brief von einer Ehefrau zu empfangen, die man zärtlich liebt; dies weis nur ein Seemann oder einer, der zu Lande lange von seiner Frau in Geschäften abwesend sein muß; denn wenn ich einen Brief von meiner Frau empfing, so sah ich erst zu, ob die Aufschrift von ihrer Hand sey und dann öffnete ich denselben; wenn ich nun sah, daß sie gesund war, dann las ich nicht weiter, sondern machte ihn zu und steckte ihn in die Tasche; fuhr oder ging dann gleich an Bord, brannte mir eine Pfeife Taback an und setzte mich dann bequem, um den Brief mit Muße und Vergnügen zu lesen. Alle Ausdrücke wurden erwogen, und ein Knabe der das Buchstabiren lernt, würde den Brief eher durchbuchstabirt haben, als ich ihn las, und ich vergnügte mich mit dem Brief bis ein neuer wieder ankam; oft habe ich auf einer Reise ein halbes bis ein ganzes Dutzend Briefe von meiner Frau empfangen, welche ich dann nach dem Datum zusammen legte und wenn ich Zeit hatte, las ich Alle nach einander durch.

Ich kam glücklich in Cadix an; auf der Reise war nichts besonderes passirt; ich segelte den 1. Novbr. wieder mit einer Ladung Salz von Cadix nach Charleston ab, nahm dort wie gewöhnlich eine Ladung Reis ein und segelte damit 1791 nach Hamburg, ohne daß etwas besonderes passirte, als daß bei den Sorlings vor dem englischen Kanal ein englischer Fischerlogger sein Fahrzeug auf mein Schiff entzwei segelte und sank. Ich barg die Leute sammt ihrem Inventarium und ließ sie in der Bucht von Englands-Ende, bei einem französischen Fischer an Bord setzen; wir kamen nach einigem Kreutzen im Kanal mit Ostwind, Gottlob glücklich in Hamburg an. Ich war wieder bis den 21. August vergnügt bei meiner Frau zu Hause, und segelte an diesem Dato wieder in See, bestimmt nach Lissabon. Meine Frau war bis Cuxhafen mit, von wo ich in See und sie mit der Lootsenjolle nach Altona nach Hause fuhr. Ich kam in der Mitte des Septembers in Lissabon mit einer Ladung Stückgüter an, löschte dort, nahm eine Ladung Salz ein und segelte damit im October nach Charleston ab. Hier in Lissabon traf ich meinen Schiffer Asmus Wonsen mit dem ich 1775 auf der Schute gefahren war. Er kannte mich nicht, und er fuhr mit einem Holländer als Matrose. Ich kam, ohne daß auf der Reise etwas besonderes passirte den 15. December in Charleston an, wo ich wie gewöhnlich meine Ladung Salz verkaufte, eine Ladung Reis einnahm, und damit 1792 den 31. Januar nach Hamburg absegelte. Bei dem über die Baar segeln, bekam mein Schiff 5 harte Grundstöße, und war sehr leck davon geworden, so daß wir die ganze Reise beständig pumpen mußten; auf dieser Tour bis nach dem englischen Kanal hatten wir größtentheils schwere Stürme. Capitain Joh. Diedr. Steen, der auch das Schiff GERMANIA für die Herren v. d. Smissen führte, war mit uns über die Baar und in See gesegelt; dessen Schiff hatte sich auch gestoßen, doch nicht so stark wie das Meinige, (denn mein Schiff lag 1 Fuß tiefer im Wasser) und war gleichfalls etwas leck geworden; ich rief ihm also zu, als wir über die Baar waren: ich habe gestoßen auf der Baar und mein Schiff ist leck geworden, wollen wir bei einander bleiben? Er sagte: ja gerne, auch mein Schiff hat gestoßen. Weil mein Schiff etwas besser segelte als das Seinige, so machte ich immer Segel darnach daß er mir folgen konnte; so segelten wir die ganze Reise mit einander, und kamen den 21. März auf die Elbe. Ich nahm gleich bei Glückstadt eine Lootsenjolle an und fuhr mit selber hinauf nach Altona, denn mein Lootse, den ich in der Bösch von St. Margarethen erhielt, sagte mir, daß meine liebe Frau mir einen Sohn geboren. Ich kam in Altona an und fand meine Frau und meinen Sohn, den sie in der Taufe den Namen Johann Jacob Hinrich gegeben, gesund und wohl; ich freute mich sehr daß ich einen Sohn hatte. Ich blieb diesen Sommer wieder bis im August zu Hause, denn sobald ich meine Ladung ausgelöscht hatte, ließ ich das Schiff auf Herrn Dolck's Zimmerwerft bringen, wo es reparirt wurde, welches es auch sehr benöthigt war; denn dieses Schiff war 12 Jahr alt, hatte viele Reisen gemacht, und der öbere Theil desselben war noch nie reparirt. Wie es geöffnet wurde, nahm es Jeden Wunder der das Schiff sah, wie die Planken und Einhölzer verrottet und verfeuert waren, daß ich mit demselben auf der letzten stürmischen Reise nicht gesunken sey.

Nun will ich euch lieben Kinder noch erzählen, woher es kam daß ich in Altona anfing zu handeln, und auf welche Weise dies zuerst entstand. Hieraus könnt ihr sehen, wie von einem kleinen Anfang etwas ziemlich Bedeutendes werden kann. Ich hatte bei jeder Reise die ich auf Charleston fuhr, etwas gehandelt und brachte dann Kaffee, Taback und Reis wieder zurück. Ich suchte mir immer den beßten Reis aus, weil ich für baares Geld kaufen konnte, denn der Preis von Reis ist gleich, ob beste, mittel oder ordinaire Sorte. Denn hier hieß es: was ist der Preis von Reis? wenigstens derzeit als ich fuhr, hieß es in Westindien: was ist der Kaffeepreis? ob nun ordinaire oder beste Sorte, danach wurde nicht gefragt. Ich kaufte also immer meinen Reis selbst und nicht durch meine Correspondenten, suchte mir stets die beste Sorte aus, und konnte deswegen mit mehr Nutzen verkaufen, als andere, die nur ordinaire Sorten hatten. Der Preis des Reißes war in diesem Jahre so niedrig in Hamburg, daß 100 Pfund nur 12 ℳ 8 *ß* Cour. kosteten, und derzeit noch mit 8⅔ pCt. Rabatt und 20 pCt. in Banco; wenn ich also meinen Reis zu dem Preise verkauft hätte; so würde ich etwas Schaden erlitten haben, denn ich habe stets für meine Waaren die ich in mein Schiff einlud, so viel für die Fracht bezahlt als die andern Einlader, und meine Waaren sind immer auf mein Manifest aufgeführt gewesen; als ich daher eines Tages von der Börse nach Hause kam, sagte ich zu meiner Frau: es ist fatal, der Reis ist so wohlfeil, daß ich den Meinigen mit Verlust verkaufen muß. Sie fragte mich: wie theuer ist er? ich entgegnete: 12 Mark die 100 Pfund und dies ist noch keine 2 *ß* für 1 Pfund: hierauf aber sagte sie: nein, dann sollst du den Reis nicht verkaufen; ich kann 2½ und 3 *ß* für das Pfund bekommen. Ja, erwiederte ich, wenn du ihn pfundweise aushökerst, dies geht aber nicht an. Ja, dies soll angehen, sagte sie, dann bekomme ich doch etwas zu thun, denn mir ist es schon zuwider gewesen, daß ich so still gesessen und nur von deinem Verdienst gezehrt habe, ohne etwas mit zu verdienen; laß du deinen Reis nach Hause bringen, und ich werde anfangen, zu verkaufen, die kleine Stube kann ein Laden werden.[97] Ich brachte also meinen Reis nach Hause; die kleine Stube wurde zu einem Laden eingerichtet und meine Frau fing an zu verkaufen. Weil ihr Reis so schön und von der beßten Sorte war, so bekam sie einen guten Absatz, und obgleich sie nur diesen einzigen Artikel hatte, so verging doch kein Tag, an welchem sie nicht etwas verkauft hätte. Dies war der Anfang von unserm Handel, welchen ich und meine Frau mit einander führten, und so lange sie lebte mit mir fortsetzte, welcher jetzt noch von meinen Söhnen mit Nutzen fortgesetzt wird. Wie ich mein Seefahren aufgab und zu Hause blieb, legte ich noch eine Tabacksfabrike an, die ich mit Nutzen betrieben, selbe habe ich meinem Sohne Jacob überlassen, der dieselbe noch jetzt vortheilhaft betreibt und erweitert, sowie meine Söhne ihren, von mir an sie übergebenen Handel gleichfalls erweitern.

Den 9. October segelte ich von der Elbe ab in See mit einer Ladung Stückgut nach Cadix; ich hatte auf dieser Reise viel Sturmwetter und westliche Winde in See, so daß ich erst in der Mitte November, doch Gottlob glücklich, in Cadix ankam. Nachdem ich gelöscht und eine Ladung Salz eingenommen hatte, segelte ich in der Mitte December von Cadix in See, bestimmt nach Charleston. Während der Zeit daß ich mich in Cadix aufhielt, hatte ich einen kleinen Spaß. Ich war eines Tages eingeladen, Mittags bei meinem Correspondenten zu speisen. Vor dem Essen standen wir Beide auf dem Altan und sprachen über mancherlei Dinge; er kam auf das Thema, daß in der Welt vieles unnütz sey und daß Alles nicht so gut sey als es seyn könnte. Ich behauptete hingegen, daß Alles auf der Welt seinen Nutzen habe, und daß wir Menschen nur nicht Alles wissen könnten, wozu es nützlich sey. Es stand damals just ein Esel vor der Thür angebunden, der mit ausgebrannten Kohlen beladen war, unter dem Altan auf welchem wir standen. (In Cadix wird fast Alles auf Eseln, die einen Korb von Matten auf jeder Seite mit einem Seil über dem Rücken befestigt haben, zum Verkauf herum getragen; als Feuerung, Kohl, Grünigkeiten etc.) Mein Correspondent sagte zu mir: zum Exempel daß ich recht habe, sehen sie diesen Esel an, wozu hat er so lange Ohren? Ich erwiederte: daß kann ich nicht sagen, doch müssen sie ihm nützlich seyn, denn ich behaupte: daß Alles was Gott entstehen ließ, gut ist, obgleich wir Menschen nicht Alles begreifen können; just wie ich dieses gesagt hatte, schüttelte der Esel seine langen Ohren und jagte die Fliegen damit von seinem Rücken weg. Nun sagte ich zum Correspon-

[97] Ich und meine Frau waren diesen Sommer in das Haus ihres Vaters gezogen, welches ich ihm sammt seinen kleinen Häusern abgekauft hatte für 12,000 Mark Cour.; zuerst wohnten wir in dem kleinen Hause nahe an ihm.

denten: siehe da, wenn die langen Ohren dem Esel zu sonst nichts nützen, so nützen sie ihm doch dazu, die Fliegen welche ihn stechen, damit zu verjagen; denn die langen Ohren reichen just so weit auf den Rücken hin, wohin er nicht mit seinem Schwanz kommen kann. Wir Beide lachten hierüber, und mein Correspondent, Herr Uhthoff, sagte mir: sie haben doch wohl recht.

Ich kam 1793 im Januar zu Charleston an, wurde dort wieder mit Reis, Taback, Kaffee etc. beladen, segelte den 10. April nach Hamburg ab und kam den 20. Mai auf die Elbe. In Charleston hatte ich einen besondern Vorfall gehabt. Weil ich dort sehr gut bekannt war, so gieng ich oft mit den deutschen Capitainen, die fremd und noch nicht da gewesen waren, wenn sie etwas kaufen wollten, um sie hinzubringen, wo es am besten und billigsten zu haben sey; nun kam eines Morgens ein Kaufmann bei mir an Bord und sagte, daß ich im vorigen Jahre eine Tonne Theer von ihm gekauft und nicht bezahlt hätte, und wollte mir eine Rechnung darüber geben. Da ich bestimmt wußte daß ich Alles bezahlt hatte, was ich gekauft, auch den Mann gar nicht kannte, so verweigerte ich die Bezahlung und wollte die Rechnung nicht annehmen. Der Mann ließ mich bei einem Friedensrichter belangen, wo ich denn auch hingieng. Der Friedensrichter zeigte mir die Rechnung welche mein Kläger ihm übergab und die er beeidigen wollte daß sie richtig sey; solche hätte ich dann bezahlen müssen. Ich sah die Rechnung nach und fand daß der Datum auf derselben, an welchem ich den Theer gekauft haben sollte, ein solcher war, an welchem ich nicht in Charleston gewesen sey; hierauf sagte ich zu dem Mann: ich will dich nicht schwören lassen, sondern dir einen falschen Eid und die darauf folgende Strafe ersparen; nun sagte ich zum Richter: ich bin diesen Datum v. J. noch nicht hier gewesen, dies kann ich mit meinem Schiffsjournale beweisen; auch kann man es auf dem Zollhause ersehen, daß ich erst drei Tage später hier angekommen und einclarirt bin. Nun wurde der Mann blaß und beschämt; bat um Verzeihung, bezahlte die Kosten und sagte: dann muß es ein anderer deutscher Capitain gewesen seyn, der mir den Theer abgekauft hat. Ein ähnlicher, aber umgekehrter Fall ist mir auch in Altona 1783 passirt. Ich hatte nemlich einige hundert Pfund Portorico-Taback für mich von St. Thomas mitgebracht, verkaufte denselben an einen Mann, der auch eine Tabacksfabrike hatte, und der mich auch seinen Freund nannte. Wie ich nun fertig war um nach Cadix zu segeln, gab ich ihm eine Rechnung darüber; doch wie erstaunte ich als er sagte: er hätte mir den Taback bereits bezahlt. Ich sagte daß dies nicht wahr sey und er noch keine Rechnung darüber bekommen. Er entgegnete: er hätte mir den Taback aus der Hand bezahlt ohne Rechnung, und dies soll mir ein Lehrgeld sein, nie wieder etwas ohne quitirte Rechnung zu bezahlen; sehen sie hier mein Buch, dies kann nicht lügen, denn ich schreibe jedesmal den Datum an, wenn ich an Jemanden Geld zahle; hier können sie sehen. Er zeigte mir sein Buch worin von seiner Hand geschrieben stand: (der Datum war beigefügt) an Capt. J. J. Eschels bezahlt; die Summe stand dabei. Nun sagte er: mein Buch kann ich beschwören daß es richtig ist, denn ich notire es gleich, wenn ich Geld ausgebe, und kann mich nicht darin irren. Wie ich den Datum sah, sagte ich: ihr Buch ist falsch. Nun wurde er aufgebracht; ich aber fuhr fort: es sind Lügen, daß sie mir an diesem Dato das Geld bezahlt haben, denn ich bin an demselben nicht in Altona gewesen, sondern bin just an dem Tage des Morgens 3½ Uhr mit meinem Schiffe von Altona nach der Stöhr gesegelt und bin erst nach einigen Tagen wieder persönlich in Altona angekommen. Nun wurde er verlegen und wußte nicht was er sagen sollte; seine Frau die gegenwärtig war, sagte zu ihm: besinne dich nochmals recht. Er aber wollte mir doch nicht bezahlen; nun sagte ich: behalte das Geld; es macht mich nicht arm, und dich nicht reich, aber handeln thue ich nie wieder mit dir. So kann man in der Welt ankommen.

Ich lag in Hamburg bis im September, von wo ich wieder mit einer Ladung Stückgüter nach Corunna segelte. Diese Reise machte ich in 14 Tagen ab; es passirten auf dieser Reise keine besondere Vorfälle. Ich löschte meine Ladung daselbst, und segelte dann mit Ballast nach Charleston. Auf dieser Reise passirte gleichfalls nichts sonderliches; nahe bei Charleston auf 12 Faden Wasser kam ein Kaper bei mir, bei welchem ich an Bord fahren mußte; er ließ eine holländische Flagge wehen und sagte, er sey von St. Eustatius. Es war aber ein von den Franzosen in Charleston ausgerüsteter Kaper; gegen Abend ließ er mich frei, und ich fuhr an Bord meines Schiffes. Den andern Morgen wie es Tag wurde, war er noch nahe bei mir; jetzt wurde er ein anderes Schiff gewahr, wonach er hinsegelte; wie er nun bei dem Schiffe kam, war es ein englischer Kaper; nun gieng es ans Fechten, und nachdem sie einige Lagen gewechselt hatten, wurde er genommen. Den andern Tag kam ich Gottlob glücklich in Charleston an, nahm da wie gewöhnlich eine Ladung Reis etc. ein und segelte den 14. Februar 1794 in See, bestimmt nach Hamburg. Auf dieser Reise passirte nichts Besonderes. – Daß man derzeit öfters Kriegsschiffe antraf und von selben visitirt wurde, war an der Tagesordnung; die englische Fregatte Husar, die vor Charlestons-Baar kreuzte, erzeigte uns jedoch den großen Dienst und begleitete uns einen ganzen Tag, als wir mit mehreren Schiffen in See segelten, um uns vor den Kapern, die auf der Küste kreuzten, zu schützen. – Ich kam den 30. März Gottlob glücklich auf die Elbe, segelte nach Hamburg und löschte daselbst.

Mein Sohn Otto Heinrich wurde den 20. April, am ersten Ostertage, geboren.

Ich segelte den 26. Mai wieder nach Archangel in See, wurde dort mit Leinsaamen etc. beladen und segelte den 10. August damit nach Amsterdam ab. Ich kam den 3. September im Texel binnen, segelte von da nach der Stadt Amsterdam, löschte daselbst, und segelte den 17. October wieder in See, bestimmt nach Charleston.

X. Unter dem Mantel der dänischen Neutralität im ersten Koalitionskrieg (1794-97)

Wie ich zwischen der Insel Barmuda und der amerikanischen Küste war, begegnete mir eine englische Flotte, die von Jamaika kam und von einem englischen Linienschiffe convoyirt wurde. Von diesem Kriegsschiffe kam ein See-Officier in einer Schalupe zu mir an Bord um mich zu examiniren; er ließ mich segeln. Ich kam Gottlob glücklich in Charleston an, nahm 1200 Fässer Reis ein, den Rest an Kaffee und Färbeholz zum Stauen, und segelte damit Anfangs März 1795 nach Hamburg ab. — Auf dieser Reise hatte ich den Fall, daß ich sichtbar sehen konnte, wie der liebe Gott mir seine Hülfe zur rechten Zeit sandte und mich in seinen gnädigen Schutz nahm, daß ich nicht mit meiner Ladung Reis von den Franzosen aufgebracht wurde, sondern selbe dem rechtmäßigen Eigenthümer nach Hamburg bringen konnte. Der Fall, den ich euch nun erzählen will, ist so außerordentlich, daß ihr vielleicht glaubt, ich habe etwas zugesetzt oder vergrößert; aber ich versichere euch, daß ich hier, wie in dieser ganzen Lebensbeschreibung, die reinste Wahrheit erzähle, und Alles buchstäblich wahr ist. — Vorher muß ich aber erwähnen, daß die großen Europäischen Mächte den Vorsatz faßten, Frankreich, wo derzeit eine Revolution war, auszuhungern; weshalb schon im Herbste 1792, wie England noch keinen Krieg gegen Frankreich erklärt hatte, die Engländer die mit Korn von Hamburg nach Frankreich befrachteten Schiffe aufbrachten, worunter mein Freund, Capt. Ries, mit dem Schiffe De twee Gysberts, auch war. Die Ladungen sind dort, wenn ich nicht irre, confiscirt worden, und haben die Schiffe gar keine Fracht bezahlt erhalten; denn der Engländer denkt: zu sich nehmen fackelt nicht, und was er einmal hat, giebt er nicht gern wieder heraus. 1793 brach nun wirklich ein fast allgemeiner Krieg gegen Frankreich aus, und jetzt nahmen die Engländer alle Schiffsladungen Korn und andere Provisionen, die sie habhaft werden konnten, weg. — Da nun die Franzosen in Noth waren zu verhungern, so nahmen auch sie alle Schiffe, die mit Eßwaaren beladen waren, weg, und brachten sie in Frankreich auf, selbe mochten gehören wem sie wollten, von welcher Nation sie auch waren und was für einen Bestimmungsort sie auch hatten. Da ich nun eine so große Quantität Reis (1200 Fässer, und jedes Faß hielt im Durchschnitt 600 Pfund netto, also circa 720,000 Pfund) am Bord hatte, so würde ich natürlich von den Franzosen genommen und aufgebracht worden seyn, hätten sie meiner habhaft werden können. – Sie wurden meiner habhaft, und doch rettete mich der liebe Gott aus ihren Händen; Ihm sei noch jetzt, nach 39 Jahren, Dank dafür. Noch jetzt, da ich dieses schreibe, kann ich mich der Rührung nicht erwehren, wenn ich meine damalige Lage wieder überdenke; in welcher Gefahr ich war alles das Meine zu verlieren, denn ich hatte beinahe mein ganzes Vermögen, und zwar unversichert, im Schiffe. –

Nun will ich fortfahren zu erzählen. – Wie bereits gesagt, segelte ich mit einer Ladung von 1200 Fässern Reis, Kaffee und Färbeholz von Charleston nach Hamburg ab. Die Kajüte hatte ich mit Kaffee in Säcken vollgeladen, der Reis lag im Schiffsraum und Zwischendeck. Anfangs April hatte ich am Eingange des englischen Kanals, circa 30 deutsche Meilen außer oder westlich desselben, Grund geworfen. Wir hatten schönes Wetter bei flauem West-Wind, so daß wir nur langsam avancirten, obschon wir alle Segel, drei Bramsegel und Bramleesegel beigesetzt hatten. Des Abends gegen Sonnenuntergang ward, wie gewöhnlich bei mir, von oben ausgesehen, ob etwas zu bemerken sey. Der Untersteuermann, der diesen Abend von oben aussah, rief herunter: drei große Schiffe, rechts voraus, sie liegen quer beigedreht, haben ihre Untersegel aufgegeyt (aufgezogen) und alle Refen in ihre Marssegel gestochen. Ich sagte: das sind wahrscheinlich englische Kriegsschiffe, die da kreuzen; denn an Franzosen dachte ich nicht, weil die Engländer derzeit ganz die Uebermacht zur See hatten, und meistentheils alle französischen Kriegs- und Kaperschiffe, die sich in See blicken ließen, weggenommen waren. Es wurde Nacht, aber da helle Luft war und der Mond, beinahe voll, schien, so konnte man ein Schiff weit sehen. Ich war doch sehr unruhig, denn wenn ich auch nicht bange war, daß die Engländer mir etwas thun würden, so konnte ich doch denken, daß ich aufgehalten würde, und sie an Bord zu mir kämen um mich zu examiniren; ich ging also nicht zu Bett, sondern blieb auf dem Deck. Wie ich die Schiffe sehen konnte und in ihre Nähe kam, ließ ich die Leesegel einnehmen um beidrehen zu können. Es war, wie gesagt, schönes Wetter und wenig Wind, so daß ich erst 1½ Uhr Nachts zu ihnen kam. Sie hatten alle Refen aus ihren Marssegeln, und ihre Bramsegel beigesetzt, um fertig zu seyn mich einzuholen, wenn ich vielleicht entfliehen wollte. Ich erwartete nun einen Kanonenschuß von ihnen, um beizudrehen; aber als ich gerade neben ihnen war und sie noch immer nicht geschossen hatten, so hegte ich schon die Hoffnung, daß sie mich laufen lassen würden. Allein nun machte die eine Fregatte, die zunächst bei mir war, ein Signal; es wurden eine Menge Laternen an der Gaffel aufgezogen, und gleich ging ein

Kanonenschuß nach mir, und an alle Kanonenpforten kamen Laternen, so daß es schien als ob der ganze Rumpf der Fregatte illuminirt sei. (Ich habe es erlebt, daß ein Schiff bei Nacht eine volle Lage erhielt, weil es seine Segel nicht nieder gestrichen, indem das Kriegsschiff, welches ihm die volle Lage gab, nicht wissen konnte, ob es ein Schiff war, das fechten oder von ihm weglaufen wollte, und ihm deswegen Stengen und Segel entzwei schoß, damit es nicht weglaufen konnte.) Ich ließ daher, sobald der Kanonenschuß fiel, die Bram- und Marssegel niederstreichen oder niederlaufen und drehte das Schiff über Steuerbord nordwärts bei, damit die Officiere am Bord des Kriegsschiffes sehen konnten, daß ich mich ergäbe und weder fechten noch weglaufen wollte; daß ich dieses that, war ein Glück für mich.[98] Als ich nun beigedreht war, kam die eine Fregatte angesegelt und legte bei mir an Backbordsseite bei, und die zweite Fregatte legte sich an Steuerbord bei mir, so daß ich mit meinem Schiffe zwischen beiden Fregatten lag; das dritte war ein großes Linienschiff, lag südwärts über und war circa eine viertel Meile von mir entfernt. Wie ich von der Fregatte angerufen wurde, hörte ich gleich daß es Franzosen waren, denn sie sprachen ihr Hollo! so langsam aus, daß ich gleich wußte, daß es keine Engländer waren. Sie riefen von der Fregatte und fragten, wo ich herkäme? Ich rief: von Charleston, und bin nach Hamburg bestimmt. Hierauf fragten sie, was ich geladen hätte? Ich kam gleich auf den Einfall und rief: Kaffee. Sie fragten nun wieder, ob ich keinen Reis geladen hätte; ich that aber als ob ich sie nicht verstände, und rief noch einmal laut: Kaffee. Hierauf sagte ich zu meinen um mich stehenden Leuten: nun ist Alles zum Teufel. (Ich selbst hatte fast mein ganzes Vermögen im Schiffe.) Wie konnte ich auch denken, daß ich nun, da die Franzosen mich schon hatten, wieder aus ihren Händen errettet werden würde; aber wenn der liebe Gott Jemandem helfen will, so können und müssen Umstände zusammentreffen, daß das ihm über dem Haupte schwebende Unglück abgewandt wird, und ihr, lieben Kinder, könnt nun aus der Begebenheit, die mir passirte, deutlich sehen, daß es wahr ist was ich eben sagte. – Nun kam die Schalupe von der Fregatte die mich angerufen und am Backbord bei mir lag, zu mir; der Officier welcher an

[98] Der Officier, der zu mir an Bord kam, um mich zu examiniren, sagte mir unter anderm: hättest du die Segel nicht laufen lassen, so hättest du die volle Lage von uns erhalten, denn wir glaubten, du wärest eine englische Kriegs-Fregatte und haben die ganze Nacht bei den Kanonen gestanden, um fertig zum Fechten zu seyn, wenn du fechten wolltest. (Mein Schiff war ein großer Dreimaster, 116 Fuß lang, und bei Nacht sieht ein Schiff noch größer aus als es wirklich ist.)

Bord kam war ein junger Mann und kein Ober-Officier, wie ich vernahm, sondern ein Unter-Lieutenant oder Midshipmann. Ich hieß ihn willkommen, war höflich gegen ihn und nöthigte ihn nieder in den Kajütsgang (denn die Kajüte war voll Kaffee in Säcken geladen, und Niemand konnte da hinein gehen). Hier hatte ich nun die Tafel gedeckt mit feinem Bisquit, Zwieback, Butter, Käse und Wein.[99] Als nun mein französischer Officier, der gebrochen englisch mit mir sprach, in den Kajütsgang kam, und den Tisch gedeckt fand, wurde er sehr höflich; ich nöthigte ihn, zu essen und zu trinken. Meine Schiffs-Documente, so wie das Manifest der Ladung nebst den Connoissementen lagen, in ein Packet eingepackt, auch auf dem Tische. Ich sagte, ich wäre ein Däne, und gab ihm aus dem Packete meinen Seepaß. (Diesem war derzeit auf demselben Blatte, wo Lateinisch bis in die Mitte stand, neben über auf der andern Häfte, eine französische Uebersetzung beigefügt.) Ich sagte nun dem Officier: hier können sie meinen Paß in ihrer eigenen Sprache lesen, und sehen, daß ich ein dänisches Schiff führe. Er war ein freundlicher junger Mann; ich fragte ihn: wie steht es in Europa? Er antwortete mit Frohlocken: wir haben ganz Holland erobert, und seine Kriegsschiffe mit Kavallerie übers Eis genommen. (Der Winter zwischen 1794 und 1795 war so hart, daß die Franzosen überall über die gefrorenen Seen gingen.) Wir tranken ein Glas Wein mit einander, und zwar, nach damaliger Sitte auf: Vive la Republic! Nun ging er aufs Deck, und wie ich sah, daß er ein so unerfahrner Examinator war, da er weder nach den Connoissementen noch dem Manifest der Ladung fragte, (sondern er fragte blos, was ich geladen hätte; ich sagte: Kaffee, und zeigte ihm die Säcke, womit die ganze Kajüte voll geladen war,) so nahm ich diese aus dem Packet heraus und knöpfte sie unter meine Jacke und Seerock, den ich

[99] Ein Mittel, welches ich sehr oft bewährt gefunden habe, daß, wenn Kaper-Gäste zu Einem an Bord kommen, sie Einem wieder freundlich begegnen; denn wenn sie sehen, daß man sie so freundlich empfängt, fassen sie schon eine gute Meinung von Einem, und sehr selten findet man einen, der so tief gesunken ist, daß er es nicht fühlt, und nicht Höflichkeit mit Höflichkeit vergilt. Noch auf dieser letzten Reise, als ich von Amsterdam nach Charleston fuhr, hatte ich in der Gegend von Barmuda einen Kaper bei mir an Bord. Der Officier, der wie ein böser Teufel zu mir kam, fragte sogleich mit barscher Stimme: hou are the Capitain (wer ist der Capitain)? Ich sagte: ich bin es; sey so gut und komm in die Kajüte. Er ging mit mir, und sobald er in die Kajüte trat und sah, daß der Tisch für ihn gedeckt stand, rief er gleich mit barscher Stimme: alle meine Leute sollen in der Schalupe bleiben; sie sollten deshalb nicht ins Schiff kommen, weil die Kaperleute, wenn sie können, gern etwas nehmen. Der Officier und ich sprachen zusammen, aßen mit einander und schieden als gute Freunde.

angezogen hatte, ließ blos meine Schiffs-Documente in dem Packet, als: meinen Seepaß, Türkenpaß, Bielbrief, Meßbrief, Rhederbrief etc., und ging zu ihm aufs Deck. Er nahm hierauf mein Sprachrohr und rief der Fregatte zu: es ist ein dänisches Schiff und hat Kaffee geladen; von der Fregatte wurde wieder gerufen: hat es sonst nichts als Kaffee geladen? hat es keinen Reis am Bord? Der Officier fragte mich nun: hast du sonst nichts als Kaffee geladen? Ich sagte, ich hätte noch eine Parthei Färbeholz und ein Bagatell Reis an Bord; der Officier rief dieses der Fregatte zu und erhielt zur Antwort: wieviel Reis hat er am Bord? (Ich konnte nicht alles verstehen, was von der Fregatte gerufen wurde, aber das Wort rice verstand ich sehr gut, und dieses war eine Angst für mich zu hören.) Der Officier fragte mich: wieviel Reis hast du an Bord? Ich antwortete: es ist ein Bagatell; wieviel aber? fragte der Officier verdrießlich, ich muß es der Fregatte melden. Ich sagte: circa 200 Tonnen, und so rief der Officier der Fregatte auf französisch zu: circa deux cent livres rice (circa 200 Pfund, er hatte, statt 200 Tonnen, wie ich ihm gesagt, 200 Pfund verstanden). Nun wurde von der Fregatte gerufen: visitire genau! Der Officier sagte mir: ich soll genau visitiren. Ich antwortete: kommen sie nur mit herunter, und wie wir in den Kajütsgang kamen sagte ich: sehen sie, hier ist mein Bielbrief, aus welchem sie sehen können daß es ein gebautes dänisches Schiff ist; hier ist mein Meß- und auch mein Rhederbrief, und alle Jahr seit 1780 steht das Productum darauf, so daß sie sehen können daß ich ein alter Däne bin; hierauf wurde wieder Vive la Republic! getrunken. Der Officier und ich gingen nun wieder aufs Deck; hier nahm er das Sprachrohr und rief der Fregatte zu: ich habe genau visitirt; er fügte noch hinzu, wie ich deutlich verstand, le Capitain est un bon homme (der Capitain ist ein guter Mann). Diese Meinung von mir hatte der Officier doch wohl blos deswegen erhalten, weil ich ihn freundlich empfangen, ihn gut bewirthet und Vive la Republic! mit ihm getrunken hatte, um gut wegzukommen; wie das Sprichwort sagt: wenn man unter Wölfen ist thut man wohl, mit ihnen zu heulen. Im Grunde hatte ich den Officier doch betrogen, indem ich ihm weis machte daß ich nur ein Bagatell Reis am Bord hätte; daß er 200 Pfund verstand, während ich ihm 200 Tonnen sagte, war nicht meine Schuld. Ich sagte deswegen 200 Tonnen, damit, wenn ich auf die Fregatte gefordert würde und sie mich dort fragten, wie kannst du so lügen und 200 Tonnen sagen, da du doch 1200 Fässer Reis am Bord hast, ich dann antworten könnte: es sind 200 Tonnen welche wir in der Befrachtung berechnen, und jede Tonne wird zu 2240 Pfund gerechnet.

Nun sollt ihr deutlich und sichtbar sehen, daß wenn der liebe Gott Jemand schützen und retten will, er alle Wege und Mittel hat, die als dienstbare Engel seine Befehle ausrichten müssen, denn just wie der Officier die letzten Worte: le Capitain est un bon homme, ausgesprochen, erhob sich eine Nordwestenbüy (starker Wind), und darauf wurde ein großer Lärm auf der Fregatte, ihre Segel mußten sie laufen oder niederlassen; durch den starken Wind entstand eine solche Verwirrung auf ihrem Schiffe, daß sie an mich nicht dachten. An den Officier der bei mir an Bord war, riefen sie: au bord tout suite! tout suite! (geschwind, geschwind, kommt an Bord.) Der Officier nebst seiner Schalups-Mannschaft waren auch ängstlich, weil es so hart wehete; und gingen in ihre Schalupe. Ich fragte den Officier kann ich segeln? er sagte: ja.[100] Sobald dieser nun mit der Schalupe von der Seite meines Schiffes wegfuhr und ich nun vor dem Winde abdrehen wollte, kam die Schalupe von der andern Fregatte die mir am Steuerbord schräge voraus lag, angerudert und an Bord; auch dieser Officier war ein Quartiermeister oder Midshipmann; ich nöthigte denselben gleichfalls hinunter in den Kajütsgang.

[100] Er nahm mir aber mein Ehrenwort ab, an Niemand zu sagen, daß ich hier 2 französische Fregatten an Bord gehabt hätte. Die Franzosen sind doch polirte Leute? denn am Abend als wir die 3 Schiffe sahen, waren sie nahe bei einander; hieraus sah ich, daß sie keine Feinde von einander waren, sondern zu einer Nation oder ihren Alliirten, gehören mußten, als aber die 2 Fregatten bei mir kamen, war das dritte, welches ein großes Linienschiff war, wie bereits gesagt, südlich gesegelt, doch nicht weiter als ungefähr eine Viertelmeile. Während unsers Gesprächs im Kajütgange, fragte der Officier mich, ob ich nicht wüßte was das für ein Schiff sey? Ich antwortete: ich weiß es nicht, denn ich bin wie sie wissen, hier erst eben angekommen; er sagte: wir glauben daß es ein englisches Linienschiff ist. Ich merkte bald, wo er hinaus wollte, (aber ich habe in meinem Leben gefunden, daß es bisweilen gut ist, sich ein wenig dumm oder einfältig zu stellen. Denn wenn man von den Herrn Kapern und Kriegsgästen examinirt wird, so thun sie so viele bunte und durcheinander geworfene Fragen, daß man sich leicht versprechen kann; deshalb thut man wohl daran wenn sie fragen, z.B.: deine Documente sind doch wohl nicht so ganz richtig, und wenn du kannst, bringst du deine Ladung doch an unsere Feinde; dann muß man sich stellen als ob man erstaune, wie sie so etwas denken könnten, und sich als, was man so ehrlich Schlag nennt, zeigen; nur gar zu dumm muß man sich nicht anstellen, sondern so, was man ein wenig einfältig nennt) denn wenn ich bei den Engländern käme und ihnen sagte, daß ich hier 2 französische Fregatten gesehen, so würden die Engländer vielleicht zwei Fregatten senden um sie wegzunehmen, würden dann aber noch ein Linienschiff finden, und nun viel schwächer wie die Franzosen, von diesen genommen werden; denn die beiden Französischen Fregatten waren 2 rassirte Linienschiffe, das heißt: Linienschiffe, von welchen die oberste Batterie abgenommen ist, und also zu schwere Fregatten gemacht sind.

Er fragte mich, von wo ich herkäme und wohin ich wollte, auch was ich geladen hätte; ich sagte ihm: Kaffee und zeigte auf die Kaffee-Säcke die in der Kajüte lagen. Er sagte: o gieb mir einen Sack Kaffee; ich entgegnete: es sind nicht die Meinigen. Hierauf erwiederte er: du hast auch wohl nichts! er schluckte einige Gläser Wein hinunter und sagte: ich wollte daß ich wieder an Bord meiner Fregatte wäre, denn der Wind blies noch stark; ich sagte zu ihm: gehe du nur in deine Schalupe, ich will dich mit meinem Schiffe nahe an Lee deines Schiffes bringen und wenn ich da bin, so will ich deine Fangeleine (Tau) loslassen, so bist du nahe bei deinem Schiffe. Ich fragte: kann ich weg segeln? er fragte: was hat der Commandeur gesagt? (also war es die Schalupe vom Commandantenschiffe gewesen, die zuerst bei mir an Bord war.) Ich entgegnete: er sagte, ich könnte segeln. Nun denn ist es gut, erwiederte er, dann segle nur fort. Dieser Officier nebst seinen Leuten setzten sich in die Schalupe und ich segelte nun sehr nah an Lee der Fregatte längs; wie ich zur Seite derselben kam, ließ ich die Schlupsfangeleine oder Tau los und ließ mein Schiff vor den Wind laufen; nun war die Schalupe dicht an Lee ihrer Fregatte und kam leicht an Bord. Es wehete noch immer stark, doch der Wind war nordwestlich und mir günstig. Ich ließ nun so viele Segel beisetzen wie das Schiff tragen konnte, denn vor dem Winde kann man deren viele führen, weil ein Schiff dann mit dem Winde fortfährt; ich segelte meinen Cours fort. Ich war aber so angegriffen von diesem Vorfall, wobei der liebe Gott mir so sichtbar und auf so ausserordentliche Weise aus einer Noth gerettet, (wo es für Menschen unmöglich schien, frei zu kommen,) daß ich in meine Kammer hinlief, auf meinen Knieen Gott dankte, und mich der Thränen des Danks nicht enthalten konnte, sondern dieselben über meine Wangen fliessen ließ. Sowohl für meine Herren Rheder, als auch für meinen Befrachter war es ein Glück daß ich frei kam, denn der Preis des Reißes war derzeit wie ich in Hamburg mit meinem Schiffe ankam, 36 Mark für 100 Pfund; es wurden einige Schiffe von Charleston kommend und mit Reis beladen, von den Franzosen in Brest aufgebracht, denen nur der Einkaufspreis vergütet wurde, auch wie mir hernach gesagt wurde, keine Fracht erhielten, und solche von der Regierung zu erhalten suchen mußten. Meine Befrachter gaben mir 300 Mark zum Douceur. Ich kann nicht umhin, hier zu bemerken was mit dazu beitrug, daß ich frei kam, obgleich dieses auch unter Gottes Leitung geschah.[101]

[101] Die Leute die mit dem Officier in der Schalupe an Bord kamen, standen auf dem Deck bei meinen Steuerleuten, während ich mit dem Officier unten im Kajütsgang war, wo wir mit einander sprachen. Diese Leute hatten meinen Steuerleuten erzählt, sie hätten Abends, wie ich diese Schiffe zu Gesicht bekam, sie

So ward durch diese Begebenheit mein Glaube an eine allgütige Vorsehung aufs neue gestärkt. — Ich segelte wie gesagt, als ich die Fregatten verlassen hatte, meinen Cours fort; wie ich ungefähr eine Stunde von denselben weggesegelt war, (mein Schiff lief beinahe 2¼ Meilen jede Stunde) hörte die Büy auf so hart zu wehen und der Wind nahm ab. Es blieb jedoch ein anhaltender Wind, und wie es Tag wurde, konnte ich diese drei Schiffe, nemlich die französischen, noch von oben sehen; sie lagen alle 3 beigedreht, und lagen bei dem Wind quer zu treiben mit ihrem dicht gereften Marssegel, eben so, wie wir selbe den vorigen Abend gesehen hatten. Ich segelte meinen Weg, kam am 2ten Tage in den englischen Kanal, hatte guten Wind und segelte aus demselben. Wie ich eben aus dem Kanal und in die Nordsee kam, so kam eine englische Fregatte bei uns, und sandte seine Schalupe bei mir an Bord. Der Officier der mit derselben an Bord kam, war ein sehr junger Mann (Bengel möchte ich sagen) und einer von den wenigen englischen Seeofficieren, welche ich bei mir an Bord gehabt, der unartig war, (denn zum Ruhme der englischen See- und Landofficiere mit denen ich zu thun gehabt, muß und kann ich mit Wahrheit sagen, daß sie mich stets sehr höflich und freundschaftlich behandelt haben.) Der Officier also kam an Bord, fragte wie gewöhnlich woher ich käme, wohin ich wollte, was ich gela-

also voraus im Osten von mir hatte, mich gesehen, und dieses ist ganz natürlich, denn sie haben mich viel heller sehen können, als ich sie, weil ich im Westen und Sonnenuntergang von ihnen war, und man immer heller und weiter hin in Sonnenuntergang sehen kann als in die entgegengesetzte Richtung nach Osten hin, und da ich mit allen Segeln, drei Bramsegeln und Bram-Leesegeln fuhr, so hatten sie geglaubt, ich sey eine englische Kriegsfregatte, deshalb wäre kein Mensch auf ihrem Schiffe zu Bette gewesen, und ein Jeder hätte des Nachts auf seinem Posten gestanden. Da es kalt war, wollten wahrscheinlich die Herren Oberofficiere nicht gerne in der Nacht eine Schalupe besteigen, um bei mir an Bord zu fahren und sandten deswegen einen von den Unterofficieren zu mir an Bord, der, wie bereits gesagt, ein zwar guter, aber unerfahrner Mann war, darum ich denn so frei kam; aber sicher ist es, wäre die Nordwestebüy nicht, und zwar so zur rechten Zeit gekommen, so würden sie mich an Bord geholt oder wenigstens so lange aufgehalten haben, bis es Tag wurde, und so wäre gewiß ein erfahrener Officier an Bord gekommen; ich hätte dann wohl mit meinen Connoissementen und Ladungs-Manifest herausrücken müssen, und würde dann sicher aufgebracht worden sein; nur allein daß der liebe Gott mir zur rechten Zeit seinen Engel, die Nordwestebüy sandte, schützte mich und mein Eigenthum. Ich habe hier, so wie in meiner ganzen Lebensbeschreibung nichts übertrieben, oder was mir passirt ist, wundervoller gemacht, sondern nur hier buchstäblich die reine Wahrheit gesagt, denn diese Begebenheit muß doch wohl von jedem vernünftig denkenden Mann für ein Wunder der Vorsehung gehalten werden.

den etc. und nun fragte er nach Intelligenz oder Neuigkeiten. Ich sagte ihm, daß mir auf der Reise nichts Besonderes passirt sey, als daß ich drei große Kriegsschiffe außen vor dem Kanal an Bord gehabt, die aber, weil es Nacht gewesen, keine Flaggen hätten wehen lassen, ich jedoch glaubte daß es englische Kriegsschiffe gewesen seien, indem fast alle französischen Kriegs- und Kaperschiffe von den Engländern genommen wären. Er antwortete: ja, das sind bestimmt englische Kriegsschiffe gewesen, denn die Franzosen können nicht in See seyn. Hierauf wollte er noch mehr Neues wissen; ich sagte: ich weiß weiter nichts zu erzählen; darauf fluchte er: God dam'n! und sagte, er wolle mich an Bord der Fregatte bringen; dies machte mich warm und ich antwortete ihm: was, glaubst du daß ich bange bin an Bord eurer Fregatte zu gehen? Nun ging er aufs Deck und ich folgte ihm; er stieg hierauf die Treppe hinunter um in seine Schalupe zu kommen; hier erzählten ihm seine Leute oder Matrosen, daß meine Matrosen ihnen gesagt hätten, ich habe zwei französische Kriegsschiffe an Bord gehabt. Wie der Officier dies hörte sprang er wieder zurück aufs Deck und sagte zu mir: was, du hast Franzosen an Bord gehabt und mir dies nicht gesagt? Ich antwortete: habe ich dir nicht gesagt, daß ich drei Kriegsschiffe außen vor dem englischen Kanal bei Nacht an Bord gehabt; willst du nun glauben daß es Franzosen gewesen, so steht es dir frei. Er schwieg darauf und fuhr an Bord der Fregatte; nachdem er dort angekommen, nahm die Fregatte ihre Flagge ein, welches das Signal war daß ich frei sey und wegsegeln könne. – Es wurde flauer Wind und des Nachts entstand ein dicker Nebel, der auch am andern Tage anhielt; wir hörten dann und wann einen schweren Kanonenschuß und vermutheten, daß wir in der Nähe einer Kriegs-Flotte wären.

Am dritten Morgen wehte ein flauer westlicher Wind, der Nebel war verzogen und wir waren den Texel schon passirt; wie es Tag wurde, war ich mitten in einer Flotte von vier englischen Linienschiffen, sieben Fregatten und einigen Cuttern. Die eine Fregatte sandte ihre Schalupe mit einem Officier zu mir an Bord, und von einem Linienschiffe, welches nahe zu mir heran segelte, wurde dem Officier zugerufen: bringe den Capitain zu dem Admiral an Bord. Der Officier, ein junger freundlicher Mann, sagte mir: ziehen sie andere Kleider an (meine Seekleider, die ich an hatte, waren nicht statiös genug), ich muß sie zu dem Admiral an Bord bringen. Ich ging also mit dem Officier in seine Schalupe, und er brachte mich an das Admirals-Schiff. Wir stiegen beide in der zweiten Batterie in eine Kanonenpforte ein, die so hoch gemacht war, daß der größte Mann gerade, ohne sich zu bücken, hinein gehen konnte; auch waren an der Seite Säulen angebracht, mit einem Verdeck darüber, eben

Zeitgenössischer niederländischer Grönlandfahrer.
Kupferstich aus G. Groenewegen: Verzameling van vier en tachtig Stuks hollandsche Schepen, 1789

so wie man wohl Thüren an Palästen sieht. Ich ging mit dem Officier auf das oberste Deck; es war erst fünf Uhr des Morgens und der Admiral noch nicht aufgestanden. Mein Officier meldete sich bei dem auf dem Deck Wacht habenden Officier und stellte mich ihm vor; er sagte, ich solle nur etwas warten, der Admiral würde bald aufstehen. Ich ging nun auf dem Deck umher und betrachtete Alles, und ob ich gleich Seemann war, so mußte ich doch erstaunen, wie gegen mein Schiff gerechnet, Alles hier in einem so großen Maaßstabe war. Das Schiff hieß Prince of Wales und hatte drei volle Batterien mit 90 Kanonen; auf dem vierten Deck, worauf ich spatzierte, waren gar keine Kanonen, sondern alles frei. Der Admiral hieß Harvey; seine Kajüte ging von dem vierten Deck gerade ein, und das Schott oder die Wand derselben war quer über mit Fenstern, deren Scheiben alle Spiegelglas, so daß, wenn man nach hinten auf dem Deck ging, man in den Spiegeln sehen konnte was vorn passirte. Das Schiff war ganz neu und zum ersten Mal in See. Um 6 Uhr kam der Admiral aus seiner Kajüte; er war ein schon bejahrter freundlicher Mann; nachdem ich ihm einen guten Morgen geboten, fragte er mich, wo ich herkäme wohin ich wolle? Ich sagte es ihm, und übergab ihm meine Ladungs- und Schiffs-Documente; er sah hinein, blätterte ein wenig darin, und gab mir sie wieder; hierauf fragte er mich, ob ich Kreuzer gesehen, und wo? Ich antwortete ihm daß außer dem Kanal ich des Nachts drei Kriegsschiffe gesehen, aber ich nannte keine Nation, und vorgestern hätte eine englische Fregatte mich in der Nordsee examinirt. Er sagte: wenn sie eher als wir zu dem Commandanten kommen, welcher bei Helgoland kreuzt, so sagen sie ihm, daß sie uns hier gesehen; ich wünsche ihnen glückliche Reise. Hiermit war ich entlassen und wurde von dem Officier, der mich an Bord des Admiral-Schiffs gebracht hatte, wieder in seiner Schalupe nach meinem Schiffe begleitet.

Die Flotte segelte nun vorwärts und ich folgte nach, sie segelte aber viel geschwinder als ich; allein da sie wie ein ausgespannter Hamen segelte, so daß alle Schiffe, die ihr begegneten und zwischen ihre südliche und nördliche Linie kamen, von ihr visitirt wurden und dieses ihr Aufenthalt verursachte, so holte ich sie immer wieder ein. Ich hatte also eine gute Convoy an ihr und war nun vor keine französischen Kaper bange. Ich kam mit der Flotte zugleich bei Helgoland an; von hier segelte sie nach der Weser, wo sie Emigranten einnehmen sollte; ich segelte nach der Elbe, kam daselbst Gottlob glücklich ein, und fand zu Hause meine liebe Frau und Kinder, so wie meine Mutter und Schwiegervater, welche beide, mein Schwiegervater seit 1792 und meine Mutter seit 1793, bei mir im Hause wohnten, alle gesund und wohl.

Ich löschte meine Ladung in Hamburg, nahm Ballast ein und sollte nach Archangel segeln. — Wenn ich in der Jahreszahl nicht irre, so war es in diesem Frühjahre, als meines Herrn Patrons Hinrich van der Smissen ältester Sohn, Hinrich, (dessen Namen mein Schiff führte, nemlich der vierte Heinrich, oder auf holländisch: HENRICUS DE VIERDE) Hochzeit machte. Alle Comptoirbedienten, so wie auch ich, waren eingeladen den Hochzeitstag hier in Altona, in dem, Herrn van der Smissen zugehörigen, in der Palmaille liegenden Garten zu feiern, und wir waren diesen Tag über sehr vergnügt. Als wir des Mittags gegessen hatten und noch an der Tafel ein Glas Wein tranken, sagte der alte Herr Magelsen, welcher lange Jahre Buchhalter auf dem Comptoir der Herren van der Smissen gewesen, er wolle uns ein Gedicht vorlesen, welches noch nie gedruckt worden. Er declamirte es hierauf vor, und da es mir so wohl gefiel, so bat ich mir eine Abschrift davon aus, welche ich, weil ich denke daß es auch euch gefallen wird, hier beifüge. —

Es wohnte wo ein armer Schneider,
Der besserte nur alte Kleider,
Davon er kaum so viel erwarb,
Daß er zur Noth nicht Hunger starb;
Doch war er damit wohl zufrieden
Was sein Verhängniß ihm beschieden;
Er schickte sich in Glück und Zeit,
War arm an Unruh, Geiz und Neid,
Reich aber an Zufriedenheit. —
Das Mind'ste machte ihm Vergnügen;
Ein Heringskopf, schwarz Brodt, ein Ey,
Käs', Aepfel, Birn'n, ein Wasserbrey,
Ein magres Viertel einer Ziegen,
Doch alles dies war nie beisammen,
Vermochten seine stille Brust
Mit unaussprechlich süßer Lust
So übermäßig anzuflammen,
Daß er vor Freuden Lieder sang
Und fröhlich auf der Gasse sprang.

Ein Kaufmann wohnte gleich daneben,
Der so viel Geld und Gut besaß
Daß er es fast mit Scheffeln maß,
Doch fehlt' ihm ein vergnügtes Leben;
Des Tages ging er wie im Traum,
Des Nachts schlief er zwo Stunden kaum;
Je mehr das Geld pflog zuzunehmen,

Je mehr wuchs bei ihm Sorg' und Grämen.
So geht's, das Glück schenkt Geld und Gut
Und stiehlt dafür den frohen Muth! –

Der hörte nun den Schneider singen
Und sah ihn öfters fröhlich springen.
Mein Gott, sprach er, wie geht das zu?
Der Mann kann kaum so viel erwerben
Daß er nicht darf vor Hunger sterben,
Und ist doch fröhlicher als du, –
Der du doch so viel Geld gehäuft,
Daß nur allein von deinen Renten
Wohl hundert Schneider leben könnten,
Weil sich die Summe hoch beläuft.
Ich kann dies Wunder nicht errathen,
Wie er bei seiner Bettelei
Von viel vergnügterm Herzen sei
Als ich bei Thalern und Ducaten;
So bin ich nun mit Ernst beflissen,
Das Kunststück von ihm selbst zu wissen;
Wie er bei seinen Nahrungssorgen
Noch so vergnügt und froh kann seyn.
Hiemit nun lud er ihn auf morgen
Zu einem Mittagsessen ein.

Der kam, voll Zweifel wie die Ehre
An ihn einmal gekommen wäre
Daß ihn ein Reicher zu sich bät'!
Und aß mit fröhlichem Gesichte
Von manchem niedlichen Gerichte,
Das schon sein reicher Wirth verschmäht;
Denn dieser saß stets in Gedanken
Und schien sich mit sich selbst zu zanken;
Bald schnitt er dies bald jenes an,
Kaum aber legt' er's vor sich nieder,
So war es ihm auch schon zuwider
Und wiederum hinweg gethan;
Sein schöner Tisch und Flaschenkeller
Beförderten nicht seine Ruh,
Er kritzelte nur auf dem Teller
Und sah betrübt dem Schneider zu.

Doch als der Gast sich unterdessen

Recht satt getrunken und gegessen,
Sprach dieser: Lieber Meister, hört,
Könnt ihr mir ungefähr nicht sagen
Was euer Handwerk eingetragen,
Und wieviel ihr des Tags verzehrt?

Herr, sagte der, bei meinem Leben
Ich kann euch keine Rechnung geben,
Ich habe niemals nachgezählt;
Es gehen meine Nahrungssorgen
Allein auf heute, nicht auf morgen,
Doch hat bisher noch nichts gefehlt.
Wieviel mir täglich Gott bescheeret
Das wird von mir mit Dank verzehret;
Ist es nicht immer Speck und Schmalz,
So ist es dennoch Brot und Salz;
Dies würzt der Hunger, daß mir's schmecket,
Als wär' mir euer Tisch gedecket.
Hierzu kommt Wasser oder Bier,
Nachdem es Zeit und Glück mir giebet;
Doch seh ich mich vornehmlich für –
Daß sich mein Herz nur nicht betrübet.
Ich halte die Vergnügsamkeit
Für meine größte Kostbarkeit;
Gesunder Leib, ein gut Gewissen,
Ein nährender nicht theurer Bissen,
Ein Trunk, der Durst und Hitze stillt,
Und ungekauft in Bächen quillt,
Ein Schlaf der neue Kraft ertheilet,
Daß man früh frisch zur Arbeit eilet,
Und keine Schuldenlast dazu;
Hierinnen lieget Gut und Habe,
Hieraus entspringet meine Ruh,
Das macht, daß ich mich singend labe
Und manchen Sprung vor Freuden thu'.

Der Kaufmann, als er dies gehöret,
Saß bei der Tafel wie bethöret;
Das, dacht' er, kann nicht möglich seyn,
Daß so geringe Kleinigkeiten,
Wie dieser Mann aus Einfalt meint,
So große Lust und Nutz bereiten;

Es trifft wohl nur bei Schneidern ein.
Nun Freund, sprach er, weil ich erblicke,
Daß ihr bei eurem magern Glücke
Bei eurer großen Dürftigkeit
Jedennoch wohl zufrieden seyd,
So will ich euren schlechten Sachen
Nunmehr ein bessres Ansehn machen.
Wohlan! so nehmt von meinen Händen
Denn diese hundert Thaler an,
Und suchet sie wohl anzuwenden
Daß euer Glück sich fördern kann.

Hier setzt' es seltsame Gebehrden;
Der Schneider kam ganz außer sich,
Daß ihm fast Geist und Sprache wich.
So viel hatt' er noch nie geschaut.
Hätt' London damals feil gestanden,
Wär er als Käufer schon vorhanden;
Ja mehr, er hätte sich getraut
Mit seinem großen Silberhaufen
Paris und Rom dazu zu kaufen.
Drauf brach die Freude völlig aus;
Er trug den Schatz vergnügt nach Haus,
Und hatte für das Geld und Essen
Den großen Dank in Eil' vergessen.
Der Kaufmann selber war erfreut
Bei seines Nachbars Fröhlichkeit;
Er sprach: es reut mich nicht die Gabe,
Da ich sein Glück befördert habe.

Als jener nun zu Hause kam
Und seinen Geldsack vor sich nahm,
Gedacht er, wenn's zwei hundert wären
So könnt' ich mich noch besser nähren,
Doch hundert machen auch vergnügt,
Zumal da sie so wohlfeil kommen;
Drauf hat er sich zur Ruh verfügt
Und seinen Geldsack mitgenommen.

Allein es war kein Schlaf jetzt da;
Er mußte mit Gedanken spielen,
Und ob er schon sein Geld nicht sah,

Ließ er die Hand doch darnach fühlen.
So wurde denn die erste Nacht
Vor Freuden schlaflos zugebracht.

Doch mit dem früh erwachten Morgen
Erwachten erstlich recht die Sorgen.
Er ging und sann nun hin und her
Wie dieses Geld zu brauchen wär';
Darüber war das Mittagsessen,
Weil es schon Abend war, vergessen.

Des Nachts kam wieder keine Ruh;
Denn wenn sich nur ein Mäuschen rührte,
Fuhr er auf seinen Geldsack zu,
Als ob ein Räuber ihn entführte.
Er sprang öfters aus dem Bette
Und meint' es wär' ein Mörder hier,
Der ihn schon bei der Gurgel hätte,
Und sah stets nach der Kammerthür.

Den Morgen gings nach erstrer Weise,
Er schlich tiefsinnig nur umher,
Vergaß Gebet, Beruf und Speise,
Sang auch und tanzte gar nicht mehr;
Daß auch der Kaufmann selbst gedachte
Was jetzt den Mann so stille machte.

Es währte nun noch ein paar Tage
Die unerträglich schwere Plage,
Da fuhr er auf um Mitternacht,
Als er bis drei Uhr schon gewacht,
Und warf den Geldsack in die Kammer;
Verfluchtes Geld, schrie er dazu,
Geh hin, du Störer meiner Ruh!
Du Quell und Vater von dem Jammer!
Du hast mich lang' genug geplagt,
Und alle sonst gehabten Freuden
Aus Bette, Brust und Mund verjagt;
Dafür will ich dich nicht im Haus
Nur eine Stunde länger leiden,
Du mußt mir heute noch hinaus!

Die Sonne war kaum aufgegangen,
So hielt er redlich Schwur und Wort,

Und trug die hundert Thaler fort.
Herr, sprach er, was ich jüngst empfangen
Bring' ich euch alles wieder her.
Ich danke zwar für eure Güte,
Doch meinem gnügsamen Gemüthe
Ist diese Geld-Last viel zu schwer.
Macht wen ihr wollt in Zukunft reich,
Ich lege nun hiemit vor euch
Den Beutel mit dem Gelde nieder;
Gebt ihr mir dafür meine Lieder
Und unbesorgtes Herz nur wieder.

Wie gesagt, hatte ich in Hamburg meine Ladung gelöscht, Ballast eingenommen und segelte Ende Mai in See, bestimmt nach Archangel. Ich kam daselbst, ohne besondere Umstände, in Zeit von vier Wochen Gottlob glücklich an; doch als wir über der Baar waren und das Revier hinauf nach der Stadt segelten, kam uns eine schwere Gewitterbüy mit starkem Winde und Regen entgegen, so daß wir so zu sagen, über Hals und Kopf machen mußten, die Segel zu bergen und das Anker fallen zu lassen; es kamen just Lootsen in einem Boot, welche nach der Baar segeln wollten, diese suchten geschwind Schutz bei meinem Schiffe. Ich ließ ihnen schnell ein Tau zuwerfen und so kamen sie an die Seite meines Schiffes; weil sie durchnaß waren, da sagte ich zu ihnen, sie möchten herüber ins Schiff kommen; wie sie nun bei mir waren, lud ich sie hinunter in die Kajüte, wo ich ihnen Brod und Butter vorsetzte und jedem einen Schnaps gab. Wie die Gewitterbüy vorüber war, gingen die Lootsen in ihr Boot, wollten mir aber aus Dankbarkeit von ihrem frischen Proviant und Fische geben; ich sagte aber: ich danke euch für euren guten Willen, ich segle jetzt aber nach der Stadt und kann dort Alles was ich nöthig habe, bekommen; ihr aber geht in See und braucht euern Proviant selbst. Sie bedankten sich und fuhren mit ihrer Carbas (ein Archangelsches Fahrzeug) weg und ich segelte mit meinem Schiffe nach der Stadt, ging bei Sollenboll vor Anker und dachte über den Fall mit den Lootsen nicht weiter nach. Allein dieser Fall rettete mein Schiff und Ladung, wie ihr hernach sehen werdet.

Ich wurde hier beladen mit verschiedenen Waaren; als Theer, Pech, Thran, Eisen, Waizen, Hafer, Leinsaamen, Schweinsborsten, Pferdeschweife, Matten, Talg, Seife, Lichte, etc. auch hatte ich 2 alte und ein junges Rennthier an Bord, die ich nach Altona brachte. Eine solche Ladung zu stauen muß man sehr achtsam sein, damit Eines das Andere nicht beschädigt. Ich hatte deshalb hinten im Schiff einen Platz abgemessen, worin der Theer, Thran und Pech liegen sollte, und stauete nach unten den Theer, über denselben den Thran, über diesen die Pechtonnen, hierüber wurden Licht, Seife, Borsten und andere trockene Waaren gestauet, so daß der Platz voll wurde; nun konnte keine Waare der andern schaden, denn wenn der Theer, wie er es gewöhnlich zu thun pflegt, leckte, so lief er unten in das Schiff. Der Thran, wenn er auch leckte, konnte die Theertonnen nicht beschädigen, indem er leicht darüber hinläuft; der Pech, so wie die oben auf selben gestaueten trockenen Waaren lecken gar nicht. Vorne im Schiff hatte ich nun einen Platz für alle trockenen Waaren. Diese waren bei einander gestauet; das Eisen ließ ich nicht alles auf den Boden des Schiffs stauen, sondern nahm ungefähr $\frac{1}{3}$ Theil Eisen in das Zwischendeck, damit mein Schiff nicht so steif, sondern etwas ranck würde, in See dosto gemächlicher sey und nicht so schwer slengere und arbeite; denn ein ranckes Schiff ist immer gemächlicher in See, als ein steifes, weil dieses sich immer gegen den Wind aufrichtet. Die Kornwaaren hatte ich in die Mitte des Schiffes geladen; und zwar zuerst den Waizen, über diesen wurden doppelte Matten gelegt und mit hölzernen Pflöcken zusammen gesteckt, so daß nichts von den Kornwaaren, die hierauf geschüttet und geladen worden, dazwischen laufen konnte. Auf den Waizen wurde nun der Leinsaamen geladen, und gleichfalls mit Matten versehen; auf diesen sollte ich Hafer laden, vorher aber erst angeben, wie viele Lasten die Ablader an Bord bringen sollten, um diesen Platz auszufüllen.[102] Ich mußte also nach Cubicfuß meinen leeren Raum zum Hafer

[102] Da vielleicht Einer oder der Andere von euch lieben Kinder oder Enkel, sich der Seefahrt widmet, so will ich hier noch etwas beifügen, was euch im Seefache von Nutzen sein kann. Eine Last Korn in Archangel von 16 Tzettwerts, nimmt im Schiff einen Raum von 128 Cubicfuß ein; ich maß also den leeren Platz (ganz genau kann man selben im Schiff nicht messen, weil Masten, Pump-Soot, Knien etc. nicht so genau zu messen sind.) Ich maß also den Platz aus, und bestellte etwas Hafer mehr, als darin liegen konnte, um keine Faut-Fracht zu fahren, (auch traf meine Calculation so gut ein, daß nur 5 Säcke übrig blieben, die ich leicht anderswo hinlegen konnte) denn angenommen: ich hätte zu wenig Hafer bestellt, um den Platz auszufüllen, so blieb dieser unbenutzt, denn ich konnte keine nasse Waaren auf das Korn laden, auch keinen Talg oder Talglichter, denn wenn das Korn im Schiff sich erhitzet oder warm wird, dann schmelzen diese und laufen ins Korn; also mußte ich dann Faut-Frach fahren. Da ich also etwas Hafer mehr bestellt hatte, als der Platz fassen konnte, so kaufte ich für meine eigene Rechnung einige leere Säcke und that den Rest Hafer hinein; diese konnte ich nun oben auf stauen wohin ich wollte, auch konnte ich die leeren Säcke noch mit Vortheil am Löschplatz verkaufen. Ich hatte also keine Faut-Fracht, sondern hatte allen Raum im Schiff vollgeladen. – Auch ist beim Stauen der Ladung in einem

berechnen, und kam beinahe damit aus. Wie ich meine Ladung soweit eingenommen hatte, um damit über die Baar zu kommen, so wurde der Rest in ein Lotje (Leichterschiff) geladen, um es über der Baar einzunehmen; ich segelte im August von der Stadt. Wie wir nach der Baar segelten,

Schiffe Manches zu observiren, was einem Steuermann nützlich zu wissen ist und woran öfters nicht gedacht wird; als zum Exempel: es sollen Packen mit Leinen oder Segeltuch, im Schlag oder an der Seite längs des Schiffes im Raum gestauet werden, dann muß der Stauer den Packen so hinlegen, daß die Leinewand oder Segeltücher im Packen längs dem Schiff zu liegen kommen, damit wenn Seewasser an der Seite des Schiffs über die Weigerung hinläuft oder im Schlag stehen bleibt, so werden doch nur die äussersten Rollen in dem Packen beschädigt und die einwendigen bleiben trocken; wird aber der Packen so hingestauet, daß die Rollen in demselben mit den Enden an Bord liegen, so werden alle Enden der Rollen beschädigt, und keine bleibt von Havarie befreit. Staut man schwere Fässer woran kein Spundloch ist, (Fässer mit Spundlöchern werden natürlich so gestaut, daß dasselbe nach oben ist) wie zum Beispiel: Zucker, Kaffee, Reis etc. in Fässern; nach diesen muß man sehen, vorzüglich aber nach denen in den untersten Lagen, daß sie so gestauet werden, daß die Bodenstücke auf- und niederstehen; alsdann sind die Fässer stärker und lassen sich nicht so leicht eindrücken von der Last die oben auf sie liegt; sind aber die Bodenstücke an beiden Enden nicht egal eingesetzt vom Küpfer, alsdann kann man es nicht helfen, wenn ein Faß platt gedrückt wird. – Auch wird es euch nützlich sein zu wissen, wenn ihr Frachten nach Cubicfuß annehmen sollet, wie diese berechnet werden. Eine viereckige Kiste oder Packen ist sehr leicht zu berechnen; z. E.: eine Kiste ist 6 Fuß lang, 4 Fuß hoch und 3 Fuß breit, so ist es: 4mal 6 ist 24, und 3mal 24 ist 72 Cubicfuß; allein nun ist es aber ein rundes Faß, welches eben so lang, hoch und breit ist, als obige Kiste, und der Ablader sagt: ich gebe keine Fracht von 72 Fuß, denn weil mein Faß rund ist, nimmt es nicht 72 Fuß Raum im Schiff ein; dann muß man es berechnen, so wie 14 zu 11 stehen, so steht das Viereckige zum Runden; also nimmt das Faß so viel weniger Raum im Schiffe ein. Ein Faß ist gewöhnlich in der Mitte dicker als an den Enden; wenn daher die Fracht sehr hoch ist, wie sie vormals die Schiffe der Spanier hatten, welche von Cadix aus nach ihren Colonien in Amerika segelten, weil sie für alle Beschädigung der Waaren einstehen mußten, so wurde jeder Zoll Größe berechnet. Zum Beispiel, ein Faß 6 Fuß lang, in der Mitte 4 Fuß hoch und an den Enden nur 3 Fuß, so ist die Dicke des Fasses im Durchschnitt $3\frac{1}{2}$ Fuß, denn 4 Fuß in der Mitte und 3 Fuß an den Enden ist 7 Fuß, und die Hälfte davon ist $3\frac{1}{2}$ Fuß und wird berechnet, 6 Fuß lang $3\frac{1}{2}$ Fuß mittlerer Höhe ist 21, und $3\frac{1}{2}$ mal 21 macht $73\frac{1}{2}$ Fuß; nun rechnet wie 14 zu 11 stehen, dann kommt beinahe $57\frac{3}{4}$ Fuß, wofür Fracht bezahlt wird. Der Diameter eines Cirkels wird immer für $\frac{1}{3}$ der Peripherie oder Circumferenz gerechnet, und kann nimmer aufgehen, in wie kleine Brüche man ihn auch berechnen wollte; das nächste Verhältniß ist, wie 7 zu 22, also ist das Viereck zum Runden 14 zu 11. – Es kann euch auch von Nutzen sein zu wissen, daß man die Dicke und um mit dem Hochwasser hinüber zu kommen, wurde der Wind flau, und wir kamen vor der Baar, wie das Wasser anfing zu fallen. Ich sagte zu meinem Lootsen: wollen wir auch hier lieber ankern und die nächste Fluth abwarten? der Lootse aber sagte: es ist noch Wasser genug um hinüber zu kommen, und so segelten wir zu, blieben aber mitten auf derselben fest auf dem Grund sitzen. Es waren noch drei Schiffe hinter mir, welche aber nicht so tief im Wasser lagen als wie mein Schiff; diese segelten mir vorbei und sagten: es thäte ihnen leid, daß ich auf dem Grunde fest säße, doch

Stärke vom Tauwerk berechnen kann (es versteht sich daß Alles von einer Sorte Hanf, als 1ste, 2te und 3te Sorte gemacht ist.) Ich will euch dieses in Fragen und Antworten mittheilen, so wie ich selbes in meiner Jugend gelernt habe. – Frage: Ich habe wohl eher sagen hören, daß man die Dicke, Stärke und Gewicht vom Tauwerk durch Quadrat berechnen kann. Antwort: Ja. Sage mir nur die Dicke von einem Tau und ich will dir sagen, wie dick ein Anderes sein muß, welches du 2-, 3-, 4- oder wie vielmal es dir beliebt, stärker haben willst, oder sage mir, wie schwer ein Tau von einer gewissen Dicke wiegt, so will ich dir berechnen, wie schwer ein anderes Tau von welcher Dicke es dir beliebt, wägen muß. Frage: ich habe ein Tau von 5 Zoll und ich will nun ein Tau haben, das doppelt so starck sein soll, wie dick muß ich dieses bei einem Reepschläger bestellen? Antw. Du quadrirst dein Tau und sagst 5mal 5 ist 25; es soll 2mal so stark sein; deshalb multiplicire es mit 2, und so kommt 50, ziehe hieraus die Quadratwurzel, als 7mal 7 macht 49, also ist dieselbe $7\frac{1}{7}$, und ein Tau von 7 Zoll beinahe 2mal so stark, als ein 5zölliges; willst du ein 4mal so starkes haben, dann sage 5mal 5 ist 25 und 4mal 25 ist 100. Die Quadratwurzel von 100 ist 10, also ist ein 10 Zoll dickes Tau 4mal so stark als ein 5zölliges etc. Frage: Aber das Tau welches ich doppelt so stark haben wollte, davon könnte ich die Maße doch nicht so accurat aufgeben, als bei dem, welches 4mal stärker sein sollte. Antw.: Wenn es so genau darauf ankömmt, dann kannst du es in 10, 100 oder 1000 Theilen von Zöllen aufgeben und sagen, die Wurzel aus 50 ist $7\frac{071}{1000}$ Theil, wie viel in 10, und 100sten Theilen etc. du es haben willst. Frage: Aber wie muß ich nun das Gewicht von einem Taue, bei dem Gewicht eines Andern berechnen; z. E. ich habe einst ein Tau von 10 Zoll gekauft, welches 2500 Pfund wog, nun muß ich ein 8 Zoll dickes von nemlicher Länge haben, wie schwer wird dieses wiegen. Ant.: Dann sage: so wie das Quadrat von 10 Zoll steht zu dem Quadrat von 8 Zoll, so steht das Gewicht von 10 Zoll zu dem von 8 Zoll. Das

Quadrat von	10	das Quadrat von	8
mal	10	mal	8
ist	100	ist	64

das 10zöllige Tau war schwer 2500 Pfd.
64 "
160.000 "
100 "

also muß ein 8zölliges Tau von nemlicher Länge wiegen 1600 Pfd.

dieses half mir nichts; ich ließ die Flagge vom Vortop wehen um Hülfe; es kam aber Niemand, und so ließ ich in unser großes Boot mit der letzten Ebbe mein schweres Anker und Tau aufs Ende ausbringen nach der See zu, und wir wanden es mit dem Bradspill steif, gegen Hochwasser. Es kam eine Carbas von Modesco mit 14 bis 16 Lootsen bei mir an Bord und sagten: Capt. Eschel, da sitzt du? Ich antwortete: ja leider, wollt ihr mir helfen? Ja, sagten sie, deswegen sind wir eben gekommen, um dir zu helfen. Sie sahen nach meinem Anker, ob es recht stände, und fanden es gut. Gegen das höchste Wasser, fingen wir an, zu winden mit dem Bradspill so stark wir konnten, die Russen halfen, doch das Schiff saß fest und rührte sich nicht; als das Wasser am höchsten war, ließ ich das Schwertau, durch Anstrengung der ganzen Mannschaft, so steif wie möglich winden, allein dieses half gleichfalls nichts; nun ließ ich die ganze Mannschaft (40 Mann) die an Bord war, quer übers Schiff laufen, von einer Seite zur andern, (so kann man immer ein Schiff, welches nicht zu fest auf dem Sande sitzt, ins Slenkern bringen) und siehe da, es bewegte sich darnach, so wie die Mannschaft lief, kam los vom Grunde und schoß an dem steif

Frage: Wenn aber die Länge der Tauen verschieden sind, als z. E. ich hatte einst ein Tau von 8 Zoll Dicke und 100 Faden Länge bekommen; aber nun will ich eins von 10 Zoll Dicke und 120 Faden Länge haben, wie berechne ich das, wenn das Erste 1600 Pfund gewogen hat? Antw.: Sage dann, das Quadrat von 8 Zoll steht zu dem Quadrat von 10 Zoll und das Tau von 8 Zoll wog 1600
Pfund — 8 das Quadrat von 10 Zoll
mal 8 mal 10
ist 64 ist 100

das Gewicht von 8 Zoll war 1600, also 100mal 1600 ist 160,000, hierin dividire 64, und so kommt 2500 Pfund, welches dieses Tau von 10 Zoll wiegt; aber nun muß das 10zöllige Tau 120 Faden lang sein, da das 8zöllige Tau nur 100 Faden war. Dann aber sage durch eine Regula de Trie: 100 Faden wogen 2500 Pfund, wieviel bei 120 Faden kommt; Facit 3000 Pfd. Ich will nun auch sagen: mein 8 Zoll dickes und 100 Faden langes, hat 125 Gülden holländ. Cour. gekostet, nun will ich noch wissen, wie viel mein 10 Zoll dickes Tau kosten soll; dann spreche also: so wie das Quadrat von 8 Zoll steht zu dem Quadrat von 10 Zoll, also steht auch das Geld von 8 Zoll, zu dem, von 10 Zoll — 8 10
mal 8 mal 10
64 100 Quadrat

multiciplirt mit 125 Gülden sind 12500, dieses dividirt mit 64 kommt $190\frac{1}{2}$ Gülden; nun ist aber dieses Tau 20 Faden länger, dann sage:

100 Faden kosten	190 Gülden	10 Stüv.
wie viel 20 Faden; Facit ist	38 "	2 "
Also kostet das 10zöll. Tau von 120 Faden	228 Gülden	12 Stüv.

gewundenen Ankertau voraus; nun wanden wir das Ankertau geschwind ein, und wie das Schiff bei dem Anker war, waren wir schon über der Baar und in flottem Wasser. Wir lichteten den Anker und segelten hinaus nach der Rhede. Das Schiff hatte keinen Schaden gelitten, hätten wir aber noch eine Ebbe- und Fluthzeit auf derselben sitzen müssen, oder wäre der Seewind durchgekommen, so wäre mein Schiff wahrscheinlich verloren gewesen. Zu den Lootsen sagte ich, als wir in flottem Wasser waren, was soll ich euch nun dafür geben daß ihr mir geholfen habt; Sie entgegneten: wir wollten nichts dafür haben; weiß du wohl, daß, als du binnen kamst, eine Carbas mit Lootsen während der Gewitterbüy bei dir kam, und du sie mit Butterbrod und Schnaps bewirthetest? einige von uns waren derzeit mit in der Carbas, und weil wir dich vom Wachtthurm auf Modesco, fest sitzen sahen, so sagten diese: dem Capt. Eschels müssen wir helfen, denn es ist ein guter Mann, und blos deswegen sind wir gekommen; denn wäre es ein anderes Schiff gewesen, so wären wir nicht gekommen; kurz, wir wollen für unsere Hülfe nichts haben. Ich bat, sie möchten einige Rubel als Erkenntlichkeit von mir annehmen, denn mehr Geld hatte ich nicht im Schiff, welches sie auch wohl wußten, daß man von Archangel kein Geld mit sich ausführen darf; nach langem Weigern nahmen sie es endlich an. Ich habe euch lieben Kinder dieses deswegen erzählt, damit ihr sehet, daß man, wenn man gefällig ist, manchmal doch selbst Nutzen davon hat, und daß ihr euch allezeit wo ihr nur könnt, gefällig zeigt, auch da, wo ihr keine Gefälligkeit wieder zu erwarten habt. Blos weil ich glaube, daß es Gott angenehm ist, wenn ein Mensch dem andern hilft und Gutes thut, thue ich es, denn ich bin weit davon entfernt zu glauben, daß ich dadurch etwas verdiene.

Als wir auf der Rhede geankert hatten, so nahmen wir die Waaren aus unserem Leichter ins Schiff, und sobald wie dies geschehen, segelten wir in See. Wir hatten die ganze Reise schönes Wetter. Vor dem Trigter bei Stadtland in Norwegen auf 62½ Grad nördlicher Breite, hatten wir ein englisches Linienschiff bei uns, wurden examinirt von demselben, und es ließ uns segeln. In der Nordsee auf der Doggersbanck kamen 3 englische Linienschiffe bei uns, und von dem einen wurde ich angesprochen. Er fragte woher ich käme und wohin ich wollte, auch was ich geladen. Ich beantwortete ihm alles, nur von der Ladung nannte ich kein Pech, Theer und Eisen, sondern sagte: meine Ladung besteht in Waizen, Hafer, Thran, Talg, Lichter, Matten etc. Er fragte ob ich Kriegsschiffe gesehen? ich erwiederte: letzten Sonntag habe ich ein brittisches Linienschiff bei mir gehabt in der Latitude von 63 Grad und 10 Leags von der nordischen Küste, dieses ist bei mir an Bord gewesen und hat mich examinirt. Wie er hörte ich sey bereits schon examinirt, so wünschte er mir eine glückliche Reise und ließ mich segeln. Es war ein Glück für mich, daß ich kein Pech, Theer und Eisen genannt hatte, denn die Engländer erklären dies für Navystoore (Kriegs-Schiffsbedürfnisse) und nehmen es gerne weg, wenn sie auch nur eine kleine Ursache finden. So ging es Capt. Holst, der für Herrn Mohn in Hamburg fuhr. Dieser kam, so wie ich, von Archangel, hatte auch größtentheils die nemlichen Sorten Waaren geladen, die ich einhatte, und sollte so wie ich, nach Hamburg. Ihn brachten die Engländer mit seiner Ladung in London auf, wo ich ihn im December, als ich daselbst kam, sprach. Er wußte die Ursache nicht warum er aufgebracht worden; auch von seinem Herrn hatte er Briefe erhalten, worin dieser schrieb: wie ist es möglich daß sie von den Engländern aufgebracht werden konnten? Ein Hamburger Schiff und Ladung von und nach einem befreundeten Hafen kommend und gehend? Allein die Engländer thaten derzeit fast Alles was sie wollten, mit den fremden Schiffen. Als der Engländer mir eine glückliche Reise gewünscht hatte, so segelte ich meinen Cours weiter, kam kurz darauf in der Mitte Septembers binnen der Elbe, und meine Frau kam unweit Glückstadt mit meinem Sohne Jacob (welcher $3^2/_3$ Jahr alt war) bei mir an Bord. Welches Vergnügen es ist, nach vollbrachter Reise, eine Jolle ankommen zu sehen, worin eine liebe Frau sitzt, die damit an Bord kommt, dieß weiß nur ein Seemann, und der Landbewohner weiß davon nichts. Ich und meine Frau waren sehr vergnügt und mein Sohn Jacob war ein wackrer Junge geworden. Einige Leichterschiffe luden wir auf der Elbe voll, das Schiff zu erleichtern, um über das Blankeneser Sand zu kommen, und so segelten wir glücklich in die Stadt. – Hier wurde ich wieder befrachtet, um mit einer Ladung Hafer nach Yarmouth zu segeln, und Ordre zu holen, ob ich mit dem Hafer nach London oder nach Liverpool segeln sollte; auch war mein Schiff befrachtet nach Charleston und sollte, sobald ich in England gelöscht hätte, mit Ballast dahin segeln, um eine Ladung Reis zu holen; jedoch war bei dieser Befrachtung wieder die unangenehme Clausel, daß ich vor Ende Februar in Charleston sein sollte, sonst stand es in dem Willen des Herrn Befrachters, ob er die Befrachtung gelten lassen oder annulliren wollte. Ich nahm also nachdem ich gelöscht hatte, eine Ladung Hafer ein, segelte damit von der Stadt und ankerte bei Twielenfleth, wo ich dann die Leichterschiffe mit dem Rest der Ladung nachsandte. Nachdem ich mit Allem fertig war, nahm ich Abschied von all den lieben Meinigen, fuhr an Bord meines Schiffes und segelte den 29. October von Twielenfleth nach Freiburg. Hier lagen wir einige Tage bei westlicher stürmischer Witterung; den 4. Novbr. Morgens dachte ich nach, es könnte die stürmische Witterung noch lange anhalten, du sollst wieder eine weite Reise antreten und deine Frau so lange nicht wiedersehen etc.; kurz, ich wurde ungeduldig und ließ eine Schau wehen (ein Zeichen, daß man Jemand sprechen will.) Gleich kam ein Blankeneser Ever an Bord; ich fragte den Schiffer: was wollen sie haben, um meine Frau von Altona zu holen und bei mir an Bord zu bringen? er forderte und wir wurden einig. Dieses war des Morgens 9 Uhr, nun rechnete ich: der Ever kommt gegen Abend in Altona an, meldet sich bei meiner Frau, diese macht sich fertig, am nächsten Morgen steigt sie in den Ever, und kommt so morgen Abend an Bord.

Ich war den Tag über in Gedanken vergnügt und ging des Abends wie gewöhnlich zu Bett. In der Nacht um ein Uhr vernehme ich ein Geräusch bei meinem Schiffe; ich springe aus dem Bett, laufe aufs Deck und frage den Wacht habenden Matrosen: was ist hier zu thun? Er antwortete: hier ist ein Ever, der will an Bord. Der Ever legte sich nun hinten an die Seite des Schiffs, und ich fragte den Schiffer: was wollt ihr hier? Er antwortete: ich bringe Passagiere, die mit nach London wollen. Ich sagte: ich weiß ja nicht gewiß, ob ich nach London soll. Nun wurde ich verdrießlich, weil ich dachte der Baron v. T., welcher mit seiner Cousine schon voriges Jahr von Amsterdam mit mir nach Amerika reisen wollte, wozu es aber nicht kam, und der nun von Altona aus, wo er sich diesen Herbst aufhielt, mit mir dorthin reisen wollte, aber wieder etwas dazwischen trat, so daß es unterblieb, habe sich besonnen und komme nun und wolle mitfahren. Ich sah in den Ever; es waren große Packen und auch eine Kuh darin, so daß ich dachte, der Baron nimmt auch noch eine Kuh mit, um auf der Reise Milch zu haben. Da nun mein Schiff so voll geladen war daß nichts mehr hinein gebracht werden konnte, so war es natürlich, daß ich verdrießlich wurde und zu dem Schiffer sagte: ich will keine Passagiere mit Gütern haben. Der Everschiffer aber sagte: lassen sie die Passagiere nur über kommen, sie werden sie wohl annehmen; hier ist auch ein Brief an den Steuermann, fügte er hinzu. Was, sagte ich, ein Brief an den Steuermann? und auch eine Frau für den Capitain, rief aus dem Ever eine Stimme, woran ich sogleich meine Frau erkannte. In meinem ganzen Leben bin ich nie freudiger überrascht worden. — Ich rief nun gleich: Ueberall! Ueberall! meine Leute kamen aufs Deck und ich sagte zu ihnen: holt den Ever auf die Seite des Schiffs und hängt die Treppe über Bord; hierauf stieg meine Frau sammt ihrem Vater zu mir an Bord. Ich sagte zu meiner Frau: liebe Doris, wie ist es möglich daß du jetzt schon zu mir kommst; ich erwartete dich erst heute Abend. Ja, sagte sie, als ich deinen Brief von dem Blankeneser Schiffer empfing, stand ich just bereit um zu dir zu kommen; denn am Morgen hatte ich mit dem Cuxhavener Fährmann accordirt, daß er mich bei deinem Schiffe an

Bord setzen solle, wenn er des Abends nach Cuxhaven führe; denn ich dachte, der Wind weht noch westlich und kann noch lange so anhalten, mein Mann soll auf eine lange Reise, ihm wird gewiß die Zeit lang, und so bin ich nun hier, dich zu sehen und zu sprechen. – Wir hatten Beide große Freude einander zu sehen, und da der Wind noch zwei Tage westlich wehete, so waren wir diese Zeit über vergnügt bei einander. Nun legte sich der Wind und es wurde besseres Wetter. Den 7. November lief der Wind mir günstig; ich segelte mit dem Schiffe nach Cuxhaven und setzte unterweges meine Frau und ihren Vater mit meiner Schalupe bei einem Ever an Bord, der uns begegnete und nach Uetersen wollte, wo er zu Hause gehörte. Sie kamen des Abends dort an, logirten des Nachts im Hause des Schiffers und fuhren des andern Tages mit einem Wagen nach Altona zu Hause. – Des Nachts lief der Wind nordost und es wehete heftig. Den 8. November Morgens ging ich von Cuxhaven unter Segel, segelte in See und kam den 11. November Nachmittags Gottlob glücklich auf der Rhede von Yarmouth vor Anker. Ich fuhr gleich ans Land um Ordre zu holen wohin ich mit der Ladung segeln sollte; ich erhielt Ordre nach London zu segeln, wurde gleich expedirt und kam Abends um 6 Uhr wieder an Bord. Den 12. des Morgens war West-Wind; wir gingen Anker auf und segelten längs dem Lande nach der Themse. Es war den ganzen Tag flauer Wind, so daß wir erst des Nachts Olfordsneß passirten; im Londoner Revier wurde, weil wir immer contrairen Wind hatten, lavirt, und wir kamen deshalb erst den 19. November Abends in London an. Der Londoner Strom ist ein schlimmes Wasser zu befahren, und selten kommt ein Schiff bei contrairem Winde an die Stadt, das nicht hie und da etwas Havarie hat; auch mir wurde meine Fock-Raa zerbrochen, denn die vielen Schiffe, die da immer ab und zufahren, beengen das Fahrwasser so, daß es schwer hält unbeschädigt durchzukommen, vornehmlich wenn man, so wie ich, einen Lootsen hat der auf dem Revier keinen Bescheid weiß. (Der meinige war ein See-Lotse von Yarmouth aus.) Das Beste ist, man nimmt bei Gravesend einen Strom-Pilot an; ich bin an keinem Platz gewesen, wo eine so schlechte Hafen-Ordnung befolgt wird als in London, wenigstens zu der Zeit; so lange als ich da lag, habe ich keinen Hafenmeister gesehen. Ich löschte meine Ladung Hafer hier aus, besah alle Merkwürdigkeiten, und segelte den 20. December von London ab. Ich kam den 22. unter Duyns, bei Deal, zu Anker, und am ersten Weihnachtstage, den 25. December, lief der Wind nördlich. Wir segelten mit einer Menge Schiffe von der Rhede zu Deal in den englischen Kanal ein und kamen den 27. December bis Plymouth, wo der Wind des Abends 8 Uhr mit einem Mal west wurde. Noch um $7\frac{1}{2}$ Uhr segelten wir mit schönem Ostwinde bei hellem Mondschein, und ich sagte zu meinen Steuerleuten: unsere Lieben zu Hause haben einen schönen Weihnachten, sind aber gewiß nicht vergnügter als wir; denn wie sehr angenehm es ist, im Herbst und Winter mit gutem Winde durch die Nordsee und den Kanal hinaus in den weiten Ocean nach den warmen Ländern zu segeln, dies weiß nur ein Seemann. – Auf einmal kam aber leider der West-Wind von vorn, die Leesegel und alle übrigen Segel flogen back und auf Steng, und nun mußten wir laviren; unsere Freude über den schönen Ost-Wind war also nur kurz gewesen. Des andern Tages fing der Wind schon hart an zu wehen, und nun war alle Tage West-Wind und Sturmwetter; die meisten mit uns von Deal gesegelten Schiffe liefen wieder in die englischen Häfen ein. Weil ich aber nach Charleston befrachtet war und in meiner Chartepartie bestimmt war; daß ich im Februar 1796 dort seyn sollte, indem es sonst dem Befrachter frei stand die Fracht zu annulliren, so wollte ich nicht in einen Hafen einlaufen, damit mir Niemand sagen konnte, wärest du nur in See geblieben, so wärst du vielleicht zeitig genug gekommen um die Fracht zu erhalten. – Meiner Frau hatte ich von London aus geschrieben, daß, weil ich da so lange aufgehalten wäre, ich fürchtete, zu spät für meine Fracht in Charleston anzukommen, und daß sie mir mit einem Schiffe welches von Hamburg nach Charleston segele, schreiben möchte.

Dieser Winter war sehr stürmisch, weil kein Frost kam; es wehten stets westliche Stürme, und gegen den 8. Januar 1796 war ich noch im Kanal, und war neben der Insel Whigt niedergetrieben; ich hatte nur noch zwei Schiffe bei mir, die von Deal mit mir weggesegelt waren, worunter das eine ein Schwede war; alle andern Schiffe waren bereits in die Häfen eingelaufen. Nun kamen die Lootsen aus Portsmouth, und die beiden benannten Schiffe nahmen selbe an Bord und wollten mich bereden, ebenfalls in den Hafen einzulaufen, denn wir würden, wie sie sagten, bald aufs Neue Sturm bekommen. Ich sagte aber, ich sehe wohl daß wir wieder Sturm bekommen (es war schon Schmuttregen, Vorboten eines Sturmes im Winter), ich will jedoch in keinen Hafen einlaufen, sondern mich in See halten, und so segelten die Lootsen wieder ans Land. Des Abends kroch der Wind südlich auf und fing an mit Schmuttregen zu wehen, hierauf lief er süden und gar S.z.O. Ich forcirte mit so viel Segeln als das Schiff tragen konnte, steuerte west und das Schiff lief neun Meilen in vier Stunden. Dieser Wind blieb zwei Tage stehen, nach welcher Zeit er westlicher lief; ich war aber mit dem südlichen Winde so weit gekommen, daß ich die Sorlings (Scille Eilands) im Norden von mir hatte, und nun mit dem Südwest-Winde, der jetzt wehete, hinaus in den Ocean segelte und froh war, daß ich nicht in England eingelaufen. Nun dachte ich, der Wind läuft leicht west und nordwest, dann kannst du um die Süd überlegen, wie es 1789 geschah, und du hast deine Reise vor dir; allein dies traf nicht ein, denn dieser Winter war so stürmisch, und weheten keine andern als Südwest- und Westsüdwest-Winde, welche mit schweren Stürmen so anhielten, daß kein einziges Schiff, das westwärts wollte, seine Reise vor Frühjahr vollführte, und gewiß waren sehr wenige die so wie ich durch den Kanal in die große See gekommen, denn verschiedene meiner Cameraden, die gleich mir nach Charleston wollten, hatten der eine oder der andere in Norwegen oder England gelegen, und obgleich ich durch mein in See bleiben nichts gewonnen, so hatte ich mich doch in See gehalten, und Niemand konnte mir vorwerfen daß ich etwas versäumt hätte. Daß die westlichen Stürme dieses Jahr im ganzen Januarmonat so anhaltend waren, ist fast ohne Beispiel, und habe ich mich oft gewundert, wie das Segeltuch so viel Wind aushalten konnte ohne zu bersten. – Ich war nun zwar im Ocean, konnte aber, da der Wind vierzehn Tage zwischen S.W. und W.S.W. anhielt, und jeden Tag ein Sturm wehete, nicht avanciren, sondern paßte nur auf daß ich den englischen Kanal offen behielt, um im Nothfall dort hinein zu treiben (das heißt, ich hielt mich in der Norderbreite des Kanals.) Eines Abends zehn Uhr (Sturm war wie schon gesagt im ganzen Januar) kam eine Sturzsee über, durch welche wir natürlich alle, die auf dem Deck waren, durch und durch naß wurden; zugleich hörte ich einen Krach und sagte; was ist das? es ist etwas gebrochen. Der Mann, der am Steuerruder stand, sagte: das Ruder ist ganz los. Ich lief gleich hin nach dem Ruder und fand, daß der oberste Fingeling abgebrochen war. Ich ließ geschwind eine runde eiserne Kaus (ein beinahe runder eiserner Ring) mit einer starken Strop um die Ruder-Picke legen und um den Kopf des Stewens befestigen. Dies hielt auch recht gut, nur mußten wir die Strop, je nachdem sie durch Trocknen sich erweiterte oder durch Nässe zusammen schrumpfte, mit hölzernen Keilen befestigen oder lösen. Das Sturmwetter hielt den ganzen Januar an und erst am 2. Februar legte sich das Wetter und wir erhielten guten Wind. Falls der günstige Wind angehalten hätte, würde ich mit meinen zerbrochenen Fingeling nach Amerika gesegelt seyn, aber als wir bei Cap Finisterre kamen wehte uns ein Südwest-Wind entgegen, und nun wollte ich in Corunna einlaufen, weil ich dort bekannt war; allein als ich in die Nähe des Hafens kam, lief mir der Wind entgegen, und so hielt ich vor dem Wind ab und lief des Abends in Ferol ein. Ferol in Spanien ist ein prächtiger Seehafen und es ist dort eins der schönsten Arsenale, welches ich je gesehen. Hier lag ein spanisches Linienschiff von vier vollen Batterien mit 144 Kanonen. Um Wasser einzunehmen giebt es für die Schiffe keinen bessern Platz in der Welt, denn der Schlauch, der zu diesem Behuf im Wasser des Hafens liegt, hat einen so schweren Drang, daß die beste Wasserspritze bei einem Brande nicht mehr Wasser giebt, denn in weniger als einer Minute war ein großes Wasserfaß voll, wenn wir den Schlauch hineinsteckten. Es lagen hier verschiedene Schiffe, die der West-Sturm, der in dieser Gegend ebenfalls gewüthet, auch genöthigt hatte einzulaufen. Auch waren zwei spanische Kriegs-Fregatten hier, und wie ich in den Hafen einfuhr kamen die Officiere zu mir an Bord; sie besahen meinen Schaden und waren sehr höflich und freundlich gegen mich. Ich ließ mir hier statt des gebrochenen Fingeling einen neuen von gutem starken Eisen machen, ließ alle meine leeren Wasserfässer füllen, denn ich hatte 8 Passagiere von London mitgenommen, kaufte frisches Fleisch und Gemüse ein, so wie etwas Portwein, der hier nicht theuer war, und segelte, nachdem ich fünf Tage hier gelegen, den 15. Februar mit gutem Winde in See; die übrigen Schiffe, die hier überwintert hatten, folgten mir. Meine ganze Unkosten betrugen 145 spanische Thaler 4 Realen; wofür die Reparatur › Lootsengeld, Hafengeld, Consulat, Proviant und Alles bezahlt war. Havarie habe ich nie gemacht und wollte keine machen; Geld hatte ich selbst an Bord (englische Guineen) und also bedurfte ich keinen Correspondenten. –

In der Gegend wo ich jetzt war hatten wir Sommer, und eine zwar lange aber doch angenehme Reise vor uns; wir kamen den 10. April Gottlob glücklich in Charleston an. Hier war nun mit Frachten nichts zu thun; der Reis war sehr theuer, und statt daß ich bei der vorigen Reise ihn für 12 *ß* pr. 100 Pfund kaufte, galt er jetzt 36 *ß* pr. 100 Pfund, so daß man ohne großen Schaden keinen Reis nach Hamburg bringen konnte. Mein Correspondent annullirte meine Charlestonpartie, weil ich nicht im Februarmonat angekommen war. – Hier lagen wir nun mit 36 Schiffen unbefrachtet, und darunter über ein Dutzend Hamburger und Bremer; also war beinahe nicht daran zu denken eine Fracht zu bekommen. Ich hatte von der vorigen Reise in Charleston nach meiner Art ein ziemliches Capital, 3 bis 4000 $ für mich und andere an Bord. Ich war im Begriff eine Ladung Balken von dem besten Holz einzukaufen, die gut und auch nicht theuer waren, und hegte die Hoffnung, eine Fracht darauf zu verdienen, aber dieses war doch ungewiß, indem ich bei dieser Unternehmung eben sowohl Geld verlieren konnte; ich war deshalb sehr verlegen und unruhig. – Da ich nun eines Tages bei meinem Correspondenten war, erhielt ich einen Brief von meiner Frau, als Antwort meines Briefs den ich von London an sie geschrieben, und worin ich ihr gemeldet hatte, daß ich sehr befürchtete nicht zur rechten Zeit in Charleston anzukommen, um eine Fracht zu erhalten. Meine Frau schrieb mir deshalb in ihrem Briefe daß ich nur nicht unruhig seyn solle, wenn ich auch zu spät zu einer Fracht ankäme; Gott würde doch Alles zum Besten lenken, und wir wüßten ja nicht wofür es gut seyn könnte etc. Durch diesen Brief wurde ich etwas beruhigt, zumal wenn ich dachte, es ist ja nicht meine Schuld daß ich zu spät angekommen bin und die Conjunctur läßt sich nicht ändern. – Ich ging von meinem Correspondenten weg und wollte an Bord um zu speisen, denn es war Mittag; als ich bei der Ecke der Breitenstraße, woselbst die Kaufleute des Mittags sich versammelten (eine Börse war derzeit in Charleston nicht), vorbei ging, kam ein deutscher Kaufmann, Herr Köhn, auf mich zu, faßte mich am Arm und zog mich bei Seite um mit mir allein zu sprechen; er sagte hierauf zu mir: Capitain Eschels, wollen sie eine Fracht haben? Ich antwortete gleich: ja, wohin? Er sagte: nach Demirara; ich entgegnete: o, nach Surinam (denn da glaubte ich besser zu thun). Er sagte aber: nein, nach Demirara; was wollen sie für die Fracht haben? Ich forderte reichlich, nemlich einen Schilling Banco pr. Pfund; er entgegnete: nein, dies ist zu viel. Da wir nun nicht einig werden konnten, so sagte er zu mir: kommen sie gegen Abend in mein Haus und trinken Thee mit mir,[103] wo wir dann näher über die Sache sprechen wollen; sagen sie es indessen an Niemand, und lassen sie sich nichts gegen irgend Jemand merken. Um 6 Uhr ging ich verabredetermaßen hin und wurde mit Herrn Köhn einig für 30000 ₰ und 10 pCt. pr. Rous, um von Charleston nach Demirara mit denjenigen Gütern zu segeln, die er einladen wolle (Contrebande ausgenommen), und sollte ich für keinen andern, ohne seine Genehmigung, etwas ins Schiff laden, weil er das ganze Schiff in Fracht genommen. Zum Laden in Demirara und Löschen in Hamburg waren neunzig laufende Tage bestimmt, und für jeden Ueberliegetag 20 Rthlr. pr. Tag; auch sollte ich einen Supercargo unentgeldlich in der Kajüte mitnehmen, und in Demirara eine Ladung Kaffee etc. einnehmen und nach Hamburg bringen. Wie ich nun mit dem Herrn Köhn um die Fracht einig war, sagte ich zu ihm: der Capitain sollte doch wohl auch ein Douceur haben; er entgegnete mir: sie haben nach den jetzigen Umständen eine hohe Fracht bedungen und können sehr zufrieden seyn. Nun ja, sagte ich, ich bin es auch; allein ich dachte, wenn die Reise gut ausfällt und sie mit mir zufrieden sind, ich dann wohl für eine solche Reise ein paar hundert Thaler bekommen könnte. Herr Köhn sagte hierauf: wenn die Reise gut ausfällt so sollen sie 200 Guineen statt 200 Thaler haben. Ich nahm dieses

[103] In Charleston, so wie auch in England, wird die Theezeit genau beachtet, und in selber wird man von Niemandem gestört; denn es wird für unhöflich gehalten, wenn Jemand kommt, der nicht zum Thee eingeladen ist.

als Spott oder Spaß auf und sagte kein Wort weiter um ein Douceur,[104] empfing selbige aber doch, wie ihr nachher sehen werdet.

Von dieser Befrachtung sollte Niemand etwas wissen, weil Herr Köhn in Charleston der einzige Kaufmann war, der einen Brief von seinem Correspondenten aus Westindien erhalten, worin ihm gemeldet wurde, daß die Engländer Demirara wegnehmen wollten. – Ich machte nun gleich mein Schiff fertig, lud die Waaren ein, die ich mitnehmen sollte, machte Alles bereit um die Reise anzutreten und Niemand erfuhr eher, wohin ich wollte, als bis ich ausclarirte und es in den Zeitungen stand. Meine Güter und Wechsel übergab ich meinem Correspondenten Herrn George Forrest, der mich verschiedene Jahre reell und gut behandelt hatte, in Commission, um sie bestmöglichst für mich zu verkaufen, und die Wechsel, die ich für verkaufte Waaren von Andern hatte und welche erst in 3 bis 6 Monaten fällig waren, gab ich ihm, um selbe für mich einzucassiren; auch übergab ich ihm die Waaren, die ich für Andere in Commission hatte, um selbe für Rechnung der Eigner, die ich ihm aufgab, bestmöglichst zu verkaufen und den Nettobetrag dafür an sie zu remittiren. Meine Waaren, die in Demirara besser als in Charleston zu verkaufen waren, nahm ich mit, als: Medicin, Porter, Rauchfleisch, Schinken, Würste etc. – Ich fuhr nun von Charleston ab und segelte den 10. Mai in See. Es war Süd-Wind, der oft und lange in dieser Jahreszeit weht; er blieb auch vierzehn Tage stehen, während welcher Zeit ich 500 deutsche Meilen mit vollen Segeln ostwärts segelte, so daß ich also nach Verlauf derselben circa 250 deutsche Meilen best-osten der Insel Barmuda war. Nun lief der Wind östlich und ich wandte südwärts über, ließ das Schiff immer mit vollen Segeln südwärts laufen, und nachdem ich vierzehn Tage südwärts gesegelt, warf ich auf der Küste von Guajanna Grund, machte Land zwischen Cajenna und der Marewina und segelte so längs der Küste vor dem Winde. Wie ich Surinam, passirte hatte ich

[104] Während meines ganzen Seefahrens habe ich nur ein einziges Mal ein Douceur oder eine Gratification, wo ich selbst das Schiff verfrachtet, für mich accordirt, und dies war 1785, als ich von Marseille nach der Türkei befrachtet wurde; damals sagte ich zum Befrachter, nachdem schon Alles verabredet war, der Capitain sollte doch auch wohl eine Gratification haben? er bewilligte hierauf 100 Franken. – Meine Herren aber haben öfters, wenn sie mein Schiff verfrachteten, eine Gratification in der Chartepartie für mich bedungen. – Ich bin nie eigennützig gewesen, und habe immer die höchste Fracht, die ich bekommen konnte, fürs Schiff bedungen, und obgleich ich nie bei dem Accord etwas um ein Douceur für mich in Erinnerung gebracht, so habe ich doch mehrere Male nach beendigter Reise von den Empfängern der Ladung freiwillig ein Geschenk erhalten, weil sie mit mir zufrieden waren.

einen englischen Kaper am Bord, der mir sagte, daß die Engländer den Holländern Demirara weggenommen, und daß auf der Rhede von Barbicie eine englische Fregatte läge. Den andern Tag kam ich bei der Fregatte an und mußte bei ihr ankern. Es war eine von den Engländern genommene französische Fregatte, genannt LA PIQUE, der Capitain examinirte mich und ließ mich frei; ich ging gleich wieder unter Segel und ankerte Abends zwischen Barbicie und Rio Demirara. Den 13. Juni Abends ankerte ich außen vor Demirara, segelte den 14. des Vormittags in das Revier ein, ankerte vor der Stadt, die Stabroik heißt, und clarirte mein Schiff und Ladung ein.

An diesem Tage wurde mir mein Sohn Jens Jacob in Altona geboren, auch hatte meine Frau an selbem die Nachricht erhalten, daß ich zu Charleston angekommen sey. Hier in Demirara verkaufte ich die Waaren, die ich für meine Rechnung mitgenommen hatte, sehr vortheilhaft, und kaufte Kaffee, der sehr wohlfeil war, wieder ein. Mein Supercargo, Herr A. R. Lorent aus Hamburg, gönnte mir gern daß ich etwas verdiente und die Waaren ins Schiff einlud, obgleich er das ganze Schiff befrachtet hatte. Wir Beide lebten wie Brüder und haben uns auch in Hamburg als gute Freunde getrennt. Diese Reise ist bei weitem meine beste gewesen die ich je gethan habe, und meine liebe Frau hatte wohl recht als sie mir schrieb: Gott würde doch Alles zum Besten lenken, und daß wir nicht wissen könnten wofür es gut sey, wenn ich auch zu spät für meine Fracht in Charleston ankommen sollte. Hier wurde ich nun bald mit mehreren Pflanzern bekannt, weil ich selbst mit meinem großen Boote und mit den Fahrzeugen die ich miethete, nach den Plantagen fuhr und unsere Ladung selbst an Bord holte. Die Pflanzer mochten gern mit mir zu thun haben, theils weil ich baares Geld von meinem Supercargo hatte um für ihn, wenn ich etwas preiswürdig fand, einzukaufen, theils mochten sie mich auch gern leiden weil sie sahen daß ich reell handelte; und daß sie dies von mir glaubten kam daher: der Kaper, den ich, wie schon gesagt, vor Surinam bei mir an Bord hatte und der das Manifest meiner Ladung nachsah, fand, daß ich auch für mich Medicin hatte.[105] Er sah meine Factur nach und sagte mir: ihre Waaren sind alle gut im Preise in Demirara, denn ich bin neulich dort gewesen; aber ihre Medicin ist das

[105] Ich habe mich, während ich fuhr, auf jedem Platz, bei Leuten denen ich trauen konnte, erkundigt, welche Sorten Waaren die gangbarsten wären, und danach hatte ich mir Listen gemacht was in Westindien, Amerika, Spanien, Portugal etc. am besten sey um etwas darauf zu verdienen; von welchen Waaren ich dann immer mit dahin nahm, und so hatte ich auch mein Porterbier, Medicin etc. mit nach Demirara genommen.

Beste, denn es fehlt dort an allen Sorten die sie haben, besonders Jalappe ist gar nicht vorhanden, deshalb halten sie den Preis hoch, man muß ihn bewilligen. – Wie ich nun in Demirara eintraf, kamen gleich Kaufleute an Bord um Waaren zu kaufen, auch fand sich ein Doctor bei mir ein und fragte nach Medicin. Ich zeigte ihm meine Factur derselben und forderte einen hohen Preis (jedoch keinen unverschämt hohen); er war mit meiner Forderung zufrieden. Ich sagte ihm aber dabei, daß ich Geld bei Ablieferung der Waare haben wollte, weil ich ihn nicht kannte. Er antwortete: baares Geld hätte er nicht, und unter dieser Bedingung würde ich schwerlich einen Käufer in der Colonie finden, indem hier nur Tauschhandel stattfände, aber er wolle mir in Kaffee, nach Colonie-Preis, bezahlen, und in zwei Tagen wieder kommen um mir den Kaffee zu bringen und die Medicin abzuholen. Ich war dies zufrieden; hierauf bat er mich, daß ich doch vor allem die Medicin, oder auch nur einen Theil derselben, an Niemand verkaufen möge. Ich gab ihm mein Wort, daß, wenn er in zwei Tagen kommen würde, ich die Medicin für ihn aufbewahren und an Niemand verkaufen wollte. Am selben Tage des Nachmittags kam ein Kaufmann oder Pflanzer zu mir an Bord und sagte, er hätte gehört daß ich Medicin zum Verkauf mitgebracht, und bat mich, ihm selbe zu verkaufen. Ich sagte ihm die Medicin hätte ich bereits verkauft. Er antwortete: wer weiß aber ob der Käufer auch kommt sie abzuholen; ich blieb standhaft. Nun bot er mir mehr Geld für die Medicin als wofür ich selbe dem Doctor gelassen hatte, oder, wenn ich ihm auch das Ganze nicht überlassen wollte, so bat er, ich möchte ihm doch die Hälfte geben. Hierauf sagte ich ihm: ich habe dem Doctor mein Wort gegeben und dieses halte ich immer; wenn aber der Doctor in zwei Tagen nicht kommt, dann will ich die Medicin an sie verkaufen. – Es ist mir lieb, sagte nun der Pflanzer, zu sehen daß sie ein Mann von Wort sind; ich bin mit dem Doctor bei der Medicin interessirt, und wir Beide waren bange daß Andere zu dir an Bord kämen und du dann die Medicin an sie verkauftest, deswegen bin ich selbst zu dir gekommen und habe mehr Geld geboten. Es ist mir lieb, dich standhaft gefunden zu haben; nun können wir gewiß seyn daß wir die Medicin erhalten, denn übermorgen bringe ich und der Doctor dir von meiner Plantage den Kaffee dafür an Bord. Sie stellten sich am zweiten Tage pünktlich ein; ich überlieferte ihnen die Medicin und holte den Kaffee selbst in meinem großen Boote von des Pflanzers Plantage ab. – Durch diesen Pflanzer wurde ich bald mit mehreren bekannt, weil er mich als einen reellen Mann bei seinen Freunden empfahl. – Hieraus könnt ihr sehen, lieben Kinder, daß es gut ist, immer wie ein braver Mann zu handeln, und daß ein Wort weiter als der Mann kommt. Ein holländisches Sprichwort enthält in dieser

Hinsicht viel Wahres; es lautet in deutscher Sprache ohngefähr so: Ein böses Gerücht verbreitet sich schnell durch des Neides Vergnügen; ist aber ein Gerücht gut, so ist es träge zu Fuß durch des Neides Verzögern, allein manchmal wird es doch auch durch gute Leute bekannt und die guten Menschen hören es gern. –

Während ich hier lag, fuhr ich mit meinem Supercargo in meiner Schalupe auf ein paar Tage nach Rio Essequebe. Mein Supercargo hatte einige Handelsgeschäfte dort abzumachen und ich hatte einem Bremer Capitain, Christoph Budelmann, der in Charleston bei mir war, versprochen, daß ich, wenn es möglich wäre, ihm das Testament seines Schwagers der Pflanzer in Essequebe gewesen und daselbst gestorben war, mit nach Europa bringen wollte. – Wie wir hier ankamen logirten wir uns auf Forten Eiland bei einem Belgier oder Flaminger von Geburt ein; dieser war Katholik und hielt des Mittags eine öffentliche Tafel, an welcher Viele speiseten und woran auch ich und mein Supercargo nun Theil nahmen. Während des Essens kam es eines Tages zwischen einigen Katholiken und Protestanten zu einem Wortwechsel über die Frage welche Religion die beste sey. Jede Parthei behauptete, die ihre sey die beste. Ein alterMann (er war ein Deutscher), der mit an der Tafel saß, sagte: ich will euch zeigen daß sie alle gleich gut sind. Nun war man neugierig dies zu wissen. Der alte Mann sagte hierauf: es starb ein Katholik und sein Geist wanderte nach dem Paradies, auf dem Wege dahin traf er einen Reformirten sowie auch einen Lutheraner; diese drei wanderten nun mit einander nach dem Himmel, redeten über mancherlei zusammen und so sagte der Katholik zu den beiden andern: euch hilft es nichts daß ihr hingeht, denn keiner von euch beiden kommt in den Himmel, nur ich allein, als Katholik, werde hinein kommen; die beiden andern behaupteten das Gegentheil, und jeder stritt dafür, daß nur er allein in den Himmel kommen würde und die andern beiden nicht. Wie sie nun bei der Himmelspforte ankamen, klopfte der Katholik zuerst an die Thür; Petrus der Thürhüter fragte: wer ist da? der Katholik antwortete: ein katholischer Christ; Petrus sagte: den kenne ich nicht, die Thür blieb verschlossen und er mußte zurückgehen. Nun sagten die beiden andern zu ihm: siehst du wohl, daß wir recht haben. Jetzt klopfte der Reformirte an und er erhielt von Petrus den nemlichen Bescheid; so ging es auch dem Lutheraner. Betrübt hierüber schlichen diese drei umher, setzten sich endlich auf eine Bank, die nahe bei der Thür des Himmels stand, und stimmten mit einander das Lied an: Wir glauben All‹ an einen Gott. Sogleich flog die Himmelsthür auf und Petrus rief: kommt herein Kinder; ihr sagtet daß ihr katholische, reformirte und lutherische Christen wäret, diese kannte ich nicht; aber nun höre ich daß ihr alle an einen Gott glaubet, und so seid ihr hier willkommen. – Der Streit war nun geschlichtet, und es war Keiner an der Tafel der hiergegen etwas einzuwenden hatte. Mich aber freute es, daß den Streitenden der Mund gestopft war. – Mein Supercargo besorgte nun seine Geschäfte die er hier hatte, und ich lösete das Testament von Herrn Sartorius im Secretariate aus, und habe selbes, wie ich zu Hause kam, an Capitain Budelmann gesandt. Den zweiten Tag fuhren wir Beide wieder von Essequebe nach Rio Demirara ab und kamen an Bord meines Schiffes. –

Während meines Hierseins, es währte bis den 29. September, wurde ich, wie bereits gesagt, mit vielen Pflanzern bekannt und besuchte verschiedene Pflanzungen oder Plantagen, unter andern war eine, Goedt Fortuyn genannt, auf welcher ein deutscher Aufseher Namens Sanderus war. Auf diese Plantage kam ich oft, denn sie war keine Meile von dem Ort entfernt wo ich mit meinem Schiffe lag; auch kaufte ich oft von dem Aufseher derselben Kaffee, den er von dem Eigner der Plantage in Commission hatte. Dieser Sanderus sagte mir eines Tages, er wolle seinen Negersclaven einen großen Sonntag geben, damit ich einmal sehen sollte, wie die Sclaven sich lustig machten. Er war mir viel zu strenge gegen die Sclaven, und oftmals hatte ich mich mit ihm hierüber gezankt; er meinte, die Sclaven wären nur Thiere, und wenn man sie auch zu Tode peitschen ließe so wäre nichts dabei. Ich sagte: es sind eben so gut Menschen wie wir, und Gott hat uns Alle erschaffen; auch wenn sie nur, wie sie sie nennen, Thiere sind, muß man sie nicht ungerecht behandeln, denn ein guter Mensch martert oder quält nie ein lebendiges Geschöpf. – An dem Sonntage also, wo Sanderus seinen Sclaven einen großen Sonntag geben wollte, fuhr ich mit meiner Schalupe nach der Plantage. Die Sclaven erhielten einen großen Krug mit Rum und hatten eine leere Tonne, auf der sie Trommel schlugen und nach diesem Takte tanzten; auch hatten die Negermädchen sich nach ihrer Art geschmückt, mit einem Tuch, Wamms, Schürzen und dergleichen, und waren recht lustig. Der Aufseher der Plantage, ich und meine Leute sahen den Tanz mit an; auch war ein Mulattensclave, wie ein Hausbedienter und gut gekleidet, von einer benachbarten Plantage da, um zuzusehen. Sanderus, der mir wahrscheinlich zeigen wollte, welche Macht er habe, sah den fremden Sclaven stehen und rief: was, ist ein Fremder hier? hierauf fragte er den Sclaven, wo ist dein Erlaubnißschein von deinem Herrn, daß du von deiner Plantage gehen darfst? Er antwortete: ich habe keinen, denn ich bin hier von der nächsten Plantage blos hergekommen um eurer Neger Belustigung mit anzusehen. Was, sagte der Aufseher, ohne Erlaubniß auf meine Plantage zu kommen? – ich will dich fest setzen lassen und morgen früh nach dem Fiscal senden, damit du dort abgepeitscht wirst.

Sogleich ließ er ihn in das Plantage-Gefängniß (ein Ding wie ein Schweinstall, das sie Trongs nennen) setzen, und wollte den Gefangenen, so wie es dort Sitte war wenn ein fremder Neger auf eine andere Plantage kam, den andern Morgen nach Stabrock senden, um daselbst Strafe zu empfangen. Ich bat den Aufseher, den Sclaven frei zu lassen, indem er ja ein Hausbedienter von seiner Nachbarschaft und kein desertirter Sclave wäre; aber all' mein Bitten half nichts, und so wurde ich böse und sagte zu dem Aufseher: in Gesellschaft solcher bösen Menschen will ich nicht seyn; hierauf rief ich meinen Leuten zu: geht gleich in die Schalupe, wir wollen wegfahren. Nun bat der Aufseher mich, ich sollte doch bleiben, denn er wollte mich nicht gern erzürnt von sich lassen; ich blieb jedoch fest und sagte: wenn du deinen Gefangenen frei läßt, dann will ich bleiben. Der Aufseher wollte mich gern bei sich behalten, und so ließ er den Gefangenen los. Er wollte aber durchaus haben, dieser solle mir die Füße küssen und sich für meine Fürsprache bedanken. Der Mulatte fiel auch gleich nieder und wollte es thun, ich ließ es aber natürlicherweise nicht zu, sondern hob ihn auf und sagte zu ihm: wenn es so gefährlich ist, von der Plantage wegzugehen, so thue es nicht wieder, denn es ist vielleicht dann Niemand da der für dich bittet. Mir war es indessen lieb und angenehm, daß ich dem Slaven eine schwere Strafe erspart hatte. – Darum, lieben Kinder und Enkel, wohin ihr auch in der Welt kommt, könnt ihr Jemandem dienen oder Unglück von ihm abwenden, so thut es, und ihr werdet auch wohl dabei befinden. –

Die Negersclaven sind nicht so böse als man sie ausschreit, und ich habe gefunden, daß, wenn sie menschlich und nicht tirannisch behandelt werden, sie im allgemeinen treu und dankbar sind. Auf den Plantagen der Herrnhuther in St. Thomas, wo selbe gut behandelt werden, habe ich es selbst gesehen, wie friedlich und still sie ihre Arbeit ohne Schläge und Peitschenhiebe verrichten. Ja selbst hier in Demirara, wo ich ein Schoner-Schiff auf einige Tage gemiethet hatte, um Kaffee von der Seeküste zu holen, und auf dem ich, um selben auf den Plantagen zu empfangen, selbst mitfuhr, erlebte ich, daß einmal in der Nacht, als wir vor Anker lagen um die Fluth zu erwarten, und ich mich hingesetzt hatte um zu ruhen, dabei aber eingeschlafen war, und während der Zeit mir mein Hut vom Kopf gefallen und mein Rock, den ich anhatte, offen gegangen war, so daß meine Brust blos lag, der Neger-Schiffer, welcher den Schoner führte, für meine Gesundheit sorgte. Er kam nemlich hin zu mir und fing an bei meinem Rock zu rühren; ich merkte dies sogleich, that aber als ob ich fest schlief, um zu sehen, was er beginnen wollte; er knöpfte mir nun meinen Rock zu und setzte mir den Hut auf, damit der Thau, der hier des Nachts sehr schädlich ist, mir nicht auf die bloße Brust und

Kopf fallen sollte. Dieses ist doch wohl ein Beweis, daß die Neger ein gutes Herz haben, denn von mir hatten sie ja gar nichts Gutes, als daß ich ihnen, wenn sie an Bord meines Schiffes waren, gutes Essen gab, und auf den Fahrten, die wir mit einander machten, freundlich mit ihnen umging; und deswegen sorgten sie sogar für meine Gesundheit.

Die Engländer hatten, wie bereits gesagt, Demirara weggenommen und alle hier liegenden holländischen Schiffe[106] confiscirt. Nun waren alle Leute an Bord derselben in der größten Verlegenheit, denn sie wurden von den Schiffen weggejagt. Die Engländer wollten sie gern auf ihre Kriegsschiffe pressen, aber mit Gewalt mochten sie es doch nicht thun, weil sie unter dänischer Flagge genommen, und folglich als königl. dänische Unterthanen zu betrachten waren; sie dachten indeß, wenn sie hier bleiben müssen, so wird die Noth sie wohl zwingen Dienste zu nehmen. Viele dieser Leute kamen nun zu mir und baten mich, daß ich sie mit nach Hause nehmen möchte. Ich sagte: ja, ich will euch umsonst mitnehmen, nur müßt ihr suchen einen Paß vom Gouverneur zu bekommen, damit ich nicht in Anspruch genommen werde, als führe ich Leute ohne Paß aus; auch müßt ihr sehen, etwas Proviant von euren Schiffen zu bekommen und selben bei mir an Bord bringen, denn ich habe nicht genug für so viele Leute.

Unter diesen Leuten waren verschiedene Steuerleute, Zimmerleute und 3 Doctores, die auf diesen Schiffen in Dienst gewesen, auch die Capitaine der Schiffe wollten mit nach Hause fahren. Diese Letzten sollten mir aber jeder 150 Gülden bezahlen, wofür ich ihnen die Kajüte einräumte; auch sollten sie mir von ihrem Proviant, welches sie von Holland mitgebracht, aus ihren confiscirten Schiffen holen und bei mir an Bord bringen, für ihre Matrosen. Dies thaten sie, nahmen es ohne englische Erlaubniß aus ihren Schiffen (denn es war ja ihr Eigenthum) und brachten es bei mir an Bord, so daß ich jetzt genug Proviant hatte. Es waren zwar einige Leute die mir sagten: ich könne es nicht verantwor-

[106] Alle diese Schiffe (es waren mehr als zehn) waren den vorigen Winter, als Demirara noch holländisch war, von königl. dänischen Unterthanen von den holländischen Eigenthümern gekauft, und von Holland und Dänemark aus wurden die Capitaine und einige dänische Matrosen nach Demirara gesandt, um diese Schiffe unter dänischer Flagge abzuholen. Die holländischen Steuerleute und Matrosen, die auf selben noch am Leben geblieben, sollten mit nach Hause fahren; so wie ebenfalls die holländischen Capitaine als Passagiere. Schöne frische Provisionen aller Art hatten sie von Holland mitgenommen, waren auch glücklich in Demirara angekommen und hatten, ehe die Engländer diese Insel wegnahmen, von ihren Schiffen Besitz genommen.

ten, so viele Leute unentgeltlich mit zu nehmen; doch ich sagte: komme ich glücklich nach Hause, so kann ich leicht einige tausend Mark hingeben, und werde ich aufgebracht, (dieses ist derzeit verschiedenen meiner Bekannten passirt) so ist doch Alles weg.[107] Als ich nun meine Ladung eingenommen hatte und beinahe fertig war, da mußte ich noch das schwere Schicksal erleben, meinen Vetter (wir waren Schwester Kinder) Jens Hansen, den ich sammt seinen beiden Brüdern von Kindheit an, hatte erziehen lassen, weil Vater und Mutter ihnen so früh durch den Tod entrissen waren, zu verlieren. Er fiel, zwei Tage vor meiner Abfahrt aus der Schalupe über Bord und ertrank vor meinen Augen, ohne mögliche Rettung. Ein erschrecklicher Anblick, einen so hoffnungsvollen Jüngling von 20 Jahren, und von dem ich so viel hielt, im Wasser verschwinden zu sehen; er war noch schwach und erst kürzlich aus dem Hospital gekommen, sonst hätte er sich wohl durch Schwimmen retten können, welches er gelernt hatte; denn alle meine Leute konnten das Klima in Demirara nicht ertragen und wurden krank, nur mein Zimmermann und ich waren gesund geblieben. Mein Koch starb in Demirara und einen Matrosen hatte ich in Charleston krank im Hospital liegen lassen, so daß ich von meiner eigenen Besatzung nur zwölf an Bord hatte. — Als ich nun, wie gesagt, meine Ladung eingenommen hatte, gingen die fremden Matrosen zum Gouverneur und baten um Pässe, um mit mir nach Europa zu fahren. Wie nun so Viele um Pässe zu holen, kamen, fragte sie der Gouverneur: wie viel Passagegeld müßt ihr an Capt. Eschels bezahlen, daß er euch mitnimmt? Sie sagten: wir bezahlen nichts, sondern er will uns umsonst mitnehmen. Die fremden Schiffe, als: Amerikaner, Bremer, Schweden und Dänen, die hier lagen, wurden mit dem Ausclariren sehr lange aufgehalten und chicanirt, (ungefähr 2 bis 3 Wochen) als ich nun aber bei dem Gouverneur kam um auszuclariren, sagte derselbe zu seinem Secretair, machen sie Capt. Eschels gleich fertig; und in weniger als zwei Stunden war ich es. Dieses war der erste Nutzen den ich hiervon hatte, daß ich die Matrosen unentgeltlich mitgenommen hatte, denn solches hatte dem Gouverneur sehr gut gefallen. Der zweite Nutzen aber den ich davon hatte, war bei weitem größer,

[107] Obgleich das Passagiergeld mir von meinen Herren zugestanden war, so mußte ich doch auch, was nicht mehr als billig war, die Passagiere mit Proviant unterhalten, damit das Schiff keinen Schaden davon hätte, und als ich die Matrosen annahm, wußte ich noch nicht ob sie aus ihren Schiffen Proviant bekommen konnten, denn wenn sie keinen gebracht hätten, so mußte ich solchen, der hier theuer war, aus meiner Tasche für sie einkaufen; doch dieses wollte ich lieber, als so viele Leute hier an diesem ungesunden Orte verlegen stehen lassen.

denn dadurch wurde Schiff, Ladung und unser aller Leben gerettet, wie ihr hernach weiter hören werdet.

Den 29. September segelte ich aus dem Revier und war mit allem Benöthigten wohl versehen, denn ich hatte zehn fremde Schiffscapitaine als Passagiere an Bord, und da diese mit den Pflanzern gut bekannt gewesen, so hatten jene ihnen vieles mitgegeben, als: Schweine, Schaafe, Hühner etc. auch hatte ich das Schiff voll behangen mit Pisang oder Bunames, so daß mein ganzes Deck und großes Boot voller Vieh war, denn ich hatte allein an Schweinen 50 Stück mit; (die westindischen jungen Schweine sind freilich nicht groß; im Durchschnitt waren die welche wir hatten, 50 bis 80 Pfd. schwer; ein einziges ausgenommen, das von Holland mit herausgekommen und zwei Jahr in Demirara an Bord eines Schiffes gewesen war) wir waren aber auch 52 Seeleute an Bord.[108]

[108] Ich kann nicht umhin, lieben Kinder und Enkel, euch aufmerksam zu machen, wie der liebe Gott doch in allen Ländern etwas zum Nutzen der Menschen wachsen läßt, (besser wäre es wenn ich »vieles« sagt). Denn hier bei uns sehen wir, daß die Erdfrüchte just zu der Zeit reif zum Genuß werden, wann wir selbe zu unserer Gesundheit am meisten benöthigt sind. Hier in Demirara ist die Luft so zehrend, daß das Fleisch von dem Vieh, welches am Morgen geschlachtet ist, Nachmittags schon riecht und in Fäulniß übergeht, so daß es am andern Morgen schon stinkt und nicht mehr genießbar ist; folglich ist das Fleisch was man Morgens vom Schlachter holt, noch warm, weil das Vieh eben erst geschlachtet ist, und muß gleich in den Topf gethan, gekocht, und des Mittags aufgegessen werden. Und doch hat der liebe Gott hier ein Mittel finden lassen, daß alles gekochte Fleisch, Fische etc. 6 Wochen gesund und frisch erhalten werden kann. Hier in Demirara nemlich (auch in andern Colonien von Westindien) wächst eine Wurzel, Cassavie-Wurzel genannt, diese Wurzel ist giftig, sie wird gerieben und der Saft rein ausgepreßt. Dieser Saft ist ein starkes Gift; das Schabsel der Wurzel, oder das, was, wenn der Saft ausgedrückt oder ausgepreßt ist, nachbleibt, wird getrocknet und man backt Brod davon; platt und dünn in der Form eines Pfannkuchens. Dieses Brod, welches man in Westindien Cassave-Brod nennt, hält sich lange, so daß ich es selbst aus Westindien nach Europa gebracht habe, und noch gut und frisch zu essen war. Der Saft nun, der ein starkes Gift ist, wird von den Negerinnen, welche Köchinnen bei den Pflanzern sind, so lange in einem schwarzen irdenen Topfe gekocht, bis er so dick wie Sirop ist. Wenn nun ein frischer Peper-Pott gemacht werden soll, dann setzen sie einen flachen schwarzen irdenen Topf mit Wasser aufs Feuer; wenn das Wasser nun kocht, dann geben sie 3 Eßlöffel von dem Saft, den sie Casarib nennen, in das Wasser, rühren es um, legen einige spanische Pfefferknollen dazu in den Topf und kochen es durch; dieses Gekochte schmeckt stark von dem spanischen Pfeffer und ist etwas heiß im Munde, übrigens schmeckt es gut und Jeder ißt es gerne. Dieser Topf wird auf holländisch, de Peper-Pott, (Pfeffertopf) genannt;

Den 30. September, Morgens, segelten wir von der Küste ab, und lebten an Bord herrlich und in Freuden; ich hatte eine zweite Cambuse (Feuerheerd) aufs Deck bauen lassen, um darin für die Kajüte zu kochen, hatte auch einen Kajütskoch gehäuert, der von den Capitainen bezahlt wurde und wozu ich auch meinen Theil hergab, um Meister der Tafel zu sein; es wurde auch jeden Tag frisches Brod gebacken, so gut wie man es in Altona hat. Meine Leute, so wie die Passagiere die im Zwischendeck aßen, hatten gleichfalls alle Tage frisches Fleisch und Alles voll auf, und es ist nicht leicht ein Schiff in See, auf dem so gut gelebt wird, als wie derzeit auf dem Meinigen geschah, weil wir mit Allem sehr reichlich versehen waren. Jedem der Capitaine hatte ich eine Koye in der Kajüte eingeräumt; nur ich hatte keine. Mein Supercargo aber, der meine Kammer hatte, ließ mich in derselben schlafen, wo ich mein Bettzeug auf den Boden legte, und darauf schlief. – Wir hatten auf dieser Reise nicht viel stürmisches Wetter und kamen ohne besondere Umstände, bis auf 80 deutsche Meilen ausser den Gründen des englischen Kanals. Den 15. November hatten wir einen Südweststurm, der am 16. November nordwestlich lief und mit Sturm

in diesen, wird alles was bei der Tafel übrig bleibt, als Fleisch von Ochsen, Schweinen, Hühnern, Enten, Fischen etc. gethan, und so hält sich alles hineingelegte Fleisch etc. über 6 Wochen frisch und gesund; so geht es bei jeder Mahlzeit. Die Pflanzer in den Colonien sind sehr gastfrei; denn wenn man auf ihren Plantagen kommt, so fragen sie gewöhnlich; habt ihr schon gefrühstückt? oder zu Mittag gegessen? sagt man Nein, so heißt es gleich an die Hausbedienten: den Pfeffertopf zu Feuer, und so wird dieser, wenn er heiß gemacht ist, zur Tafel gebracht und ein Jeder nimmt aus demselben Fleisch, Fisch und was ihm beliebt, so daß selbst die Pflanzer jeden Mittag den Pfeffertopf auf dem Tisch haben und davon essen, wenn sonst nichts gekocht ist. Hieraus seht lieben Kinder und Enkel, wie Gottes Güte groß ist und dem Menschen Mittel schafft, ihnen wohl zu thun. Das sonderbarste bei diesem Pfeffertopf ist: man muß mit keinem schmutzigen Löffel darin kommen oder einem mit dem man eben gegessen hat, sondern jedesmal wenn er gebraucht wird, muß ein reiner Löffel hinein gethan werden, und mit diesem müssen auch die Speisen aus dem Topfe genommen werden, sonst verdirbt Alles was in demselben ist. Auch muß jedesmal, wenn man aus diesem Topf essen will, derselbe aufs Feuer gesetzt und heiß gemacht werden, sonst verdirbt sogleich Alles was darin ist; gleichfalls auch, wenn man Etwas kalt aus demselben nimmt. Da in Demirara die Suppenkräuter, als: Petersilie, Sellerie etc. sehr sparsam zu haben und sehr theuer waren, so hatte ich statt dessen, grünen Kohl, den ich immer mit mir auf dem Schiffe führte. Jeder weiß, daß dieser sehr gesund zu essen ist; aber Alle wissen es nicht, daß er sich lange halten läßt; ich habe ihn über 2 Jahre frisch und gesund erhalten. Diesen conservirt man also: im Winter, wenn der Frost, wie man zu sagen pflegt, über den Kohl gegangen, dann kaufte meine Frau von diesem grünen oder braunen Kohle, spülte ihn im Wasser rein und

und schweren Hagelbüyen begleitet war. Des Nachmittags 2 Uhr, schlug der Blitz ins Schiff; es war nur ein einzelner Donnerschlag, wie man wohl bei Winterzeit im Sturmwetter hat, denn vorher hatte es nicht gedonnert. Der Blitz zersplitterte die große Stenge und den Top von dem großen Mast, schlug die Eichenbalken von dem Mast ab, so daß sie aufs Deck niederfielen, und das Haus um die Cambuse entzwei schlugen. Der Blitz war unter der Mars drei Mal um den großen Mast gegangen, und hatte alle eiserne Ringe um den Letztern abgeschlagen, so daß selbe aufs Deck gefallen waren, und die Eichenschalen, wo der Blitz rund um den Mast bis aufs Feuernholz gelaufen war, waren abgerissen; der Blitz schlug im Zwischendeck nieder, und 2 Steuerleute, die jeder auf einer Kiste saßen, und ein brennendes Licht auf einer Bouteille, auf einer andern Kiste, zwischen sich stehen hatten (denn weil es Sturmwetter war, und das Seewasser aufs Deck, von einer Seite zur andern lief, waren die Luken dicht und geschalckt, und dunkel im Zwischendeck) haben es am besten gesehen, wie das Feuer bei dem Mast nieder ins Zwischendeck kam, und erzählten: daß ein Klumpen Feuer, so groß wie eine tüchtige Faust niedergeschossen und zwischen ihnen durchgeflogen, ihr Licht weggenommen (von dem Lichte haben wir im Schiffe nie eine Spur wieder gefunden) und

schnitt die Blätter in große Stücke, salzte denselben ein in eine Tonne, preßte ihn fest zusammen, legte einen losen Boden darauf und auf diesen einen großen Stein, so daß der Kohl im Faße fest zusammen gepreßt war; wenn ich nun im Frühjahr oder Sommer zu Hause kam und dann wieder in See fuhr, nahm ich den Kohl mit ins Schiff; unterwegs in See bekamen meine Leute einmal in der Woche von diesem zu essen, in welchem dann statt Hafergrütze Schiffs-Gerstengraupen und Speck gekocht wurde. Diese Speise mochte sowohl ich als auch meine Leute, sehr gerne essen, und es ist eine sehr gesunde Speise und Erfrischung in See. Der Kohl bleibt auch eben so grün und frisch, als ob er eben aus dem Garten abgeschnitten sey. Da das frische Wasser in See kostbar ist und man sparsam damit umgehen muß, vornehmlich auf langen Reisen, als nach Westindien, Amerika etc. so wurde bei mir Abends vorher, wenn Kohl gekocht werden sollte, derselbe in Seewasser gethan und drei- bis viermal des Nachts mit neuem Seewasser erfrischt, dann war die Salzigkeit von dem Kohl weg; des Vormittags ließ ich denselben von einem meiner Leute mit des Zimmermanns Desel fein stoßen und so wurde er dann des Mittags gegessen; auch kann man Petersilie, Suppenkraut etc. auf obige Art ein Jahr erhalten; einige trocken auch wohl den Kohl und andere Grünigkeiten in einem Backofen, er hält sich auch lange, doch die beßte Kraft geht durch das Trocknen verloren; dagegen bei dem Einsalzen, behält der Kohl und dergleichen, die volle Kraft und bleibt grün; probirt es in eurem Hausstand und ihr könnt dann im Sommer eben so frischen Kohl essen, als wie im Winter.

so sey das Feuer hin und her geflogen und geschwinder, als man sehen könne; hierauf erfolgte ein starkes Krachen, und das Schiff barst. Mein Schiff war auch sehr beschädigt; ein großer Balken, (es war der Segelbalken) war gebrochen, 2 Kniee im Raum abgeschlagen, die Weigerungsplanken an Steuerbordsseite im Zwischendeck, so zerbrochen, daß sie, wie man den Blitz malt, hin und her in kleine Stücken entzwei waren. Die Planken ausser Bord im breiten Gange, an der Steuerbordsseite, waren alle abgewichen von den Einhölzern und über die Nägel und Boltzen hingezogen; der Schandeckel war in 3 Stücken aufgeflogen, und an Backbordsseite war ein Loch oben in dem gefärbten Gang, so groß, wie ein Mannsarm dick und hatte die Ecke des großen Rüst auch abgeschlagen. Vermuthlich ist der Klumpen Feuer aus diesem Loch weg geflogen; doch war es so hoch, daß kein Wasser hinein lief. Sobald wie der Blitz ins Schiff eingeschlagen, entstand ein Jammern, Weinen und Heulen; die Meisten beteten und bereiteten sich zum Tode. Mir wurde hier bei freilich selbst nicht wohl zu Muthe, denn die Leute die vom Zwischendeck aufs Deck kamen, sagten: das Schiff läuft voll Wasser; ein Anderer rief: es ist Feuer im Schiffe. Das ganze Schiff war auch voll von dickem Rauch, aber Feuer war nicht zu bemerken, ob dieser Donner ein tauber Schlag gewesen, oder ob das Feuer, weil alle Luken fest gedichtet und mit doppelten Persennings (getheertes Segeltuch) belegt waren, durch den Dampf erstickt worden, weil es keine Luft hatte, dies kann ich nicht bestimmen. Meine Sache war es in diesem Augenblick, alle ersinnliche Mittel anzuwenden, um wo möglich Schiff, Ladung und Leben zu retten; und dem lieben Gott sey es gedankt, der mir immer bei Gefahren Geistesgegenwart verliehen, deshalb bin ich auch immer in solchen Fällen getrosten Muthes gewesen, als ob keine vorhanden sey. Ich habe stets mit kaltem Blute Alles befohlen und angeordnet, so wie ich es bei alltäglichen Geschäften gewohnt war.[109] Da, wie gesagt das Schiff vor dem Winde segelte, und dadurch stark slenkerte, daß das Seewasser auf jeder Seite aufs Deck rollte, so ließ ich gleich das Schiff 2 bis 3 Compasstriche nördlicher steuern. Hierdurch, da der Wind 2 bis 3 Striche von Backbord einkam, lag das Schiff viel stiller, holte nicht nach Backbord über, und natürlicherweise auch nicht so viel nach Steuerbord, wo der breite Gang losgeschlagen war, nemlich 14 Fuß lang. 7 Planken waren von den Ein-

[109] Es fiel mir der Gedanke ein: nun sollst du doch sehen was man anwenden kann, um Schiff und Leben so lange zu erhalten, als es möglich ist; ich warf deshalb meinen Rock ab, lief so unter die Leute, und stellte jeden an die Arbeit. Auch die 10 Capitaine (meine Passagiere) so wie die Matrosen, waren willig, Alles zu thun, was ich befahl. –

hölzern abgewichen, und die eisernen Boltzen und Nägel saßen noch fest in denselben; die Planken waren über die Boltzen und Nägel übergestreift, auch waren die Planken zersplittert. Da das Schiff nun wie schon bemerkt, nicht so hart nach Steuerbord überslenkerte, so lief nur blos das Wasser, wenn das Schiff schwer überslenkerte, in diese beschädigte Stelle ein; gleich Anfangs hatte ich Leute bei den Pumpen angesetzt; wie nun durch das gemächlichere Liegen, das Schiff nicht so viel leckte, und ich jetzt sah, daß die Leute durch Pumpen das Schiff lens halten konnten, so daß das Wasser im Schiff sich nicht mehrte, rief ich freudig meinen Leuten zu: Hurah, Jungens! nun ist nichts dabei, wir können lens (wasserleer) halten, nun thue jeder sein Beßtes. Da Einige fortwährend jammerten, weinten und beteten, so theilte ich von dem Einen zum Andern Ohrfeigen aus und stieß sie fort an die Arbeit; wie die Leute nun sahen, daß ich so gutes Muths war, und ich zu ihnen sagte: hier ist nun keine Gefahr mehr, wir wollen Alles bald wieder in Ordnung bringen, faßten sie gleich Muth, und Alle im Schiff waren willig und thaten was ich ordinirte. Unter den Passagieren befanden sich 3 Zimmerleute; diese mußten die Planken an Steuerbordsseite mit großen Mockern fest an die Einhölzer schlagen, und das Loch an Backbord mit Platlood (Blei) übernageln; weil der Raum des Schiffs noch immer voll Rauch war, so mußte einer daselbst Wache halten und immer nachsehen, ob auch Feuer im Schiffe wäre; es war Gottlob doch nichts da vorhanden. Es war, wie schon bemerkt, Sturmwetter, und wenn die Nordwestbüyen mit Hagel kamen, so war es ein sehr schweres Wetter. Wir hatten den ganzen Tag gesegelt mit allen Refen in dem Vormarssegel und Kreutzsegel, da ich jedoch gerne vor dem Winter zu Hause sein wollte, und so viele Matrosen an Bord hatte, so segelten wir mit dem vollen Großmarssegel den ganzen Tag, und wenn eine Hagelbüy kam, ließ ich selbes nieder auf den Rand laufen und sobald die Büy über war, es wieder in den Top hinauflaufen. Jetzt wehete das Marssegel auf dem Rand voll, der Top von dem großen Mast war von dem Blitz abgeschlagen, so daß nur ein Stück Holz, von der Dicke eines Mannsarms, davon übrig war. Die große Stenge hatte also nun keine Festigkeit[110] und drohete jeden Augenblick herunter zu stürzen. Die großen Wanten waren durch das Abschlagen der Backen, und das dadurch verursachte Niederweichen der Langssahlung 6 Zoll nieder gesackt, so daß die Wanten am großen Mast los waren. Ich ließ gleich die große Rah niederstreichen, das Rack und das Dreyreep

[110] Es half jedoch etwas, denn ich hatte zwei Topburduns auf dem großen Mast; die Bucht davon lag über dem Eselhoft, und dadurch kniff sich dasselbe fest an den Fuß der Stenge und hielt etwas mit.

von dem großen Marssegel kappen, so die Marsrah mit sammt dem großen Marssegel, über die Fock und Vormars brassen, und bei den Marsschoten, nieder aufs Deck holen. Es ist wohl nie ein Marssegel und eine Rah so herunter genommen; jetzt mußte aber jedenfalls das große Want und die Stengen angesetzt werden. Kurz, der Umstand daß ich so viele Seeleute als Passagiere mitgenommen, rettete mich durch Gottes Güte, daß mein Schiff, Ladung und unser aller Leben erhalten wurde, denn mit meiner eigenen Schiffsmannschaft hätte ich unmöglich alle diese Arbeit verrichten können; sicher ist es, daß, hätte ich die vielen Seeleute nicht an Bord gehabt, so wäre das Schiff mit sammt der Ladung und unser aller Leben verloren gegangen. Auch hat das Schiff davon keinen Schaden gehabt, daß ich diese Leute mitgenommen, denn sie hatten mehr Proviant von ihren Schiffen an Bord gebracht, als sie aufgegessen; auch war ihr Proviant neu, denn sie hatten es von Holland mit nach Demirara gebracht, so daß ich nie auf einem Schiffe so schönes gesalzenes Fleisch gegessen habe, wie das Ihrige war, denn es war für die westindische Compagnie, in großen Fässern mit Eisenbändern eingesalzen, und das Fleisch war von schönem holländischen Vieh eingeschlachtet. Als es nun Abend war, so waren wir mit dem Nothwendigsten fertig, und meine Leute und alle Passagiere waren so gut mit meinen Anordnungen und Betragen zufrieden, daß die Capitaine zu mir sagten, sollte diese Nacht etwas passiren und sie uns nöthig haben, so sind wir Alle bereit und zu ihren Diensten; dies war also der zweite Umstand der mir nützte, daß ich die Leute unentgeldlich mitgenommen hatte, und mein Supercargo sagte mir: so werden Wohlthaten doch bisweilen belohnt, denn sie thaten in Demirara eine wahre Wohlthat an diese Leute, die damals in große Verlegenheit waren. – Ich ging des Abends nicht zu Bette, sondern blieb die ganze Nacht auf dem Deck, und ließ, als die Planken, wie gesagt, von den Zimmerleuten fest geschlagen waren, und der Wind N.N.W. wurde, wieder O.S.O. auf dem Compas steuern, so daß der rechtweisende Cours nach der Seecharte Ost war, denn ich war schon in der Latitude oder der Breite des englischen Kanals. Es war eine dunkele mit Wolken überzogene Luft, aber um 2 Uhr Nachts kamen einige Sterne zum Vorschein, und so sah ich, daß der Nordstern weit nördlicher war, als er nach dem Cours welchen ich segelte, sein sollte; ich glaubte daher, daß ich nicht recht sehen konnte und daß der Donnerschlag mir schädlich gewesen. (Keiner von dem ganzen Schiffsvolk wurde betäubt oder beschädigt von dem Blitz; nur der Kocksmaat, welcher, als der Schlag fiel, in der Cambuse die bei dem großen Mast stand, saß; dieser lag wie todt hingestreckt, doch nach einigen Stunden erholte er sich von dem Reiben und mit Essigbespritzen, und hernach fehlte ihm nichts.) Allein am andern

Bootskompaß (Kronenform) des Iver Jensen aus Kopenhagen, 2. Hälfte des 18. Jahrhunderts (Nordfriesisches Museum Husum)

Tage, da ich wie gewöhnlich meine Mittagsbreite berechnete, und ich schon um 11 Uhr wußte, in welcher Latitude das Schiff des Mittags sein mußte, so war ich nicht wenig erstaunt, daß ich 45 Minuten nördlicher war, als ich nach meiner Gissung sein sollte; ich wurde verdrießlich und warf meinen Rechenstift auf die Tafel, und sagte: nie habe ich hierin fehl gerechnet, und jetzt grade in diesem Unglück! Ich wußte daß wir richtig gesteuert hatten, denn ich war die ganze Nacht auf dem Deck gewesen, und hatte nach dem Compas gesehen, und da mein Cours den wir gesteuert, der rechtweisende Ost war, so konnte dieser Cours nichts in der Distanze, wie viel das Schiff auch lief, in der Breite verändern, und der Cours mußte allein Schuld haben, denn ich hatte ja selbst Achtung gegeben. Ich dachte gar nicht daran, daß der Blitz mir meine Compasse beschädigt hätte. Es war ein Glück, daß die Sonne auch des Mittags schien, denn nun erhielt ich gute observirte Breite, und meine früheren (ich machte immer drei Exempel, um keine Fehler im Rechnen zu haben, denn wenn alle drei stimmten, so wußte ich gewiß, daß kein Fehler darin sey, und ich hielt sie eben so sicher als die observirte Mittagsbreite) Exempel waren recht. Ich war wirklich 45 Minuten nördlicher als ich sein sollte, und so sagte ich gleich: die Compasse haben Schuld; ich peilte die Sonne und fand gleich, daß nach dem Compas wornach wir steuerten, es ungefähr 2 bis 3 Striche mehr Nordwestring hatte, als es haben sollte; ich ließ gleich S.S.O. rechtweisend steuern, um wieder in die rechte Breite des Kanals zu kommen, wenn das Schiff vielleicht östlicher sey, als ich gißte; nun ließ ich alle meine Compasse die ich mit hatte (ich hatte selbst 8) aufs Deck bringen, um zu sehen, ob sie alle übereinstimmten, auch die Capitaine hatten alle ihre Peilcompasse von ihren Schiffen mitgenommen und brachten sie auf Deck, und siehe da! kein einziger Compas kam überein; einige zeigten sogar Süden, wo Norden sein sollte, Andere hatten 14, 12, 8 und 5 Compasstriche verkehrt, so daß kein einziger im Schiffe recht war, ausgenommen einer; diesen hatte ich, und war ein Taschen-Compas, welchen ich oft bei mir trug, wenn ich bei Land oder im Kanal segelte, um ihn in der Hand zu halten, und zu peilen. Dieser Compas war in einem messingenen Gehäuse, der Deckel auf demselbe wurde darauf geschroben, und war unverdorben; er lag als der Blitz einschlug, in meinem Pult; nach diesem Compas regulirte ich die Andern, wornach gesteuert wurde. Die Compasse im Nachthause die auf dem Deck standen, hatten am wenigsten vom Blitz gelitten; doch diejenigen, welche unten im Schiffe waren, viel mehr, und selbst die welche unter meinem Bette standen, wo doch das Behältniß mit einer Klappe ganz dicht und fest war. Ueber diese Letztern, (und über jedem derselben war ein Deckel fest und dicht zugemacht) lag es auf dem Glase voll von schwarzem Pulver oder Salpeter. Es war salzig und schmolz im Munde, als ich es probirte. Wie war es nun möglich daß dieses Pulver auf die Compasse kam? Ein Beweis, daß das Gewitter Einfluß auf die Magnetnadel hat.

An diesem Tage wurde besseres Wetter, und ich ließ von den Zimmerleuten doppelte Presennings (getheertes Segeltuch) über die beschädigte Steuerbordseite des Schiffs, so weit die Planken entzwei waren, nageln, und mit Schalken versehen, eben so wie man die Schiffsluken versieht und verschalket, und so auch das Schandeckel, wodurch nun die Seite so dicht als geschalkte Luken war, denn die Presennings lassen kein Wasser durch. Es war aber eine hohe See und das Schiff schlenkerte stark, so daß wir die große Stenge noch nicht herunter lassen konnten. Unsere Gissung kam gut aus; den 18. November sollten wir Grund haben, welchen wir auch, als wir das Senkblei warfen, auf 90 Faden Tiefe hatten. Der Wind war uns günstig geblieben; am 18. November wurde gutes Wetter und wir strichen unsere große Stenge; da aber der Top vom großen Mast ganz vom Blitz entzwei geschlagen war, und wir keinen Winde-Reep daran machen konnte, um die Stenge zu heben, auch das Slotholz von Eisen war, welches wir folglich nicht abhauen konnten, so schroben wir mit drei Daumkraften die Stenge so hoch, daß wir das eisene Slotholz aus dem Fuß der Stenge ziehen konnten, den Winde-Reep nahmen wir nun über die Langs-Satings und ließen die Stenge mit den Daumkraften niedersinken, so daß sie steif im Winde-Reep stand,[111] und nun konnte ich die Stenge streichen und niedersinken lassen. Ich ließ selbe so weit herunter, daß wir ein Riff aus dem Großmarssegel führen konnten; nun ließ ich eine Jagdtroß kappen, womit wir die Stenge an den Mast fest sorrten und mit hölzernen Keilen steif und fest keilten, kürzten hierauf die Stengen, Wants und Parduns in Trompetten auf und setzten Alles fest, und so waren wir wieder im Stande einen Sturm auszuhalten. Ich wollte nirgends binnen laufen um Havarie zu machen und außer Land zu repariren, indem ich dies nie gethan, obgleich ich es jetzt mit gutem Fug hätte thun können.[112] Des Nachmittags lief der Wind südost, und ich

[111] Vor allem rathe ich euch, lieben Kinder, stellt eure Daumkraften an einen solchen Ort, daß ihr selbe in See leicht finden und gebrauchen könnt; denn hätte ich die Stenge nicht mit den Daumkraften heben können, so wäre ich in großer Verlegenheit gewesen, indem das eiserne Slottholz 4 Zoll hoch und 3 Zoll dick war, und es also abzuhauen auf dem Schiff unmöglich war.

[112] Hier kann ich nicht umhin anzuführen, daß auf dieser Reise von Demirara auf meinem Schiffe erschrecklich viel geflucht wurde, denn die meisten Capitaine, Steuerleute und Matrosen waren Holländer, und das auf ihren holländischen

ließ das Schiff über Backbord ostnordost hinlaufen; des Abends sahen wir die Sorlings oder die Silly Eilands, der Wind lief östlicher und wir kreuzten hier auf den Grunden, bei hartem Ost- und Nordost-Wind bis den 5. December, wo wir westlichen Wind bekamen und in den englischen Kanal einsegelten. Auf den Grunden hatten wir ein englisches Linienschiff, das zur Blokade vor Brest gehörte, bei uns, und es sandte seine Schaluppe bei mir an Bord; auch hatten wir noch ein Linienschiff, AUDATIUS genannt, bei uns, mit welchem wir in den Kanal einsegelten.- Meine Capitaine sagten mir, sie wären noch nie auf einem Schiff gewesen, wo so gut gegisset wäre als auf dem meinen.- Wir bekamen wieder Ost-Wind und kreuzten einige Tage bei Dover; hier bekam ich einen Beweis, wie die Capitaine manchmal in Versuchung kommen Havarie zu machen. Ich befand mich zwischen Dover und den Singel oder Dungenos; es war deutlich zu sehen, daß mein großer Mast gebrochen und die Steuerbordsseite des Schiffs mit Presennings gedichtet war, deshalb kamen fast täglich Lootsenböte zu mir, um mich zu überreden, daß ich in Dover einlaufen und mein Schiff dort repariren lassen sollte. Sie sagten, die Elbe wäre schon so voll Eis daß ich nicht hinein kommen könnte; in Dover fröre es schon stark, und man könne dort bereits Schlittschuh laufen etc. Ich sagte aber: ich will nicht in England binnen segeln, denn gesetzt auch, die Elbe ist schon so voll Eis daß ich nicht hinein kommen kann, so will ich unter Helgoland ankern und den Winter über dort liegen bleiben, denn ich habe gute Anker und Tauen, und werde es

Schiffen gewohnte tägliche Fluchen setzten diese Passagiere auch auf meinem Schiff fort, so daß fast bei jeder Betheuerung das Wort: God dohm my! oder, God donner my! hinzugefügt wurde. Mir war es immer sehr zuwider, dies täglich zu hören; ich hätte es verbieten können und sollen, that es aber nicht, indem ich sie als freie Leute betrachtete, und von ihnen weder als Einer der ihnen befehlen wolle, noch als ein Heiliger, angesehen seyn wollte. – Allein wie der Blitz eingeschlagen hatte, da sagte ich laut zu ihnen: nun sind wir gedonnert. Nach diesem Tage wurde von keinem mehr weder geflucht noch gedonnert, und verschiedene von ihnen thaten Gelöbnisse, daß sie den 16. November nie vergessen, sondern an diesem Tage die Armen bedenken wollten. Ob sie ihr Gelöbniß gehalten, kann ich nicht sagen; ich fürchte aber, daß es einigen gegangen ist wie jenem Schiffer, der, als er in einer großen Seenoth war, gelobte, daß wenn Gott ihn aus dieser Noth und Gefahr helfen und retten würde, so wollte er ein Wachslicht, so groß als der große Mast, an die Kirche schenken. Sein Sohn, der mit auf dem Schiffe war, sagte: Vater, schweig doch still, woher wollen wir ein so großes Wachslicht, als der große Mast ist, bekommen. Der Vater aber sagte: sei ruhig, mein Sohn, laß uns nur erst ans Land kommen, und das Wachslicht soll klein genug werden.

da wohl aushalten. Eines Tages kam wieder ein Lootsenboot an Bord, um mich zu überreden in Dover einzulaufen; sie boten mir sogar Geld an. Ich dachte: du sollst doch einmal sehen, wie weit die Unverschämtheit geht; ich that also als ob ich Ohren für das Geld hätte; zuerst boten sie 50 Guineen und immer mehr, bis sie zu 300 Guineen kamen, da konnte ich mich nicht länger halten und sagte mit barscher Stimme: was seid ihr doch für schlechte Leute und Spitzbuben, daß ihr so an Bord kommt um Seeleute zu verführen; wenn ich nun ein junger Capitain wäre und mich von euch verführen ließe, dann wäre ich ja zum Spitzbuben gemacht und mein Fortkommen in der Welt vernichtet. Eure Schiffsbauer, Reeper und Segelmacher, die euch verleiten, Havarie-Schiffe einzubringen, und euch die 300 Guineen zurückgeben, würden mich um so viel mehr in meinen Rechnungen prellen, und meine Rheder es doch am Ende bezahlen müssen. Hierdurch wurden sie beschämt, fuhren ans Land und keiner kam wieder.

Ich hatte hier bei Dover auch einen Kaper bei mir, welcher mit seiner eigenen Schalupe zu mir an Bord kam; er war ein sehr freundlicher Mann und saß eine geräume Zeit bei mir in der Kajüte, wo wir zusammen sprachen und ein Glas Wein tranken. Ich glaubte, das Schiff, welches er führte, sey ein Königs-Cutter, und fragte ihn, ob er nicht ein Königlicher Officier sey? Er antwortete: nein, ich bin ein Privatair- oder Kaufmanns-Kaper. Ich sagte: es freut mich, auch auf einem Privatair einen freundlichen Mann anzutreffen. Er antwortete: nicht alle Privataire sind schlecht, man findet auch gute Leute unter ihnen; ich entgegnete: dies sehe ich zu meiner Freude an ihnen.

Den 11. December wurde der Wind gut und wir segelten in die Nordsee ein. Beim Texel hatten wir einen steifen Nord-Wind, kreuzten daselbst und hatten eine englische Fregatte bei uns an Bord. – Neben dem Vlieland, auf See, kam ein Fischer-Schiff zu uns, und einige und zwanzig Mann von meinen holländischen Passagieren fuhren bei ihm an Bord und ließen sich in Holland an Land setzen. Die Elbe war, wie die Lootsen von Dover mir gesagt hatten, dicht von Eis; allein ich wollte doch nirgends einlaufen, weil ich gewiß wußte, daß meine Leute, ohne zu repariren, nicht wieder mit dem Schiffe in See gehen würden, denn einige fingen schon an zu murren, daß ich mit dem ramponirten Schiffe in See bliebe; ich sagte aber: habt ihr nicht vollauf zu essen und zu trinken, und bleibe ich nicht selbst bei euch im Schiffe? Wenn wir auch des Eises wegen nicht in die Elbe kommen können, so will ich mit dem Schiffe unter Helgoland laufen, und dort können wir liegen bis Gelegenheit kommt in die Elbe binnen zu laufen, denn wir haben gute Anker und Tauen. – Den 20. December, des Nachts, begann es aus Westsüdwest, bei dickem Schneegestöber, hart zu wehen; zwischen den Beuen bekamen wir das Feuer von Helgoland zu sehen, segelten darnach hin und den 21. December, des Morgens um 9 Uhr, kamen Lootsen zu uns an Bord um nach Cuxhaven zu segeln. Einige Seetonnen in der Elbe waren schon vom Eise weggetrieben; der steife Westsüdwest-Wind aber, den wir hatten, trieb das Eis nach der Nordseite der Elbe, so daß wir längs der Südseite, welche nun frei vom Eise war, obgleich man noch des vorigen Tages kein Wasser hatte sehen können, nach Cuxhaven segeln konnten, woselbst wir des Abends, Gott sey es gedankt, glücklich binnen kamen. Es war ein großes Schneegestöber als wir nach dem Hafen auflavirten, so daß wir keine halbe Kabellänge vor uns sehen konnten. – Den 22. December clarirte ich, nachdem ich des Morgens Practica erhalten, mein Schiff ein, bestellte einen Bäcker, Bierbrauer und Schlachter, und gab meinem Obersteuermann Ordre, das für die Leute Benöthigte bei ihnen zu holen und gute Wache auf dem Schiff zu halten. Den 23. December, des Morgens, fuhren mein Supercargo und meine Passagiere (die Capitaine und Steuerleute), dreizehn Mann in allem, mit mir in zwei Wagen nach Altona ab; in Buxtehude nahmen wir Schlitten, und kamen den 24. December, des Nachmittags um zwei Uhr, Gottlob glücklich, daselbst an. Die Elbe war fest von Eis, und die Brücke wurde an diesem Tage schon ausgelegt. Meine Ankunft melde ich zuerst meinen Herren, ließ meinen Passagieren, die in Altona fremd waren, ein gutes Haus zum logiren besorgen, und ging dann nach meinem Hause, woselbst ich meine liebe Frau und Kinder, als: Jacob, Heinrich und Jens, der ein halbes Jahr alt war und den ich noch nicht gesehen hatte, so wie auch meinen Schwiegervater und meine Mutter, die bei mir im Hause wohnten, gesund und wohl antraf. – Dieser Weihnachts-Abend ist der freudigste und vergnügteste gewesen, den ich je erlebt habe, denn ich war noch nie einen Winter zu Hause bei meiner Frau gewesen; auch hatte ich in 18 Jahren keinen Winter gehabt, weil ich in selbem immer in warmen Ländern gewesen war. Ich vergnügte mich nun mit Schlittenfahrt und Schlittschuhlaufen, welches letztere ich noch sehr gut konnte, denn von meiner Kindheit an war es mir immer ein wahres Vergnügen gewesen, und noch jetzt kann ich es nicht unterlassen, des Winters einige Male Schlittschuh zu laufen; so daß das Sprichwort: Jung gewohnt, alt getan, sich auch an mir bewährt. Kurz und gut ich verlebte einen recht vergnügten Winter.

Den 27. Januar 1797 ging das Eis auf der Elbe los, und den 28., des Morgens um 5 Uhr, fuhr ich mit meinem und mehreren andern Lootsen in einer Lootsenjolle von Neumühlen nach Cuxhaven ab. Wir kamen des Abends dort an, und ich fand mein Schiff und Volk alles in guter Ordnung. Den 29. Januar segelte ich aus Cuxhaven, begegnete noch viel Eis auf der Elbe, und kam den 31., Gottlob glücklich, mit meinem Schiffe im Hafen zu Hamburg an. Ich löschte daselbst, und als ich meine Ladung abgeliefert hatte, sagte mein guter Supercargo, Herr A. R. Lorent, zu mir: wollen sie ihre 200 Guineen in natura haben oder den Werth in hiesigem Courantgelde? Ich fragte: ist das ihr Ernst? ich habe geglaubt, daß Herr Köhn dieses nur aus Spaß gesagt, daß ich, wenn die Reise gut ausfiele, 200 Guineen haben solle, indem ich für diesen Fall 200 Thaler Douceur von ihm forderte. Nein, sagte Herr Lorent, es ist kein Spaß gewesen; wir sind sehr mit ihnen zufrieden, denn sie haben uns geholfen und Gefälligkeiten erzeigt. Wir haben einen schönen reinen Gewinn von dieser Expedition gehabt und schenken ihnen für ihre Person diese 200 Guineen, doch sollen sie 1600 ℛ für ihre Kaffee-Fracht bezahlen. Ich erhielt also circa 1800 ℛ grob Courant und meine Kaffee-Fracht frei. Ich bedankte mich und war sehr wohl zufrieden, denn ich hatte auf dieser Reise Gottlob mehr Geld verdient als auf zehn andern. So kann der liebe Gott einen segnen; und es sah am wenigsten darnach aus, wie ich in Charleston unbefrachtet lag.

Ich ließ nun diesen Sommer mein Schiff bei dem Schiffsbaumeister Fouche in Altona repariren und kupfern. – Von meinem Correspondenten in Charleston, Herrn George Forrest, erhielt ich keine Nachricht, wie es mit meinen Waaren, die ich ihm bei meiner Abfahrt in Commission zum Verkauf übergeben, stehe; ob sie verkauft waren oder nicht. Auch die Eigner von den Waaren, welche ich ihm ebenfalls zum Verkauf übergeben, hatten noch keine Antwort von ihm erhalten; dieses machte mich sehr besorgt und unruhig. – Den 29. August segelte ich von der Elbe in See, bestimmt nach St. Ubes, um daselbst eine Ladung Salz einzunehmen und damit nach Charleston zu segeln. Auf dieser Reise kam an der Portugiesischen Küste, auf der Höhe von Oporto, vor Tagesanbruch, des Morgens 4 Uhr, ein Brigg-Schiff, welches bei dem Winde segelte, zu uns; ich war selbst auf dem Deck, und wie es an Backbord von uns war, da blieb es so weit entfernt von uns wie es war, und ich sagte zum Steuermann: die Brigg segelt nun mit uns hin, denn sie bleibt ja bei uns wie sie gewesen; es ist gewiß ein Kaper, der uns bei Nacht nichts anthun will, weil er nicht wissen kann, ob wir eine Kriegs-Fregatte oder ein Kauffahrer sind. Es wehete heftig, und unser Schiff lief über 9 deutsche Meilen in 4 Stunden. Wie es Tag wurde und die Brigg uns nun recht besehen konnte, stach sie ein Riff aus ihren Marssegeln, denn sie hatte vorher dicht gerefte Marssegel geführt, lief mir näher ein, setzte eine spanische Flagge auf und that einen Kanonenschuß nach mir. Ich ließ nun die Bramsegel fest machen, die Marssegel auf den Rand niederlaufen und drehte das Schiff bei. Sobald als die Brigg zu mir kam, rief man, ich sollte bei ihr an Bord kommen. Ich rief wieder: es weht zu heftig und die See läuft zu hoch, ich kann nicht an Bord kommen. Der Kaper aber pochte, zeigte auf seine Kanonen und sagte: wenn du nicht kommst, so schieße ich dich in den Grund. Was sollte ich machen! Ich ließ also die Takel in meine Schalupe setzen, um sie über Bord zu lassen, und kleidete mich nun an, um bei ihm an Bord zu fahren. – Es ist aber doch wahr, was in der Bibel steht, daß Gott die Herzen der Menschen lenket, wohin er will. Des Kapers Herz muß auch gelenket worden seyn; denn er sah es ein, wie lebensgefährlich es für mich war, mit der Schalupe bei ihm an Bord zu kommen, (ich hätte freilich, wie so viele thun, meinen Steuermann mit den Schiffspapieren zu ihn an Bord schicken können; dies habe ich aber nie gethan, indem manchmal etwas gefragt wird, was der Seuermann nicht weiß noch wissen kann; mein Grundsatz, wenn etwas Außerordentliches vorkommt, ist: selbst ist der Mann) und rief mir nun auf spanisch zu: Veia huste con Deos (gehen sie mit Gott). Wer war fröhlicher als ich. Nun drehte ich gleich das Schiff vor dem Winde ab, setzte die Marssegel in Top, ließ die Bramsegel beisetzen und segelte meinen Cours. Des Abends passirte ich die Barlinges, segelte des Nachts nach Cap Spiegel hin und nahm am nächsten Morgen einen Fischer als Lootsen an, der mich des Tages nach St. Ubes binnen brachte.[113] Hier nahm ich eine Ladung Salz ein, und 8 Tage vor meiner Abreise erhielt ich einen Brief von meiner Frau, worin sie mir meldete, daß sie den 22. September

[113] Auch durch diesen spanischen Kaper hatte ich einen Beweis, daß ich nicht beraubt werden sollte, und daß Gott des Kaper-Capitains Herz lenkte, daß er mich mit Gott segeln hieß, denn diese Brigg war ein großer Räuber. Ich hatte schon gehört, daß Schiffe auf der Portugiesischen Küste von einer Brigg beraubt worden, und bekam in St. Ubes zu wissen, daß dies die nemliche Brigg gewesen sey. Zwei schwedische Schiffe, die nach Lissabon segelten, waren den Tag darnach, als ich bei der Brigg war, auch bei ihr gewesen, und da es selben Tag gutes Wetter war, so mußten beide Capitaine zu ihr an Bord kommen. Die Kaperleute der Brigg waren hierauf bei den schwedischen Schiffen an Bord gegangen und hatten sehr vieles geraubt; fast alle Kleidungsstücke waren den Capitainen und der Mannschaft weggenommen worden. – Ein Capitain, welcher von Lissabon kam, erzählte mir dieses in St. Ubes; er hatte von den schwedischen Capitainen selbst gehört. Der Datum, an welchem sie beraubt worden, war der Tag nachher als ich bei der Brigg gewesen. Sicher ist es, daß, wenn die Kaperleute zu mir an Bord gekommen wären, so würde ich, sowohl als meine Leute, von ihnen beraubt worden seyn. – Ihr könnt also auch aus diesem Falle sehen, lieben Kinder, wie der liebe Gott uns schützte, daß ich und meine Leute nicht beraubt wurden.

von einem gesunden Knaben glücklich entbunden sey; dieser war mein vierter Sohn, und ist Johann Jürgen genannt worden. Ich ließ dieser frohen Nachricht wegen auf meinem Schiffe alle Flaggen aufziehen und meine Leute tractiren. –

Den 2. November segelte ich von St. Ubes ab und lief in See, bestimmt nach Charleston. Auf dieser Reise hatten wir in der Gegend von Madeira sehr viele schwere Stürme aus Südwesten. Als wir drei Tage von St. Ubes in See waren, erhielten wir einen Nordost-Wind, der immer stärker wurde, so daß des Abends ein fliegender Sturm wehte, und ich vor dem gereften Fock lenste; es war eine sehr hohe, brüllende See, und der Sturm fürchterlich. Des Nachts um 12 Uhr, wie die Wachen sich ablösten und zwei andere Leute ans Ruder kamen, lief das Schiff aus dem Ruder, und drehte mit der Fahrt, die es lief, unter dem Wind gegen die hohe See an, und so erhielten wir eine fürchterliche Sturzsee von vorne über, welche das Schiff so nach hinten zu schlug, daß es beinahe aufs Ende nach hinten zu stehen kam; selbst die Ladung Salz im Raum war nach hinten hin, und alles Salz im Zwischendeck und Raum nach Steuerbord geschlagen, so daß die großen Luken zu Wasser lagen. Die beiden schweren Anker waren vom Boog geschlagen, und ich glaubte sie wären weg; an den Wasserfässern auf dem Deck waren die Boden eingeschlagen; die Kanonen mit sammt ihren Raxperten lagen das unterste nach oben gekehrt; den Heckpfeiler des Backbords, der mit sechs Bolzen ans Schiff befestiget war, hatte die Sturzsee abgeschlagen, die Geerde der Gaffel aber, die an dem Augbolzen eingehakt war, hielt ihn, und er war weit hin nach Lee geweht. Zehn bis zwölf Mann meiner Besatzung waren von der Sturzsee über Bord gespült worden, hatten sich aber an dem laufenden Tauwerk, welches sie in die Hand genommen, als sie selbe ankommen sahen, gehalten, und sich an diesem auch wieder ins Schiff geholt, so daß wir Gott sey Dank keinen Mann verloren, obgleich alle Leute wegen der Wachtablösung auf dem Deck waren. Ich merkte gleich, wie ich die Sturzsee kommen sah, daß dies etwas geben würde, lief daher schnell in die Kajütskappe und war just darin als die See niederstürzte, aber ich hatte meine Hand noch zwischen der Thür als selbe schon zugeschlagen wurde, so daß ich mir zwei Finger an der linken Hand quetschte. Der Tod war vor Augen, denn das Schiff blieb auf der Seite liegen, und weil es auch nach hinten viel tiefer im Wasser lag als es seyn sollte, indem das Salz dorthin geflogen war, so waren die blinden Pforten im Heck an Steuerbordsseite einen Fuß unter Wasser; da diese sich jedoch ziemlich dicht hielten so kam hier nicht viel Seewasser ein, aber desto mehr im Apartement so wie bei der Steuerbord-Galeriepforte und der Pforte in meiner Kammer. Ich mußte also einen Mann auf das Apartement setzen, der den Pflock, der in das Loch paßt, niederhielt, und mit den Händen meinen See-Rock, den ich ihm gegeben, in die Galleriepforte einstopfte und fest andrückte; in meiner Kammer mußte auch ein Mann bei der Pforte bleiben, und einen von meinen dicken Röcken hineinstopfen und festhalten, so daß nun wenig Wasser in diese Pforten einkam. Es war ein Glück für mich, daß ich in St. Ubes im Zwischendeck an jeder Seite eine Planke an Bord hatte offen machen lassen. Ich that dies um das Salz zwischen die Unter-Decksbalken ganz voll füllen zu lassen, welches vom untern Raume aus nicht so voll gelemmt oder geschaufelt werden kann, und daß ich dies gethan, kam uns jetzt sehr zu Statten. Nun gingen wir alle, die nicht bei den Pumpen und Pforten angestellt waren, ins Zwischendeck, und warfen das Salz, welches dort lag, von Steuerbord nach Backbord auf, so daß es durch den offenen Platz, wo die Planke fehlte, hinunter in den Raum des Schiffes fiel. Um 2½ Uhr Morgens verminderte sich der Sturm; wir blieben aber fleißig bei, um das Salz nach Backbord zu schaufeln. Um 4 Uhr Morgens nahm der Wind noch mehr ab, und wie ich sah, daß das Wasser im Schiff nicht zunahm (wir müssen sehr viel Wasser im Schiff gehabt haben, denn wie es so schief lag hatten wir bei der Loofpumpe 18 Zoll) sondern die Pumpen lens schlugen, war ich beruhigt und sagte zu meinen Leute: seid nun unbesorgt, schaufelt nur tüchtig zu, und alles wird bald in Ordnung seyn. Meine Leute waren willig, und schaufelten so viel sie konnten. Das Schiff wurde nun immer gerader, oder stand mehr auf. Wie ich sah, daß wir das Schiff mit den Pumpen lens halten konnten, und also keine Todesgefahr mehr vorhanden war, fiel mir das Gebet ein, welches meine Kinder in der kleinen Kinder-Schule gelernt hatten, und welches mein Sohn Otto Heinrich, der in einem kleinen Bett bei mir und meiner Frau in der Schlafkammer schlief (er mochte derzeit 3 bis 4 Jahre alt seyn), uns oft des Morgens vorgebetet hatte, wenn er aufwachte. Es fängt so an: Von wem hab' ich das Leben, mein Gott hat mir's gegeben; mein guter Gott, ich danke dir, und lieb' und lobe dich dafür. – Ich war die ganze Nacht auf dem Deck, und wie oft sprach ich dies Gebet während der Nacht; indem ich immer wiederholte: du guter Gott ich danke dir, und lieb' und lobe dich dafür, denn nun ist die Todesgefahr vorbei, und du, o lieber Gott, hast mir von neuem mein Leben geschenkt; o, laß es mir nun auch nach deinem Willen und Wohlgefallen hinleben! –

Wirklich war bei dieser Gelegenheit die Todesgefahr größer, als bei der vorigen Reise, wie das Gewitter ins Schiff einschlug; denn denkt, liebe Kinder, so schief als das Schiff auf der Seite lag, hatten wir bei der Loofpumpe beinahe 18 Zoll Wasser, also war es ziemlich halb voll von Seewasser. Daß so viel Wasser ins Schiff eingelaufen war, kam daher: als die Sturzsee vorüber war, und die Matrosen, die über Bord gespült worden, wieder binnen kamen, und wir noch etwas, was auf dem Deck herumtrieb, bargen, lief ich in die Kajüte, um zu sehen ob auch Wasser zu den Pforten einkäme; hier hörte ich nun das Wasser ins Apartment, in die Galleriepforte und die Pforte in meiner Kammer einsausen, rief gleich zwei Mann, die, wie bereits gesagt, meine Kleidungsstücke in die Pforte eindrücken und festhalten mußten, und durch dieses Einströmen war so viel Seewasser ins Schiff gekommen; doch ist auch wohl viel von oben eingedrungen, weil es auf der Seite, und folglich die Poller, Stützen etc. alles unter Wasser lag. – Das Wetter wurde immer besser und der Wind nahm ab. Morgens 6 Uhr bekamen wir das Schiff vor dem Winde um, und wie es nun bei dem Winde über Backbord lag, da war die Steuerbords-Loofseite noch mit dem Bord unter Wasser. Vorher war es nicht möglich gewesen, mit dem Schiffe zu halsen, denn dadurch, daß es auf der Seite lag, war die Hack vom Ruder meist über Wasser; wenigstens war das Ruder so hoch, daß es keine Kraft im Wasser hatte, aber durch das beständige Ueberwerfen des Salzes nach Loefert hatte das Schiff sich etwas in die Höhe gerichtet, und da der Sturm auch abgenommen, so richtete es sich vollends so hoch auf, daß das Ruder wieder so tief ins Wasser kam um Kraft zu haben, und ich so das Schiff vor dem Winde umlegen konnte. Nun konnten wir erst recht sehen, wie von der Sturzsee auf dem Deck alles durch einander geschlagen war. Meine beiden schweren Anker, welche, mit den Ankerstöcken aufrecht, rund um den Kranbalks-Poller gesorrt, und die Schäfte derselben, mit den Händen binnen Bords, im Schafthock fest an Bord gesorrt waren, hatte die Sturzsee über Bord geschlagen, und beide waren über dem Bord mit ihren Händen hängen geblieben, so daß die Pünten derselben ins Deck einscheuerten, und würde das Schiff noch etwas länger auf der Seite gelegen haben, so hätten die Pünten der Ankerhände sich leicht durchs Deck scheuern können, und durch die Löcher, die sie dann gemacht, wäre das Schiff voll Wasser gelaufen, ohne daß wir bemerkt hätten wo es hinein käme, denn von den Ankern war nichts zu sehen, und wir meinten sie wären über Bord geschlagen und weg, denn die Ankertauen waren in selben nicht eingestochen.- Unsere Kanonen an Steuerbord waren alle umgestürzt, und eine hing an der Reling am Kopftau über Bord. Der Heckpfeiler hing noch an der Geerd des Gaffels; diesen nahmen wir nun ins Schiff, und die Kanonen wurden wieder in ihre Raxperten gelegt und befestigt. Vier vollen Fässern mit frischem Wasser hatte die Sturzsee die Boden eingeschlagen, und das Trinkwasser darin ging für uns verloren.

Wie nun alles Salz, was im Zwischendeck gelegen, in den Raum des

Schiffes eingeschaufelt war, so stand das Schiff aufrecht, und wir pumpten es lens. Es versteht sich, daß ein Theil des Salzes geschmolzen war; es war aber nicht so bedeutend, als ich geglaubt hatte. Aus Vorsicht hatte ich noch in St. Ubes Gewelings in mein Salz machen lassen; diese Sturzsee war aber fast ohne Beispiel stark, und hatte die festen Stützen im Raum mit sammt den Gewelings weggeschlagen. Es ist sicher, wäre mein Schiff etwas kürzer gewesen, denn es war ein mehr als 116 Fuß langes Schiff und wurde beinahe aufs Ende geworfen, sonst hätte die Ladung nicht so nach hinten zu geschlagen werden können. — Da das Schiff nun aufrecht lag, aber hinten so tief, daß die blinden Pforten vor den Kajütsfenstern im Wasser lagen, so arbeiteten wir den Tag über das Salz von hinten auf ins Zwischendeck, so daß dieses wieder voll, und unser Schiff nun wieder gehörig bei der Last lag.

Die Ursache daß in der Galleriepforte so viel Wasser einkam, war folgende: mein Schiff ward diesen Sommer wie bereits schon bemerkt in Altona reparirt, woselbst ich einen großen dicken Rahm, mit Bildhauerarbeit ausgearbeitet, rund um die Galleriepforten setzen ließ, und in diesen Rahm war das Loch zur Pforte eingehauen; jedoch die Zimmerleute hatten das Versehen begangen, zu vergessen, Bley rund um die Pforte am Schiff fest zu nageln, deswegen war es natürlich daß rund um die Pforte, indem sie nun unter Wasser zu liegen kam, dasselbe ins Schiff hinein lief. Da selbst bei dem Kielholen meine Galleriepforten nie ins Wasser kamen, so dachte ich nicht an die Gallerien, obgleich ich es hätte thun sollen, und rathe euch, wenn ihr Galleriepforten braucht, so laßt dieselben im festen Schiff einhauen, denn wenn dann auch die Gallerie weg geschoben werden sollte, so kommt doch durch die Pforten kein Wasser ins Schiff. Bei mir war es ein ausserordentlich großes Unglück, daß es so kam; aber ein Seemann muß sich das ärgste vorstellen wie es kommen kann, und seine Maßregeln dagegen nehmen. Daß ins Appartement auch so viel Wasser einlief, kam daher: der sogenannte Puddingbeutel war von der See abgerissen, und hierdurch hatte das Wasser seinen freien Lauf; in jetziger Zeit führen die Schiffe keine solche Beutels mehr, denn sie sind nun so aufgeklärt, daß sie sich von dem Wasser, welches beim Sturmwetter ins Privet aufschlägt, lieber den Popo ein wenig waschen lassen. — Ich will noch, falls einer oder der andere von euch ein Seemann werden sollte, einen Rath ertheilen, daß wenn ihr Steuermann oder gar Capitain werdet und ihr mit Sturmwind vor dem Winde lenset oder segelt, gebt nicht gleich das Ruder ab an den, der die erste Stunde steuern soll, sondern laßt ihn sehen, wie der steuert, den er ablösen soll; dieser sagt ihm dann, nimm dich für dies oder jenes in Acht; z. E. das Schiff ist loofgierig, oder es fällt viel ab, will nicht viel Ruder haben etc.

etc. so lasse diese Beide nun einige Minuten steuern, so ist der der steuern soll, schon etwas eingeübt, gewöhnlich steht auch der Steuermann dabei und giebt mit Acht; selbst wenn ihr einen Matrosen habt, der ein vorzüglich guter Steurer ist, so laßt diesen die ganze Wache am Ruder stehen. (Man hat genug Matrosen, die besser, als wie die Officiere steuern.) Ein solcher nimmt es nicht für ungut, denn die Ehre die ihm dadurch trifft, auch ein Glas Wein, oder er wird vom Capitain oder Steuermann einmal mit der Hand auf die Schulter geschlagen, und zu ihm gesagt: du bist doch ein fixer Kerl! ist ihm mehr werth, als eine Wache zu schlafen; mir ist dieses auch passirt, als ich noch Matrose war, daß es hieß: Jan bleibt am Ruder, denn der Matrose hat eben sowohl Ehre im Leibe, wie ein Kaufmann. Daß ich das oben Gesagte in dieser Nacht nicht thun ließ, bewirkte das ganze Unglück, denn es war eine kalte Nacht, harter Sturm und der Mann der ans Ruder kam, noch schläfrig, auch langsam bei dem Ruder, so daß er das Schiff zu weit auflufen ließ, und selbes, welches schon im Lufen war, nicht abfallen wollte, sondern gegen das Ruder an, bei dem Wind, drehete. Des Tages, wie wir das Salz zurecht schaufelten, die Anker, Kanonen und Alles wieder gehörig in Ordnung brachten, waren wir Abends mit Allem fertig, und dankten Gott, daß wir aus dieser großen Gefahr worin wir gewesen, errettet waren. – Wir hatten in dieser Gegend noch 14 Tage schweres Sturmwetter aus Südwest; nun erhielten wir Ostwind und segelten unsern Weg. Wir kamen gegen Weihnachten Gottlob glücklich in Charleston an; hier bekam ich nun die betrübte Nachricht, daß mein Correspondent George Forrest vor 14 Tagen weggelaufen sey und viele Schulden nachgelassen, auch hatte er 20,000 Dollars aus der Bank mitgenommen, (er war Bankdirector) und wurde mit Steckbriefen verfolgt, aber nicht erhascht; ich war all das Meinige los, was ich ihm anvertraut hatte; dies war ein harter Schlag für mich und hat mir viel Sorge gemacht. Dieser George Forrest, an den ich mehrere Reisen schon addressirt gewesen war, und der mich stets reel und gut behandelt hatte, hat mich, sowie mehrere andere schrecklich betrogen. Ich glaube aber, daß er dadurch ein Betrüger ward, daß die Engländer viele seiner Schiffe und Ladungen aufgebracht und die Ladungen confiscirt hatten, und er deswegen zu dem Entschluß kam, Alles was er noch hatte und bekommen konnte, zu Gelde zu machen, und sich damit aus dem Staube zu machen, um sich nach einem unbekannten Orte hinzubegeben und dort zu leben. Es ist wahr, es ärgerte mich, so um das Meinige zu kommen, aber noch ärgerlicher ist es mir, wenn Jemand einem etwas abkäuft, mit 1 pCt. Decort, das heißt: für gleich baare Bezahlung, und alsdann nicht bezahlt, sondern nun kurz darauf einkömmt oder Bankerott macht. Ich habe solche Fälle selbst gehabt, daß ich Waaren mit 1 pCt. Decort verkaufte, und habe niemals mein Geld dafür erhalten. Nur einen Fall will ich erzählen: ich hatte eine Carotten-Fabrik angelegt und selbe gieng gut von Statten. Ein Mann, T. aus Hamburg, hatte schon einige Male Carotten von mir gekauft, für den Belauf von 50, 70 bis 150 Mark mit l pCt. Decort und bezahlte immer prompt, so daß ich Zutrauen zu dem Manne hatte. Eines Tages kam er bei mir und sagte, er könne jetzt eine Partei absetzen, und verlangte für circa 650 bis 700 Mark an Carotten; ich sagte; daß ich ihm diese verkaufen wollte, nach vormaligem Accord mit 1 pCt. Decort und gleich Zahlung. Er antwortete: dies versteht sich, denn ich bekomme gleich bei der Ablieferung bezahlt, und so bringe ich ihnen gleich den Belauf. Ich lieferte also die Carotten gleich an ihn an; er lieferte selbe gleich an seinen Käufer ab, empfing sein Geld dafür, brachte mir jedoch das Meinige nicht. Ich mahnte ihn zu verschiedenen Malen, bekam aber nichts. Ich ließ ihn in Hamburg verklagen; wir kamen vor bei dem Prätor, woselbst ihm die Rechnung vorgelegt wurde; er erkannte selbe für richtig. Der Prätor fragte ihn, warum er denn mir nicht bezahlte? er sagte, er hätte kein Geld; der Prätor sagte jetzt zu ihm: er hätte ja das Geld von seinem Käufer empfangen, warum er mir denn das Geld nicht gebracht hätte? er entgegnete: er hätte selbes gebraucht um seine Hausmiethe zu bezahlen. Der Prätor fuhr aber fort: wie konntest du das Geld welches dir nicht gehörte und welches du an Eschels bezahlen solltest, anwenden, deine Miethe zu bezahlen! du zahlest also binnen 3 Wochen an Eschels das Geld aus. Doch diese Zeit verstrich, und Herr T. bezahlte mir nicht; wie ich ihn nun dieserwegen mahnte, antwortete er mir: was mahnen sie mich! ich bin eingekommen und habe mich abgewaschen; ich war also meine 6 bis 700 Mark verlustig. Nun frage ich jeden, ist ein solcher Verlust nicht schmerzlicher, als wenn ein Dieb mir das Meinige wegstiehlt? denn vor einem Dieb kann ich mein Haus verschliessen, aber vor solche feine Betrüger kann ich mich nicht in Acht nehmen. Es wäre sehr zu wünschen, daß die Obrigkeit ein Gesetz machte, daß alle Handelnde, wenn selbe etwas mit 1 pCt. Decort kauften, und nicht bezahlten, sondern dann einkommen oder Bankerott machen, dann als Betrüger oder Diebe bestraft werden sollten, dieses Gesetz würde von großem Nutzen sein, denn es würde die Betrügereien mindern aus Furcht vor Strafe; denn, sind nicht genug Beispiele vorhanden, daß solche feine Betrüger dem reellen redlichen Mann das Seinige abgenommen, indem sie Waaren gekauft, selbe gleich wieder verkauft, das Geld dafür empfangen und dann gleich bei der Obrigkeit um das beneficium bonorum einkommen; ja! mir ist ein Fall erzählt, daß Jemand auf der Börse 200 Louis'dor von einem Wechsler kaufte und empfing, er sollte diese am andern Tage an den Wechsler in Banco abschreiben; doch statt dessen ging der Käufer am zweiten Tage zum Gericht, erklärte sich insolvent und der Wechsler war sein Geld los. Wäre es also nicht, wie gesagt, zu wünschen, daß ein Gesetz gemacht würde, daß solche und ähnliche Beraubungen, eben so und noch härter als offenbare Diebereien bestraft werden sollten. Jeder ehrlich denkende Mann würde ein solches Gesetz für nothwendig und billig halten, und nur die Schurken und Betrüger würden etwas dagegen einzuwenden haben. Man sage nur nicht, daß ein solches Gesetz unnöthig sei, daß ein jeder selbst wissen müsse, an wen er seine Waaren oder Geld abliefert; diejenigen, die so sprechen, bedenken nicht wie unangenehm es ist, einem ansäßigen, unbescholtenen Mitbürger zu sagen: ich lasse dir die Waare nicht verabfolgen, ehe du mir bezahlt hast; dies hieße ja: ich traue dir nicht. Wäre nun ein Gesetz gegeben, wie vorher gesagt, so würde gewiß keiner etwas mit Decort oder gleiche Zahlung kaufen, der das Geld für die gekauften Sachen nicht baar, oder in der Bank liegen hätte; eine Ausnahme von diesem Gesetz sollte nur dann eintreten, wenn der Käufer beweisen könnte, daß er binnen 2mal 24 Stunden nach Empfang der Waaren abgebrannt, oder durch ausserordentliche Unglücksfälle, all das Seinige verloren hätte. Ein anderes ist es, wenn jemand etwas auf unbestimmte Zeit verkauft, dann können Umstände während dessen eintreten, daß er nicht zur rechten Zeit bezahlen kann, und der Verkäufer hat ihm freiwillig Credit gegeben, und muß dieses nach der Faliten-Ordnung gerichtet und untersucht werden, ob auch Betrug vorgegangen ist, und ob der Fallit in Schutz zu nehmen ist. Hier nahm ich eine Ladung Reis, Kaffee etc. ein, und segelte damit 1798 nach Hamburg. Doch will ich noch vorher erzählen, was mir auf diese Reise für ein sonderbarer Vorfall in Charleston passirte. Ich hatte nemlich allerlei Kaufmannschaften für mich mit, um selbe hier zu verkaufen. Unter andern hatte ich auch Hamburger Rauchfleisch. Eines Tages, als ich erst vor kurzem angekommen war, kam ein Franzose bei mir an Bord, kaufte von mir einige Stücke Rauchfleisch und zahlte dafür 3 Pfd. Sterl. Billet. Mein Zollwächter, den ich an Bord hatte, warnte mich vor diesem Manne, indem er mir sagte; es ist kein guter; doch ich erwiederte: ich verkaufe ihm nicht anders, als für baares Geld, und so bin ich sicher. Der Mann kam des andern Tages wieder und kaufte wieder Rauchfleisch für 1 Pfd. Sterl. und einige Schillinge, und gab mir ein 5 Pfd. Billet zur Bezahlung, ich gab ihm Geld wieder heraus, unter andern auch das 3 Pfd. Billet, welches er mir Tags vorher gegeben.[114] Es war ein Glück für mich,

[114] Auch hier hatte ich wieder einen Beweis, wie Gottes Vorsehung über mich wachte, denn mir ward sonderbar zu Muthe, wie ich ihm das 3 Pfd. Billet

daß ich dieses that. Etwa 6 bis 7 Wochen nachher, daß der Franzose mir selbes abgekauft hatte und ich dieser Sache nicht mehr gedachte, kam der Franzose wieder bei mir an Bord und sagte: das 3 Pfd. Billet welches du mir gegeben, ist falsch, und du mußt es mir vergüten, doch wenn du nur weißt von wem du es bekommen, so muß er es dir wieder vergüten; kannst du dich nicht besinnen, von wem du es empfangen? Nein, erwiederte ich, wie ist es möglich, daß ich dieses wissen sollt; es kommen täglich so viele Leute und Bauern vom Lande an Bord um Salz zu kaufen, und ich kann nicht wissen was für Geld ein jeder in Bezahlung giebt. Ja, sagte er, wenn es so ist, dann mußt du mir die 3 Pfd. vergüten. Ich wollte dieses nicht, und so verklagte er mich bei einem Friedensrichter Cunningham, einem sehr braven Manne. In Amerika ist eine sehr schwere Strafe, wenn man falsches Geld ausgiebt, es sind schon viele dieserwegen gehängt. Der Franzose legte dem Richter das 3 Pfd. Billet vor, und sagte, daß er dieses von mir empfangen hätte, welches er beschwören wolle. Ich wurde heftig und sprach scharf gegen denselben. Der Richter sagte mir, beunruhige dich nicht, sondern gehe an Bord deines Schiffes und suche genau nach, ob du nicht ausfindig machen kannst, von wem du die 3 Pfd. erhalten. Ich sagte: es ist kaum möglich, denn es kommen alle Tage so viele Bauern an Bord um Salz zu kaufen (ich detaillirte meine Ladung selbst bei einzelnen Busseln aus) daß ich nicht bestimmen kann, in welchem Gelde ein Jeder bezahlt hat. Der Richter fuhr fort: du bist hier zu gut bekannt (in Charleston war ich eben so gut bekannt, als hier in Altona, denn ich war 10 Jahre jeden Winter daselbst gewesen) und ich bin überzeugt, daß du ein viel zu rechtschaffener Mann bist, als daß du wissentlich falsches Geld ausgeben solltest, doch wenn du nicht weißt, von wem du das 3 Pfd. Billet hast, so kann ich dich nicht schützen, und du mußt, welches mir sehr Leid thut, die 3 Pfd. bezahlen, nebst allen Kosten. Die 3 Pfd. und sämmtliche Kosten würden mir gar keine Unruhe verursacht haben, und ich selbe gleich bei dem Richter an den Franzosen bezahlt und gedacht haben: du bist schon oft betrogen worden, laß dieses mitgehen, und würde dieser Sache wegen keinen Fuß weit gegangen sein, aber hier war meine Ehre mit im Spiele, welche mir theurer ist, wie alle mein Geld; deswegen lief ich an Bord meines Schiffes. Mein Bruder Eschel, der mein Obersteuermann war, und der Officier vom Zoll, diese Beiden lieferten das Salz an die Käufer ab, nahmen das Geld dafür ein

gab, obgleich ich gar nicht daran dachte, daß dieses ein falsches sein konnte, so machte ich doch eine Bemerkung in mein Kladdebuch bei der Rechnung, die ich in demselben quittirte, und gab ihm das 3 Pfd. Billet, welches er Tags vorher mir selbst gegeben, wieder zurück.

und schrieben es in ihr Buch; das Geld wurde des Abends an mich abgeliefert, und ich sah das Buch nach. Wie ich nun an Bord kam, behaupteten diese Beide, nemlich der Steuermann und der Officier, sie hätten kein einziges 3 Pfd. Billet gelöset, sie hätten ihr Buch genau nachgesehen, also mußte ich es ja selbst empfangen haben. Ich nahm daher mein Kladde-Verkaufbuch, worin ich Alles nach jedem Dato eingeschrieben, was verkauft war, schlug es auf, und fand gleich richtig in demselben notirt, daß jenes 3 Pfd. Billet dasjenige sei, welches der Franzose für Fleisch an mich bezahlt hatte. Nun war ich voller Freude, nahm das Buch, lief gleich damit hin zum Richter, sagte ihm, daß ich es gefunden, und zeigte ihm mein Buch. Er war sehr vergnügt wie er es sah, und sagte zu mir: nun will ich den Kerl wohl finden; wir Beide sollten den andern Morgen nur wieder zu ihm kommen. Ich ließ mein Buch bei dem Richter liegen. Sonderbar genug, wie ich nun wieder nach meinem Schiffe ging, begegnete mir der Franzose, ich fuhr ihn barsch an und sagte ihm: das 3 Pfd. Billet habe ich ja von dir selbst empfangen; wie er hörte daß ich dieses ausfindig gemacht hatte, erchrak er sehr, welches ich deutlich bemerkte; ich sagte ihm: der Richter hätte mir gesagt, daß wir Beide, morgen früh zu ihm kommen sollten. Wie ich am andern Morgen mich bei dem Richter einfand, kam der Franzose nicht; der Richter sagte mir, er müsse schon einen Wink bekommen haben; ich entgegnete: ja, ich habe es ihm gestern selbst gesagt. Des andern Morgens kam er, bat um Verzeihung, daß er den vorigen Tag nicht hätte kommen können, that als ob er sehr krank sey und sagte »Sr. Gnaden, Sr. Gnaden,« so oft, daß es mir sehr auffiel, weil dieses Wort in Charleston nicht gebräuchlich war. Ich sagte, ich kann es nicht beschwören, daß dies 3 Pfd. Billet dasjenige ist, welches der Franzose mir gegeben, doch wenn der Franzose es beschwört, daß es dasjenige ist, welches ich ihm gegeben, so kann ich es beschwören daß es das nemliche ist, welches er mir Tags zuvor gegeben; denn hier steht es in meinem Buche. Der Franzose sagte nichts; der Richter gab ihm einen Verweis, vernichtete das Billet, der Franzose mußte alle Kosten bezahlen und ich ward frei gesprochen. Also meine Ehre hatte ich gerettet und mein Geld behalten.

Ich segelte, wie bereits gesagt, von Charleston gegen den 10. April nach Hamburg ab. Cpt. H. R. Ries, der das Schiff, De twee Gysberts, auch für unser Comptoir führte, und dessen Schiff schnell wie das Meinige segelte, fuhr zugleich mit mir in See; er war gleichfalls so wie ich, nach Hamburg bestimmt. Als wir über der Baar, die vor Charleston liegt, waren, sagte ich zu meinen Passagieren, (ich hatte deren vier, wovon drei mosaischer Religion waren) Gott behüte uns nun für Kaper; denn derzeit war von der französischen Regierung ein Decret ausgegeben, daß alle Schiffe, welche englische Manufactur-Waaren an Bord hätten, genommen werden sollten, wenn es auch nur ein paar Strümpfe oder eine Cambuse sei; die meinige war eine englische, und auf derselben stand London aufgegossen; es ist wohl kein Schiff in See, wo man nicht etwas, welches in England gemacht ist, an Bord hätte. Vor den Kapern hatte ich viel mehr Furcht, wie vor Seegefahren. Der eine der Passagiere hieß Lyon Lemann, war in Amsterdam geboren und wohnte daselbst; dieser konnte Karten-Künste (welches ich vorher nicht wußte) welche mir sehr auffielen, und euch gewiß gleichfalls, wenn ihr, wie folgt, leset: Ich, der ich, wie ihr wißt, weder abergläubig noch leichtgläubig bin, muß doch bekennen, daß etwas, es mag sein was es will, in der Welt oder Natur ist, was wir nicht begreifen können, wie es zugeht, oder Menschen möglich ist. Dieser Lemann legte oft auf der Reise Karten für sich selbst aus, und ihr könnt versichert sein, daß ich die Wahrheit schreibe. Als ich nun wie gesagt, über der Baar und in See war, setzte ich meinen Cours und sagte: Gott behüte uns nun für Kaper.[115] Lemann saß beim Tisch und fing an, ein Spiel Karten auszulegen. Dies war das erste Mal, daß er sie im Schiffe auslegte, und ich dachte auch nicht daran, weshalb er es that oder was er damit wollte, sondern ich meinte, er spiele für sich selbst. Auch hernach habe ich ihn nie gebeten, Karten auszulegen (er wollte mir diese Künste lehren, doch ich habe ein heimliches Grauen vor dergleichen; dies mag wohl noch von meiner Jugend herrühren, da ich in der Bibel las: »gehet nicht hin zu den Zauberern, Wahrsagern, und forschet nicht von den Zeichendeutern, daß ihr nicht von ihnen verunreinigt werdet, denn ich bin der Herr, eurer Gott!« darum wollte ich es nicht lernen). Als er nun die Karten ausgelegt und besehen hatte, so sagte er zu mir: sie dürfen vor keinem Kaper bange sein, denn wir bekommen keinen, ehe als bei Dover, und dieser thut uns nichts Böses. Ich erwiederte: wie können sie dies sagen? er antwortete: dies weiß ich aus den Karten. Ich lachte ihn aus, und erwiederte: Narrheit, wie können sie so etwas aus den Karten sehen! Er sprach: nun, sie werden es sehen; ich glaubte nicht daran und dachte auch nicht weiter darüber nach, sondern segelte meinen Weg. Lemann legte fast täglich seine Karten für sich selbst aus; ich ließ ihn gewähren, so wie ich immer Jeden meiner Passagiere auf allen Reisen gerne, woran sie Vergnügen fanden, thun ließ. Mehrmals sagte er: morgen bekommen wir ein Schiff zu sehen, an dieser Seite,

[115] Derzeit dachte ich gar nicht an Seegefahr, weil man gewohnt ist zu fahren; aber vor den Kapern war ich immer bange, und am meisten auf der Nachhausereise, weil ich dann mehr Capital als auf der Hinreise an Bord hatte, und ich dann gerne Alles in Sicherheit nach Hause bringen mochte. –

Steuer- oder Backbord die er dann nannte, und jedes Mal traf es ein. Er sagte dann zu mir: sehen sie es nun daß mein Kartenlegen richtig ist, und immer eintrifft? Ich erwiederte ihm dann gewöhnlich: es ist blos Zufall. Doch muß ich bekennen, daß man in diesem großen Ocean nur selten Schiffe begegnet. Auch mehrere kleine Geschichtchen erzählte er mir, wenn er Karten ausgelegt hatte; z. E. einmal sagte er mir: in ihrem Hause ist eine Heirath im Gange; ich sagte lachend, in meinem Hause wird Niemand heirathen, denn mein Schwiegervater ist über 70 Jahre alt, und meine Mutter ist nahe an 70 Jahren, diese werden gewiß nicht heiraten. Auch sagte er: in ihrem Hause ist eine alte Frau, mit der etwas vorgeht, ich kann aber nicht sagen was es ist. Einst sagte er zu mir: Capitain, sie bekommen viel Geld, wenn sie nach Hause kommen von ihrer Frau; selbe wird ihnen vieles übergeben. Als wir nun in den englischen Kanal kamen, und des Mittags uns neben Lizard befanden, sagte ich zu meinen Steuerleuten: sollte Capt. Ries wohl schon in Hamburg sein? er kann es wohl sein, weil sein Schiff viel schneller wie das unsrige segelt, und kann uns wohl 4 Tage im Segeln abgewonnen haben. Herr Lemann der dieses hörte, sagte nichts, sondern ging hinunter in den Kajütsgang, wo wir Officiere und die Passagiere logirten, denn in der Kajüte konnte Niemand sitzen; diese war voller Reis in Fässern. Herr Lemann legte Karten aus, und wie dies geschehen, sagte er zu mir: Capt. Ries befindet sich noch hinter uns, und es ist ein schrecklicher Streit und Lärm auf seinem Schiffe. Ich glaubte dies nicht, daß wir weiter wie Ries sein sollten; ich segelte den Kanal längs und wie wir zwischen Singel oder Dungenes und Dover waren, kam ein englischer Kriegs-Cutter von der französischen Küste nach mir her und rief mir zu, daß er bei mir an Bord kommen wollte; ich drehete deswegen bei und er kam an Bord. Es war der Capitain des Cutters selbst, der bei mir kam. Er war ein freundlicher Mann und sagte, er wollte mich nicht aufhalten; die Gelegenheit für mich wäre zu schön und ich sollte nur das Schiff abdrehen und vor dem Winde segeln lassen; sein Cutter sollte meinem Schiffe folgen. Dieses geschah; ich nöthigte ihn hinunter in den Kajütsgang und wir Beide setzten uns an die Tafel (Herr Lemann saß mit daran) und sprachen über mancherlei, tranken auch ein Glas Wein mit einander, und der Capitain sagte mir, ich soll hier bei Dover kreutzen, (Herr Lemann plinkte mir mit den Augen zu) denn wir lauern hier auf ein Schiff, von welchem wir wissen, daß es hier bald kommen soll. Der Capitain saß wohl eine Stunde bei mir zu sprechen, weil er aber mein Schiff während der Zeit segeln ließ, und sein Cutter immer nahe hinter mir blieb; so daß er von meinem Schiffe seinem Cutter zurufen konnte, so versäumte ich nichts dadurch, daß er so lange blieb; es machte mir Vergnügen, mich mit ihm zu unterhalten. Wie er nun von mir an Bord seines Cutters fuhr, und uns frei gegeben unsere Reise zu befördern, so sagte Herr Lemann zu mir: was sagen sie nun? habe ich ihnen nicht gesagt, daß wir erst bei Dover den ersten Kaper haben sollten und daß er uns nichts Böses thun würde? die andern Kriegsschiffe und Kaper werden uns gleichfalls nichts Böses thun. Ich wußte nicht, was ich hierzu sagen sollte. Ich segelte des Nachts in die Nordsee ein; wir hatten in derselben eine englische Kriegsfregatte, eine Brigg und eine Corvette nach einander bei uns an Bord, die uns visitirten und dann segeln liessen. Den 8. Juni kamen wir Gottlob glücklich binnen der Elbe und ankerten des Abends bei Cuxhaven.

Nun will ich nur noch kurz anzeigen, wie Herrn Lemanns Prophezeihungen alle eintrafen. Erstens heirathete unsere Köchin wie ich nach Hause kam, und ich war noch selbst ihr Trauleiter (vor den Schemel Bringer). Zweitens war meine Mutter gestorben, dies war die alte Frau von der er nicht sagen konnte (oder wollte) was mit ihr vorging. Drittens hatte meine Frau den Kaffee, den ich die vorige Reise von Demirara mitgebracht, sehr theuer verkauft und das Geld dafür, in königliche Obligationen angelegt, welche sie mir übergab. Als wir schon in Hamburg uns befanden, war noch nicht die geringste Nachricht von Capt. Ries, so war doch derselbe hinter uns gewesen, als ich bei Lizard im Kanal war. Der Lärm und Streit auf seinem Schiffe kam daher: er war von einem französischen Kaper genommen und bekam Streit mit den zu ihm gesandten Kapergästen, weil sie sein Schiff so übermäßig stark mit den Segeln preßten, auch schlugen sie ihn schändlich, so daß er durch diese Behandlung und Aergerniß seine Gesundheit verlor, einige Jahre kränkelte und dann starb. Allein die Franzosen bekamen dieses Schiff doch nicht, denn die englische Kriegsfregatte CLEOPATRA nahm es den Franzosen wieder ab, und brachte es in England auf, wo es gegen Vergütung des achten Theils des Werthes vom Schiff und der Ladung an die Engländer, frei gegeben wurde.[116] Hier ist also zu sehen, daß das Kartenlegen und die Vorhersa-

[116] Die Engländer hatten derzeit ein Gesetz gemacht, daß für die Wiedernahme eines Schiffes, welches von ihren Feinden besetzt war, der achte Theil oder $12\frac{1}{2}$ pCt. vom Werth des Schiffs und der Ladung dem vergütet werden mußte, der es wieder nahm; durch dieses Gesetz hatten die Engländer einen großen Vortheil, denn ein Fall ist mir bekannt durch Erzählung, daß 2 englische Kaper sich vereinigten, Schiffe aufzubringen. Der eine setzte eine französische Flagge auf und segelte nach einem Schiffe, der andere hielt sich so weit ab, daß er alles sehen konnte; die Franzosen nahmen derzeit alle Schiffe weg, die sie habhaft werden konnten; natürlich wurde auch das Schiff von dem Kaper der französische Flagge führte, besetzt. Der andere Kaper nun, der die englische Flagge führte, lag in der Ferne auf der Lauer, und sobald er durch sein Fernrohr wahr-

gungen eintrafen; wie es aber zugeht, dies kann ich nicht begreifen. Wahr ist es, was ich hierüber gesagt. Dieser Lemann, der mir obiges alles voraus sagte, wußte sein eigenes Schicksal doch nicht; denn wie er mit mir nach Altona kam, fuhr er im Herbst aus mit Capt. Schauer nach Charleston, sie verloren ihr Schiff in der Nordsee und kamen nur in ihrem Boote mit dem Leben davon; wie er nun wieder in Altona kam, fragte ich ihn und sagte: mir konnten sie Alles vorher sagen, konnten sie nun auch nicht selbst wissen, daß sie das Schiff verlieren würden? Er entgegnete: nein, das welches mich selbst angeht, kann ich nicht voraus wissen, ich wußte wohl daß mir etwas passiren würde, konnte jedoch nicht wissen, was.

Wie bereits gesagt, kamen wir den 8. Juni des Abends vor Cuxhaven vor Anker. Den 9., des Morgens um 4 Uhr, rief ich einen Blankeneser an und accordirte mit ihm, um meinen Postsack zu meinen Herren nach Altona zu bringen; er sollte dafür 5 Rthlr. Fracht haben, wenn er mir aber des Abends noch meine Frau an Bord bringen würde, dann wollte ich ihm statt 5, 10 Rthlr. geben. Ich gab ihm also einen Brief an meine Frau mit, und da bei Cuxhaven just niedriges Wasser war, so segelte der Schiffer mit der Vorfluth die Elbe hinaus und war des Mittags schon in Altona, denn es wehte den Tag über ein steifer Nordwest-Wind. Meine Frau und meine beiden Söhne, Jacob und Heinrich, gingen gleich bei dem Ever an Bord und lavirten mit der Ebbe die Elbe hinunter. Ich wurde des Vormittags in Cuxhaven clarirt, ging gleich unter Segel, fuhr die

nahm, daß das Schiff von dem Franzosen (oder richtiger gesagt, von seinem Mitspitzbuben) besetzt war, dann machte er alle Segel bei und kam angejagt, als wollte er Alles fressen; wie er nun so nahe kam, daß die Franzosen die Kanonenpforten offenstehen sehen konnten, dann rief der Kaper den Leuten welche das Schiff besetzt hatten, zu: da kommt ein englischer Kaper, er hat mehrere Kanonen und von schwererem Caliber als wir, es ist das Beßte wir fliehen, Kapergäste kommt beim Kaper an Bord. Die französischen Kapergäste gingen nicht eher an Bord, als bis auf Kanonenschußweite und liessen ihre französische Flagge auf der Prise wehen; der englische Kaper schoß auf die Franzosen, aber etwas zur Seite hin, wo er sie nicht traf. Der Franzose hatte nun alle Segel beigesetzt und floh. Der Engländer schießt noch hinter ihm her, und nun segelt dieser nach dem Schiffe, frägt: haben die Franzosen dich besetzt gehabt? nimmt die französische Flagge nieder; fährt an Bord bei dem Schiffe, gratulirt dem Capitain daß er so glücklich gewesen, ihn aus den Händen der Franzosen zu retten, denn die Franzosen nehmen Alles, Schiff und Ladung, mir gibst du nur den achten Theil und bist dann ganz frei. Der Engländer bringt nun das Schiff in England auf, wo demselben an Captur ein Achtel zugesprochen wird. Beide Kaper theilen die Beute unter sich, und haben also auf leichte Weise Geld verdient.

Elbe hinauf, und kam gegen Abend bei Stade vor Anker. Durch mein Fernrohr konnte ich den Ever schon sehen, welcher meine Frau und Kinder an Bord hatte. Welch ein freudiges Gefühl es mir war, als ich sie in dem Ever sitzen sah, dieses kann ich nicht beschreiben; nur ein Seemann, oder ein lange abwesender Ehemann, kann es empfinden, welche Freude es ist, wenn Mann und Frau sich nach langer Trennung gesund und wohl wiedersehen. Meine Frau und Kinder kamen frisch und gesund an Bord, und ich hieß sie natürlich herzlich willkommen. – Ich löschte einige Leichter Reis aus, um über den Sand zu kommen, und so kam ich mit dem Schiffe nach Hamburg, wo ich meine Ladung auslöschte.

XI. Leben an Land: Eschels wird Tabakfabrikant und Sachverständiger für Schiffahrtsfragen (ab 1798)

Da meine Frau ihren Handel sehr erweitert hatte, und es ihr beschwerlich fiel, denselben allein fortzusetzen, auch Aussichten vorhanden waren, daß derselbe noch mehr erweitert werden könnte wenn ich das Seefahren aufgäbe und zu Hause bliebe, welches meine Frau sehnlich wünschte; auch wenn ich mich recht bedachte, wie beschwerlich und riscant es derzeit der Kapereien wegen zu fahren war, und wie mancher Capitain das Seine, welches er in vielen Jahren erworben, durch das Wegkapern der Schiffe verloren hatte, so entschloß ich mich, zu Hause zu bleiben und nicht mehr zur See zu fahren, um zu behalten was ich hatte, und mein Vermögen nicht wieder, um mehr zu gewinnen, in die Wagschale zu setzen. Dieser Entschluß hat mich auch nie gereut, denn ich konnte mich nun mit der Erziehung meiner Kinder, die mir über alles am Herzen lagen, unter Mitwirkung meiner Frau, beschäftigen, ihnen gesunde, vernünftige Grundsätze beibringen, und sie nur allein nach Jesu Lehre, frei von allen menschlichen Zusätzen, unterrichten. Die Grundsätze und Lehren, die man den Kindern in der Jugend einpflanzt, sitzen fest, und lassen sich, wenn sie vernünftig sind, gar nicht ausrotten; dies weiß ich aus eigner Erfahrung. Deswegen machte ich meine Kinder auf Gottes Eigenschaften, besonders auf seine Allgegenwart und Allwissenheit, aufmerksam, und lehrte sie schon früh, daß Gott es immer sähe, wenn sie etwas Unrechtes thäten; deswegen sollten sie sich hüten, Böses zu thun, weil dieses Gott mißfällig wäre, dahingegen, wenn sie fromm wären und Gutes thäten, er dies mit Wohlgefallen sähe. – Es versteht sich von selbst, daß dasjenige, was ich meinen Kindern lehrte, nur gelegentlich, des Abends wenn sie aus der Schule kamen, nach dem Abendbrodte, oder auf einem Spatziergange, geschah. Meine Frau war ebenfalls sehr um die Erziehung der Kinder besorgt; auch ist kein Geld gespart worden, daß sie etwas lernen sollten. Zuerst hatte ich ein paar Jahre einen Hauslehrer, aber dies hatte auch sein Unangenehmes; ich lohnte ihn also ab und gab meine Kinder in eines der Institute oder Lehranstalten, deren wir jetzt in Altona so viele haben, und wo sie Alles lernen, im Grunde aber leider nur sehr wenig vollständig. (Wenigstens können sie, wenn sie, 16 Jahre alt, aus der Schule entlassen werden, keine von den fremden Sprachen sprechen, sondern müssen dann noch Privatstunden nehmen um sich zu vervollkommnen.) Ich bin der Meinung, ich schicke meine Kinder in Schulen oder Lehranstalten damit sie dort alles, was in ihrem Zeugnißbuche steht, gründlich lernen sollen. Dies lautet nun: es wird gelehrt 1stens Religion, 2tens biblische Geschichte, 3tens deutsche Sprache, 4tens französische Sprache, 5tens englische Sprache, auch noch dänische Sprache mitunter, 6tens Schreiben, 7tens Zeichnen, 8tens Lesen, 9tens Geometrie, 10tens Tafelrechnen, 11tens Kopfrechnen, 12tens Geographie, 13tens Geschichte, 14tens Naturgeschichte, 15tens Gedächtnißübungen, Singen; — wie ist es nun aber wohl möglich, daß sie von so Vielerley etwas gründlich lernen? — Warum nicht erst bei einer Sprache geblieben, bis man sie richtig schreibt und spricht, und dann bei einer andern angefangen? und, was mich am meisten wundert, in der Stunde, wo eine Sprache gelehrt wird, spricht man nicht in dieser Sprache; da doch, meiner Meinung nach, z. B. in der Stunde, wo die französische Sprache gelehrt wird, kein Wort anders als französisch gesprochen werden sollte. — Daß eine solche Lehranstalt kostbar zu unterhalten ist, kann man leicht denken, und folglich ist es sehr natürlich, daß die Eltern, welche ihre Kinder in selbe schicken, hohes Schulgeld bezahlen müssen. Für einen Familienvater, der im Mittelstande lebt, und fünf bis sechs Kinder in die Schule zu schicken hat, ist dies eine bedeutende Ausgabe; denn man rechne nur, das Quartalgeld für eins sey 30 ℳ, so macht dies in einem Vierteljahre 180 und also im Jahre 720 ℳ aus; und man kann dreist annehmen, daß auf der Rechnung noch steht: für Schreibbücher, Schreibmaterialien etc. pr. Quartal 2 ℳ 8 *ß* oder 3 ℳ 12 *ß*, ist 15 ℳ pr. Quartal, folglich 60 ℳ im Jahr; also kommt blos an Schulgeld für sechs Kinder eine jährliche Summe von 780 ℳ heraus. Nun rechne man die vielen Bücher, die angeschafft werden müssen; denn weil in diesen Lehranstalten oft mit den Sprachlehrern gewechselt wird, so will gewöhnlich der neuangekommene andere Bücher, als die, welche die Kinder bereits haben, zum Gebrauch einführen, und dieses kostet den Eltern viel Geld. Einst hatte ein Lehrer befohlen, ein englisches Buch zu kaufen, welches nur erst kürzlich herausgekommen, und woraus die englische Sprache bald zu erlernen wäre; ich kaufte es also für meine Kinder, es kostete mich über 6 ℳ. Nach Verlauf von vier, höchstens sechs Wochen war ein anderes englisches Dictionär herausgekommen; nun galt das vorige in der Anstalt nichts mehr, und ich mußte auch dieses kaufen; — kurz für einen Bürger mittlern Standes ist es nicht auszuhalten. Deshalb thut man wohl, seine Kinder in die festen Stadtschulen zu schicken, welche besser für sie sind als die theuern Lehranstalten; denn ich habe die Schreib- und Rechenbücher mehrerer dorthin gehenden Kinder nachgesehen, und gefunden, daß sie eben so schön und richtig schreiben, und im Rechnen gewöhnlich weiter sind, als diejenigen, welche die Institute besuchen. In den Stadtschulen ist der Quartalspreis höchstens 7 ℔ 8 ß, und will ein Hausvater, daß sein Sohn an der englischen oder französischen Stunde Theil nehmen und auch zeichnen lernen soll, so bezahlt er für alles dieses extra, und kommt dann das Quartal auf 11, 12, höchstens 15 ℔. Die Kinder, welche diese Schulen besuchen, lernen eben so viel als diejenigen, welche in die sogenannten Bildungs-Anstalten gehen, sind im Rechnen gewöhnlich geschickter, und im Zeichnen geben sie ihnen nichts nach. Daß ich meine Kinder nicht in diese Schulen sandte, kam daher: ich wollte den Namen nicht haben, daß ich nichts an die Erziehung meiner Kinder wenden wolle; da doch dieselbe mir am mehrsten am Herzen lag, denn mein tägliches Gebet war: lieber Gott! gieb, daß wir (nemlich meine Frau und ich) unsere Kinder zu deiner Ehre erziehen mögen; laß uns Freude an ihnen erleben; laß sie dir wohlgefällig und den Menschen nützlich werden. –

Nach dieser Abschweifung kehre ich nun zu meiner Lebensbeschreibung zurück. Wie schon gesagt, entschloß ich mich zu Hause zu bleiben; ich bedankte mich bei meinen Herren für das Schiff und sagte ihnen, daß ich nicht mehr zur See fahren wolle. Ich gab meine Gründe an, welche sie auch billigten, jedoch sagten sie: wenn sie nun vom Schiffe gehen, wer soll dann darauf Acht geben, denn es liegt unbefrachtet, und wir wollen nicht eher, als bis eine Fracht für selbes da ist, einen Capitain darauf anstellen. Ich sagte: ich will so lange bei dem Schiffe bleiben, bis eine Fracht da ist, und will alles in Stand setzen, so daß es segeln kann wenn eine Fracht kommt; damit war es gut. Ich blieb also bei dem Schiffe, ließ es kielholen und machte alles in Stand. Wie nun dem Schiffe eine annehmbare Fracht angeboten wurde, mußte auch ein Capitain dazu angenommen werden. Meine Herren fragten mich: wem geben wir nun das Schiff zu führen? Ich antwortete: der alte Capitain Joh. Diederich Steen, hat so viele Jahre für sie gefahren, geben sie seinem Sohne Joh. Diederich Steen jun. das Schiff; er ist ein flinker junger Mann, ich kenne ich, und weiß daß er sich gut aufführt und auf seine Sachen Achtung giebt. Die Herren v. d. Smissen sagten: nun ja, wir wollen ihm das Schiff zu führen anvertrauen, lassen sie ihn zu uns kommen. Ich ließ mich geschwind an Bord des Schiffes GERMANIA setzen, wo er Steuermann bei seinem Bruder Peter Diederich Steen war, und sagte zu ihm: ziehe dich schnell an, gehe zu den Herren aufs Comptoir und bedanke dich bei ihnen, du sollst mein Schiff nun als Capitain führen. Er ging also hin aufs Comptoir; die Herren v. d. Smissen gratulirten ihm zur Führung des Schiffs und er dankte ihnen; sie sagte aber: danke uns nicht, sondern gehe zu Capitain Eschels und bedanke dich bei ihm, denn er ist Schuld daß du Capitain auf seinem Schiffe geworden bist. Daß sie ihm dieses sagten, war gewiß viel. Capitain Steen kam hierauf in mein Haus und sagte mir, daß die Herren ihm gesagt hätten, er solle sich bei mir bedanken. Ich antwortete: es ist nicht nöthig, ich habe es gern gethan; führe du dich nur immer gut auf, meide böse Gesellschaften, halte dich immer bei rechtlichen Leuten auf, gieb gut Acht aufs Schiff, suche immer das Beste desselben, und diene deinen Herren mit Treue, so bist du sicher, daß du das Schiff behältst und nicht abgesetzt wirst. – Ich suchte nun, da ich zu Hause blieb, Kundschaft und Handlungsfreunde, und erweiterte meinen Handel; legte auch eine Tabaksfabrik an, womit es, als sie im Gange war, recht gut ging.

Am 22. Juli hatte ich die Betrübniß zu erleben daß mein Sohn Johann Jürgen starb, zehn Monate und einen Tag alt.

Den 15. October reisete ich von Altona nach Föhr ab, um für meinen Handel und Fabrik Kunden zu suchen; auch wollte ich gern meinen Geburtsort, wo ich 1788, also vor etwas über zehn Jahren, nur elf Tage gewesen wieder einmal sehen. Ich kam den 17. October des Abends zu Wyck auf Föhr an und logirte bei meinem Bruder Eschels, der hier wohnte; den Tag nach meiner Ankunft war Jahrmarkt. Hier in Wyck passirte mir ein besonderer Vorfall, woraus ihr, lieben Kinder, deutlich sehen könnt, wie Gottes Vorsehung sich auch auf das klein und unbedeutend scheinende sowohl, als auf die großen Weltbegebenheiten erstreckt, und das, was in der Zukunft geschehen soll, anordnet. Ich habe euch bereits früher gesagt, daß ich im Jahre 1769 zwei holländische Gülden von dem Commandeur Hans Ercken, mit dem ich, als wir unser Schiff verloren, von Grönland nach Amsterdam fuhr, geschenkt bekam. – Weil mir mein Geburtsort Föhr immer theuer und werth war, so sprach ich während meines Fahrens auch gern von demselben, wenn ich Föhringer Leute antraf; einst kam nun, zu Anfang der Jahre 1790, wie ich bereits in Altona wohnte und kurz vorher von Amerika nach Hause gekommen war, ein Schiffer Söncke Martens, welcher derzeit beständig zwischen Altona und Föhr fuhr, und also dort sehr gut bekannt war, in mein Haus; meiner Gewohnheit nach fragte ich ihn, wie es auf Föhr stünde, und wie es meinen Bekannten die dort wohnten ginge; unter andern kam mir denn auch in Sinn zu fragen, ob der alte Commandeur Hans Ercken, von dem ich in zwanzig Jahren nichts gehört hatte, noch lebe; der Schiffer antwortete: ja, er lebt noch, aber es geht ihm nur trübselig. Ich sagte: ist das möglich, ich glaubte er sey ein wohlhabender Mann? Nein, sagte der Schiffer, er ist jetzt arm. Nun fiel es mir aufs Herz und ich dachte: dieser Mann hat dir vor zwanzig Jahren zwei holländi-

Handelsherr in seiner Villa in Neumühlen. Anonym. Ölgemälde um 1840 (Altonaer Museum, Hamburg)

sche Gülden geschenkt; – ich sagte also zu dem Schiffer: wenn sie wieder nach Föhr segeln, dann kommen sie zu mir, ich habe ihnen etwas mitzugeben. Ich that hierauf etwas Geld in einen Beutel und schrieb dabei in einem Briefe an Hans Ercken, daß ich zu meinem großen Leidwesen vernommen hätte daß er in dürftigen Umständen sey; da ich es aber noch nicht vergessen, daß er mir im Jahre 1769 zwei holländische Gülden geschenkt, und der liebe Gott mich gesegnet hätte, so sende ich ihm hierbei mit Schiffer Söncke Martens einen Beutel mit etwas Geld für besagte Gülden, welches er als eine Erkenntlichkeit von mir annehmen möchte. – Der Schiffer segelte nach Föhr und wie er wieder nach Altona zurück kam, fragte ich ihn, ob er den Brief nebst dem Gelde an Commandeur Hans Ercken abgeliefert hätte? Er antwortete: ja, wie ich das Geld zu ihm bringen wollte, war er aber nicht zu Hause, sondern in der Kirche, um dem Begräbniß seiner Frau, die gestorben war, beizuwohnen;[117] ich blieb also so lange in seinem Hause bis er zurück kam, und übergab ihm hierauf den Brief nebst dem Beutel mit dem Gelde etc. Seitdem hatte ich ihm jährlich eine kleine Unterstützung gesandt und nicht weiter daran gedacht.

Wie schon gesagt kam ich den 17. October Abends auf Föhr an; den 19., des vormittags um zehn Uhr, kam ein alter Mann vor den Fenstern der Stube, in welcher ich nebst meiner Schwägerin und ihrer Mutter war, vorbei geschlichen, und meine Schwägerin sagte: da kommt der alte Hans Ercken. Wie er in die Stube trat, fragte er mich, ob ich Eschels sey? ich antwortete: ja. Nun fiel er mir um den Hals und bedankte sich herzlich, wobei ihm die Thränen aus den Augen stürzten und über die Wangen liefen. Ich bat ihn, er möchte doch davon still schweigen, und sagte: was ich an ihnen gethan habe, ist gern geschehen. Nein! nein! sagte er: Jens, du sollst und mußt es wissen, wie der liebe Gott alles so gefügt hat und mir mein Gebet erhöret. Wie ich deinen Brief und den Beutel mit dem Gelde, welchen du mir mit dem Schiffer Söncke Martens sandtest, empfing, war ich in der größten Betrübniß und Verlegenheit; denn meine Frau war gestorben, ich mußte Schulden machen um den Sarg und sonstige Begräbnißkosten zu bezahlen, und hatte gar keine Aussicht womit ich selbe wieder tilgen sollte. Während der Leichenpredigt in der Kirche that ich nichts anderes als weinen und beten, und dachte immer: wie soll ich nun meine Schulden bezahlen etc.; wie ich nun aus der Kir-

[117] Auf Föhr ist es gebräuchlich, daß die Einwohner des Dorfs und die Verwandten der Todten selbe unter Gesang vom Sterbehause bis ans Grab begleiten; dann gehen sie in die Kirche, wo eine Leichenpredigt gehalten wird und auch Gesänge gesungen werden.

che in mein Haus kam, saß der Schiffer Söncke Martens dort in der Stube, grüßte mich von dir und übergab mir deinen Brief nebst dem Beutel mit dem Gelde, so daß nun alle meine Sorgen auf einmal vernichtet waren und ich einem Jeden bezahlen konnte. So sandte Gott mir Hülfe von woher ich es nie vermuthen konnte, und mein Gebet in der Kirche wurde auf eine fast wunderbare Weise schnell erhört. – Gestern Abend erfuhr ich nun, daß du auf Föhr wärst; denn ich war bei dem alten Capt. Jens Hemsen, welcher mich im Gespräch unter anderm fragte, wie es mir ginge; ich antwortete: so ziemlich gut, hätte ich aber Jens Jacob Eschels nicht gehabt, so wäre es für mich nicht so gut gewesen; es würde mir außerordentlich lieb seyn, wenn ich den Mann noch einmal in meinem Leben sprechen könnte. Capt. Hemsen sagte zu mir: den kannst du leicht zu sprechen bekommen, denn er ist gestern Abend zu Wyck auf Föhr angekommen und logirt im Hause seines Bruders; da sagte ich: so will ich morgen nach der Wyck, wenn ich auch auf den Knieen hinkriechen sollte; und komme also blos, um dich noch einmal zu sehen und zu sprechen. –

Lieben Kinder, ist hier in diesem Fall nicht deutlich zu sehen, wie Gottes Vorsehung über alles waltet? und wie Er oft Hülfe von daher sendet, von wo man es gar nicht vermuthen kann? denn wer konnte es sich denken, daß zwei Gülden holländisch Courant, im August 1769 geschenkt, den Geber 1792 oder 1793 aus der Noth reißen würden, und der liebe Gott just zu der Zeit die Hülfe sandte, wie dieser Mann in der größten Betrübniß wegen des Absterbens seiner Frau war? – Wie der alte Mann mir das Obengesagte erzählte, rührte es mich bis zu Thränen, und ich dachte, der liebe Gott hat dich zu einem Werkzeug in seiner Hand gebraucht, und betete im Stillen für mich: lieber Gott, ich bin es nicht werth daß du mir die innere Freude gewährst, zu glauben, daß ich ein Werkzeug in deiner Hand gewesen bin. –

Da ich noch einen ähnlichen Fall, wo auch die Hülfe zur rechten Zeit kam, erlebt habe, obgleich einige und zwanzig Jahre später, so will ich ihn hier gleich erzählen und dann in meiner Lebensbeschreibung fortfahren. Der Fall ist folgender: Anno 1827 den 9. Februar empfing ich einen Brief von einem Capitain Hans Hansen, d. d. Alkersum auf Föhr den 5. Februar 1827, worin er mir schrieb, daß er sehr hülfsbedürftig sey. Dieser Hans Hansen und ich fuhren 1773 mit einander auf dem Amsterdamer Schiff St. Andries, geführt von dem Commandeur Nanning Jacobs, auf Grönland; er als Segelmacher und ich als Jung-Matrose. – Er war zu Hetteröe in Norwegen geboren, war aber im Dorfe Alkersum auf Föhr verheirathet; wir beide waren Schlafcameraden gewesen (das heißt, wir schliefen auf dem Schiffe in einer Koye oder Bettstelle). Er wurde im Verlauf der Jahre, so wie ich, Schiffscapitain, aber wir trafen auf unsern Reisen niemals zusammen, blos 1798, wie ich auf Föhr war, sprach ich ihn daselbst, indem er mir auf dem Wege nach der Wyck, von wo ich kam und er hin wollte, begegnete, und unser Gespräch betraf nichts weiter als daß wir einander fragten wie es ginge, und es uns lieb wäre, einander zu sehen. Er war damals noch Capitain und in guten Umständen. Seinen Brief, wie schon gesagt, vom 5. Februar, den ich den 9. empfing, beantwortete ich mit der ersten von Altona abgehenden Post, den 13. Februar, und schrieb ihm, daß ich seinen Brief erhalten, es mir aber sehr leid thue, daß er in dürftigen Umständen sey, und daß ich mich noch sehr wohl erinnere, wie wir vor 54 Jahren mit einander gefahren, indem er mir damals eines Nachts, wie ich in großer Lebensgefahr gewesen, oben von der Krüys-Rah herunter und über Bord zu fallen, Hülfe geleistet habe. Ich sandte ihm dabei drei Anweisungen, die auf Föhr fällig waren, und von denen ich bestimmt wußte, daß sie bei Vorzeigung gleich bezahlt würden, als eine Unterstützung. Den 23. Februar erhielt ich einen Brief (Föhr, den 19. Februar 1827) von dem Nachbar des Hans Hansen, nemlich Herrn Hinrich Peter Johansen, worin er mir schrieb, daß die Witwe seines Nachbars Hans Hansen, welcher den 14. Februar plötzlich am Schlage gestorben, das Geld für die gesandten Anweisungen empfangen und mir für diese Unterstützung danke; sie habe es zur Bestreitung der Begräbnißkosten und zur Tilgung derjenigen Schulden, welche sie hauptsächlich im Winter, zur nöthigen Pflege des kränkelnden alten Mannes habe machen müssen, angewandt, wolle auch, wenn sie könne, es mir wieder bezahlen, hoffe aber von mir, als Freund ihres Mannes, daß ich es ihr schenken würde. – Ich antwortete gleich den 23. Februar, daß ich nichts zurück verlange, sondern daß es mich freue, wenn es ihr eine Unterstützung gewesen.

In diesem zweiten Fall ist die Hülfe ebenfalls zu der Zeit angekommen, wo das Haus um den verstorbenen Vater in Trauer versetzt war, sowie im ersten Fall der Mann um den Tod seiner Frau trauerte. Hans Hansen schrieb mir unterm 5. Februar selbst; diesen Brief empfing ich den 9ten und antwortete mit der ersten von Altona abgehenden Post, den 13. Februar, den 14ten starb er am Schlage und mein Brief kam am 15ten des Abends oder den 16ten des Morgens bei den Trauernden auf Föhr an. Also könnt ihr leicht denken, daß diese armen Leute durch mein Schreiben von einer großen Sorge und Verlegenheit befreit wurden, denn sie quälten sich gewiß mit dem Gedanken: wo bekommen wir nun Geld her zum Begräbniß etc.? – Darf ich in diesen beiden Fällen nicht denken, der liebe Gott hat es so gefügt, und mich, der ich es nicht werth bin, gewürdiget, ein Werkzeug in seiner Hand zu seyn, um die

Trauernden und Leidtragenden zu trösten? und kann man hieraus nicht deutlich sehen, wie der liebe Gott manchmal Hülfe sendet von woher man es nicht vermuthen kann? –

Hier folgt nun weiter, was mir bis jetzt passirt ist. Es ist zwar nur etwas Alltägliches, indem ich nun zu Hause blieb und mich wie andere Leute, die am Lande leben, beschäftigte. Im Jahre 1799 machte ich jedoch noch eine Seereise nach London und zurück; die Veranlassung dazu war folgende: der älteste Sohn meines vormaligen Herrn Patrons J. G. v. d. Smissen, Herr Gysbert v. d. Smissen Jacobs Sohn, sollte nach England reisen um die englische Sprache zu lernen und sich sonst noch Kenntnisse zu erwerben; er sollte mit dem englischen Packetboot von Cuxhaven abreisen, und weil sein Vater gern wollte, daß er Jemand zum Freund und Geleitsmann mit haben sollte, so bat er mich, als Seemann und ihr Freund, (denn so haben meine Herren sich immer gegen mich gezeigt, mich stets als ihren Freund und nicht als ihren Diener behandelt, der ich doch eigentlich nur war, denn derjenige, in dessen Brod ich stehe und der mir für meine Arbeit lohnt, ist mein Herr,) seinen Sohn zu begleiten, damit ich ihm bei etwaiger Seekrankheit oder sonstigen Zufällen behülflich seyn könnte. Ich war gleich bereitwillig dazu.[118] Wir reiseten also den 21. oder 22. August von Altona über Land nach Cuxhaven, wo wir am andern Tage ankamen; es war noch ein junger Herr Mannhardt bei uns, der ebenfalls mit Herrn Gysbert v. d. Smissen nach England reisen sollte. Wir segelten den 27. August mit dem englischen Packetboot von Cuxhaven in See, und kamen gottlob glücklich den 1. September zu Yarmouth an. Den 2. September reiseten wir von dort mit Extra-Post nach London. – Das Reisen mit Extra-Post geht in England sehr geschwind, denn das Wechseln der Pferde bei den Posthäusern geschieht äußerst schnell. Als wir die erste Station zurückgelegt hatten und bei dem Posthause ankamen, fragte uns ein Herr: wollen sie gleich weiter, meine Herren? wir antworteten: ja, gingen hierauf ins Posthaus hinein und forderten etwas zu trinken; kaum waren wir aber hinein so kam schon der Herr, der uns vorhin gefragt hatte ob wir gleich weiter wollten, zu uns und sagte: meine Herren die Kutsche steht bereit. Ich dachte, wie ist dies möglich; denn wir waren vor

[118] Lieben Kinder, ihr könnt es mir glauben, daß ein Wunsch meiner Herren v. d. Smissen ein Befehl für mich war, und nie werde ich vergessen, daß der liebe Gott diese guten Leute zu Mittel-Personen gebraucht hat daß ich in dieser Welt so gut fortgekommen bin; deshalb bitte ich euch, wenn ihr Gelegenheit habt ihren Nachkommen einen Dienst oder Gefälligkeiten zu erzeigen, so thut es. –

kaum 5 Minuten erst ausgestiegen; aber es war so. Die Kutscher ziehen den Bolzen, woran die Pferde befestiget sind, nur aus der Deichsel, bringen selbe mit ihrem Geschirr in den Stall und andere schon angeschirrt stehende heraus, stecken den Bolzen, woran das Geschirr der neuen Pferde befestigt ist, wieder in die Deichsel, und nun ist alles fertig; also kann man in zwei bis drei Minuten schon weiter fahren. Dies kann man mit Recht Extra-Post nennen. — Wir fuhren den Tag über durch und schliefen des Nachts circa drei Stunden in einem Posthause, reiseten dann weiter und kamen den 3. September des Vormittags in London an; also waren wir in circa 24 Stunden 120 englische oder 30 deutsche Meilen gefahren. Den ersten Tag als wir in London waren wurden die Kanonen vom Parck und Tower abgeschossen, und des Abends war die ganze Stadt, wegen des Sieges, den die Engländer und Russen in Holland errungen hatten, illuminirt. Herr v. d. Smissen, Mannhardt und ich spatzierten des Abends in der Stadt umher und sahen die Illumination an; auf mehreren Plätzen standen Duncan und Mitchel im Glanz illuminirt (Duncan war bei der Expedition Admiral und Mitchel General), auch war auf dem Stadthause mit sehr großen Buchstaben illuminirt: Holland protectet. Die hinkenden Boten kamen aber nach; die Expedition wurde durch die Franzosen zertrümmert und die Engländer und Russen mußten capituliren. Wir hielten uns ein paar Tage in London auf, besahen viele Merkwürdigkeiten im Tower und an andern Orten, und reiseten dann über Land nach einer Stadt wo eine Universität oder Lehranstalt war, und welche, wenn ich nicht irre, Asply hieß; hier wurden wir in dem Hause eines alten Mannes (eines Freundes des Großvaters des jungen Herrn Gysbert v. d. Smissen,) sehr freundschaftlich aufgenommen und logirten auch daselbst. Dieser in die siebenzig Jahre alte Mann hieß Howe; er war ein Quäker, aber ein sehr gelehrter und gebildeter Mann, und war in seiner Jugend viel gereist. Auf einem freien Platze bei seinem Hause, einige hundert Fuß von allen Gebäuden entfernt (wegen Feuersgefahr), hatte er sich ein Haus bauen lassen, und dieses allein zu seiner Bibliothek eingerichtet. Eines Tages zeigte er uns diese Bibliothek; die Wände derselben waren mit Spiegelglas bedeckt, so daß sie noch einmal so groß schien als sie wirklich war. Er fragte mich, was ich für ein Landsmann von Geburt sey? ich antwortete ihm: ich bin auf der Insel Föhr geboren; er fragte: wo liegt diese Insel? ich sagte: im Herzogthum Schleswig. Hierauf nahm er ein Buch aus dem Schrank, schlug es auf, blätterte ein wenig, legte mir es vor und sagte: können sie dieses lesen? Ich sah in das Buch, schlug vor Erstaunen die Hände zusammen und sagte: wie ist es möglich! und was meint ihr, lieben Kinder, daß in dem Buche stand? es war das Vaterunser in der Föhringer Sprache.[119] Ich las es auf Föhringer Sprache laut ab, und Herr Howe sagte: sie haben die Wahrheit gesagt, denn keiner als ein Föhringer kann es lesen. In diesem Buche standen alle Vaterunser, in allen Sprachen die in der Welt bekannt sind; auch auf Fresik war es drin, welches ich ebenfalls las.

Eines Sonntags ging ich hier in Asply in die Kirche, und wunderte mich, daß während der Predigt der Pastor, wenn er einen Abschnitt aus hatte, jedesmal sagte: nun wollen wir Gott um Vergebung unserer Sünden anrufen, und dann Alle in der Kirche auf ein rundes dickes Sammetkissen welches vor jeder Stelle lag, auf die Knie niederfielen und beteten. Dieses geschah sehr oft während der Predigt.

Nachdem ich nur drei Tage in Asply gewesen, reisete ich allein, denn Herr v. d. Smissen und Herr Mannhardt blieben hier, in einer Land-Post-Kutsche wieder nach London. Wir waren 6 bis 8 Personen in der Kutsche und kamen gegen Mittag in ein Wirthshaus wo die Engländer warmes Essen haben wollten, der Wirth aber sagte: er habe jetzt keins; hierauf ging jedoch einer von ihnen in die Küche, sah hier einen großen Braten am Spieß stecken, der schon ziemlich gahr war, und sagte dies den andern Engländern, welche nun den Braten haben wollten; der Wirth sagte aber, es käme gleich eine Gesellschaft, die den Braten bestellt hätte, und für diese müßte er ihn bereit halten. Die Engländer, welche mit mir in der Kutsche fuhren, sagten jedoch zum Wirth: wir sind so gut als diejenigen, welche kommen sollen, und wollen den Braten haben; er mußte also, er mochte wollen oder nicht, den Braten hergeben, wovon wir nun alle recht herrlich speisten, dem Wirth bezahlten was er forderte, und dann weiter nach London fuhren. Einer der Passagiere hatte einen Brief, von einer Mutter an ihre Tochter, die in einer weiblichen Erziehungs-Anstalt, welche an unserm Wege lag, war, zu besorgen; wie wir bei dem Hause ankamen hielt die Kutsche still, der Passagier stieg aus, ging an die Hausthür und klingelte; die Thür öffnete sich hierauf nur eine Handbreit, und eine alte Frau fragte, was sein Begehr sei? er sagte, er hätte einen Brief an Miß N. N.; nun kam die Erzieherin mit der Miß an die Hausthür, der Passagier gab den Brief ab, die Erzieherin nahm ihn, öffnete und las ihn erst, und gab ihn dann der Miß. Der Passagier durfte nicht ins Haus treten, sondern mußte vor der

[119] Die Föhringer Sprache geht nicht weiter als blos auf Föhr, und ich hatte sie nie in Schrift oder gedruckt gelesen, denn die Ausdrücke sind schwer zu schreiben, und können mit Buchstaben nicht so ausgedrückt werden als man sie spricht.

Thür stehen bleiben, und den Gruß von der Mutter und Alles, was er sonst an die Miß zu bestellen hatte, in Gegenwart der Erzieherin thun; so strenge werden die Mädchen in England bewacht. Damit kein Mißbrauch mit Briefen getrieben, und den Mädchen kein Liebesbrief in die Hände gespielt werden kann, muß die Erzieherin erst alle Briefe, die an sie gebracht werden, lesen. –

Wir kamen Abends glücklich in London an, wo ich des andern Tages mit meinem Paß fertig wurde; gegen Abend mit der Postkutsche nach Yarmouth abfuhr, und den folgenden Tag dort anlangte. Den nächsten Morgen als den 15. September, fuhr ich mit mehreren Passagieren in dem Packetboot nach Cuxhaven ab. Wir waren 4 Tage auf dieser Reise, und kamen Gottlob glücklich des Nachmittags daselbst an. Wir Passagiere nahmen einen Blankeneser Ever an, und fuhren damit nach Altona, wo wir des Morgens 5 Uhr glücklich eintrafen, und ich meine Frau und Kinder alle Gottlob gesund und munter antraf. Mit dieser letzten Reise sind alle meine Seereisen beschlossen.

Oben habe ich bereits erwähnt, daß ich am 15. October 1798 von Altona nach Föhr abreisete um Kundschaft für meinen Handel und Tabacksfabrike zu suchen, und ich erhielt auch viele Kunden, so daß ich vollauf zu thun bekam. Weil ich aber, als ich meine Tabacksfabrike anlegte, selbst nichts davon verstand, so war es mir sehr vortheilhaft, gründlichen Unterricht zu empfangen von einem Manne, der viele Jahre eine solche Fabrike gehabt hatte, und dessen Betrieb gründlich verstand. Es war nemlich Herr Wilhelm Peltzer in Hamburg. Dieser hatte erst vor kurzer Zeit seine Tabacks-Fabrike aufgegeben, sammt dem Detailhandel in Taback, mit diesem wurde ich durch meinen Tabacksmakler Josua Israel bekannt, und kaufte durch denselben dem Herrn Peltzer alle seine Tabacksgeräthschaften, als: Schneidelade, Messer, blecherne Forme, Trichter, Block, Siebe, Tubben, Baljes etc. ab, auch den nöthigen Blätter-Taback, denn Herr Peltzer hielt ein großes Tabackslager und handelte im Großen mit Taback. auf mein Verlangen war er so gütig und gab mir auch ein Verzeichniß, wie viel Taback von jeder Sorte er nahm pr. 100 Pfund, und zu welchem Preise man, nach den Sorten die man zusammen gemischt und dann schneiden ließ, das einzelne Pfund verkaufen konnte; dieses Alles merkte ich mir wohl. Auch habe ich mich nie geschämt irgendwo nachzufragen, was ich nicht wußte, indem ich weiß, daß man, wenn man auch noch so alt wird, doch noch immer etwas lernen kann. Ich ging deswegen oft in Tabacks-Fabriken, und sah den Arbeitsleuten bei ihrer Arbeit zu, wo ich denn oft eine Geschicklichkeit in der Handarbeit ablauerte, z. E. beim Einschlagen des Tabacks in Cardusen, und dieselbe benutzte. Auch hatte ich einen alten geschickten Tabacksschneider angenommen und mein Taback gefiel den Seeleuten, so daß ich viel mit demselben zu thun bekam. Ich arbeitete selbst mit in der Fabrik wenn ich sonst nichts nöthigeres zu thun hatte, und alles ging recht gut, denn ich hatte Gottessegen dabei, und so verdiente ich auch hierbei, denn den 8. August fing ich an zu arbeiten in der Fabrik und mit Jahresschluß wie ich die Rechnung der Fabrik eröffnete, hatte ich sämmtliche Geräthschaften, die ich angeschafft, frei, und hatte noch ein schönes Sümmchen an Geld übrig.

Anno 1799 wurden in Altona Schiffer-Alten, wie auch Schiffsbaumeister, Reeper, Segelmacher und Schmiedemeister als Taxatoren bei Seeschäden angestellt und den 28. Febr. von der Obrigkeit in Eid genommen.[120] Ich wurde als Schiffer-Alte mit den Andern, ohne daß ich bei Jemand mit einem Worte darum angesucht hatte, angenommen, und wie gesagt, den 28. Februar 1799 legte ich mit den Andern vor der Obrigkeit meinen Amts-Eid ab. Diesem Amte habe ich reichlich 34½ Jahr vorgestanden und wegen Altersschwäche bat ich um Befreiung und Abschied von selbem und erhielt einen ehrenvollen Abschied, so daß ich den 23. Septbr. 1833 das Schiffer-Alten-Protocoll welches ich immer geführt hatte, an die neuen Schiffer-Alten ablieferte. In diesem Fach bin ich ohne mich dessen zu rühmen, sehr oft nützlich gewesen, denn wie viele Seeleute habe ich mit einander verglichen, daß es zu keinem Proceß zwischen ihnen kam; weil ich solche Sachen unentgeldlich that und nichts dafür annehmen wollte, so zeigte ein Schiffer den andern nach mir hin, so daß ich der Gelegenheiten viel hatte, die Leute zu vereinigen, denn ich sagte es ihnen im Voraus, wenn ich hartnäckige oder sogenannte Quesenköpfe vor mir hatte, die ich nicht vereinigen konnte, wie es kommen würde wenn sie sich nicht verglichen; z. E. ich sagte; erst müßt ihr eine gehörige Verklarung vor Gericht ablegen, welches Geld kostet, ihr müßt euch auch jeder einen Advocaten annehmen, welchen ihr bezahlen müßt, und am Ende (da ich auch Dispacheur war) kommt es

[120] Vor diesen waren keine in Altona angestellt gewesen, sondern die Hamburger Schiffer-Alten und Taxatoren mußten aus Hamburg geholt werden, um an den Schiffen, die in Altona lagen, die Stauung der Ladung zu untersuchen, und die Seeschäden an den Schiffen mußten die Hamburger Taxatoren taxiren; dies war ja doch schimpflich für Altona, denn man mußte ja glauben, daß es in Altona an Männern fehlte, solchen Aemtern vorzustehen. Deshalb wirkte der alte Herr Dultz, der so viel Gutes in Altona gestiftet hat, es aus, daß nun obige Aemter in Altona besetzt wurden von Altonaischen Bürgern, auch veranlaßte Herr Dultz es, daß Herr Hinrich Magelsen als Dispacheur in Altona angestellt wurde.

zu mir, damit ich Alles regulire, und so sollt ihr auch mir Geld bezahlen, denn wenn ihr euch nicht vereiniget, thue ich nichts für euch unentgeldlich, deswegen wenn ihr euch rathen lassen wollet, so nehmt meinen Vorschlag an, und Gottlob so habe ich Alle vereiniget, alsdann sagte ich: gebt euch versöhnt einander die Hände. Auch schenkte ich mitunter wohl ein Glas Wein ein, und so wurde Freundschaft getrunken, sie verließen mein Haus in Freundschaft, und ich hatte mein Vergnügen daran. Nur ein einziges Mal hat es mir etwas Geld gekostet, daß ich 2 Schiffer vereinigen konnte, und dies kam so: diese Beiden hatten durch Ansegeln einander beschädigt, und ich hatte diese so weit vereinigt, daß der Eine dem Andern 60 Mark auszahlen sollte; dieser Schiffer hatte jedoch nur 45 Mark und konnte nicht mehr zahlen, der Andere aber drang auf die prompte volle Zahlung, sonst sollte das Schiff verkauft werden und er dann seine volle Summe aus der Kaufsumme des Schiffes erhalten. Ich sprach so viel ich konnte für den Schiffer der zahlen sollte, indem ich vorstellte, daß der Schiffer, wenn sein Schiff verkauft würde, er ausser Brod käme und ruinirt würde; doch weil der Kläger nicht zu bewegen war, wurde ich verdrießlich, griff in meine Tasche und zahlte die fehlenden 15 Mark; hiermit war der Streit geschlichtet. Auch kommen bei den Schiffer-Alten viele Fälle vor, wo Sachen durch die sogenannten guten Männer entschieden werden sollen und was ins Seefach einschlägt, gewöhnlich durch die Schiffer-Alten entschieden wird. In diesen Fällen habe ich immer die Gründe angegeben, warum der Ausspruch so geschehen, damit die Parteien sehen konnten, daß Alles wohl überlegt war, wornach der Ausspruch so geschehen war.

Den 9. November wurde mir ein Sohn geboren, der in der Taufe den Namen Hans Jürgen erhielt, der jedoch schon Anno 1800 den 4. September starb, 9 Monat 26 Tage alt. Den 5. Juli 1801 wurde meine Tochter Maria Elisabeth geboren: dies war eine große Freude für mich und meine Frau, daß wir nun auch eine Tochter hatten. 1802 wurde in Altona eine Gesundheits- und Quarantaine-Commission errichtet, und ich wurde als Seemann ein Mitglied derselben, ohne daß ich darum ansuchte. 1803 den 21. Mai wurde meine Tochter Inge Dorothea geboren, meinen Sohn Jens schickte ich im April nach Föhr und gab ihn in Pension bei dem Herrn Peter Jung Peters, Schullehrer und Organist daselbst. 1804 im Mai machte ich eine Reise nach Föhr, besuchte meinen Jens und meine Anverwandte wie auch Bekannte, blieb 11 Tage da, und reisete dann weiter nach Römöe, Jütland etc. und erwarb mir neue Handelsfreunde. Von 1805 weiß ich nichts besonders zu sagen; meine Geschäfte gingen so gut von Statten, daß Gottes Segen alle Morgen neu war, und ich mit meiner lieben Frau und Kindern wie bisher glücklich und zufrieden lebte. 1806, den 28. Januar kaufte ich das Haus beim Hafen von dem Herrn Johann Bruhns für die Kaufsumme von 47000 Mark Cour. Den 3. Februar wurde mir ein Sohn geboren, der in der Taufe den Namen Friederich erhielt, aber leider starb auch dieser schon den 3. November an der Halsbräune, in einem Alter von 9 Monaten. 1807 bekam Dänemark Krieg mit England; nun war mein Handel gestört, und zum Schmuggeln war ich nicht geschickt; auch hatte ich immer einige Waaren an Capitaine mitgegeben, für meine Rechnung zu verkaufen; aber sämmtliche Capitaine, kein einziger ausgenommen, denen ich Waaren mitgegeben, wurden von den Engländern weggenommen (denn der Krieg kam so unerwartet über Dänemark, als einem Hunde das Ohrschütteln) denn die Capitaine segelten ja in Ruhe und Frieden, und wussten von nichts, ehe der Engländer sie in seinen Klauen hatte, sonst hätte doch noch der eine oder andere sich hier oder dort in einen Hafen retten können. Mit einem Worte, ich verlor Alles was ich auf See gehabt hatte; ich sage: ich war um all das Meinige gebracht was ich auf See hatte, und zwar durch Kapereien; ist es mir nun nicht gleichviel, ob ein Räuber mir mein Haus erbrochen und mir heimlich das Meine genommen, oder ein Kaper es mir offenbar genommen hat? der Letztere ist freilich von seiner Obrigkeit privilegirt, so wie auch die Kriegsschiffe, um zu kapern, und den Leuten die ihnen nie etwas zu Leide gethan und die sie nicht einmal kennen, das Ihrige wegzunehmen, ohne daß sie bestraft werden, da hingegen wenn sie einen Kaper antreffen und wegnehmen, der keine obrigkeitliche Concession oder Patent hat, den nennen diese Leute einen Seeräuber und lassen ihn aufhängen. Dieser Räuber könnte mit allem Fug und Recht antworten, wie einst ein Seeräuber dem großen Alexander antwortete. Die Historie sagt folgendes hierüber: Die Soldaten des Königs Alexander des Großen nahmen einst einen Seeräuber gefangen, welchen sie vor den König brachten. Alexander fragte denselben, wie er sich unterstehen dürfe, die See unsicher zu machen, und durch seine Räuberei fremde Güter an sich zu ziehen? Der Räuber dachte, daß er doch den Tod zu erwarten hätte, und antwortete deswegen den König mit Freimüthigkeit, also: Dieweil ich, o König, nur ein einziges Raubschiff gehabt habe, so habe ich leicht durch eine größere Anzahl überwunden und gefangen vor dich gebracht werden können. Aber du, derweil du mächtig bist, gehst frei, und raubest nicht nur zu Wasser, sondern auch zu Lande, und wirst noch dazu mit einem königlichen Namen verehrt. Allein wenn man die Sache auf das genaueste besieht, so bist du ein größerer Räuber als ich, denn mich hat die Armuth und Noth dazu getrieben, daß ich mit Rauben mein Brod habe suchen müssen, aber du, der du Alles in Ueberfluß besitzest, dir gebricht nichts, aber deine unersättliche

Habsucht und Hochmuth hat dich dazu getrieben, daß du ganze Länder und Völker beraubest. Es ist also unter uns beiden kein Unterschied, nur daß ich ein armer, und du ein reicher und gewaltiger Räuber bist; deshalb werde ich meiner Armuth wegen für einen Seeräuber gescholten und zum Tode verurtheilt; du dagegen gehest deiner großen Macht wegen frei durch. Alle Völker müssen sich noch obendrein vor dir fürchten, ehren dich mit einem königlichen Titel, und es ist Niemand der deine Räubereien strafen kann. – Ueber diese dreiste Antwort hat Alexander sich auf das Höchste verwundert, und obgleich er sich im Voraus schon vorgenommen hatte, den Räuber mit dem Tode zu bestrafen, so hat er ihn doch dieser freimüthigen Antwort wegen, wiederum in Gnaden angenommen und ihm das Leben geschenkt. Wie sehr wäre es zu wünschen, daß die Vorschläge der 13 amerikanischen Provinzen, als ihre Unabhängigkeit von allen Nationen anerkannt wurde, in Erfüllung gingen. Dr. Franklin schreibt darüber folgendes in seiner Lebensbeschreibung, 4ter Bd. pag. 447. Es ist um der Menschheit Willen hohe Zeit, daß diesem Gräuel Einhalt gethan werde. Die vereinigten Staaten von Amerika, obgleich sie zum Kapern besser, als jede andere Nation gelegen sind, indem der meiste europäische Handel mit Westindien vor ihren Thoren vorbei zieht, suchen doch, soweit es an ihnen liegt, diesen Brauch abzustellen, indem sie in allen Verträgen mit andern Mächten einen Artikel vorlegen, worin man sich beiderseits feierlich verbindlich macht, auf den Fall eines künftigen Krieges, kein Kaperschiff auszusenden, und jedes unbewehrte Kaufmannsschiff seinen Weg ungehindert gehen zu lassen. Dies wird denn eine glückliche Verbesserung im Völkerrecht sein. Der Menschliche und Gerechte kann diesem Vorschlag nicht anders als gemeinsamen Fortgang wünschen.

Also war die Aussicht für mich und meine zahlreiche Familie nicht erfreulich, doch meine feste Zuversicht auf Gott die ich mir immer bewahrt habe, ließ mich nicht verzagen, und siehe da, der liebe Gott half mir wieder, daß ich mit Ehren und ohne zu schmuggeln, Brod und Alles was dem Leibe Noth thut, verdiente. Da der Handel derzeit überall eingeschränkt und die Ströme Elbe und Weser etc. blockirt waren, so kamen Leute von Bremen nach Altona, die eine Carottenfabrik anlegten; mein Tabacksmakler den ich derzeit hatte (Josua Israel war gestorben) war der noch jetzt lebende Herr Michael Nehmias welcher mich animirte, daß ich auch eine Carottenfabrik anlegen sollte, weil dabei etwas zu verdienen sey. Weil ich selbst nichts davon verstand, so wollte ich es nicht gerne, denn zu der Anlegung mußte viel Taback angeschafft werden, und derselbe war derzeit sehr theuer, wenigstens dreimal theurer wie jetzt; ich konnte berechnen, daß ich über 20,000 Mark Cour. an

Taback, Leinen, Tücher, Garn etc. anwenden müßte, wenn etwas daraus werden sollte. Mein sämmtliches Vermögen hatte ich in die Handlung gesteckt, wovon der größte Theil auf dem Lande ausstand, und wegen des Krieges entschuldigten sich viele, daß sie jetzt nicht bezahlen und Geld einsenden könnten. Kurz, ich hatte nur selbst ungefähr 1000 Rthlr. um die Carottenfabrik anfangen zu können, jedoch auch hier schaffte der liebe Gott Rath; in einer Zeit von 5 bis 6 Wochen liefen von Schiffscapitainen Wechsel an mich ein zum Einkassiren, bis zum Belauf von ungefähr 25,000 Mark (ihr lieben Kinder werdet, wenn ihr mein altes Wechselbuch nachsehen wollt, finden, daß ich die Wahrheit rede) und bei jedem Brief und Wechsel war die Ordre, es sicher für sie zu belegen; weil ich mich nun für sicherer hielt als wie jeden Andern dessen Umstände mir nicht so gut bekannt sein konnten wie die meinigen, so nahm ich das Geld für mich selbst, schrieb jedem, daß ich seinen Wechsel empfangen, das Geld dafür einkassirt hätte und selbes nach ihrer Ordre belegt hätte, zu 4 pCt. pro Anno mit halbjähriger Kündigung von beiden Seiten. Auch ließ ich mein Waarenlager für Feuersgefahr versichern, damit die Capitaine bei Unglücksfällen ihr Geld bei mir dennoch nicht verlieren sollten. Ich hatte in früheren Zeiten und Jahren schon immer von den Schiffscapitainen Wechsel zum Einkassiren bekommen, so daß dieses nichts besonders für mich war, denn mit den Seeleuten hatte ich viel zu thun; doch in einer so kurzen Zeit wie es jetzt geschah, hatte ich nie so viel Geld pr. Wechsel empfangen, auch war vorher immer Ordre bei den Wechseln gewesen, das Geld entweder zu ihren Frauen nach Hause zu senden, oder königliche Obligationen dafür für sie zu kaufen. Weil es nun aber Krieg war, trauten sie den Staatspapieren nicht, und überliessen es mir deshalb, für ihr Beßtes zu sorgen, denn von Allen die mich kannten, wurde ich für einen ehrlichen, braven Mann gehalten; auch habe ich mich, dies darf ich dreist von mir sagen, stets bestrebt ein solcher zu seyn, und habe mir deswegen so viel Zutrauen erworben.

Nun hatte ich also Geld, die Carotten-Fabrik anzulegen; mein Tabacks-Makler sagte mir, er kenne einen guten Meister, der schon einer Carotten-Fabrik vorgestanden und geschickt wäre, den solle ich für meine Fabrik annehmen;[121] ich nahm ihn also an und bestellte Arbeitsleute zum arbeiten. Hierauf kaufte ich mir Bücher die von der Fabrikation der Carotten handelten, erkundigte mich bei Sachverständigen und

[121] Lieben Kinder, ihr müßt euch nie, besonders bei einer Unternehmung die viel Geld kostet, so ganz auf das verlassen was man euch sagt. Ich wäre beinahe übel angekommen da ich glaubte ich hätte einen guten Meister, denn er verstand es nicht, eine haltbare Sauce zu machen. –

zahlte Geld für die Geheimnisse, ward aber auch natürlich mitunter betrogen, lernte jedoch bessere Saucen kochen als die von meinem Meister waren, denn der Erfolg bewies es, daß die Carotten von meiner Sauce besser und haltbarer waren, als die von meinem Werkmeister. Meine Carotten-Fabrik ging nun prächtig von Statten und ich hatte vielen Absatz, so daß ich in den Kriegs-Jahren so viel damit verdiente daß ich mit den lieben Meinen davon leben konnte.

Anno 1811 im Frühjahr starb der Dispacheur Hinrich Magelsen hieselbst; er war lange Jahre Buchhalter bei den Herren v. d. Smissen gewesen, und mein vieljähriger Freund. Ich ward nach dem Wunsch seiner Witwe ihr Curator, und da manche Sachen, wegen Havarie, von fremden Oertern, weil es da noch nicht bekannt war daß er gestorben sey, an seine Adresse kamen, so machte ich selbe ab. Da es nun derzeit mit dem Handel traurig aussah, so suplicirte ich nach Kopenhagen um die Dispacheur-Stelle, und in Zeit von einigen Wochen wurde mir meine Bestallung gesandt. Diese Stelle habe ich beinahe neunzehn Jahre verwaltet; 1830 bat ich um meine Entlassung, und hielt zugleich darum an, daß mein Sohn Jacob, der neunzehn Jahre in diesem Fache mit mir gearbeitet, es gründlich versteht und auch zur See gefahren hat, an meiner Statt Dispacheur würde, welches auch bewilligt wurde. — Ich verdiente also auch in diesem Fache Geld, und weil ich die Documente, die mir in schwedischer, norwegischer, dänischer, holländischer und englischer Sprache zugesandt wurden, selbst ins Deutsche übersetzen oder in die Dispachen excerpiren konnte, so rechnete ich immer dafür ein paar Thaler statt der theuern Uebersetzungen an. — Die Wittwe des sel. Magelsen starb auch im Herbst, und ich wurde von der Obrigkeit zum Administrator ernannt, um die Masse zu reguliren. Ich that dieses, und erhielt dafür die gewöhnlichen zwei Prozent vergütet; so daß ich also in dieser trüben Zeit mit Frau und Kindern glücklich leben konnte, mein Brod hatte, und während des Krieges nicht zurück arbeitete, sondern balancirte. — In der Vorrede, lieben Kinder, habe ich erwähnt, daß manchmal Gelegenheiten kommen wo man Geld verdient ohne daß man selbst, durch Klugheit oder Speculation, etwas dazu beiträgt. Ich will euch also einige Fälle erzählen die mir begegnet sind, und woraus ihr deutlich sehen könnt, daß der liebe Gott den Menschen segnen kann und mitunter wirklich segnet, ohne daß er etwas zum Glücke beiträgt.

Anno 1795 im Frühjahr lag ich, wie bereits früher gemeldet, in Charleston, um zu laden; wie ich meine Ladung bis auf 36 Fässer Reis eingenommen hatte, traf das jährliche Pferde-Rennen ein. Dieses dauert drei Tage, und während dieser Zeit wird an keine Arbeit gedacht, denn die Amerikaner sagen: wir haben keine Jahrmärkte, wie man sie in

Europa hat, deswegen haben wir unsere Belustigung an den Tagen des Pferde-Rennens; und wahrlich, an diesen Tagen bleiben auch nur wenig Leute zu Hause, blos die Feuer-Deputirten und Spritzen-Leute müssen abwechselnd in der Stadt bleiben. Es ist ein wahres Vergnügen, so viele Menschen, und zwar weiße, gelbe und schwarze, so fröhlich und vergnügt bei einander zu sehen. Ich bin mehrere Jahre in dieser Zeit dort gewesen. Der Platz außer der Rennbahn ist rundum mit Zelten bedeckt, wovon in einigen Musik und Tanz ist, andere haben Essen und Trinken zu Kauf, in noch andern ist ein öffentlicher Speise-Ort etc.; kurz Alles ist in Jubel. Die Pferde, die zum Rennen bestimmt sind, laufen eben so geschwind wie die Renner in England. Die Reitbahn ist ein runder Cirkel, gerade eine englische Meile im Umfange; diesen Circel müssen die Pferde viermal durchlaufen, welches eine deutsche Meile beträgt. Da ich fast jedes Jahr zur Zeit des Rennens hier war, so habe ich es oft mit angesehen; ich nahm dann gewöhnlich meine Uhr in die Hand, um zu sehen, in welcher Zeit die Pferde den Cirkel viermal, oder eine deutsche Meile, durchliefen; meistenstheils brauchten sie 7½ Minute, bis zu 7 Minuten brachte es keins. In dem einen Jahre gewann ein Pferd, Comet genannt, den höchsten Preis; in einem andern bekam ihn eine Stute, Betty Bäcker. Wenn nun die Pferde die Runde gemacht haben, dann geht das Jubeln los und es wird gerufen: der Comet (oder ein anderes Pferd) hat gewonnen! Alle die auf dieses Pferd gewettet haben (denn es wird viel gewettet, ja noch selbst in der Zeit wenn die Pferde schon laufen) machen nun fröhliche Gesichter und sind vergnügt daß sie gewonnen haben, diejenigen aber, die verloren haben, lassen die Lippen hängen. – Wie schon gesagt, war ich mit dem Laden bis auf 36 Fässer Reis, die noch ins Schiff gebracht werden konnten, fertig, und ging des Morgens verdrießlich auf dem Deck spatzieren. Ich lag mit meinem Schiffe an der Werft des Herrn Guiliard; (in Charleston liegt man mit den Schiffen dicht am Lande, macht eine Brücke vom Schiffe ans Land, über welche man die Ladung einnimmt und bequem an Bord gehen kann) selber kam zu mir an Bord und bot mir einen guten Morgen; er sah es mir an daß ich unzufrieden war und fragte mich nach der Ursache. Ich sagte: habe ich nicht Ursache verdrießlich zu seyn? ich bin fertig mit dem Laden bis auf 36 Fässer Reis, nun tritt das Perde-Rennen ein und ich muß drei Tage warten ehe ich sie bekomme; ist dies nicht sehr hart für mich? Ei, sagte Herr Guiliard, so kaufe selbst die 36 Fässer Reis und lade sie ein, dann bist du ja fertig. Ich erwiederte: ich kann keinen Reis mehr kaufen, denn ich habe all mein Geld bereits in Waaren angelegt, die schon auf dem Schiffe sind. Ei was, sagte Herr Guiliard, ich will dir die 36 Fässer Reis verkaufen, ich habe genug in meinem Packraume; gieb du mir für den Belauf einen Wechsel auf Hamburg, zahlbar in London. Ich kaufte nun von ihm die 36 Fässer Reis, à 12 ß 6 ₰ [Pfennig] 100 Pfund, denn dies war in diesem Jahre, der Preis desselben, gab ihm für den Belauf einen Wechsel, lud diese Fässer Reis ins Schiff, und war also fertig zu segeln. Wie ich nun mit meinem Reis in Hamburg ankam, war er daselbst so hoch im Preise, wie er fast nie gewesen, nemlich 36 ℳ die 100 Pfund, so daß ich über 100 ℳ Courant auf jedes Faß verdiente.[122] Hieraus, lieben Kinder, könnt ihr sehen, wie der liebe Gott den Menschen segnen kann ohne sein Zuthun, und daß es keines Menschen Klugheit ist, wenn es ihm glückt, sondern daß es ein wahres Sprichwort ist: An Gottes Segen ist Alles gelegen. – Auch könnt ihr sehen, wie gut es ist, wenn man sich immer reell und gut aufführt, so daß man einen guten Namen hat, denn in Charleston hatte ich eben sowohl Credit als hier in Altona und Hamburg; auch habe ich auf mehreren Reisen große Creditbriefe von London mit gehabt, die in die tausende Pf. Sterling liefen, wenn ich vielleicht eine Ladung für Rechnung der Befrachter kaufen sollt; ich bin aber immer vorsichtig gewesen, und habe nie mehr gewagt als ich lasten konnte, sondern mich immer nach meiner Decke gestreckt, um nicht durch Unglücksfälle ganz ruinirt zu werden. Nehmt meinen Rath an, lieben Kinder, wagt nie zu viel, und trachtet nie darnach, auf einmal reich zu werden; denn die da reich werden wollen, fallen in Versuchung und Stricke etc. – Wenn ihr auch nie reich werdet, dieses schadet nichts; bleibt nur gute ehrliche Leute und erhaltet euch euren bisherigen guten Ruf, denn dieser ist mehr werth als groß Gut. Damit will ich aber nicht sagen, daß ihr eine Gelegenheit, die der liebe Gott giebt, und wo ihr auf eine rechtschaffende Weise etwas verdienen könnt, versäumen sollt; nein, weit davon entfernt, denn giebt Gottes Hand euch Viel, so könnt ihr Vielen nützen; des Freundes Glück erhöhn, bedrängte Tugend schützen etc. Nur wünsche ich nicht, daß ihr

[122] Hier will ich noch bemerken, daß ich immer eben so viel Fracht für meine Waaren, als alle andern Einlader, bezahlt habe. Auf dem Manifest stand ich als Ablader und meine Frau Anna Dorothea Eschels als Empfänger, oder adressirt an sie; die Fracht war, so wie bei den andern Einladern, dabei gesetzt, und wurde selbe durch den Schiffsmakler, von meinen Gütern eben so wie bei den andern Empfängern, von meiner eincassirt und an meine Herren berechnet. Da ich immer auf Stückgut anlag und meine Fracht stets nach dem laufenden Preise bezahlte, so war es meinen Herren gleich, ob ich oder ein anderer ins Schiff einlud; ich konnte deshalb dreist meine Waaren löschen, denn ich handelte nie geheim, sondern reell und öffentlich. – Dies war die Reise, auf welcher mich die Franzosen in ihren Händen hatten; welch ein Schade wäre es für mich gewesen, wenn der liebe Gott mich nicht durch die Nordwestböy aus ihren Händen befreiet hätte.

mit Leib und Seele nach irdischen Schätzen jaget und darüber alles Andere, was Noth thut, vergeßt. Ich habe durch Gottes Güte mein, ich muß es sagen, reichliches Auskommen, ja mehr, als ich je von meiner Jugend an hoffen durfte, und lebe in meinem Alter so ruhig und zufrieden als es nur irgend jemand kann, und dennoch wünsche ich bisweilen, daß ich etwas mehr Geld hätte (für mich selbst nicht, denn ich brauche wenig), um Andern, denen ich jetzt nicht helfen kann, fortzuhelfen; also rathe ich euch an, daß, wenn der liebe Gott euch Gelegenheit giebt etwas zu verdienen, selbe zu ergreifen und zu benutzen, und eure Hände nicht in den Schooß zu legen. Bittet aber Gott um seinen Segen bei allem euren Thun; denn an Gottes Segen ist Alles gelegen.

Nun will ich euch einen zweiten Fall erzählen, wo ich ohne mein Zuthun 1000 ℔ ersparte. Anno 1796, im September schrieb ich von Demirara an eure Mutter, daß ich viel Kaffee für mich im Schiffe hätte und nicht selbst das ganze Risiko übernehmen wollte, sie sollte also 10000 ℔ dafür versichern lassen. Dieser Brief kam erst im December in Altona an, und meine Frau trug die Besorgung des Versicherns einem Assecuranz-Makler auf. Dieser kam des andern Tages zu ihr und sagte: er hätte sich bei der Assecuranz-Compagnie erkundigt, diese verlange aber eine so hohe Prämie, nemlich 10 pCt., daß er sie erst fragen wolle, ob sie so viel Prämie geben wollte? Meine Frau antwortete, sie wolle sich darauf besinnen; sie ließ nun des andern Tages einen Seemann von meiner Bekanntschaft kommen und sagte zu ihm: ich soll 10000 ℔ versichern lassen, die Prämie aber ist 10 pCt., und dies ist doch zu viel; was rathen sie mir? Der Freund antwortete: o was, versichern sie noch nichts, ihr Mann wird wohl glücklich nach Hause kommen. Sie wollte deshalb mit der Versicherung noch etwas warten, um zu sehen, ob die Prämie nicht wohlfeiler werden würde; den zweiten Tag kam aber die Nachricht, daß ich glücklich zu Cuxhaven angekommen sey, in Altona an, folglich waren die 1000 ℔ gespart.

Ein anderer Fall, wo ich, ohne daran zu denken, einen ziemlichen Posten Geld verdiente, war folgender. Mein Makler Siemsen, der oft Zucker für mich einkaufte, brachte eines Tages einen fremden Kaufmann zu mir in mein Haus. Dieser Kaufmann hatte in einem Weinhause in Hamburg neben Siemsen gesessen und ihn gefragt, wo er raffinirten Zucker billig kaufen könne? mein Makler Siemsen hatte hierauf mich empfohlen, und so kamen Beide in mein Haus. Der Kaufmann sagte mir, er wolle einige tausend Pfund raffinirten Zucker kaufen; ich zeigte ihm von meiner Raffinade, er fand sie gut, und da wir um den Preis einig wurden, so sollte ich 8 bis 10000 Pfund für ihn kaufen. Weil diese aber, nach meiner Art, hoch ins Geld liefen, und ich all mein vorräthiges Geld darin anlegen mußte, so sagte ich zu dem Kaufmann (er war ein Preuße), daß ich den Preis des Zuckers unter der Bedingung gleich baarer Bezahlung so gestellt hätte. Er antwortete: ganz recht, bei Empfang des Zukkers erhalten sie den vollen Betrag dafür, denn ich habe Louisd'or genug bei mir. Ich behielt ihn nun des Mittags bei mir zum speisen, und in ein paar Tagen sollte er wieder kommen um die Raffinade zu empfangen. Ich kaufte hierauf die bestellte Parthei Zucker ein, und ließ selbe in mein Haus bringen, um Alles fertig zu haben, wenn der Kaufmann käme, sie in Empfang zu nehmen. Er kam jedoch nicht; ich lauerte von einem Tage zum andern und dachte immer er würde noch kommen, aber vergebens; aufsuchen konnte ich ihn auch nicht, weil ich ihn nicht gefragt hatte wo er logire. Ob er nun bei Jemand Andern gekauft hat oder ob er mich anführen wollte um eine Mahlzeit zu gewinnen, dies kann ich nicht sagen; genug er kam nicht. Ich war verdrießlich und sagte zu meiner Frau: da sitzen wir nun auf dem Zucker, all mein vorräthiges Geld habe ich darin angelegt. Es war aber nun einmal geschehen und ließ sich nicht mehr ändern. Nach Verlauf von ungefähr einer Woche kam ich von der Börse und sagte zu meiner Frau: nun ist nichts daran versehen daß wir so viel Zucker gekauft haben, denn die Preise desselben sind im Steigen, und unser Zucker steht schon 2 ß höher als da ich ihn kaufte. Es war just zu der Zeit wie der Zucker so hoch im Preise stieg. Als ich ihn nun verkaufte, hatte ich einen schönen Avance, denn der Preis war während der Zeit noch höher gegangen, so daß ich reichlich 2000 ℳ auf diesen Zucker verdiente, und hätte ich mit dem Verkauf noch etwas länger gewartet, so hätte ich noch mehr darauf verdient, denn Einige haben derzeit auf Zukker beinahe das Doppelte verdient. Weil ich aber immer vorsichtig gewesen bin und nie den letzten Tropfen aus der Kanne haben wollte, indem Einem dann oft der Deckel auf die Nase fällt, so verkaufte ich meinen Zucker da ich einen so schönen Avance hatte, und dachte dabei: die Preise können auch wieder fallen. – Hieraus könnt ihr also wieder sehen, lieben Kinder, daß der liebe Gott es so fügte, daß ich ohne mein Zuthun Geld verdiente.

Nun will ich euch noch einen Fall erzählen wo ich auch Geld bekam ohne daß ich daran dachte. In der Einquartierungszeit wurde ich immer, weil mein Wohnhaus ein großes Gebäude ist, sehr mit Einquartierung belastet, und habe deren bestimmt mehr gehabt als andere, die viel vermögender waren als ich, denn ich habe, jeden Tag einen gerechnet, 252 Officiere und 353 Gemeine im Quartier gehabt, ohne die Russen mitzuzählen, deren ich einmal bei einem Durchmarsche das ganze Haus voll hatte, und wohl noch über hundert auf dem Hofe und in dem Neben-Gebäude lagen. Ich habe mich nie darüber beklagt oder um Erleichterung deshalb gebeten, sondern gab meinen Rücken Preis die Last zu tragen; bis zuletzt, im Anfange der Belagerung, da wir in Altona nur einige und dreißig Mann Glückstädter Militair liegen hatten, man mir doppelte Einquartierung einlegte und eines abends noch eine dritte bei mir ankam; jetzt wurde ich verdrießlich, lief zum Justizrath von Aspern, denn das dritte Einquartierungsbillet war von ihm unterzeichnet, und fragte ihn: ist es ihr Wille, daß, da ich bereits doppelte Einquartierung habe, ich noch eine dritte dazu einnehmen soll? Er sah im Buche nach und sagte: nein! hierauf gab er seinem Schreiber einen Verweis und dies war Alles. Kurze Zeit darauf verließen uns die Soldaten und fuhren nach Glückstadt ab; nun bezogen die Altonaischen Bürger, worunter meine beiden ältesten Söhne auch waren, die Wachen. – Warum ich immer so mit Einquartierung belastet wurde, kam eigentlich daher: weil ich die Austheiler oder Schreiber der Quartierbillette nicht bestechen wollte, indem ich den Mann, welcher besticht, für eben so strafbar halte als den, welcher Bestechungen annimmt. – Nun will ich euch erzählen, wie mir eine große Vergütung der Einquartierung wegen zu Theil wurde. Der General-Major von Hasselt nahm sein Hauptquartier bei meiner nächsten Nachbarin, Madame Sauerland, und vier von unsern bemittelsten Bürgern mußten Alles für ihn bezahlen, als: Tafel, Quartier etc.; der General wollte nun sein Bureau nahe bei seiner Wohnung haben, folglich mußte dies in meinem Hause seyn. Der Herr Justizrath und Polizeimeister von Aspern schickte also eines Nachmittags seinen Diener Jäger zu mir, ließ mich grüßen und mir sagen: ich solle das General-Bureau in mein Haus nehmen. Ich sagte: ich habe drei Mann Einquartierung; der Diener antwortete, dies hindert nichts, das Bureau müssen sie einnehmen, aber die andere Einquartirung soll ihnen abgenommen werden; welches denn auch geschah. Meine große Vorderstube wurde also zum Bureau eingerichtet und bezogen. Der Secretair des Generals, Herr Hoff, kam bei mir im Hause zu wohnen; er war ein guter Mann, und ich mit ihm wohl zufrieden. Das Bureau ist auch in meinem Hause geblieben, bis der General von Altona wegfuhr. Lichter mußten den ganzen Tag brennen, weil es viel zu siegeln gab, auch mußte Tag und Nacht die Stube warm gehalten werden, welches mir viel Holz kostete.

Nun wurde jedoch eine Verordnung bekannt gemacht, worin angezeigt wurde, welche Vergütung jeder für seine Einquartirung haben sollte, und nach dieser sollte derjenige der das General-Bureau eingehabt, die größte Vergütung haben. Ich meldete mich deswegen als solcher, der das General-Bureau eingehabt hatte; die vier reichen Leute aber, die den General beköstigtet, wollten auch die Vergütung haben, weil sie dem General alles zu seiner Tafel besorgt hatten. Wären diese Herren Mittelstandsbürger gewesen so wie ich, dann wäre ich sicher zu denselben gegangen, und hätte ihnen gesagt: wir wollen die Vergütung unter uns theilen; da es jedoch reiche Leute waren, so dachte ich, warum sollst du ihnen etwas schenken. Ich ließ also bei der Kämmerei Beschlag auf das Geld legen, welches in der Verordnung dem General-Bureau zugelegt war. Diese Sache wurde vor das hiesiege Präsidio gebracht. Der Herr Oberpräsident sagte: derjenige, der das Bureau eingehabt hat, der soll natürlich das Geld dafür haben, weil der Verordnung zufolge es ihm zugelegt ist. Ich sagte zu ihm: ich habe das Bureau eingehabt. Er erwiederte: bringen sie hier den Beweis, und so ist das Vergütungsgeld das Ihrige. Ich ging sogleich hin zu dem Herrn Justizrath von Aspern und bat ihn, daß er mir einen Schein geben möchte, daß er das General-Bureau bei mir einquartirt hätte. Er sagte zu mir: das will ich wohl bleiben lassen. Was ist das? entgegnete ich, sie schickten doch ihren Diener zu mir, welcher sagte: ich soll sie grüßen von dem Herrn Justizrath, und sie sollten das General-Bureau in ihr Haus nehmen. Der Herr Justizrath erwiederte: es können wohl viele kommen, welche in meinem Namen grüßen, ich gebe ihnen keinen Schein. Ich wurde aufgebracht und sagte: dies hätte ich nicht von ihnen gedacht, ich glaubte sie wären ein Mann von Wort; ich habe mich sehr in ihnen geirrt. Bekannt ist es Jedem, daß ich selbes die ganze Zeit in Quartier gehabt habe. Er erwiederte: ja, das haben sie, und dies will ich auch bezeugen. Nun sagte ich: wenn sie dies nur wollen, so bin ich auch zufrieden. Weil ich das Geld mit Beschlag belegt hatte, so konnten die vier vorbenannten Bürger das Geld nicht habhaft werden, und so ließ der Herr G. F. Baur (er war einer der 4.) mich eines Morgens zu sich in sein Haus bitten; woselbst ich denn auch hinging. Als ich daselbst angekommen war, sagte er zu mir: sie haben Beschlag auf das Geld gelegt, und wir haben unserer vier sehr viele Kosten für den General gehabt, deshalb ist es doch nicht recht, daß wir keine Vergütung dafür erhalten sollten. Ich entgegnete: Herr Baur, ich sehe dieses wohl ein und ich bin auch kein eigennütziger Mann; was meinen sie denn wohl, was ich haben soll. Hierauf sagte Herr Baur: wir viere haben uns darüber besprochen und meinen, daß wir das Geld in fünf Theile theilen, und sie sollten so wie wir, den fünften Theil davon bekommen. Ich erwiederte hierauf: gut, ich bin damit zufrieden. Herr Baur sagte: wollen sie mir dann einen Schein geben, daß ich das Geld von der Kämmerei holen lassen kann? Ich entgegnete: ja, und schrieb einen Schein aus, daß Herr Baur mich befriedigt, und ich den Beschlag aufhöbe, deshalb möchte die Kämmerei das Geld nur an Herrn Baur verabfolgen lassen. Herr Baur ließ also das Geld von der Kämmerei abholen, und hat auch mir meinen Theil zugesandt. Es war eine bedeutende Summe nach meiner Art, und hat mir die Unkosten, welche ich von der Einquartirung gehabt, sehr vermindert. Hier seht ihr, lieben Kinder, daß in den hier vorgeschriebenen Fällen, der liebe Gott mir auch Segen zusandte, ohne daß ich zu diesen Fällen selbst etwas beitrug. Hieraus geht hervor, daß an Gottes Segen, alles gelegen ist. Es ist mir nicht möglich Alles zu erzählen, was mir passirt ist. Wenn ich meinen Lebenslauf nachdenke, so kann ich mit dem frommen Dichter Witschel sprechen:

Wenn ich meine Laufbahn übersehe,
Meines Daseins stille Lieblichkeit,
Ach! mein Vater, ich bin zu geringe
Deiner Treue und Barmherzigkeit.
Täglich war Dein Vaterherz mir offen,
Täglich fühlt ich Deine Segenshand,
Täglich fand ich Deiner Güte Spuren
In der Schöpfung, in dem Vaterland.
Jede Sonne die ich froh begrüßte,
Jeder Mond in stiller Himmelspracht,
Jeder Morgen der mein Leben weckte,
Jeder Abend der mich froh gemacht,
Jede Stunde da ich Weisheit lernte,
Jede Ahnung die den Geist erhob,
Jeder Tag an dem ich besser wurde,
Und mir Ruhe in das Leben wob;
Alles, alles hab ich Dir zu danken,
Alles, alles hast Du mir geschenkt.
O, wie blickt das Auge schnell zum Himmel,
Wenn das Herz an seine Freuden denkt.
Gott im Himmel, laß mich nie vergessen,
Daß Du aller Wesen Vater bist,
Daß mein Glück aus deinen Händen fliesset,
Daß mein Leben Deine Wohlthat ist. –
Demuthsvoll will ich den Lauf vollenden,
Sanft und ruhig; wie die stille Nacht,
Und mein letzter Herzensdank, o Vater,
Sey Dir an dem Grabe dargebracht.

XII. Die Zeit nach der napoleonischen Belagerung Altonas (nach 1814)

Anno 1814 traf mich das harte Schicksal, das schwerste was mich je betroffen, und welches ich gar nicht ahnete. Altona und Hamburg waren in diesem Winter bis im April belagert gewesen. Meine Frau und ich hatten oft mit einander darüber gesprochen, welches Unglück über unserm Haupte schwebte; auch war das Nervenfieber den ganzen Winter hindurch in Altona, an dem viele Leute starben. Ich sagte dann immer zu meiner Frau: der liebe Gott erhalte uns Beide nur gesund bei einander, dann ist Alles nichts, was uns auch überkömmt. Dieser Wunsch und Gebet wurde nicht erfüllt. Der liebe Gott heißt und läßt uns oft Wege gehen, die wir nicht gerne gehen wollen, und die doch zum Beßten für uns sein müssen, obschon es uns hart und nicht gut dünkt. Am Ende müssen doch, denen die Gott lieben, alle Dinge zum Beßten dienen. Wie nun die Belagerung aufhörte, und ich und meine Frau wieder mit einander wie vormals, ausser der Stadt spatziren gehen konnten, freuten wir uns, und hatten nun auch wieder Aussichten, daß unser Handel blühen würde; doch das Nervenfieber kam auch in mein Haus, und Ausgangs April wurde meine Tochter Doris darin krank. Meine Frau und ich wachten des Nachts eins ums andere bei ihr; so ward meine Tochter Maria gleichfalls krank an diesem bösen Fieber, bei welcher ich und meine Frau so wie bei Doris Wache hielten. Am 19. Mai ward auch meine liebe Frau von dieser Krankheit befallen, und aller angewandten Pflege und ärztlichen Hülfe ungeachtet, wurde sie doch täglich schwächer. Sie fürchtete den Tod nicht, nur dachte sie an mich und unsere lieben Kinder, und weil ich mich nicht schonte, auch die Ansteckung nicht fürchtete, so sagte sie oft zu mir: O, erhalte dich doch für die Kinder. Für diese hatte sie immer die meiste Sorge, daß sie gute und Gott wohlgefällige Menschen werden möchten; die Kinder waren ihr, so wie mir, wie man zu sagen pflegt, ans Herz gewachsen. Ich bin in den 14 Tagen, die sie krank war, ununterbrochen bei ihr geblieben, und habe sie bedient, damit nichts fehlte. Wir unterhielten uns Beide sehr erbaulich, denn sie glaubte fest, daß sie nicht wieder von dem Krankenbette aufkommen würde. Eines Tages sagte sie zu mir: wir sind doch von vielen Leuten betrogen worden. Ich antwortete ihr: wolltest du nun wohl, daß du Jemand hintergangen hättest? Nein, erwiederte sie, wie beruhigend ist es nun für mich zu denken: besser daß ich betrogen worden bin, als daß ich Jemand beleidigt hätte. Sie blickte also mit voller Seelenruhe ihrem Ende entgegen. Sie wußte aber, daß ich keinen Hausstand zu führen verstand, indem ich mich nie um solche Sachen bekümmert, auch es bei meiner Frau nicht nöthig hatte, da sie eine ausserordentlich gute Hausfrau war. Doch ich sage es nicht deswegen, weil sie meine Frau war, sondern weil ich wenigstens keine gefunden habe, von der sie übertroffen worden wäre, denn nicht nur blos im Hausstande, sondern auch bei Krankheiten der Kinder wußte sie Bescheid. Ihre letzte Bitte an mich war: O, erhalte dich doch für die Kinder, damit ihr bei einander bleibt; auch, daß ich mich bald wieder verheirathen sollte, indem sie sagte: ohne eine Frau kannst du nicht leben, denn sonst wird dein Hausstand bald zu Grunde gehen. Ich hegte noch immer die Hoffnung, daß sie wieder gesund werden würde, jedoch mein Gebet wurde nicht erhört, denn den 30. Mai des Abends um 8 Uhr, entschlief sie sanft und selig. Sie wurde 49 Jahre und 3 Tage alt, wir hatten 24 Jahre und 3 Tage im Ehestande zusammen gelebt, und waren glücklich mit einander gewesen. Unsere Kinder waren derzeit in einem Alter, wie folgt: Jacob 22, Heinrich 20, Jens ins 18te, Maria ins 13te und Doris 11 Jahr. Jacob hatte ich bei meinem Handel angestellt, er hat mir immer treu und fleißig in meinen Geschäften beigestanden, so wie auch Otto Heinrich, nachdem dieser seine Lehrjahre in Hamburg vollendet, half mir gleichfalls treu und fleißig in meinem Geschäfte. An Jacob übergab ich meine Tabacksfabrik und meinen Tabackshandel, als er sich verheirathet hatte, welches 3 Jahre nach dem Tode der Mutter geschah. Heinrich behielt ich bei mir und er führte meinen Handel mit mir fort, bis ich ihm denselben, als ich ins siebenzigste Jahr alt war, gänzlich übergab. Er führt denselben nun weiter fort. Jens hatte das Schiffsbau-Handwerk erlernt, und besaß viele Geschicklichkeit in diesem Fache. Diesen etablirte ich und kaufte ihm ein Schiffszimmerwerft, wo er die Schiffszimmerei mit Nutzen betrieb. Ich sah auch bald ein, daß mein Hausstand ohne eine Frau im Hause zu haben, nicht bestehen konnte, befolgte deshalb den Rath meiner seligen Frau und verheirathete mich den 6. October mit meiner seligen Frauen ältester Schwester-Tochter; ihr Vater war Herr Albert Wulff in der Krempermarsch, zwischen Krempe und Glückstadt, geboren; ihre Mutter war Catharina Maria Wulff geborne Finne, und in Altona geboren, beide Schwiegereltern waren bereits gestorben. Meine jetzige Frau ist häuslich und gut erzogen, und ist auch eine brave Hausfrau, mit der ich glücklich und zufrieden lebe. Durch diese meine Heirath in der Familie, blieben meine Kinder in ihrem gewöhnlichen Geleise und kamen wie vorher, gewöhnlich in ihres Onkels Haus (des Vaters meiner jetzigen Frau, und welches jetzt von ihrem jüngsten Bruder Wilhelm bewohnt wird). 1815 den 4. Decbr. wurde mir ein Sohn und eine Tochter geboren, in der Taufe wurde der Sohn Fritz und die Tochter Mathilde genannt. 1821 den 14. April wurde mir eine Tochter, Emilie genannt, geboren. Ich und meine sämmtlichen Kinder lebten nun glücklich und zufrieden; Jacob, Heinrich und Maria waren verheirathet, und Jens heirathete kurz darnach. Allein wie kein Glück in der Welt beständig ist, so traf mich auch wieder ein harter Schlag, denn 1824 den 4. Januar, starb meine liebe Tochter Inge Dorothea, (wir nannten sie immer Doris) sie war ein starkes, gesundes, blühendes Mädchen, 20 Jahr und 17 Tage alt, nach einer Krankheit von zwölf Stunden. Das Gefühl bei dem Verlust eines geliebten Kindes und so gänzlich unvermuthet, läßt sich nicht beschreiben. Auch 1829 den 19. October mußte ich noch das Schicksal erleben, daß mein Sohn Jens mit Tode abging, in dem Alter von 33 Jahren 4 Monaten und 5 Tagen. Er hat in seinem Leben thätig und mit Nutzen gearbeitet, viele Leute verdienten Brod bei ihm; er hatte viel zu thun mit der Schiffsbauerei, indem er viele alte Schiffe kaufte, selbe reparirte und in Stand setzte, und dann wieder verkaufte; auch war er ein Schiffsrheder. Gebaut hat er an neuen Schiffen: eine Heringbüyse, vier Briggschiffe und ein dreimastiges Schiff. Kenner hielten selbe für die schönsten, die bisher hier gebaut waren; auch waren es gute gemächliche Schiffe in See, und Schnellsegler. Gleichfalls war er der Erste, der hier einen Kiellichter oder sogenannten Bullen anschaffte, um auch hier an Altona die Schiffe, so wie in Hamburg kielholen zu können, denn vorher mußten alle alten Altonaer Schiffe nach Hamburg segeln, um sich daselbst kielholen zu lassen; nun konnte dies hier an Altona geschehen, und die hiesigen Zimmerleute und Schauerleute konnten jetzt hier das Geld verdienen, welches sonst in Hamburg bezahlt wurde.

Nächst dem lieben Gott, hatte mein Sohn Jens dem Herrn Etatsrath Donner hieselbst viel zu verdanken, daß er mit seiner Schiffsbauerei so gut in Gang kam, denn wie gesagt, mein Sohn hatte einen Kiellichter oder Bullen angeschafft, und nun traf es sich just, daß eines von des Herrn Etatsrath Donners Schiffen hier in Altona ankam. Dieses Schiff, genannt DIE HOFFNUNG, geführt von Capitain Jan Carstens, war im Herbst von hier nach St. Thomas bestimmt, und abgesegelt; es hatte in der Nordsee viel Sturmwetter ausgestanden, und war zuletzt auf der holländischen Küste schwer auf den Grund gestoßen, wovon es so leck geworden, daß es hierher zurückkehren mußte, um reparirt zu werden; nun sollte dieses Schiff unter Wasser erst besichtigt werden; so wurde der Bulle das erste Mal in Altona gebraucht, und Herrn Etatsrath Donners Schiff war das erste, welches in Altona gekielholt wurde. Es lief freilich eine Menge neugieriger Zuschauer herbei, um diesem Kielholen in Altona zuzusehen, und einige Naseweise und Vorlaute sagten: das Schiff kann da nicht kielholen und es wird umfallen etc. Allein mein Sohn Jens hatte es so gut veranstaltet, das Alles aufs beßte ging. Seitdem sind die Schiffe in Altona gekielholt, und so gut, wie nur auf irgend einem Platz in der Welt. Wie dieses Schiff HOFFNUNG nun auf der Seite lag und besichtigt wurde, so fand es sich, daß der lose, so wie der feste Kiel des Schiffs, ganz in Splittern gestoßen war, und es war ein wahres Glück, daß es aus See ans Land gekommen war. Nun ließ Herr Etatsrath Donner dies Schiff auf der Werft meines Sohnes repariren. Auch entschloß sich der Herr Etatsrath, ein neues Schiff für seine Rechnung bauen zu lassen, und trug meinem Sohne Jens, nachdem er mit ihm wegen des Preises einig geworden, den Bau auf. Wie dieses Schiff (es wurde ELISABETH genannt) fertig war, war der Herr Etatsrath Donner so zufrieden mit selbem, daß er meinem Sohne noch ein Geschenk von 1000 ₰ Cour. machte; auch gab er ihm immer die Arbeit an seinen Schiffen, und verschaffte ihm selbe oft an den Schiffen, die an seine Adresse waren. Wenn mein Sohn Jens länger gelebt hätte, so würde er diese Arbeit auch wahrscheinlich behalten haben, und die Werft, die durch seinen Tod in Verfall gerieth, nicht verkauft worden seyn. — Durch den Bau dieses neuen Schiffes, welches das erste war was nach dem Kriege in Altona gebaut wurde, erhielt mein Sohn Jens Zutrauen, so daß auch andere Kaufleute neue Schiffe bei ihm bauen ließen, und er immer genug zu zimmern hatte.

Hart war es für mich, einen solchen geschickten Sohn, und der sich auch, wie meine andern Kinder, gut aufführte, zu verlieren, und mit ihm das Geschäft aufhören zu sehen; doch es ist Gottes Wille gewesen und ich will nicht murren. Ihr seht, lieben Kinder, daß der liebe Gott mich auch durch viele Schulen geführt; durch Freude und Leid hat Er mich geprüft, aber bei allen Schicksalen die mich betroffen, hat Er mich standhaft erhalten, und ich sage dreist: wenn der liebe Gott mich auch tödten wollte, so will ich doch auf ihn hoffen. — Ihr wißt, lieben Kinder, daß ich das Schiff ISIS kaufte, Rhederey dazu sammelte und es zu einem Grönlandsfahrer einrichten ließ, und daß ich dieses Schiff sechs Jahre unter meiner Direction auf Grönland habe fahren lassen. Nun könnt ihr leicht denken welche Empfindungen (nicht des Stolzes und des Uebermuths, denn davon bin ich weit entfernt) des Dankes gegen Gott mein Herz durchströmen mußten, wenn ich dieses Schiff ISIS vor meiner Hausthür (den einen Winter lag es gerade vor meiner Hausthür im Hafen) liegen, und an Sonn- und Festtagen Flaggen und Stander, in welcher letztern mein Name stand, von selbem wehen sah; denn ich dachte dann: du hast

Herrn Hinr. Feddersen
a Amrum

Altona den 13 Sept. 1826

Sehrwehrter Herr und Freund!

Einliegend sende Ihnen für die Comite die gekauften vier Obligations als N° 2709. 2710. 2836. 2878. jede groß 100 Rhtl Species und wünsche guten Empfang. Zugleich sende Ihnen einliegend vier Zinsen-Quitungen in Blanco. und um das es nicht nöthig ist jedes Jahr die Obligationen einzusenden um die Zinsen zu erheben, so füllen Sie die Quitungen nur aus und einer zeichnet selbe unter aber den müßen Sie einen Zettel bey die Quitungen beylegen "/: Daß die Zinsen für das Jahr 1827 d. 31. May fällig auf die Obligationen N° 2709 2710 2836 2878 mit bezahlt notirt sind wird hiemit bescheiniget Amrum d. .. :/" Diesen Zettel unterzeichnet einer welcher ein Fach hat. Z.B. der Pastor, der Vogt /: bauren :/ weil ich glaube das Sie auf Amrum keine hohe obrigkeitliche Gerichts Persohn wohnen haben. :/ Dieses schreibe ich Ihnen blos weil der Cassierer (?) es haben muß. Doch Sie wissen best wer es zeichnen soll und laß ihm ein Siegel dabey drucken so hat es noch was mehr ansehen den in einigen Dingen wird genau geachtet. ich grüße Ihnen und die Herrn Comitaten aufs freundlichste und bin mit Hochachtung

Ihr ergebenster Freund
Jens Jacob Eschels

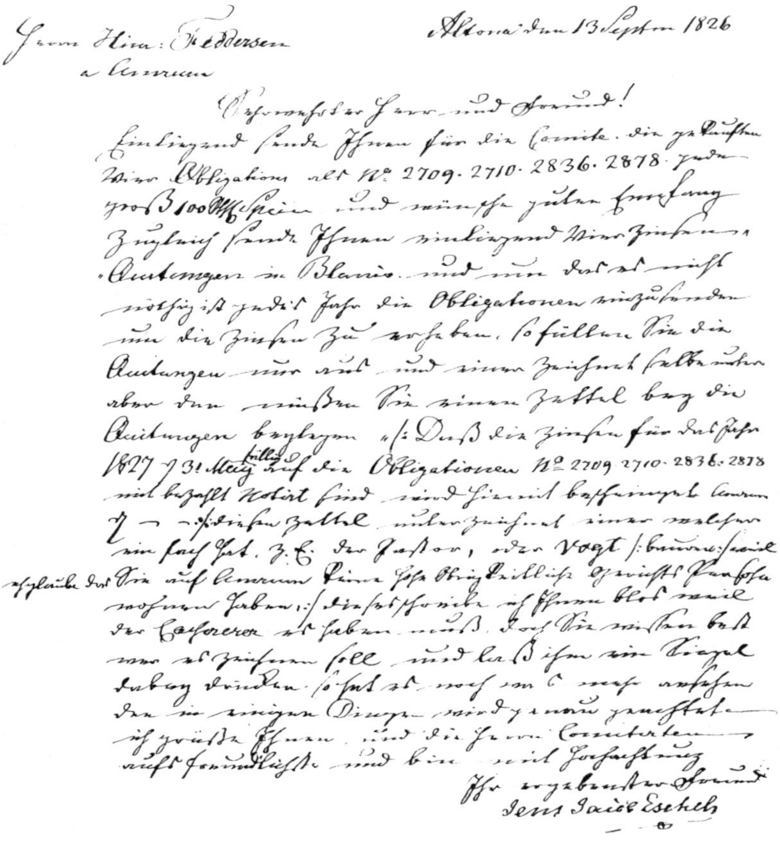

Herrn Hin: Feddersen
a Amrum

Altona den 13 Septbr 1826

Hochgeehrter Herr und Freund!
Einliegend sende Ihnen für die Comite. die gekauften vier Obligationen als No. 2709. 2710. 2836. 2878. jede groß 100 Rthl Species und wünsche guten Empfang
Zugleich sende Ihnen einliegend vier Zinsen-Quitungen in Blanco. und nun da es nicht nöthig ist jedes Jahr die Obligationen einzusenden um die Zinsen zu erheben. so füllen Sie die Quitungen nur aus und einer zeichnet selbe unter aber dann müssen Sie einen Zettel bey die Quitungen beylegen d: Daß die Zinsen für das Jahr 1827 – 31 May fällig auf die Obligationen No. 2709. 2710. 2836. 2878 mit bezahlt Notirt sind und hiermit bescheinigt Amrum [illegible] dieser Zettel unterzeichnet einer welcher ein Amt hat z.E. der Pastor, oder Vogt (: Ich glaube daß Sie auf Amrum keine solche Obrigkeitliche Person wohnen haben :) dieses schreibe ich Ihnen bloß weil der Casserer es haben muß. doch Sie wissen best wer es zeichnen soll, und laß ihm ein Siegel dabey drucken so hat es noch ein mehr ansehen den in einigen Dingen wird genau [illegible]
ich grüße Ihnen und die Herrn Comiteten recht freundlichst und bin mit Hochachtung
Ihr ergebenster Freund
Jens Jacob Eschels

Handschriftlicher Brief des Jens Jacob Eschels
(Privatbesitz Nötel, Hamburg)

auf Grönland alle niedern Klassen, als: Kajütswächter, Kocksmaat, Jung- und Voll-Matrose, durchgemacht, hast vom Koch mit der Feuerzange, und vom Bootsmann mit einem Tau deinen Rücken schmieren lassen müssen, (doch nur ein paar Mal; vom Koch bekam ich etwas mit der Feuerzange weil ich ihm naseweis antwortete, und vom Bootsmann ein paar Schläge mit einem Tau, für die Angst welche ich ihm gemacht hatte, indem ich an dem Kabeltau, womit das Schiff am Eise befestiget war, nach dem Schiff hinauf enterte, und wie ich so nahe oben war daß ich meine Füße auf selbes setzen wollte, glitschten diese ab und ich blieb an den Händen hängen, so daß ich nun um Hülfe rufen mußte und von ihm ins Schiff geholfen wurde) und nun bist du durch Gottes Güte vom Schiffsjungen eines Grönlandfahrers zum dirigirenden Rheder eines derselben emporgestiegen, so daß du nicht allein dem Koch und Bootsmann, sondern sogar dem Commandeur, befehlen kannst. Wenn ich Alles dieses bei mir überdachte, hatte ich dann nicht Ursache, wie der Erzvater Jacob zu sprechen: Ach, Herr, ich bin viel zu geringe aller Barmherzigkeit und Treue, die du, o Gott, mir erzeiget hast! –

Von der Zeit an wo ich zu Hause blieb, habe ich eben so wie meine Mitbürger meinen Beruf abgewartet; habe Vielen, besonders Seeleuten, unter denen ich große Bekanntschaft hatte, mit Rath und That, wo ich es konnte, beigestanden; Verschiedenen zu dem Ihrigen, das man ihnen vorenthalten wollte, verholfen, auch einzelne Prozesse durchgeführt, wofür ich, wenn es für Arme und Nothleidende war, die Prozeßkosten selbst bezahlte, damit sie ihr Geld rein und ohne Abzug bekämen; Andere habe ich meine Auslagen bezahlen lassen, aber für meine Bemühung und Arbeit nie etwas genommen oder berechnet. Auch wenn ich an Jemand Geld zum Anfang eines Gewerbes oder Geschäfts auslieh, habe ich niemals Zinsen berechnet; es war mir eine Freude zu sehen wenn sie durch die Anleihe fortkamen und ihr Brod verdienten;[123] auch habe ich hierbei deutliche Spuren der göttlichen Vorsehung erlebt, und will nur einen Fall erzählen. In den Jahren, wo in Cadix das gelbe Fieber so stark herrschte, starben auch viele Leute auf den Schiffen welche dort lagen; unter andern war auf einem Schiffe, das für einen hiesigen Bürger Namens S. fuhr, und welches derzeit in Cadix lag, der Steuermann, welcher, wenn ich nicht irre, in Steedsand bei Tondern oder im Schleswigschen geboren war, und die ganze Mannschaft, bis auf zwei Leute,

[123] Ich bin weit entfernt, mich meiner Tugend (falls ich tugendhaft handelte) hier zu rühmen; ist es doch der liebe Gott, der mein Geschick leitete. Es läßt sich hier auch nur sagen: wem sein Geschick gnädig leitet, der rühme sich der Tugend nicht.

gestorben. Der Vater des Steuermanns schrieb mir dies und bat mich, ich möchte doch zusehen, daß ich das Geld, welches sein Sohn bei dem Schiffe zu Gute hätte, und nach Briefen von ihm reichlich 800 ℔ Cour. betrage, von dem Rheder erhalten könne, und es ihm dann zusenden. Ich ging zu dem Herrn S., bat ihn um das Geld und die Abrechnung, und zeigte ihm des Vaters und Steuermanns Briefe; aber Herr S. wollte sich auf nichts einlassen, sondern erwiederte: der Steuermann könne auch Geld aufgenommen haben etc.; kurz, wenn ich keine Beweise liefern könne, so wolle er nichts bezahlen. Ich ging nun zu meinem Advocaten, Herrn Adler, und stellte ihm die Sache vor; allein dieser sagte: wenn wir klagen wollen so müssen wir bessere Beweise haben. (Hier kann ich nicht umhin, zum Ruhme des Herrn Adler zu erwähnen, daß er, wenn ich in solchen Fällen für arme Leute zu ihm kam und er mir half, nie etwas nahm wenn ich ihm nach beendigter Sache bezahlen wollte, sondern sagte: sie nehmen ja nichts, folglich will ich auch nichts haben; wenn sie aber für sich selbst kommen, sollen sie mir bezahlen. Ich sagte dann: das versteht sich, jedoch verlange ich auch nicht, daß sie für diese Leute umsonst arbeiten sollen, sondern will ihnen gern bezahlen, er antwortete aber dann: nein, ich will nichts dafür haben.) Ich schrieb hierauf an den Königl. Dänischen Consul in Cadix, und auch an andere mir bekannte Kaufleute daselbst, um nachzufragen, wann der Steuermann auf dem Schiffe gestorben und wie viel Geld er bei demselben zu Gute hätte etc. etc., aber ich bekam weiter keinen Bescheid, als daß die Leute auf dem Schiffe gestorben wären, und von den zu Gute habenden Geldern könnten sie mir nichts melden. Diese Correspondenz, die ich auch mit andern Häusern in Cadix führte, dauerte wohl ein halbes Jahr, ohne daß ich Beweise erhalten konnte. Der Kaufmann S. hatte wahrscheinlich von dem Capitain, ehe er gestorben war, Abrechnung erhalten, wollte mir dies jedoch nicht sagen, indem er dachte das Geld zu behalten, wenn ich keine Beweise bringen könnte. Ich hatte diese Sache schon aufgegeben, und dem armen alten Vater bereits gemeldet, daß wenig Hoffnung für ihn wäre je etwas von dem Gelde seines Sohnes zu bekommen. Aber siehe da, der liebe Gott half mir, daß ich dem alten Vater sein Geld retten konnte; nemlich auf folgende Weise: Eines Tages kam ich von meinem Comptoir (ich wohnte derzeit noch in der großen Fischerstraße) und zündete wie gewöhnlich meine Pfeife Taback in der Küche an; hierauf machte ich, was ich sonst fast nie zu thun pflegte, meine Hausthür auf, trat mit der brennenden Pfeife vor die Thür und sah die Straße entlang. Ein Mann, welcher in selber heraufgegangen kam und nur noch ein paar Häuser weit von mir entfernt war als ich meine Hausthür öffnete, kam gleich auf mich zu wie er mich, in der Thür stehend, gewahr ward, und sagte zu mir: guten Tag Capitain Eschels! Ich dankte ihm hierauf und fragte ihn: kennen sie mich? Ja wohl, sagte er, ich habe sie schon lange gekannt.[124] Ich kannte den Mann nicht, erinnerte mich auch nicht, ihn je gesehen zu haben. Er fragte mich hierauf: haben sie das Geld für den Steuermann (er nannte hier den Namen) schon erhalten? Ich fragte: woher wissen sie, daß ich mit der Sache zu thun habe? Er antwortete: ich denke es blos deshalb, weil sie, wie ich weiß, viele Sachen unserer Landsleute in Händen haben und ihnen behülflich sind, und so meinte ich, daß sie die Sache unseres Steuermanns auch in Händen hätten. Was, fragte ich, haben sie mit dem Steuermann auf einem Schiffe gefahren? Ja, sagte er, er war ein guter Freund von mir, und ich weiß um alle seine Sachen gut Bescheid. Ich nöthigte ihn nun in mein Haus; wir setzten uns Beide in der Stube und ich bat ihn mir Alles zu erzählen, was er in Hinsicht des Steuermanns wüßte, ich wolle es niederschreiben; denn wenn ich Bescheid wisse wie die Sachen des Steuermanns ständen, so könne ich vielleicht noch sein Geld für den Vater retten. – Der Mann erzählte mir hierauf Folgendes: Ich bin der Zimmermann auf dem nemlichen Schiffe gewesen; wir lagen in Cadix und bekamen das gelbe Fieber am Schiffe; unser Capitain, Steuermann und die ganze Mannschaft starb, nur ich und ein Matrose blieben am Leben. Der Steuermann hatte so und so viel Monats-Gage zu Gute, so und so viel Geld hatte er aufgenommen, und folglich noch die und die Summe bei dem Schiffe zu Gute etc. etc. – Ich bat hierauf den Mann, mit mir zu dem Herrn Notarius Schleppegrell zu gehen; hier ließ ich ihn Alles wiederholen und der Herr Notarius schrieb es nieder aufs Papier. Der Mann war erbötig, alles Gesagte durch einen Eid zu bekräftigen. Hierunter wurde nun das Notariats-Siegel gesetzt und sein und der Zeugen Name beigefügt. Ich bedankte mich jetzt bei dem Manne und ging mit diesem Documente zu Herrn Adler, um es ihm zu zeigen. Er fand es gut und bündig, und sagte zu mir: nun wollen wir das Geld wohl bekommen. Ich sagte zu ihm: es ist also ein Glück gewesen, daß ich diesen Mann gesprochen; ja wohl, erwiederte er, denn ohne dieses Document hatten wir ja keine Beweise und würden nichts bekommen haben. Gehen Sie nun nur mit diesem Documente zu Herrn S. und zeigen sie es ihm; er wird nun wahrscheinlich gleich zahlen, indem er sonst vom Gericht dazu gezwungen werden würde. Ich ging also hin zu Herrn S. und sagte zu ihm: nun habe ich Beweis, hier ist

[124] Hier muß ich bemerken, daß die Leute auf den Schiffen die Capitaine auf andern Schiffen leicht kennen lernen können, weil nur ein Capitain auf jedem ist, dahingegen ein Capitain nicht alle Mannschaft auf andern Schiffen kennen kann, weil deren so viele auf einem sind.

er, und wenn sie mir jetzt diese Summe (circa 800 ℳ Cour.) geben wollen, so ist es gut und die Sache abgethan, wo nicht, so weiß ich nun das Geld zu bekommen, und sie stellen sich dann in ein schlechtes Licht. Herr S. erwiederte nichts hierauf, sondern gab mir das Geld; ich quittirte ihm dafür, denn ich hatte eine bündige Vollmacht, und sandte es hierauf dem armen alten Vater, der schon längst, so wie ich, die Hoffnung je etwas zu bekommen, aufgegeben hatte; hiermit war diese Sache vorbei.

Folgt hieraus nun nicht offenbar, daß Gottes waltende Vorsehung haben wollte, daß das Geld an den rechten Mann kommen sollte? denn gehe ich nicht vor die Thür just wie der Zimmermann vorbeigeht, oder wird er mich nicht gewahr, so denkt er wohl nicht an des Steuermanns Nachlaß und reiset wieder von hier ab; ich hätte ihn dann nicht zu sehen bekommen, so wie ich ihn nach der Zeit auch nie wieder gesehen habe, und das Geld wäre für den armen alten Vater verloren gewesen. –

Noch einen Fall, aber etwas lächerlicherer Art als der vorige, wo ich einer Frau auch zu einigem Gelde verhalf, will ich euch erzählen. Eines Tages kamen zwei Frauenzimmer barfuß (es war im Sommer) von Nord-Marsch hier in Altona an. Weil es nun in ihrer Gegend bekannt war, daß ich zuweilen Einem oder dem Andern einen Dienst leistete, so wendeten sie sich an mich. Diese beiden Frauenzimmer waren Schwestern und die eine davon verheirathet, ihr Mann hatte sie aber, so wie den Sohn, den sie von ihm hatte, verlassen; selbe sagte mir, sie wäre fremd in Altona, und hätte von Seefahrenden, die von Hamburg nach Nord-Marsch zu Hause gekommen wären, gehört, daß ihr Mann als Obersteuermann von China nach Ostindien zu Hamburg angekommen sey. Weil er nun sie und ihr Kind verlassen, und in einigen Jahren nichts von sich hätte hören lassen, so wollte sie ihn aufsuchen und ihn wo möglich zur Rückkehr zu bewegen suchen, wenn dies jedoch nicht möglich wäre, so wollte sie wenigstens sehen, für sich und ihren Sohn etwas Geld von ihm zu erhalten, und bat mich nun, ihr hierbei behülflich zu seyn. Sie war auf folgende Weise mit ihrem Mann verheirathet worden: er hieß Kannich, war in einem Herbst nach Nord-Marsch gekommen, um dort den Winter über die Steuermannskunst zu erlernen, war hier mit seiner Frau bekannt geworden und hatte ihr versprochen, sie zu heirathen, worauf sie Braut und Bräutigam wurden; Kannich aber bewies an ihr daß er auch etwas könne wozu man keinen Lehrmeister braucht, denn seine Braut wurde von ihm schwanger, und er dachte sie so sitzen zu lassen und auf Seemanns-Manier wieder wegzureisen; allein die Brüder seiner Braut verstanden das Ding besser und zwangen ihn, selbe zu heirathen. Kannich reisete das nächste Frühjahr mit den andern Seeleuten von Nord-Marsch nach Holland ab, um von da zu fahren und sein Brodt, so wie die Uebrigen, zu verdienen; aber sorgte nur für sich, ließ Frau und Kind sitzen und nichts von seinem Aufenthalt hören. Die Frau bekam jedoch, wie schon gesagt, von Nord-Marscher Seeleuten zu wissen, daß ihr Mann in Hamburg angekommen sey und mit einem Mädchen auf dem Hamburgerberge lebe. Ich suchte nun den Obersteuermann auf seinem Schiffe auf, um ihn zu bereden, sich seiner Frau wieder anzunehmen; er wollte jedoch von nichts hören, und so mußte ich mich anderwärts bemühen, um der Frau doch wenigstens etwas von seinem Verdienste zu verschaffen. Ich ging also zuerst zu den Rhedern des Schiffes CECILIA (auf dem der Steuermann fuhr), den Herren Luis & Jenquel, mit denen ich bekannt war, weil sie mich einmal von Amerika befrachtet hatten, und stellte ihnen die Sache vor wie sie war, nemlich daß ihr Obersteuermann Frau und Kind verlassen und ihnen gar nichts von seinem Verdienste geben wolle, ich bäte sie deshalb, ihm kein Geld zu geben, indem ich es mit Beschlag belegen lassen wollte. Diese Herren fanden es auch sehr unrecht, daß der Steuermann Frau und Kind verlassen, und versprachen mir hierbei behülflich zu seyn, theilten mir auch ihren Rath mit und sagten, daß sie ihm nicht eher Geld geben wollten, als bis die Sache mit seiner Frau in Ordnung wäre. Von da ging ich zu dem Wasser-Schaut, Herrn Mau, in Hamburg, mit dem ich ebenfalls bekannt war, erzählte ihm die Sache und bat ihn, den Steuermann nicht abzumunstern, indem ich willens sey denselben vor Gericht zu verklagen. Herr Mau schickte hierauf seinen Diener mit mir und der Frau des Steuermanns nebst ihrer Schwester zu einem Advocaten, der vor Gericht den Steuermann verklagen sollte; wie wir in dem Hause desselben angekommen waren, kam er aus einer Hinter-Stube die Diehle entlang gesprungen und setzte sich in einer kleinen Vorder-Stube auf einen Lehnstuhl, der auf einem etwas erhöheten Platze am Fenster stand. Der Diener des Herrn Mau fing an zu sprechen, grüßte von seinem Herrn, stellte die Frau, als eine die von ihrem Manne verlassen worden, vor, und bat ihn, selbe vor Gericht zu vertheidigen, für sie aufzutreten und es auszuwirken, daß sie doch etwas von ihres Ehemanns zu Gute habender Gage erhalten könnte. Die Frau so wie ihre Schwester sahen in ihrer Nord-Marscher Kleidertracht freilich nur arm aus (wie sie es auch wirklich waren), allein die Gerichtskosten würde ich, so wie ich es gewöhnlich that, auch für sie bezahlt haben; der Herr Advocat ließ mir jedoch nicht Zeit mit ihm zu sprechen und ihm zu sagen, daß ich für die Proceßkosten einstehen und selbe bezahlen wollte, sondern als er sich, wie bereits gesagt, auf eine Ottomane oder Lehnstuhl, der auf einem erhöheten Platz am Fenster stand, niedergesetzt, und den Diener des Herrn Mau angehört hatte, sagte er gleich auf plattdeutsch: so, dat sind also arme Lüd, un de bringt he mie, daför sull ick optreden, twintig Schilling Kosten betalen un umsünst arbeiden, un dat um Gadeswillen; nee, ick bedank mie darför! Dieses letzte sagte er mit einer tiefen Verbeugung von seinem erhabenen Sitze herab, so daß ich mich kaum enthalten konnte laut zu lachen. Es ärgerte mich aber doch, so kurz abgewiesen zu seyn; ich sagte deswegen dem Advocaten auch nicht, daß ich Alles bezahlen wollte, sondern sprach zu der Frau und ihrer Schwester: kommt, laßt uns nur gehen! – Nun fuhr ich zu dem Steuermann an Bord und sagte ihm, daß ich seine zu Gute habende Gage mit Beschlag belegt hätte, und er eher keinen Schilling freiwillig erhalten sollte, als bis er die Sache mit seiner Frau abgemacht hätte; wolle er selbe aber in Güte mit mir abmachen, so wäre ich bereitwillig dazu, und sollte er dann nur des andern Tages, Nachmittags um 3 Uhr, in mein Haus kommen, wo wir weiter über diese Sache sprechen wollten. Er versprach zu kommen, und nun bestellte ich auch seine Frau um 2½ Uhr in mein Haus. Des andern Tages kam verabredetermaßen die Frau, und nach ihr auch der Mann. Meine Frau hatte Kaffee für sie bereiten lassen. Die Frau war in der Stube ehe ihr Mann kam, so daß selber sie bei seinem Eintritt dort vorfand.[125] Wir ließen sie nun Beide allein in der Stube und hörten vor der Thür folgendes Gespräch mit an. Kannich war, als er in die Stube trat und seine Frau dort fand, sehr erstaunt und sagte: was, bist du hier? ja mein lieber Kannich, erwiederte sie, (sie weinte sehr) ach, wie kannst du mich so verlassen! habe ich dir je etwas zuwider gethan? Nein, sagte er, aber ich kann nicht mit dir leben. – Das Spaßhafteste war: (sie spachen plattdeutsch zusammen) daß sie immer: Kannich, und er: ick kann nich, sagte. – Sie sagte: o, Kannich, laß uns doch wieder einig miteinander leben! Er: ick kann nich. Sie: warum denn nicht? wir haben ja niemals Streit mit einander gehabt. Er: nein, das haben wir nicht, aber ick kann nich; ich habe ein Mädchen auf dem Hamburgerberge, das hat mich behext. Kurz, sie sagte oft: mien leve Kannich, und er blieb immer dabei: ick kann nich. – Wie ich und meine Frau nun hörten, daß diese Beiden nicht einig werden würden, so gingen wir zu ihnen in die Stube und sagten: nun kommt und trinkt erst Kaffee mit einander. Hierauf redeten wir ihnen zu, sich zu vergleichen und künftig wie gute Eheleute mit einander zu leben; die Frau war auch sehr bereitwillig dazu, aber Kannich blieb dabei, ick kann nich, ich bin behext und kann von dem Mädchen nicht ablassen. Wie ich nun sah, daß kein Zureden mehr helfen

[125] Ich hatte es dem Steuermann Kannich nicht gesagt, daß seine Frau in Altona war, sondern er glaubte, daß ich nur durch Briefe ihn zu belangen Ordre hätte.

konnte, so sagte ich zu Kannich: ich will ihnen noch einen Vorschlag thun, und stelle es nun in ihre Wahl, wollen sie ihr zu Gute habendes Geld (dies betrug reichlich 1600 ₰ Cour.) mit ihrer Frau und ihrem Sohne theilen, oder mit dem Gerichte und den Advocaten? denn sie können versichert seyn, daß ich den Proceß mit ihnen aushalte; auch wird kein Gericht ihnen ein günstiges Urtheil sprechen, denn Frau und Kind zu verlassen, die nichts verbrochen haben, das wird von keiner Obrigkeit gebilliget werden. Hierauf bedachte Kannich sich und sagte: er wolle doch lieber seine Gage mit seiner Frau und seinem Sohne theilen. Ich ging nun mit ihm zu den Herren Rhedern, empfing hier die Hälfte seiner Gage für die Frau, und übergab sie ihr, worauf sie mit ihrer Schwester und mit dem was sie empfangen hatte, vergnügt zu Hause nach Nord-Marsch reisete.

Ich weiß recht gut, daß ich mir oft Feinde gemacht und mir oft selbst geschadet habe; auch ist mir wohl mitunter von andern gesagt worden: nimm die Sache nicht an, du machst dir nur Feinde dadurch, und diese können dir schaden etc. etc.; allein mein Gewissen trieb mich immer an, den Verlassenen und Hülflosen meinen Beistand nicht zu versagen, indem ich mich allezeit daran erinnerte, wie der liebe Gott mir oft, wenn ich in Noth war, geholfen, ich bat ihn dann und wurde erhört; ich dachte jetzt: dem lieben Gott kannst du nichts geben, aber diesen Leuten kannst du dafür einen Dienst erweisen; sie sind hier fremd und kennen Niemand als dich, hilf du ihnen so viel du kannst, denn der liebe Gott hat dir mehr geholfen, als du selbst bedenken kannst, und aus wie vielen Gefahren hat er dich gerissen; darum hilf du wieder, denn der liebe Gott braucht auch Mittel und Wege um dem Menschen hier zu helfen, und wohl demjenigen, den der liebe Gott würdigt, ein Werkzeug in seiner Hand zu seyn. Ich fühle es sehr wohl, daß ich nicht würdig dazu bin, und doch hat der liebe Gott mich in Umstände geführt, wo ich glauben kann ein Werkzeug in Gottes Hand gewesen zu seyn um Jemandem zu helfen.

Wenn ihr, lieben Kinder, diese meine Lebensbeschreibung ganz und mit Aufmerksamkeit durchleset, so werdet ihr deutliche Spuren der Gottheit darin finden, und daraus sehen, daß der liebe Gott über jeden Menschen, er sey von so geringem Stande als er wolle, wacht, und ihm oft von daher Hülfe sendet, von wo er sie nie erwartet hätte. Im Grunde ist es eines Jeden Pflicht, seinem Nebenmenschen zu helfen wo er kann, denn wo lebt wohl ein Mensch der nicht täglich Wohlthaten von dem lieben Gott erhält, und Gefahren und Unglück von ihm abgewendet werden? aus Dankbarkeit gegen Gott sollten also die Menschen immer einander helfen und dienen, denn dieses ist dem lieben Gott wohlgefällig und angenehm. Man muß sich daher nicht abschrecken lassen Gutes zu wirken, weil man sich oft Feinde dadurch macht, wenn man seine Christenpflicht thut; auch nicht wie die alten Mütterchen denken, fein still in seinem Hause zu wohnen und sich nicht um anderer Leute Wohl oder Wehe zu bekümmern. Eine solche Lebensart trägt freilich viel zu einem ruhigen Leben in dieser Welt bei, und wird von Vielen Tugend genannt; ich kann aber nichts Tugendhaftes darin finden, sondern nenne selbe Weisheit oder Klugheit, um ruhig und ungestört zu leben. Der wirklich Tugendhafte, welcher sowohl in als außer seinem Hause thätig ist den Unglücklichen und Hülfsbedürftigen zu rathen und zu helfen, und sich ihrer Sache eben so gut annimmt und sie mit eben dem Eifer betreibt, als wäre sie seine eigene, kann freilich nicht so ruhig leben. Und der Lehre Einiger, welche behaupten, die Tugend sey der einzige Weg, welcher in diesem Leben zur Glückseligkeit führe, kann ich nicht beipflichten, oder ich müßte denn annehmen, daß Haß, Neid, Verläumdung, Verfolgung etc. mitunter auch zu dieser Glückseligkeit beitragen. Ich halte diese Lehre auch weder für gut noch wahr, weil sie uns einen der besten Gründe, welche die Vernunft uns für den Glauben an die Unsterblichkeit giebt, wegnimmt.

Die christliche Religion lehrt uns ja auch, daß jenseits des Grabes Belohnungen und Strafen folgen; hier in dieser Welt sehen wir ja oft, daß der böse und lasterhafte Mensch bis an sein Ende glücklich ist, da hingegen der wahrhaft Fromme oft lebenslänglich mit Sorgen und Kummer zu kämpfen hat. Ist es nun wohl von dem lieben Gott zu denken, daß er Beiden einerlei Schicksal widerfahren läßt? wird er nicht einen Jeden darnach beurtheilen, wie er bei Leibesleben gehandelt hat, der Tugend seinen Beifall schenken und dem Laster eine ihm angemessene Strafe auflegen? Wir werden mit dem Tode des Leibes nicht aufhören zu seyn, unser Geist wird fortleben; denn, ist es wohl denkbar, daß der liebe Gott das große Weltgebäude, welches wir bei einer sternenhellen Nacht mit Bewunderung anschauen, uns Menschen nur allein deswegen sehen und bewundern lasse, damit wir merken sollen welch ein großes allmächtiges Wesen er ist, und uns den Trieb, Alles näher kennen zu lernen, blos deshalb eingepflanzt haben, um uns zu täuschen, und uns nie vergönnen es näher zu betrachten? Nein! Gott ist ein Gott der Liebe, dies beweist er in allen seinen Werken, und wenn der Mensch nie näher zum Anschauen derselben kommen sollte, dann würde er ihn gewiß mit etwas stumpfern Sinnen begabt haben; auch würde er ihm dann keinen Sinn für stetes Fortschreiten in den Wissenschaften, die er hier auf Erden nach seinem Verlangen doch nie erreichen kann, gegeben haben, um ihn nicht zu täuschen und zu quälen; denn der liebe Gott will Niemand täuschen noch quälen.

Ferner halte ich die Lehre von ewigen Höllenstrafen für gotteslästerlich! dieser gute Gott, der uns erschaffen und ins Dasein gerufen, der uns täglich seine Güte offenbaret und genießen läßt, sollte so grausam mit seinen Geschöpfen verfahren? Nein, nimmermehr! nur Besserung wird seine Strafe sein, wie Witschel sagt. Lieben Kinder, lasset uns den lieben Gott viel zu lieb dazu haben, um solches von ihm zu glauben, und wenn es auch in der heiligen Schrift angedeutet zu sein scheint, so sind solche Stellen, sowie auch, daß wir unsere Vernunft gefangen nehmen sollten, später eingeschaltet oder untergeschoben, um die Menschen in Angst und Schrecken zu setzen, und sie desto besser beherrschen zu können; wie viel Unglück und Jammer hat diese Lehre angerichtet, und richtet sie noch jetzt an. Welche Angst habe ich nicht selbst durch diese Lehre ausgestanden; ich hatte 1772 auf der Reise nach Grönland, wie ich noch als Kocksmaat fuhr, einen bejahrten Bettgenossen, (meine Mutter und er waren Bruder und Schwester Kinder, er hieß Olof) einen religiösen, guten Mann; ehe wir einschliefen, beteten wir, denn darauf bestand er fest; auch ermahnte er mich, gut und fromm zu werden, damit ich doch nicht in die Hölle käme, denn, sagte er, wie erschrecklich muß es sein, verdammt zu werden, ewig im Pech und Schwefel zu brennen, und keine Hoffnung zu haben, jemals heraus zu kommen. Denn wenn ein Vogel alle 1000 Jahre nur ein Sandkorn von der Erde wegnähme, und auch dann erst die Qual aufhören sollte, wenn alles weg wäre, so wäre doch Hoffnung, einst aus der Hölle zu kommen, aber nun ist nie Hoffnung hierzu. Diese Lehre setzte mich so in Angst und Schrecken, daß ich mich vor Unruhe nicht zu helfen wußte. (Lieben Kinder, wie glücklich seid ihr, daß ihr in Jesu wahrer Lehre besser unterrichtet seid). Woher kömmt es jetziger Zeit noch anders, daß Leute der Religion wegen sich in Verzweiflung stürzen und Selbstmörder werden, sich selbst martern und meinen, Gott dadurch einen Gefallen zu erzeigen, und ihn hierdurch zu versöhnen, als aus dieser Lehre. Keine Religion die ich kenne, ist so verfälscht, und hat sich so weit von der Lehre ihres Stifters entfernt, als die Christliche, indem sie in Ceremonie und Bilderdienst, ja, ich darf dreist sagen, in Götzendienst ausgeartet ist. Denn, wenn ich sehe, daß ein hölzern oder steinern Kreuz angebetet wird, wenn dieses kein Götzendienst, so weiß ich wahrlich nicht, was Götzendienst ist. Das erste Gebot, welches doch den Christen heilig ist und sein soll, sagt aber ja ganz deutlich: du sollst keine andere Götter haben neben mir; und wie viele Bilder und sogenannte Heilige werden von den Christen angebetet, worüber der liebe Gott gänzlich vergessen wird. Die Religion die Jesus gestiftet, und seine Moral die er den Menschen lehrte und vom Himmel brachte, sowie er sie uns hinterlassen, ist die beßte, welche die Welt je sah oder sehen wird; aber wie ist sie umgestaltet und wie viele Veränderungen hat diese Religion erfahren, so daß Jesus selbst, wenn er auf der Erde erschiene, seine Religion gar nicht kennen würde, und die Lehrer derselben[126] eben so wie bei seinem Leben die Schriftgelehrten und Pharisäer ausschelten, daß sie unerträgliche Lasten dem Volke aufbürdeten, und dieselben selbst mit keinem Finger anrühren wollten. Ja, Jesus würde selbst, wenn er so lehrte, als er uns in seinem Leben gelehrt hat, von den Pfaffen und Geistlichen verfolgt und gelästert werden, daß er der Inquisition selbst schwerlich entgehen würde. Ich habe oft bei mir selbst gedacht, wie ist es möglich, daß die großen und mächtigen Lehrer an solche Ceremonien und Bilderdienst glauben! aber als ich einmal ein Buch von dem Hofprediger Cramer las, worin er sagte: »es ist nicht der Aberglaube, der die Religion Jesu so verfälscht hat, sondern der Unglaube ist es gewesen; diese großen Lehrer glaubten von Jesu Religion gar nichts, sondern suchten sich nur mit Hülfe dieser Religion in ihrer Macht fest zu setzen. Als ich dieses las, war ich hiermit aufs Reine, denn vorher konnte ich es gar nicht begreifen, wie gelehrte Leute an solche Ceremonien etc. glauben könnten. Diese Herren Gelehrten glaubten also nichts, denn, hätten sie wirklich an einen Gott geglaubt, der Alles regieret und auf aller Menschen Thun achtet, so würde dieses sie abgehalten und sie es nicht gewagt haben, diese wohlthätige, christliche Religion in dem schreienden Wiederspruch, mit der Lehre, die Jesus gelehrt hat, zu bringen.[127]

[126] Die Bessern und die, welche redlich und ohne Menschenscheu und Menschen-Gefälligkeit daran arbeiten, Jesu Religion nach ihrer ersten ursprünglichen Klarheit und Reinigkeit wieder herzustellen, die nehme ich aus. –

[127] Wenn doch diese Gelehrten und die Menschen, die ebenso wie diese denken, als ob Gott die Welt und was darin ist, blos geschaffen, und selbe dann, so wie die Kinder welche eine Seifenblase fliegen lassen, auch so verfliegen ließ, ohne sich weiter darum zu bekümmern, was aus ihr wird, oder wie es den Geschöpfen und lebendigen Wesen in derselben geht; wenn diese nur recht nachdenken wollten, da sie sehen, wie diese Welt ihren rechten Platz einnimmt, und in einem schiefen Cirkel um die Sonne läuft, so daß hierdurch die Jahreszeiten entstehen. Ja, wenn sie sähen oder wenigstens sehen wollten, daß alles nicht nur an seinen rechten Platz, sondern auch zugleich zu nützen so gestellt ist; ich will blos den Mond nennen, weil er den Seeleuten sehr nützlich ist, und der Landmann nicht so darauf achtet. Dieser Mond läuft wie bekannt, alle Monat rund um die Erde; welche Allmacht, Weisheit und Güte geht hieraus hervor, denn wenn wir Winter haben, so scheint er just in unseren nördlichen Ländern, oder der größten Norderbreite, wenn es nahe genug und Vollmond ist, und wir haben von ihm die ganze Nacht ein helles Licht; dahingegen die in den Südlän-

Noch will ich euch hier ein paar Fälle erzählen, die mich sehr beruhigten, und wobei ich dachte: der liebe Gott ließ dies geschehen zu deinem Beßten, um dich in deinem Gottvertrauen zu befestigen. Ich war einst durch die Wortbrüchigkeit anderer in Verlegenheit gekommen; ich hatte schon derzeit mein Schiff zu führen, und es kam wegen einer Befrachtung; ich hatte dieserwegen einen unangenehmen Briefwechsel mit meinen Herren Rhedern; während der Zeit dieses Briefwechsels ging ich meiner Gewohnheit nach, des Sonntags in eine Kirche, weil ich gerne eine gute vernünftige Predigt hören mag. Ich kam in die Kirche und der Pastor nahm zu seinem Text den Spruch aus dem 50sten Psalm Vers 15: Und rufe mich an in der Noth, so will ich dich retten, so sollst du mich preisen. Diesen Spruch wendete ich auf mich an, und sagte bei mir selbst: lieber Gott, ich bin jetzt in Noth, hilf mir. — Meine Sache weshalb ich in Noth kam, ist auch gut abgelaufen, denn in dem letzten Briefe, welchen ich deswegen an meine Herren Prinzipale schrieb, hatte ich von Anfang bis zu Ende alles wiederholt, wie es zugegangen, am Schluß des Briefes sagte ich: obiges ist die reine Wahrheit, und mögen andere mir nun auch entgegen sein: laß es nun gehen wie es will; ist Gott für mich, wer will wider mich sein! ich bin etc. Auf diesen Brief erhielt ich zur Antwort, daß sie es wohl einsähen, daß ich Recht hätte; sie gaben mir nun bestimmte Ordre, daß ich die Ladung da löschen sollte, und ich kam mit Ehren von dieser Sache ab. Hier will ich euch, falls einer oder der andere von euch Seemann wird, und ein Schiff zu führen bekömmt, diese Lehre geben: solltet ihr einmal so befrachtet werden, so wie ich es war, nemlich nach einem Ort zu segeln, um daselbst Ordre zu holen, wohin ihr mit der Ladung segeln sollt, dann nehmt nie eine mündliche Ordre an, (denn dieses war mein Fehler daß ich dies that, und wodurch ich großen Verdruß bekam; diesen Fehler vermeidet) sondern laßt euch die Ordre schriftlich geben. Die Sache verhielt sich so: Ich war in Marseille befrachtet, und sollte nach meiner Chartepartie (ein Befrachtungs-Contract) nach Cagliaria auf der Insel Sardinien mit Ballast segeln, daselbst eine

dern wohnen, haben dann den Vollmond sehr niedrig an ihrem Horizont, und nützt ihnen alsdann wenig, weil sie um die Zeit just ihre längsten Tage haben, eben so wie wir im Sommer den Vollmond am niedrigsten im Süden haben, wir brauchen ihn dann ebenfalls nicht; weil wir dann die längsten Tage haben. Der Südländer aber braucht ihn dann und hat ihn voll und hell die ganze Nacht. Sehr hieraus, lieben Kinder, wie weislich Gott alles eingerichtet hat. Ich sagte oben, wenn diese großen Gelehrten dieses alles recht bedenken wollten, so würden sie nie in einen Unglauben gefallen sein.

Ladung Salz einnehmen, damit gerades Weges nach dem Sunde (Helsingör) segeln, und dort Ordre einholen, ob ich mit der Ladung nach Kopenhagen oder nach Reval in Rußland segeln sollte. Ich segelte also von Marseille nach Cagliaria ab, nahm daselbst eine Ladung Salz ein, und segelte hiermit nach Helsingör. Ich ging zu meinen Correspondenten »de Wedwe Arend van Deürs & Co.« aufs Comptoir, und wie ich daselbst anlangte, fragte der Chef des Hauses mich: von wo ich herkäme und wohin ich wollte oder wohin ich bestimmt sei? Ich antwortete: ich komme mit einer Ladung Salz von Cagliaria und soll hier Ordre holen, wohin ich mit der Ladung segeln soll; sind hier Briefe für mich? Sie sagten, ja, und übergaben mir zwei. Der eine Brief war von meinem Befrachter in Marseille, welcher mir darin schrieb: daß, da er nicht wüßte, welcher Platz der beste für den Preis des Salzes wäre um selbes zu verkaufen, so hätte er es an meine Herren Rheder übertragen, welche mir schon Ordre geben würden, wohin ich mit der Ladung segeln solle. Der zweite war von meinen Herren Patronen, und in demselben stand: daß mein Befrachter ihnen aufgetragen, das Schiff mit dem Salz dahin zu senden, wo sie glaubten, daß es am Beßten im Preise wäre; indem sie dieses nun nicht wüßten, so sollte ich dieserwegen mit den Herren van Deürs sprechen, und wohin sie sagten, sollte ich hinsegeln. Nun sagte ich zu den Herren van Dürs, ich soll von ihnen Ordre haben, wohin ich mit meiner Ladung segeln soll, sehen sie hier erst den Brief von meinem Befrachter, welcher es meinen Herren Rhedern überträgt, und sehen sie hier den Brief von denselben, diese tragen es mir auf, es an ihnen zu übertragen, weil sie am besten wissen, wo die Salzpreise am höchsten stehen. Hierauf erwiederte Herr van Deürs oder der Chef des Hauses mir: das beste ist, daß sie nach Königsberg segeln. Ich sagte: dies kann nicht gut angehen, denn sehen sie hier meine Chartepartie, (diese hatte ich mit mir an Land genommen und bei mir) darin steht ausdrücklich, daß ich nach Kopenhagen oder Reval soll, um zu löschen; segle ich nun nach Königsberg, so breche ich meine Chartepartie, und ich mache mich für alle hieraus entstehenden Folgen verantwortlich, denn dies ist eine Abweichung von der Fahrt, so daß wenn mir ein Unglück überkäme, die Assecuradeure nichts dafür vergüten würden. Nun erwiederte Herr van Deürs: ja, das ist auch wahr, in Kopenhagen stehen die Salzpreise ziemlich hoch, deswegen ist das Beßte, du segelst nach Kopenhagen und frägst bei deinen Correspondenten an. Er fragte mich hierauf: wie heißen deine Correspondenten? ich nannte ihm dieselben, worauf er sagte: nun das ist gut, denn jene sind auch die Meinigen, und ich will dir einen Brief mitgeben, worin ich ihnen melden werde, daß wenn sie dort das Salz verkaufen können, du dann in Kopenhagen löschen sollst, wo nicht, so sollen sie dir Ordre geben nach Reval zu segeln, um daselbst zu löschen. Ich empfing den Brief von dem Herrn van Deürs, und segelte nach Kopenhagen, ankerte auf der Rhede, fuhr mit meiner Schalupe an Land, ging zu meinen Correspondenten und übergab den Brief des Herrn van Deürs. Meine Correspondenten sagten mir: kommen sie nur mit ihrem Schiffe in den Hafen, wir wollen das Salz hier verkaufen und das Schiff hier auslöschen. Ich holte das Schiff in den Hafen ein, und weil es mit dem Verkauf zögerte, so fragte ich meine Correspondenten: ob ich meine Leute nicht abdanken könnte, um die hohe Monatsgage zu sparen, denn wenn ich ans Löschen käme, könnte ich dies wohlfeiler mit Schauerleuten thun. Sie sagten: ja, thue es. Ich dankte also meine Besatzung ab. Mein großer Mast war auf der Reise beschädigt worden, indem der Top desselben einen Bruch bekommen; ich ließ also durch Schauerleute den großen Mast abtakeln, um ein paar Schalen an den Top befestigen zu können, und siehe da, wie ich nach einigen Tagen aufs Comptoir bei meinen Correspondenten kam, so sagten diese mir: sie könnten mir hier mein Salz nicht löschen lassen, denn der Preis wäre zu niedrig. Was, erwiederte ich, sie wollen mich hier nicht löschen lassen? weswegen haben sie mir denn Ordre gegeben, mit dem Schiffe hier in den Hafen einzuholen? Sie sagten, sie hätten mir keine Ordre gegeben, daß ich im Hafen einkommen sollte um zu löschen; ich sollte jetzt nur eilen, um nach Königsberg hinzukommen. Ich wurde durch diese Antwort natürlich sehr aufgebracht, und meine Leute hätte ich abgedankt, mein großer Mast wäre abgetakelt und sollte reparirt werden etc.; kurz, ich könne nicht gleich absegeln. Alles dieses veranlaßte den unangenehmen Briefwechsel mit meinen Herren. Den Vormittag wie ich diesen Vorfall auf dem Comptoir gehabt, begegnete ich dem Schiffer-Aeltermann Herrn Kiölsen; ein alter würdiger Mann, mit dem ich bekannt war. Dieser sah es mir an, daß ich mich geärgert hatte, und fragte mich: warum sehen sie so verdrießlich aus? ich sagte: denken sie sich, meine Correspondenten wollen meine Ladung hier nicht löschen, und leugnen, daß sie mir Ordre gegeben haben, hier mit meinem Schiffe in den Hafen einzukommen. Der Aeltermann antwortete: haben sie sich denn nicht die Ordre schriftlich geben lassen? ich sagte: nein, darf ich einem Kaufmann nicht auf sein Wort glauben? er erwiederte: ja, es sollte so sein, allein sie hätten doch ihre Ordre schriftlich nehmen sollen. Deswegen, lieben Kinder, nehmt nie eine Ordre von Bedeutung mündlich an, und wenn auch die Kaufleute böse werden sollten, daß ihr Mistrauen in ihre Worte setzet, dann sagt: es ist um Lebens und Sterbens willen nöthig, eine Ordre schriftlich zu haben, und ich verlange dieselbe auch von euch.

Ehe ich von Kopenhagen absegelte, es war im August 1784, legte ich mein Steuermanns-Examen, vor dem Commandeur Laus ab. Dieser sagte zu mir, wie er mir das Steuermanns-Patent gab: sie sind ein guter Navigateur. Der zweite Fall den ich euch erzählen wollte, ist dieser: in diesem Jahre (1831) den 24. Juni auf St. Johannistag, dachte ich Morgens darüber nach: heute ist es nun 50 Jahre, als du durch Gottes Güte avancirtest und Steuermann wurdest; wie viel Gutes hat der liebe Gott in diesem verflossenen halben Jahrhundert dir erzeiget; diese kannst du nicht einmal überdenken, vielweniger aussprechen, aus wie vielen Gefahren und Noth hat er dich gleichfalls errettet und wie oft Unglück von dir abgewandt etc. du sollst heute in die Kirche gehen, und dem lieben Gott auch im Stillen für dich daselbst danken, dieses alles dachte ich bei mir selbst, und deswegen ging ich (da der St. Johannistag in Altona nicht gefeiert wird) in die St. Paulikirche auf dem Hamburgerberg, wo ich oft hingehe, weil ich den Herrn Pastor Horn gerne und immer zu meiner Erbauung höre. Weil es nun meine Gewohnheit ist, daß ich ziemlich früh in die Kirche komme, und oft der Gottesdienst noch nicht angefangen ist, so setze ich mich dann auf meinen Platz nieder und lese einen guten moralischen Gesang, oder ich denke an sonstige gute Dinge; auch an diesem Tage kam ich etwas früher als der Gottesdienst angefangen, in die Kirche und wie ich mich auf meinen Platz niedergesetzt hatte, und mein Hamburger Gesangbuch aufschlug, so fiel mein Auge auf den Gesang, welchen ich aufgeschlagen; es war No. 250 Dir trau ich Gott etc. Dieser Gesang war mir unbekannt, auch weiß ich nicht, ob ich je denselben gesungen, deswegen las ich den ersten Vers, der so lautet: Dir trau ich Gott und wanke nicht, wenn mir gleich meiner Hoffnung Licht beinahe ganz verschwindet; mein Helfer und mein Gott bist Du, durch den mein Herz doch endlich Ruh und Freude wieder findet. Von jeher hast Du mich geführt, und meines Wandels Lauf regiert; mit segenvoller Vaterhand so manche Noth hinweg gewandt. Unendlicher, ich trau auf Dich, Du leitest mich, ich kämpf' und siege Gott durch Dich. – Sonderbar kam es mir bei Lesung dieses Verses vor, wenn ich dachte, daß in demselben Alles stehe, weswegen ich heute in die Kirche ging, nemlich nachzudenken, wie der liebe Gott mich seit den letzten 50 Jahren geleitet und geführt, und wie viel Unglück und Gefahr er von mir abgewendet. Mußte ich nun nicht denken: o lieber Gott, du denkst noch an mich. – Lieben Kinder, kann und darf man aus solchen Erfahrungen nicht schließen, das eine höhere Hand Alles leitet? mir geben sie wenigstens Beruhigung und

Trost bei Leiden, mögen auch einige, die dieses vielleicht zu lesen bekommen, dieser Einfalt spotten, es für Schwärmerei und Aberglauben achten, oder spöttisch darüber lächeln; ihr, lieben Kinder, thut es gewiß nicht.[128]

Ja, wenn der liebe Gott sowie der Mensch überall selbst Hand anlegen müßte, wenn Menschen getröstet oder geholfen werden müssen, dann wäre es ganz etwas anders. Aber wenn Gott gebeut, so steht Alles da. Wie groß ist die sichtbare Welt und wie unzählig die lebenden Geschöpfe, welches jedes an seinen Platz gewiesen ist. Der Mensch hat auch, ein jeder seinen Beruf und angewiesene Arbeit. Sollte wohl der Geister-Staat weniger groß sein, wie die Körper-Welt? sollten diese Geister nicht auch jeder von dem höchsten Wesen seinen Platz auf dem er wirken soll, angewiesen sein, um darin zu wirken, was ihm aufgetragen? Auch werden da wohl keine Vetterschaften gelten, um nur einen erledigten Platz auszufüllen, sondern jeder wird auf den rechten Platz gestellt sein, dieses kommt mir sehr wahrscheinlich vor.[129] Wir lesen ja auch selbst in der heiligen Schrift, daß es verschiedene Klassen von Engeln, oder höheren Geistern giebt, als Kinder-Engel, Cherubim und Seraphim etc. Doch ich will hierüber nicht grübeln, ich werde bald dahin gelangen, um zu erfah-

[128] Es giebt ja freilich Menschen, denen es in der Welt so wohl geht, und dessen Voraltern so viel zusammen gescharrt und nachgelassen, daß sie von Nahrungssorgen befreit sind, und ein gemächliches Leben führen können; als des Morgens sich lange im Bette herumwälzen, den Tag über in Kaffee- und Weinhäuser, beim Billard etc. sich vergnügen, sich ein Reitpferd etc. halten, und so jeden Tag in Lust und Freude leben; solche Leute denken denn auch gewöhnlich wenig an Gott, haben ihn ja auch, wie sie meinen, nicht nöthig; sie haben ja Alles was sie wünschen und nicht nöthig, um etwas zu bitten, diese mögen über mich lächeln. Allein ein Mensch der in dem niedern Stand lebt, und einen gefahrvollen Beruf hat; dieser wird über meine Anführungen und Behauptungen nicht lächeln, denn er wird selbst fühlen, wie oft er den lieben Gott nöthig gehabt hat. Ihr ältern meiner Kinder habt es ja selbst erlebt, wie in der Belagerungszeit die Menschen hier auch frömmer waren, als wie sonst, und daß damals Viele zu Gott beteten, die sonst wenig an ihn dachten. Wie oft hörte man derzeit sagen: Gott kann und wird uns helfen; alle setzten in der Zeit ihre Zuversicht auf Gott. Besser wäre es, wenn die Menschen sich eben sowohl in guten, als in bösen Tagen zu Gott hielten. Dies wäre recht, wenn sie es thäten; ich habe immer meine Beruhigung darin gefunden, daß ich all mein Thun mit Gott überlegte, und ihn um seinen Beistand bat.

[129] Denn daß wir, wie einige sagen, nach diesem Leben im Himmel sitzen werden und nur heilig! heilig! heilig! singen, dieses glaube ich nicht, denn wir werden nicht müssig sein dürfen, sondern jedem wird ein Wirkungskreis angewiesen werden.

ren, wie es jenseits des Grabes aussieht, und ich hoffe, der liebe Gott wird mir dort einen Platz anweisen, worin ich wirken und ihm wohlgefällig sein kann; mag er auch noch so niedrig und gering sein, als er will, wenn ich nur weiß, daß ich im Dienste meines Gottes bin, denn ich glaube, man kann dem lieben Gott in jedem Stande, sei er so hoch oder niedrig als er immer wolle, wohlgefällig leben.

Auch glaube ich mit Zuversicht, daß mein Geist nach des Leibes Tode fortleben wird. Jesus lehrt dies bestimmt und deutlich, und unsere Vernunft, diese Tochter des Himmels, uns Menschen von Gott gegeben, hat auch Gründe dafür; denn wie weit ist der Geist, der im Menschen wohnt, in den Wissenschaften fortgeschritten, er mißt die Bahnen der Himmelskörper, und sein Erfindungsvermögen, wie groß ist dieses! Sollte nun der liebe Gott wohl einen solchen Geist vernichten und statt dessen täglich neue Geister erschaffen? Ist es nicht vielmehr glaubwürdig, daß der Geisterstaat eben sowohl fortgepflanzt wird, wie wir hier auf der Erde sehen daß Alles durch die natürliche Fortpflanzung erhalten wird und fortbesteht? Mir deucht dieses sehr wahrscheinlich. – Ich will deswegen meinem Tode ohne Furcht entgegen sehen, denn ich glaube fest, Gott ist ein gütiger Gott und liebender Vater, der den Menschen ihre Fehler und Gebrechen gern vergiebt. Daß der liebe Gott besser ist als der beste menschliche Vater, darf man ja wohl dreist und ohne Widerspruch behaupten, und welcher gute Vater würde wohl so hart seyn, daß, wenn sein Sohn, der ihm viel Verdruß und Kummer gemacht hatte und tief in Laster und Untugend versunken gewesen war, sich bekehrt, mit reuevollem Herzen zu ihm kommt, ihn um Verzeihung bittet und verspricht, sich hinfüro gut aufzuführen, er ihn nicht in seine Arme schließen und ihm verzeihen würde? und der menschliche Vater kann doch nicht in das Innerste des Herzens seines Sohnes sehen, um zu beurtheilen ob seine Reue aufrichtig und es ihm wirklich Ernst ist sich zu bessern. Gott aber durchschauet Alles, und wenn er nun sieht, daß der Mensch wahre Reue fühlt und es ihm mit seiner Besserung wirklich Ernst ist, dann sollte er nicht vergeben? Ja gewiß, Gott begnadigt! – Jesus lehrt dies auch deutlich in dem wahrhaft göttlichen 15ten Capitel des Evangelisten Lucas an dem Beispiel des verlornen Sohnes; wie dieser, in Laster versunken, in sich ging und zu sich selbst sprach: ich will mich aufmachen und zu meinem Vater gehen und zu ihm sagen: Vater, ich habe gesündigt im Himmel und vor dir, und bin fortan nicht mehr werth, daß ich dein Sohn heiße etc. Weiter fort sagt Jesus: da er noch ferne von dannen war, sah ihn sein Vater, und es jammerte ihm, er lief ihm entgegen, fiel ihm um den Hals und küßte ihn. – Der menschliche Vater, den Jesus uns hier als ein Gleichniß aufstellt, vergiebt seinem Sohne;

sollte denn der liebe Gott nicht eben so gütig seyn als der Mensch? ja gewiß! Gott ist die Liebe und Güte selbst. Ich stelle mir vor, daß, wenn ich nun den Gang nach der Ewigkeit thun soll, ich zu einem guten und lieben Vater komme, der mir meine Fehler und Schwachheiten, die ich in diesem Leben mir habe zu Schulden kommen lassen, gnädig verzeihen wird; sollte indessen die Gerechtigkeit Gottes es hindern, daß eine gänzliche Verzeihung zulässig wäre, und ich mithin einige Strafe verdienen, so wird selbe nach eben der Gerechtigkeit Gottes doch auch nur dem Verbrechen angemessen seyn und nicht ewig währen, (wie einige Pfaffen etc. uns weiß machen wollen, um über die Gewissen der Menschen zu herrschen) und wenn die Zeit der Strafe überstanden ist wird der himmlische Vater mich in einen höhern Wirkungskreis versetzen,[130] wo ich fehlerfreier seinen Willen vollbringen kann. Ich flehe seine Gnade an, hoffe auch diese zu erlangen und von Strafen befreit zu werden. Gott sah zwar alle meine Fehltritte, aber er sah auch meine Reue und mein immerwährendes Bestreben einen ihm wohlgefälligen Wandel zu führen. Ich sehe also meinem Tode mit Ruhe entgegen und fürchte mich nicht, denn ich habe, so viel ich konnte, mein Tagewerk gut vollbracht. Meine lieben Kinder, seyd und bleibet daher bei meinem Absterben ruhig, vertraut auf Gott und setzet eure Hoffnung auf ihn, denn so wie er mir immer geholfen, wird er auch euch helfen! Amen.

Mein Sohn Wilhelm sollte diesen Herbst confirmirt werden; um ihm dieses vorzustellen, daß er seinen Taufbund erneuen und sich nun in die Gemeinschaft der Christen aufnehmen lassen sollte, schrieb ich einen Aufsatz an ihn und gab ihm demselben, damit er ihn während der Zeit daß er zu dem Herrn Doctor und Pastor Funck ging, um mit den andern Confirmanden auf die Corfirmation vorbereitet zu werden, öfters lesen und über das darin Gesagte Betrachtungen anstellen möchte. Da ich nun glaube daß dieser Aufsatz auch euch, meine jüngern Kinder und Enkel, nützlich seyn kann, so will ich selben hier mittheilen, und kann ihn Jeder von euch abschreiben, seinen Namen, statt Wilhelm, darüber setzen und es so annehmen, als ob ich ihm denselben auch gegeben hätte. Dieser Aufsatz lautet wie folgt: »Mein lieber Sohn Wilhelm Eschels, da du dich jetzt vorbereitest deinen Taufbund zu erneuen, und dich in die Gesellschaft der Christen aufnehmen lassen willst, so ist es doch wohl vor allen

[130] Denn ich glaube auch, wir Menschen werden dort von einer Stufe zur andern fortschreiten und nie stille stehen, sondern werden vielleicht zuletzt unser ganzes Daseyn, was wir von Anfang desselben gewesen, überschauen können, und uns dann wundern, wie klein und unbedeutend dasselbe zuerst war. –

Dingen nöthig, daß du weißt was ein wahrer Christ ist, denn Viele nennen sich Christen mit dem Munde, aber in der That sind sie es nicht. Jesus Christus ist der Stifter und erste Lehrer der christlichen Religion; also muß man auch auf das hören und achten, was er uns lehrte, und dann diese seine Lehren, die er uns gegeben, befolgen, um dadurch Gott wohlgefällig zu werden. Jeder Mensch wünscht hier glücklich zu seyn, und einst nach dem Tode selig zu werden und in das Himmelreich zu kommen oder das ewige Leben zu ererben. Nach dem Evangelisten Lucas, im 10ten Capitel im 25sten Vers, stand ein Schriftgelehrter auf, fragte Jesu und sprach: Meister, was muß ich thun, daß ich das ewige Leben ererbe? Jesus sagte: wie stehet im Gesetz geschrieben, wie liesest du? hierauf antwortete der Schriftgelehrte: du sollst Gott, deinen Herrn, lieben von ganzem Herzen, von ganzer Seele, von allen Kräften und von ganzem Gemüth, und deinen Nächsten als dich selbst. Jesus sagte hierauf: du hast recht geantwortet, thue das, so wirst du leben (und nach Matthäi, im 22sten Vers des 40sten Capitels, hängt das ganze Gesetz und die Propheten von diesem Gesetze ab). Der Schriftgelehrte wußte also dieses höchste Gebot im Gesetz auch, aber er war noch nicht mit sich darüber einig, wen er als seinen Nächsten zu betrachten hatte, und glaubte vielleicht: nur meine Anverwandte, Freunde, Landsleute oder Glaubensgenossen sind meine Nächsten, und wollte nun auch von Jesu wissen, wen er als seinen Nächsten zu betrachten hätte, und fragte ihn also: wer ist denn mein Nächster? Jesus nahm hierauf einen Menschen aus einem Volke, das bei den Juden am allerverachtesten und verhaßtesten war, nemlich einen Samariter, zum Vorbild. — Weil diese Samariter etwas aus der jüdischen Religion angenommen und mit in ihre heidnische vermengt hatten, so waren die Samariter bei den Juden noch mehr verhaßt und verachtet als die Heiden selbst, so wie es jetzt noch in der Welt ist, daß die Religionsverwandten, die weniger von einander abweichen, einander verhaßter sind als die, welche weiter von einander abweichen. So z. B. sieht der Spanier (die Aufgeklärten und Guten in jeder Nation nehme ich immer aus) als Katholik, die Mahomedaner oder Türken weniger mit Abscheu an, als die Lutheraner, die er Ketzer nennt. Ich rede aus Erfahrung, denn ich habe dies in mehreren Ländern oft selbst gesehen. — Jesus läßt also einen so verachteten und verhaßten Samariter als Nächster an dem von Mördern und Räubern geschlagenen Juden, welchem von dem rechtgläubigen Priester und Leviten nicht geholfen wurde, handeln, so daß selbst der Schriftgelehrte den Ausspruch thun muß, daß der Samariter der Nächste gewesen sey, der sich des unglücklichen geschlagenen Juden angenommen; worauf Jesus ihm sagte: So gehe hin und thue desgleichen.[131] Hier lehrt uns Jesus ja deutlich wie man Gott wohlgefällig seyn kann, nemlich durch Gutes wirken und überall edel und gut zu handeln. Darum, lieber Sohn, bestrebe dich immer und bei allen Gelegenheiten, Jedermann, er mag seyn wer er will, und sich zu einer Religion bekennen wozu er will, zu helfen wo du kannst. So du dieses thust, wirst du ein Gott wohlgefälliger Mensch werden; du magst dann in der Welt hinkommen wohin es auch ist, und dir mag überkommen was da will, Freude oder Leid, Glück oder Unglück, bist du dir bewußt, daß du einen gnädigen Gott hast der dein Freund ist, so kannst du bei allen dich treffenden Schicksalen ruhig seyn, und solltest du fehlen oder durch menschliche Schwachheiten zu Fall kommen (vorsätzlich und mit Bedacht wirst du nicht sündigen), so stehe gleich wieder von deinem Falle auf, bitte den lieben Gott um Verzeihung, und wenn dies dein wahrer Ernst ist, so nimmt er dich wieder auf in seine Arme, welches uns Jesus in dem Beispiel des verlornen Sohnes, Luc. 15 Vers 20, lehrt. – Du wirst nun, nachdem du confirmirt bist und dich in die Gemeinschaft der Christen hast aufnehmen lassen, zum heiligen Abendmahl gehen. Der Herr Jesus hat dieses Mahl zu seinem Andenken gestiftet, daher heißt es im rechten Sinne des Worts ein Gedächtniß-Mahl. Der Herr Jesus saß das letzte Mal mit seinen Jüngern zu Tische um mit ihnen das Oster-Lamm zu essen; er wußte es bestimmt, daß seine Feinde, die Schriftgelehrten und Pharisäer, denen er so oft die Wahrheit gesagt und ihre Ungerechtigkeiten gerügt hatte, nicht eher ruhen würden, als bis sie ihn aus dem Wege geräumt und weggeschafft hätten, und daß dies das letzte Oster-Lamm wäre, welches er mit seinen Jüngern essen würde; er wollte deshalb gleichsam Abschied von ihnen nehmen. (So wie es auch wohl noch jetzt in Familien passirt, daß, wenn ein Mitglied derselben weit verreisen soll, man sich dann zu einem Abschieds-Mahle versammelt, und der, welcher abreisen will, dann mitunter sagt: denket oft an mich und vergeßt meiner nicht; worauf die Andern ihm gewöhnlich antworten:

[131] Möchten doch die Glaubenspriester und Verfinsterer der christlichen Religion hieraus lernen, daß der Kern der Lehre Jesu der ist: Gott über Alles und seinen Nebenmenschen als sich selbst zu lieben. Sie sehen hier ja deutlich, daß nicht vom Glauben, sondern allein vom Thun die Rede ist; man darf auch sicher annehmen, daß beim Eintritt in die Ewigkeit nicht gefragt werden wird: was hast du geglaubt, sondern vielmehr wird darnach gesehen werden, was der Mensch gethan und wie er in seinem Leben gehandelt hat. Sollten auch einige Lehrer mehr auf den Glauben als auf das Thun gedrungen haben, so sage ich mit Christo: der Jünger ist nicht über seinen Meister, und der Apostel nicht über den, der ihn gesandt hat.

nein, Lieber, wir wollen deiner nicht vergessen, sondern oft an dich denken und von dir reden etc. etc.; eben so sagte auch Jesus: so oft ihr bei eurem Mahle zusammen kommt um zu essen und zu trinken, so gedenket an mich.) Lies die letzten Lehren und Reden, welche Jesus seinen Jüngern gehalten, in dem Evangelium Johannes im 13ten, 14ten und 15ten Capitel, selbst nach. Hier bei dieser Mahlzeit hat gewiß auch Jesus den Jüngern seine Lehren empfohlen, damit sie darnach handeln und sie ausüben möchten; seinem Beispiel, das er ihnen gegeben, zu folgen; denn daran, sagte er, wird Jedermann erkennen daß ihr meine Jünger seid, so ihr Liebe unter einander habt; und liebet ihr mich, so haltet meine Gebote. Ferner seid ihr meine Freunde, so ihr thut was ich euch gebiete; auch dies ist mein Gebot, daß ihr euch unter einander liebet. Jesus war so fest davon überzeugt, daß seine Lehre von Gott sei, daß er darauf sterben wollte, und selbe mit seinem Tode besiegelte, um auch seine Jünger davon zu überzeugen. Er sagte ja auch selbst, diese Lehre ist nicht mein, sondern des Vaters, der mich gesandt hat. Auch ermahnte Jesus seine Jünger, in seine Fußstapfen zu treten. – Wie nun Jesus das ihm von seinem himmlischen Vater übertragene Geschäft ganz vollbracht hatte, so konnte er auch am Abend seines Lebens mit Recht sagen: nun aber gehe ich hin zu dem, der mich gesandt hat; nemlich: ich gehe hin zu meinem Vater und zu eurem Vater, zu meinem Gott und zu eurem Gott; denn er hatte sein Tagewerk treu vollbracht. Jeder Mensch ist von Gott in die Welt gesetzt, und ein Jeder hat seinen Wirkungskreis, der ihm von Gott angewiesen ist; wohl dem Menschen, der treu darin arbeitet; er kann dann auch am Ende seines Lebens, so wie Jesus, sagen: nun gehe ich hin zum Vater und nicht zu einem strengen Richter. Darum, lieber Sohn, lebe in der Welt so, wie du wenn die Todesstunde kommt wünschen wirst gelebt zu haben.« –

»Lieber Sohn, du wirst nun, nachdem du confirmirt bist, zum ersten Mal das Gedächtniß-Mahl Jesu feiern. Wenn du nun hingehst zu diesem Mahle, welches Jesus stiftete, so denke nach, wie er in der Welt lebte und handelte; der Apostel Petrus sagt von Jesu in der Apostelgeschichte Capitel 10 Vers 38: Er ging umher und that wohl, und er ließ sein Lehren und Gutes thun nicht nach, obgleich er sich dadurch Feinde, und zwar mächtige Feinde, zuzog, sondern wirkte fort, so lange es für ihn Tag war; und was war sein Lohn dafür auf dieser Welt? der Tod am Kreuze. Denke du dann: ich will dir, o Jesu, nachfolgen, immer thun wie du thatest, nemlich Gutes wirken allwo ich kann, und mich nach deinen Lehren richten, um ein Gott wohlgefälliger Mensch zu werden; damit du doch auch für mich nicht vergeblich gestorben bist. Wenn du, lieber Sohn, jedesmal mit solchen Gesinnungen, die du aber auch nachher in Thaten ausüben mußt, zum Altar des Herrn hintrittst, dann feierst du das Abend- oder Gedächtnißmahl Jesu recht. Wie rührend und herzerhebend ist es auch, wenn man bei dem Hinzutreten zum Altare siehet, wie sie alle kommen und sich demselben in frommer Andacht nähern, um sich zu vereinen, und wie alle da entschlossen sind, gut und fromm in Zukunft mit einander zu leben. Wie sich da alle als christliche Brüder und Schwestern betrachten, sich entschließen, inskünftige friedlich und in Freundschaft zu leben und einander zu helfen wo sie es können, und sich immer mehr in dem Bunde, der sie mit Jesu verbindet, zu befestigen; ich sage, wie rührend und herzerhebend ist dies zu sehen. Wenn du dich nun, lieber Sohn, unter dieser Zahl befindest, dann denke: diese kommen alle und wollen besser werden, und sich nach Jesu Befehl in Zukunft als fromme Brüder und Schwestern gegen einander bezeigen; auch ich will immer besser werden und Keinen kränken, sondern ihnen in allem behülflich seyn, und nach dem Vermögen und den Kräften, die mir der liebe Gott verleihen wird, im Guten fortwirken. Wenn du nun, mein lieber Sohn, mit solchen Gesinnungen und dem Vorsatz, selbe in der That auszuüben, das Gedächtnißmahl Jesu feierst, so feierst du es recht und nicht unwürdig. – Aus den Kinder-Jahren trittst du jetzt heraus und in die Jünglings-Jahre; und wie wird ein Jüngling seinen Weg unsträflich wandeln? Wenn er sich hält nach Gottes Wort. Lieber Sohn, dein Leben lang habe du Gott vor Augen und im Herzen, und hüte dich, daß du in keine Sünde willigest, noch thust wider Gottes Gebot. Gedenke immer daran: die Welt vergeht mit ihrer Lust, wer aber den Willen Gottes thut, der bleibt in Ewigkeit. – Ich segne dich mit dem Segen, mit dem der Herr sein Volk zu segnen befohlen hat. Der Herr segne dich und behüte dich; der Herr lasse dein Antlitz leuchten über dir und sey dir gnädig; der Herr erhebe sein Angesicht auf dich, und gebe dir seinen zeitlichen und ewigen Frieden! Amen.«

Schlußwort

Hiermit will ich nun meine Lebensbeschreibung enden, und ich kann sie wohl nicht besser als mit dem schönen Liede, welches von der Vorsehung handelt, beschließen; dieses lautet wie folgt:

Der du das Loos von meinen Tagen
Und meines Lebens Glück und Plagen
Mit Güt' und Weisheit mir bestimmt:
Dir, Gott, dank' ich mit frohem Herzen,
Das seine Freuden, seine Schmerzen
Gleich gern aus deinen Händen nimmt.

Du hast im Lauf von meinem Leben
Mehr Glück als Leiden mir gegeben,
Mehr Gut's als ich verdient, bescheert.
Muß ich den Abend lang auch weinen,
Läßt du mir doch die Sonne scheinen
Wenn kaum der Morgen wiederkehrt.

Soll ich nach deinem Wohlgefallen
Durch mancher Prüfung Enge wallen
Die Fleisch und Blut mir schwerer macht,
So will darum nicht verzagen,
Ich weiß, du bist bei meinen Plagen
Stets auf mein wahres Wohl bedacht.

Selbst aus des Lebens Bitterkeiten
Weißt du mein Glück mir zu bereiten,
Und schaffst aus Finsternissen Licht.
Du bahnst für mich die rauhen Stege
Und leitest mich auf meinem Wege
Wenn Licht und Leitung mir gebricht.

Drum soll vor dir mein Herz sich stillen;
Ich weiß, daß, Herr, ohn' deinen Willen
Kein Haar mir von dem Haupte fällt.
Auf dich allein will ich vertrauen
Und meiner Zukunft Hoffnung bauen
In einer unbeständ'gen Welt.

Ja, Herr, es sey mein künftig Leben
Ganz deiner Leitung übergeben,
Bis dieses Körpers Bau zerbricht.
Ob Berge fallen, Hügel weichen
Und Welten sich zum Absturz neigen,
So weicht doch deine Gnade nicht.

Altona, den 1. October 1831.

Jens Jacob Eschels.

So weit hatte ich geschrieben und glaubte, daß ich hiermit meine Lebenbeschreibung beendet hätte, denn daß mir noch etwas Außerordentliches begegnen sollte, dies ahndete ich nicht; ich glaubte einen ruhigen und vergnügten Winter zu haben, denn ich fühlte mich im Besitz einer guten Ehefrau und wohlgerathener Kinder in meinem häuslichen Kreise sehr glücklich. Ich hatte alles was man zum Winter nöthig hat angeschafft, und mir deuchte es fehlte an nichts. Allein der liebe Gott hatte es anders beschlossen; denn ehe der Monat October zu Ende war, hatte mich der härteste Schlag getroffen, der mich in meinem Alter treffen konnte, indem meine gute liebe Frau, die mich in meinem Alter so treulich hegte und pflegte und mir dasselbe verschönerte, plötzlich und unvermuthet nach einer dreitägigen Krankheit mir durch den Tod entrissen wurde. Es ist Gottes Wille so gewesen, und so sage ich: nicht mein, sondern des Herrn Wille geschehe; und mit Hiob: der Herr hats gegeben, der Herr hats genommen, des Herrn Name sey gelobet! und so wie Hiob auch in Unglück und Betrübniß seinen Grundsätzen treu blieb, so soll auch alle der Kummer und die Betrübniß, die mir durch das Hinsterben meiner lieben Gattinnen und erwachsenen guten tugendhaften Kinder begegnet sind, mein Gottvertrauen nicht mindern, sondern ich will mich fest an dem lieben Gott halten und nicht trostlos verzagen, sondern denken, daß denen die Gott lieben, alle Dinge zum Besten dienen müssen, und daß der liebe Gott am Ende doch alles wohl machen wird. – Am 23. October war in meinem Hause noch Alles wohl; mein Sohn Wilhelm wurde an diesem Tage in der Kirche mit den andern Confirmanden von dem Herrn Doctor und Pastor Funck confirmirt und in die Gemeinschaft der Christen aufgenommen. Ich und meine liebe Frau und Kinder waren auch in der Kirche und wohnten dieser heiligen Handlung bei; als wir aus der Kirche nach Hause kamen, waren wir vergnügt bei einander. Am Montage den 24. October war es schönes Wetter, und da Wilhelm an diesem Tage noch zu Hause blieb und erst am Dienstag an sein Geschäft gehen sollte, so machten wir des Nachmittags mit einander

Eschels' Wohnhaus in der Großen Elbstraße in Altona. Lithographie um 1840. Aus: Die Bau- und Kunstdenkmale der Freien und Hansestadt Hamburg, II, 1959, bearb. von Renata Klee Bobert

Tasse mit dem Wohnhaus Eschels' (Privatbesitz Nötel)

einen Spatziergang nach dem Hause des Herrn Albert Timmermann in Othmarschen, wo wir, wie es oft geschah, einen vergnügten Nachmittag im Garten mit einander zubrachten, des Abends 5½ Uhr nach Hause kamen und freuten, vor dem Winter noch einmal einen vergnügten Tag mit einander genossen zu haben. Alles war wohl in meinem Hause, und wir aßen um 8 Uhr vergnügt mit einander unser Abendbrodt; allein um 8¾ Uhr ward unsere Freude in Betrübniß verwandelt; unsere Köchin, die ihr Abendbrodt und Thee, so wie wir, gesund und wohl genossen, wurde mit einem Male krank, bekam Schwindel, Kopfschmerzen, und fing an sich zu brechen, so daß die Zeichen der Cholera, wie die Doctoren selbe beschrieben, da waren.[132] Obschon ich mich vor dieser Krankheit nicht fürchtete, so hatte ich doch alles, was von den Doctoren angeordnet war, um schleunige Hülfe zu haben, in meinem Hause angeschafft; als: Kruken, Kamillen, Flieder, Pfeffermünz, Senfmehl etc., denn mein Grundsatz, auch im Seefahren, war: Alles, was nichts schaden kann, wenn man es auch nicht nöthig hat zu gebrauchen, zu thun um Unglück abzuwenden, damit, wenn Gott dann ein Unglück zuschickt, man die Beruhigung hat, ich habe das mir mögliche gethan, und bin durch Vernachlässigung nicht schuld an dem Unglück.

Ich lief selbst gleich hin nach meinem Hausarzt, Herrn Dr. Prigge, und da dieser nun nicht zu Hause war, lief ich gleich nach dem Special-Bureau, und der Herr Dr. Levy ging augenblicklich mit mir in mein Haus; er untersuchte die Krankheit des Mädchens, und fand es gut, daß wir warme Wasserkruken ins Bett gelegt und ihr Kamillenthee zu trinken gegeben; auch lag das Mädchen schon im Schweiß als der Doctor kam. Er verschrieb dem Mädchen Medicin, welche ich selbst von der Apotheke holte; auch ließ ich die Mutter des Mädchens, die in Ottensen wohnte, holen, um bei ihrer Tochter zu wachen. Wir hatten uns beim Abendessen, da Alles noch wohl in meinem Hause war, schon auf den folgenden Tag gefreut, denn es war der 25. October, der Geburtstag mei-

[132] Die Doctoren, welche diese Krankheit nie selbst gesehen, und im Grunde von derselben gar nichts verstanden, wie der Ausgang gelehrt (indem sie, als sie mit der Krankheit erst mehr bekannt wurden, andere Mittel, die heilsamer als die ersten waren die sie empfohlen hatten, anwendeten), machten Vorschriften bekannt, und schilderten diese Krankheit so fürchterlich, daß viel Unglück durch ihre Schreibereien entstanden ist und viele Leute vor Angst und Schrecken krank geworden sind, welches nicht geschehen seyn würde, wenn nicht eher etwas über selbe geschrieben worden wäre, als bis sie da war. Die Erfahrung hat es gezeigt, daß diese Krankheit nicht so fürchterlich ist, als die Doctoren sie beschrieben haben.

ner Zwillingskinder, Fritz und Mathilde. Leider konnten wir denselben nicht vergnügt feiern; denn am 25. October des Vormittags um 10 Uhr sagte meine liebe Frau zu mir: ich befinde mich nicht recht wohl; ich habe hier einen Druck an der Seite; ich entgegnete: so will ich den Doctor holen. Meine Frau jedoch sagte: thue es noch nicht, es geht wohl wieder über; ich antwortete aber: es ist besser bei Zeiten, und lief selbst gleich nach dem Doctor, welcher auch schon nach einer Viertelstunde in mein Haus kam. Er sah meine Frau so bedenklich an, daß ich ihn fragte: ist es nicht gut Herr Doctor, daß ich sie geholt habe? meine Frau wollte warten, ob es nicht von selbst besser würde. Der Doctor entgegnete: ja wohl ist es gut, nun kann ich der Krankheit noch zuvor kommen. Meine liebe Frau mußte sich ins Bette legen, heißes Wasser in Kruken wurde ins Bett eingelegt und sie mußte Kamillenthee trinken, um in Schweiß zu kommen, was denn auch geschah, so daß der Doctor, ich und die Meinigen glaubten, daß die Krankheit gehoben, und sie nach einigen Tagen wieder gesund und wohl werden würde, denn sie war munter und glaubte selbst, sie würde bald wieder aufstehen können. Doch der liebe Gott hatte es anders beschlossen, denn den 28. October klagte sie, daß sie so ängstlich wäre. Der Doctor ließ sie zur Ader; es schien nicht, daß die Krankheit zunahm. Der Doctor verschrieb ihr Abends um 7 Uhr eine andere Medicin, von welcher sie alle 2 Stunden einen Eßlöffel voll einnehmen sollte. Des Nachmittags hatte meine Frau zu mir gesagt, daß ich eine Aufwärterin für sie annehmen sollte, um des Nachts bei ihr zu wachen; ich entgegnete: ich will noch selbst bei dir bleiben und dich aufwarten. Sie sagte jedoch, du kannst es nicht aushalten, denn die vorige Nacht hast du schon gewacht, deswegen nahm ich denn eine Frau als Wärterin an. Des Abends war meiner Frauen Schwester, sowie ihre Tante bei ihr, und verließen dieselbe um 8 Uhr des Abends noch ziemlich munter, nicht im geringsten ahnend, sie nicht mehr zu sprechen. Ich gab meiner Frau noch selbst um 8 und 10 Uhr, einen Löffel voll von der verordneten Medicin ein, legte mich unausgekleidet in der Stube aufs Sopha und sagte zu der Wärterin: wenn etwas vorfällt, dann klopfe nur an die Stubenthür. Um 12 Uhr wollte die Wärterin meiner Frau einen Löffel voll von der Medicin eingeben; doch weil sie schlief, so sollten wir selbe nach des Doctors Ordre nicht wecken; einige Minuten nach 12 Uhr, klopfte die Wärterin an meine Stubenthür; ich sprang gleich auf und lief hin nach meiner Frau. Die Wärterin sagte: ihre Frau will brechen; ich hob sie gleich in meine Arme auf und stützte sie; sie brach ungefähr eine Tasse voll aus. Ich legte ihren Kopf nieder aufs Kissen, aber sie antwortete mir nicht auf meine Frage, wie sie sich befände, sondern fing an zu röcheln. Ich schickte meine Söhne Wilhelm und Fritz gleich nach dem

Doctor Prigge, dieser war jedoch gleichfalls des Abends krank geworden und konnte deswegen nicht kommen, verordnete aber, daß meine Frau, einen halben Eßlöffel voll von der Medicin einnehmen sollte, welche er des Abends für meine Köchin verschrieben; doch ich konnte meiner Frau nichts mehr eingeben, denn ihre Zähne waren so fest auf einander gedrückt, daß der Mund nicht geöffnet werden konnte. Ich schickte sogleich meine jüngsten Söhne nach dem Bureau um einen Doctor holen zu lassen, und der Herr Doctor Levy kam auch gleich; doch es war keine Hülfe mehr da, um meine Frau vom Tode zu retten; das Röcheln hörte zwar auf, auch athmete sie sanft und lag ruhig bis an ihr Ende, denn um 1½ Uhr den 29. October war der Leib todt, der Geist aber bei Gott. Ihr Bruder und mein Sohn Jacob die ich hatte rufen lassen, kamen auch, jedoch einige Minuten nachdem sie entschlafen war. Ich verlohr an ihr eine liebevolle Gattin, und meine Kinder eine zärtliche liebende Mutter. Am 1. November wurde sie auf dem neu angelegten Kirchhofe, wo ich ein Begräbniß kaufte, zur Erde bestattet. Sanft ruhe ihre Asche.

Es war auch für mich ein herzergreifender Tag, nemlich der hierauf folgende Sonntag, wie ich mit meinem Sohne Wilhelm, allein und ohne die Mutter in die Kirche gehen mußte, um das Gedächtnißmahl Jesu in der Kirche zu feiern, denn nun kamen alle Eltern mit ihren Kindern, welche mit meinem Sohn Wilhelm confirmirt waren, in die Kirche; ich jedoch hatte seit der Confirmation eine liebe Ehegattin, und mein Sohn Wilhelm eine liebende Mutter verloren. Dieses war für uns Beiden betrübend. Nun stand ich wieder alleine da, und sollte den Hausstand führen; ich, der ich mich nie um denselben bekümmert hatte, es auch nie nöthig gehabt, dafür zu sorgen, denn meine Ehegattinnen waren tüchtige Hausfrauen und Haushälterinnen gewesen. Ich resolvirte also, meinen Hausstand aufzugeben, miethete ein paar Stuben bei meinem Sohn Otto Heinrich, und zog mit meinen jüngsten, unmündigen Söhnen Wilhelm und Fritz bei ihm ein zu wohnen, und wir speiseten mit ihm an seinem Tisch, für eine billige Vergütung an Kost und Logis. Meine beiden unmündigen Töchter Mathilde und Emilie, gab ich in die Kost; die eine bei meiner Schwiegertochter, Jacobs Frau, und die andere bei meiner Frauen Schwester; so stehe ich wieder einsam da, doch nicht verlassen, sondern von einem Kreise liebender Kinder und Enkel, Schwiegerkinder, sowie Schwäger und Schwägerinnen umringt, die mir alle gut sind, und mir zum Gefallen thun, was sie mir an den Augen ansehen können, welches mir eine große Freude ist, und ich es nun, als ein Mann so gut habe, wie es Jemand in der Welt haben kann; ich kann dem lieben Gott nicht genug danken, daß ich ein so ruhiges Alter habe; der liebe Gott erhalte es mir bis an meines Lebens Ende, und gebe dann, daß ich mit

Simeon sagen kann: Herr, nun lässest Du Deinen Diener in Frieden fahren, nachdem Du mir in meinem Leben so viele und ausserordentliche Wohlthaten erzeigt hast. Mir ist es oft in der letzten Zeit so vorgekommen, als wenn ich in der Welt nicht genug gethan hätte, denn in den letzten Jahren habe ich nicht so oft Gelegenheit gehabt wie früher, denn es haben sich nun weniger Leute an mich gewendet, um geholfen zu werden, oder Rath von mir einzuholen, wie es sonst geschah; wenn ich mich aber dann recht bedenke, so weiß ich mich doch nicht zu besinnen, daß ich je eine Gelegenheit versäumt habe, jemand zu rathen und zu helfen, wo ich es konnte, und der liebe Gott wolle es mir vergeben, so ich etwas mehr hätte thun können, und es nicht gethan habe. Mit einem Worte, ich habe es sehr gut, nur fehlt mir meine Frau, die mich so liebevoll wartete und pflegte. Sie ist aber hingegangen wo wir Alle hin müssen. Sie kommt nicht wieder zu mir, ich aber werde hoffentlich zu ihr kommen.

Bis hieher hatte ich im Monat November geschrieben, nicht ahnend, daß mir noch vor Jahres-Schluß eine sehr schwere Prüfung von dem lieben Gott auferlegt werden würde; Er legte mir diese Last auf, aber Er hilft sie mir auch tragen, mein Vertrauen auf dem lieben Gott habe ich fest behalten und hat mich nicht wankend gemacht, sondern ich stehe fest wie der Fels im Meer, den alle Stürme und tobende Wellen, welche über ihn herstürzen, nicht wankend machen. – In Hinsicht meines innigst geliebten Sohnes Wilhelm, von dem ich so viel hielt, und der ein so tugendhafter Jüngling war, so daß ich das beßte von ihm hoffen konnte, denn er war an Geist und Leib gesund, und es keimten viele Fähigkeiten in ihm auf, weshalb ich die beste Hoffnung hatte, daß er ein Gott wohlgefälliges und den Menschen ein nützliches Mitglied werden würde, wurde meine Hoffnung nicht erfüllt; denn es gefiel dem lieben Gott ihn aus dieser Welt, wo er viele Versuchungen zu erwarten haben würde, jung in seiner Unschuld zu sich zu nehmen, und ihn in einen höhern und bessern Wirkungskreis zu versetzen. Ich hatte ihn 1830 den 1. September in die Lehre gegeben, um die Schiffsbaukunst zu erlernen, wozu er sehr große Lust hatte; auch zeigte es sich, daß er in dem Jahr, welches er dabei war, gute Fortschritte darin machte. Weil er confirmirt werden sollte, so hatte ich bei dem Engagement mit seinem Meister die Abrede genommen, daß während der Zeit er zu einem Pastor ginge, um sich zur Confirmation vorzubereiten, er in meinem Hause bleiben sollte. Er kam also in der Mitte des Septembers nach Hause, und ging mit den andern Confirmanden des Morgens von 8 bis 9½ Uhr zu dem Herrn Dr. und Pastor Funck zum Unterricht, und sobald er von demselben zurück kam, schrieb er erst, was in der Unterrichtsstunde verhandelt war, auf, und dann reparirte er im Hause so etwas fehlte; denn er war nie müssig. Auch machte er während der Zeit, daß er zu dem Herrn Pastor ging, eine neue Jolle, sägte Planken und Einhölzer, selbst dazu, und ich sah mit Vergnügen, daß er schon in dem Jahre, welches er beim Zimmern gewesen, etwas gelernt hatte. Diese Jolle soll auch zum Andenken an ihn von der Familie aufbewahrt bleiben. Indem nun im Winter mit der Schiffszimmerei nur wenig zu thun ist, so wollte ich ihn mit Bewilligung seines Meisters, diesen Winter bei mir im Hause behalten, um in dieser Zeit das Mastmachen aus dem Grunde zu erlernen. Er kam auch damit so weit, daß er schon einen Mast, Mars und eine neue Stenge machte, welche auch, so wie die Jolle, zu seinem Andenken aufbewahrt bleiben sollen, und weil es mein Grundsatz ist, daß wenn einer ein Fach erlernen will, so soll er alles darin Vorkommende, von Grund aus lernen, deswegen sprach ich mit dem englischen Baumeister, Herrn John Martin, und dieser wollte meinen Sohn Wilhelm das Rißen der Schiffe lehren. Den 16. December, 2 Tage vor der Krankheit meines Sohnes, war ich mit Wilhelm bei ihm, um mit ihm zu accordiren, was er dafür verlange, meinen Sohn zu unterrichten. Er sagte: dies ist eine Kleinigkeit, und der Mühe nicht werth, darüber zu sprechen; wenn er dasselbe gelernt hat, so wird dies sich finden. Mein Sohn und ich sollten nur Montag den 19. December zu ihm kommen. Mich freute es zu hören, wie wir mit dem Herrn Martin sprachen, daß mein Wilhelm reiner und besser als ich englisch mit dem Herrn Martin sprach. Leider mußte ich am Montage des Morgens, statt mit Wilhelm zugleich, allein nach Herrn Martin gehen, um ihm zu sagen, daß wir beide nicht kommen könnten, weil Wilhelm gestern krank geworden sei. Dieser mein Sohn war ein gesunder, starker, schon fast ausgewachsener Jüngling in voller Blüthe, und wurde am Sonntage den 18. December nicht wohl; er ging des Abends früher als sonst zu Bette. Am Montage den 19. December des Morgens kam der Doctor; derselbe verschrieb ihm Medicin und sagte, daß er das Nervenfieber hätte, glaubte jedoch, daß es nichts zu bedeuten haben würde; aber der gute Junge fing des Abends schon an zu phantasiren, und wenn ich ihn fragte, wie er sich befände, so antwortete er: mir ist wohl, nur habe ich Schmerzen in meinen Knieen, und kann die Beine ohne Schmerzen nicht rühren. Er befand sich am Dienstage noch eben so, lag fast immer wühlend mit den Armen und Händen, und konnte nicht in Schlaf kommen. Des Mittwochs Vormittag, wie der Doctor ihn besuchte, war selber noch der Meinung, daß es keine Gefahr habe, und man hatte mir gesagt, daß der dritte Tag der gefährlichste sei, und wenn dieser vorüber sei, die Krankheit mehrentheils gehoben wäre; deswegen blieb ich stets bei ihm und sorgte dafür, daß er zur rechten Zeit seine Medicin einnähme, und ich ihm ebenfalls selbst mit der Salbe, welche der Doctor verschrieben, seinen Leib einreiben konnte. Des Nachmittags wurde er unruhiger und seine Hände wurden kalt; mein Sohn Jacob, welcher auch bei Wilhelm war, lief gleich zum Doctor um ihn zu holen. Dieser aber blieb aus bis 6 Uhr Abends ehe er kam; um 5 Uhr wurde mein Wilhelm ruhiger und er schien einzuschlummern, ich fing daher an zu hoffen daß die Krankheit gehoben wäre. Um 5½ Uhr wachte er wieder auf, und war sehr unruhig. Ich sagte zu ihm: sei nur ruhig mein lieber Sohn, deine Krankheit ist nun Gottlob gehoben und nun wirst du besser, du hast jetzt eine halbe Stunde geschlafen, lege dich wieder hin zu schlafen. Er that dies, aber nur ein paar Minuten, dann fuhr er wieder auf; ich sagte: sey du ruhig, mein Junge, Vater ist ja bei dir; klopfte ihm dabei auf die Achsel, und so beruhigte er sich drei- bis viermal, doch immer nur auf einige Minuten; hernach blieb er unruhig und antwortete nicht, wenn man ihn fragte; als endlich der Doctor kam, dieser sah wie schlimm sich die Krankheit gewendet, und wollte noch einen Arzt zu Hülfe haben. Ich ließ sogleich den Herrn Dr. Levy holen, welcher auch sofort kam; nun wurde meinem Wilhelm Eis auf den Kopf gelegt, Meerrettig, Sauerteig etc. wurde angewandt, aber alles war vergebens, sein Leben zu erhalten. Er starb, und schlief ruhig ein um 8 Uhr Abends, am Mittwochen den 21. December, in einem Alter von 16 Jahren und 17 Tagen. Was ich empfand, läßt sich nicht aussprechen, einen so lieben hoffnungsvollen Sohn sterben zu sehen, und ihm nicht helfen zu können, dies fällt einem Vaterherzen sehr schwer. Ach was hatten meine lieben Kinder und ich für einen Weihnachten! Am Weihnachtstage den 25. December, wurde mein Wilhelm an der Seite seiner frommen Mutter begraben. Sanft ruhe ihre Asche, der Geist von ihnen ist bei Gott, und sind in der Gemeinschaft aller guten Seelen, keine Qualen rühren sie an, sie haben hier auf der Welt gut und fromm gelebt und kein Böses gethan; auch sind sie jetzt von allen Lasten und Unannehmlichkeiten, die ihnen in dieser Welt hätten treffen können, befreit. Der liebe Gott gebe nun, wenn es sein gnädiger Wille ist, daß ich nun nicht mehr traurige Zusätze zu dieser meiner Lebensbeschreibung zu machen nöthig habe, sondern wenn noch etwas beizufügen sein sollte, dasselbe alsdann erfreuliche Ereignisse für mich und die lieben Meinigen sein mögen, und ich hoffe, daß der liebe Gott mir fernerhin seine Liebe und Hülfe erhalten wird, und mir Kraft verleihe, daß wenn auch noch traurige Unfälle eintreten sollten, solche geduldig zu ertragen. Mein und der Meinigen Schicksal steht in seiner Hand und sind ihm bekannt; auch in Trübsal kann er noch segnen. Am Ende müssen doch alle Dinge, denen die Gott lieben, zum besten dienen.

Anno 1832 den 13. März hatte ich auch noch die Betrübniß, daß mein geliebter Schwager Joh. Wilh. Wulff von dieser Welt abgefordert wurde. Er wurde in der Mitte Februar krank, und kränkelte stets bis den 13. März, da er denn, ohngeachtet er 2 Aerzte gebrauchte und alle mögliche Pflege und Hülfe genoß, mit Tode abging, wodurch sein Hausstand, den seine Schwester Doris führte, aufgehoben wurde. Das Haus wurde verkauft, und die Schwester miethete sich in einem andern Hause ein; meine beiden jüngsten Töchter, Mathilde und Emilie, wohnen nun bei ihr im Hause, und werden von dieser ihrer Mutter Schwester erzogen. –

Den 21. Mai wurde auch ich krank, und meine Krankheit nahm so überhand, daß ich am Rande des Grabes stand und wie ich glaube sicher gestorben wäre, wenn ich meinen Willen nicht erfüllt bekommen hätte, nemlich etwas zu brechen einzunehmen; ich war schon weit weg, dies fühlte ich selbst am besten; als daher des Morgens mich wie gewöhnlich mein Doctor besuchte, sagte ich zu ihm: Herr Doctor, wenn ich noch auf meinem Schiffe wäre, so würde ich etwas zu brechen einnehmen, denn ich fühle daß mir dieses Noth thut. Der Doctor wollte mir jedoch nichts zu brechen verschreiben, und ich sagte: nun, so lassen sie es bleiben, aber nöthig ist es. Ich war auch schon so weiß daß ich phantasirte und meine Gedanken oft nicht sammeln konnte wenn ich meinen lieben Kinder, welche fast beständig um mich waren, etwas sagen oder erklären wollte. Wie der Doctor wegging, begleitete ihn mein Sohn Otto Heinrich, welcher bei mir war als ich mit ihm sprach, bis auf die Hausdiehle; hier sprachen sie wegen meiner Krankheit mit einander, und der Doctor entschloß sich darauf, mir etwas zu brechen zu verschreiben. Meine Cousine, die den Hausstand bei meinem Sohne Otto Heinrich führt, kam nun herauf zu mir und sagte: Großvater soll etwas zu brechen einnehmen, der Herr Doctor hat mir dieses Recept gegeben. Ich sah das Recept nach, war vergnügt und sagte: schicke es sogleich nach der Apotheke und bringe mir dann die Arzenei. Wie sie nun kam nahm ich ein, und die beabsichtigte Wirkung erfolgte auch sogleich; ein Beweis, daß es höchst nöthig war. Nachdem ich sechs bis sieben Mal gebrochen, fühlte ich mich zwar schwach und matt, aber doch inwendig viel leichter, und wie mein Freund, der Doctor, mich des andern Morgens besuchte, war ich viel munterer als vorher und sagte zu ihm: meine Krankheit ist gehoben; nun sehen sie selbst, daß ich recht hatte. – Lieben Kinder, die Doctoren jetziger Zeit wollen nicht gern Jemand etwas zu brechen geben, und doch ist nichts gewisser, als daß man einem Faul- oder Gallenfieber durch ein solches Mittel, zur rechten Zeit gebraucht, fast immer vorbeugen kann. Ich bin kein Gelehrter, aber was ich weiß, das weiß ich so gut (wie man zu sagen pflegt) als der Pastor. Auf meinem Schiffe habe ich in Westindien und anderwärts viele von meinen Leuten, so wie auch andere Personen, durch Brechen mit Gotteshülfe am Leben erhalten; meine Leute mußten es mir (wie ich ihnen vorher gesagt hatte) gleich anzeigen wenn sie

Grabstein des Jens Jacob Eschels auf dem Friedhof Norderreihe in Hamburg-Altona (Foto: Nötel)

sich nicht wohl befanden, und mit Gottes Güte sind sie allezeit gerettet worden. Ich weiß wohl, daß dies Mittel nicht vor jeder Krankheit schützt, und daß es auch schaden kann wenn inwendig Geschwüre oder dergleichen sich vorfinden; darüber zu urtheilen, muß man jedoch den gelehrten Doctoren überlassen. In den meisten Fällen kann aber das Brechen nichts schaden, und ob es Einem gleich so vorkommt, indem man sich wirklich schwächer fühlt, als wenn man eine Purganz eingenommen, so ist es doch sicher, daß mehr gesunde Säfte beim Purgiren als beim Brechen weggehen. –

Mein Vetter, Herr Hinr. Anton Meyne in Hamburg, der viel von mir hielt, so wie ich ihn sehr achtete, wurde im Anfang der Jahre 1790 krank; meine Frau schrieb mir in einem ihrer Briefe nach Amerika, wo ich derzeit war, unser Vetter Meyne ist kränklich geworden und nimmt sehr an Kräften ab, du wirst ihn wohl nicht wieder zu sehen bekommen; er spricht oft von dir und sagt: wäre Vetter Eschels nur hier, vielleicht wüßte er noch Rath für mich. Ich kam wie gewöhnlich im Frühjahr von Amerika nach Hause, und ging gleich den ersten Tag nach meiner Ankunft zu ihm; er war sehr schwach und krank, und sah just so gelb und elend aus, als wenn einer an dem sogenannten gelben Fieber in Westindien krank liegt. Er sagte zu mir: lieber Vetter, wissen sie keinen Rath für mich? Ich sagte: sie müssen etwas zu brechen einnehmen; er erwiederte aber: nein, dies darf ich nicht, mein Doctor will nichts davon wissen, sondern sagte mir, als ich ihn einmal fragte ob ein Brechmittel nicht gut für mich seyn würde, daß dies sehr schädlich für mich sey, und ich dadurch noch schwächer werden würde. Ich sagte zu ihm: lieber Vetter, ich sage ihnen nur meine Meinung, und die ist: wenn sie nicht bald etwas zu brechen einnehmen, so werden sie nicht besser. Er sagte hierauf: was rathen sie mir? Ich antwortete: wenn ich Jemand etwas anrathe, dann sage ich immer das, wa ich an seiner Stelle selbst thun würde; wäre ich nun an der ihrigen, so würde ich gleich etwas zu brechen einnehmen. Nun denn, sagte er, so will ich ihren Rath befolgen, und statt der Medicin, die der Doctor mir verschrieben hat, ein Brechmittel einnehmen. Ich fuhr also gleich an Bord meines Schiffes, nahm aus meinem Medicinkasten eins von meinen Pulvern und brachte es meinem Vetter Meyne, der es auch sogleich einnahm. Es that seine Wirkung, und als ich des andern Vormittags wieder nach Hamburg kam und meinen Vetter Meyne besuchte, fand ich ihn viel muntrer als des Tags zuvor; er freute sich daß ich kam, und sagte mir, daß er sich schon viel besser befände. Er erzählte mir hierauf: diesen Morgen kam, wie gewöhnlich, mein Doctor zu mir, und nachdem er mich befühlt und angesehen, sagte er: nun haben wir gewonnen Spiel, die Medicin, die ich ihnen gestern verschrieb, hat wohlthuend gewirkt. Wie der Doctor dies gesagt hatte, übergab ich ihm das Glas mit der Medicin, welches vor dem Fenster hinter der Gardine stand, und sagte: hier ist ihre Medicin. Was, entgegnete der Doctor, haben sie die Medicin nicht eingenommen? ich sagte: nein, ich habe einen Vetter, der hat mir ein Brechpulver gebracht und dies habe ich eingenommen; es hat gut gewirkt und ich fühle mich besser. Wie der Doctor dieses hörte, griff er nach seinem Hut und Stock und lief, ohne Adieu zu sagen, böse zur Thüre hinaus. Nachdem mein Vetter mir dieses erzählt hatte, lachten wir Beide recht herzlich darüber, und ich sagte zu ihm: kehren sie sich nur an nichts, essen sie nun vorerst nur Suppen und leichte Speisen, und wenn sie in vierzehn Tagen diese Cour noch einmal vornehmen, so werden sie recht gesund werden. Dies geschah, und mein Vetter Meyne lebte seitdem noch über 30 Jahre; er starb erst 1826 den 5. October, 85 Jahr 11 Monat und 17 Tage alt. Ich glaube, daß er, wenn er meinen Rath nicht befolgt hätte, in weniger als vier Wochen mit Tode abgegangen wäre; also halte ich viel von einem solchen Mittel, zur rechten Zeit gebraucht.

Wie schon gesagt, so war meine Krankheit durch dies Mittel gehoben; ich wurde von Tage zu Tage besser und war beinahe völlig wieder hergestellt, als ich das kalte Fieber bekam, welches mich sehr abmattete. Nachdem ich es neun Mal gehabt hatte, vertrieb es mein Doctor; allein es blieb nur zehn Tage aus, und ich bekam es aufs neue. Nach vierzehn Tagen wurde es wieder vertrieben, und ist bis heute nicht wieder gekommen; aber es hat eine Schwäche am Körper nachgelassen, welches ich selbst am besten fühle, und in meinem Alter werden die Kräfte wohl nicht wieder kehren. Meine Zeit ist menschlicher Weise wohl bald abgelaufen, und die Zeit meines Abschiedes vorhanden. Wahr ist es, ich möchte, wenn es Gottes Wille ist, gern noch lange bei euch, lieben Kinder, bleiben, und so viel mir möglich ist zu eurem Wohl mit beitragen; ist dies aber Gottes Wille nicht, so seid deswegen unbesorgt; der Gott, der mir von Jugend an überall half und mich leitete und führte, wird auch euch leiten und führen. Lebet nur fromm und führet ein Gott wohlgefälliges Leben, so wird er euch nicht verlassen, und ihr werdet erleben, daß Fälle vorkommen, die euch überzeugen können, daß der liebe Gott auch auf euch achtet und bemerkt, was ihr thut. — Nun lebt alle wohl, ihr lieben Kinder, Enkel und Enkelinnen; dies wünscht euch von Herzen euer euch zärtlich liebender Vater und Großvater.

Altona, den 19. März 1833.

Jens Jacob Eschels

Nachwort

Eschels Lebensbeschreibung ist ohne Frage in mehrfacher Hinsicht eindrucksvoll. Zum einen ist es die Person des Autors, die uns in den Ausführungen vertraut wird, als lebte sie heute, die uns in ihrer Offenheit, ihrer Toleranz und Liberalität sympathisch wird und wegen ihrer Beharrlichkeit und ihrem Selbstvertrauen Respekt abnötigt.

Jens Jacob Eschels wurde in der dörflich-familiären Atmosphäre Nieblums auf der Insel Föhr schon früh mit dem Kontrast der Tristesse der heimischen Armut und dem einträglichen, aber auch risikoreichen Walfang auf holländischen Grönlandfahrern konfrontiert. Zwar war seinem Vater, Steuermann und Harpunier, nicht das Glück beschieden, das Auskommen seiner Familie zu garantieren, aber die Anzahl der – in damaligen Relationen – reich gewordenen inselfriesischen Walfang-Kommandeure war erheblich. Föhr stellte in den Jahren 1758-62 immerhin fast den größten Teil der Kommandeure der niederländischen Walfangflotte und blieb in dieser Hinsicht nur hinter Den Helder/Huisduinen zurück. Eschels folgt daher schon als Elfjähriger seinen Landsleuten mit den im Frühjahr abfahrenden Schmacken nach Amsterdam und beginnt damit die Stufenleiter nautischer Aufstiegsmöglichkeiten auf der tatsächlich untersten Stufe. Die Beschwerlichkeit dieses Weges scheint im Text nur manchmal durch, wird aber dem Leser in der Passage zum *Backschrapen* überdeutlich. Mehrfach wird er seiner geringen Körpergröße und des jungen Alters wegen zurückgewiesen oder wieder zurückgeworfen, geht er mit bewundernswerter Beharrlichkeit, nicht weniger ausgeprägtem Ehrgeiz und gesundem Selbstbewußtsein den einmal eingeschlagenen Weg. Zielgerichtet verwendet der 17jährige seine verdiente Gage für Navigationsutensilien und den winterlichen Unterricht in der *Steuermannskunst*, wofür ihm zwar von der Mutter – und sicherlich auch dem dörflichen Umfeld – Verständnis und Wohlwollen entgegengebracht wird, er aber von seinen Altersgenossen nicht wenig Spott einstecken muß. Eschels ist damit wohl kaum als der typische, der durchschnittliche Seemann seiner Zeit zu betrachten, was gleichfalls in bezug auf seinen weiteren Lebensweg, der ihn mit 24 Jahren Kapitän werden läßt, gesagt werden muß.

Nicht minder beeindruckend ist Eschels Haltung in religiösen und moralisch-ethischen Fragen. Mit geradezu aufklärerischem Vertrauen in die eigene Vernunft *(wenn ich ... etwas gelehrt oder vorgeschrieben finde, welches gegen meine Vernunft und mein Gewissen streitet, so glaube ich es nicht)*, durchkämmt er radikal nicht nur den moralisch peniblen, stellenweise einengenden Protestantismus seiner Kindheit *(Fressen, Saufen, Krug- und Komödiengehen ist allezeit an und für sich sündlich)*, sondern auch die später erfahrenen kirchlichen Dogmen anderer Konfessionen und verwebt sie distanziert kritisch zu einer eigenen ökumenischen Religiosität: *Keine Religion die ich kenne, ist so verfälscht, und hat sich so weit von der Lehre ihres Stifters entfernt, als die Christliche, indem sie in Ceremonie und Bilderdienst, ja, ich darf dreist sagen, in Götzendienst ausgeartet ist.* Jesus selbst sieht er *von den Pfaffen und Geistlichen verfolgt und gelästert ..., daß er der Inquisition selbst schwerlich entgehen würde.* »Christ sein« in seinem Sinne heißt nicht, vorgegebenen Äußerlichkeiten folgen, sondern »gut« und in Nächstenliebe handeln. Auch sein Gottesbegriff folgt diesem Prinzip: die omnipräsente *göttliche Vorsehung* – oft genug in der *Lebensbeschreibung* herangezogen – sorgt mit Liebe und Zugewandtheit für den Menschen. Lehren wie die der *ewigen Höllenstrafen* finden hier keinen Platz. Daraus ergibt sich ihm eine nicht nur im Konfessionellen vertretene Ethik von Toleranz und Liberalität, die wohl auch heute kaum an Aktualität verloren hat: *Also in der Türkei ist fremder Gottesdienst erlaubt, im christlichen Spanien nicht*, und bei der Betrachtung eines betenden Muslims in Zypern kommt ihm der Gedanke: *Gott hört dich gewiß eben so gut, als er die Christen hört, und es kann nicht wahr seyn, daß nur allein die Lutheraner selig werden.*

Im selben Licht steht seine Haltung zur Sklaverei und zu den gesellschaftlich weniger Erfolgreichen. Die grenzenlose Ausbeutung der afrikanischen Sklaven im Zuckerrohranbau und in den Kaffeeplantagen Mittelamerikas stößt bei ihm ebenso sehr auf Ablehnung *(Mir hat es immer sehr wehe gethan, wenn ich in Westindien sah, daß die schwarzen Menschen so barbarisch von den weißen behandelt wurden)*, wie der neue Freigeist der Vereinigten Staaten seine Begeisterung hervorruft *(Es ist ein wahres Vergnügen, so viele Menschen, und zwar weiße, gelbe und schwarze, so fröhlich und vergnügt bei einander zu sehen)*. Und die Besatzung seiner Schiffe fördert er – weit entfernt von jeglicher wohlgefälliger Überheblichkeit des Erfolgreichen – einerseits durch Unterricht in der *Steuermannskunst*, andrerseits – nach der einschneidenden Zusammenkunft mit Major Gabriels – durch milde Behandlung, so daß die einmal mit ihm Gefahrenen bei ihm an Bord bleiben und nicht, wie andernorts so oft, desertieren.

Dem dargelegten positiven Persönlichkeitsbild mag man entgegenhalten, daß es das Resümee eines Selbstzeugnisses ist und ein Autobiograph sein Augenmerk kaum jemals gern auf seine »schlechten Seiten« richten wird, zumal wenn seine explizite Absicht darin besteht, seinen Nachkommen – modern formuliert – Orientierungswissen und ethisch-moralische Grundsätze zu vermitteln. Es ist hier jedoch nicht daran gelegen, die historische Person Jens Jacob Eschels zu glorifizieren, sondern die Haltung und den Inhalt des Textes zu würdigen. Eschels verwandte, das machen die weithin überprüfbaren Nennungen von Schiffs- und Personennamen sowie die Datumsangaben deutlich, offenkundig eigene Bordjournale bei seiner Niederschrift, die ihm noch zur Verfügung standen. Darüber hinaus verfügte er offenbar über ein gutes Erinnerungsvermögen und wird nicht müde zu versichern: *Ich habe hier, so wie in meiner ganzen Lebensbeschreibung nichts übertrieben, oder was mir passirt ist, wundervoller gemacht, sondern nur hier buchstäblich die reine Wahrheit gesagt.* Die Schrift hat zweifellos einen ausnehmend hohen Quellenwert. Wegen ihres unvergleichlichen Detailreichtumes und Informationswertes wird man ihr auch gelegentliche Unschärfen gern nachsehen.

Eschels füllt zweifellos mit Leben, was – weit im Binnenland – sein Zeitgenosse Friedrich von Schiller in pathetischer Verklärung schreibt:

Wer das grüne, kristallene Feld
Pflügt mit des Schiffes eilendem Kiele,
Der vermählt sich das Glück, dem gehört die Welt,
Ohne die Saat erblüht ihm die Ernte!
Denn das Meer ist der Raum der Hoffnung
Und der Zufälle launisch Reich,
Hier wird der Reiche schnell zum Armen
Und der Ärmste dem Fürsten gleich.
Wie der Wind mit Gedankenschnelle
Läuft um die ganze Windrose,
Wechseln hier des Geschickes Lose,
Dreht das Glück seine Kugel um,
Auf den Wellen ist alles Welle,
Auf dem Meer ist kein Eigentum.

(Braut von Messina, 1802/3)

Freilich sind es nicht die Wogen selbst, die seinen Lebensweg weitestgehend bestimmen, sondern die politischen Verflechtungen der Zeit. Zunächst sind es der niederländische Walfang und die Stadt Amsterdam als Drehscheibe des weltweiten Seeverkehrs, die Eschels wie auf einer Woge tragen: *Derzeit* (hielt man) *auf Föhr Holland noch für das wichtigste Land auf der Welt.* Doch die Blütezeit der niederländischen Seeschifffahrt ist längst um. Im vierten der Englischen Kriege 1780-84, dem die weltberühmte Vereinigte Ostindische Kompanie ihren Ruin verdankt, sperrt England die niederländischen Häfen und bemächtigt sich nach und nach der niederländischen Kolonien. Die ahnungslosen Heimfahrer laufen den englischen Kapern in die Hände, während Eschels, wie wir lesen konnten, mit Glück entweicht und in Grenada nicht nur avanciert, sondern mit dem Dienstbeginn auf De Vriendschap auch die Flagge wechselt. Hamburg, das seit dem Gottorfer Vergleich von 1768 das Glück einer für beide Seiten befriedigenden Beziehung zu Dänemark genießt, das bekanntlich zu der Zeit schon in Altona beginnt, ist eine *Kaiserlich Freye Reichsstadt*, hält sich nach Kräften neutral und profitiert vom aufgelassenen Handelsvolumen der Niederlande. Mit ihr profitiert auch Eschels, den die rote Flagge mit der dreitürmigen Burg vor dem englischen Kaper bewahrt, der — für den jungen Handel dieser Stadt mit der Neuen Welt bezeichnend — Hamburg schlicht nicht kennt. Amsterdam verschwindet damit aus der Biographie unseres Autors. Auch Dänemark hält sich in den folgenden Jahren neutral. Altona, ehedem gegründet und gefördert, um Hamburg den Schiffsverkehr der Niederelbe abzuschöpfen, nutzt ebenso die nun bestehenden Handelsmöglichkeiten und erlebt sein »Goldenes Zeitalter«, in dem der Hafen ausgebaut und der Westindienverkehr intensiviert wird. Am Ende des Jahrhunderts übertrifft seine Flotte die Hamburgs. Auch hier nutzt Eschels die Woge — in seiner Begrifflichkeit die *allgütige Vorsehung*, um sich mittragen zu lassen, wenn auch freilich nicht ohne eigenes Zutun. Die Antilleninsel St. Thomas, auf der von der dänischen Westindischen Kompanie mit Hilfe afrikanischer Sklaven — gut hundert Jahre zuvor auch mit Beteiligung des »Großen Kurfürsten« Friedrich Wilhelm von Brandenburg — der Zuckeranbau in höchstem Maße forciert wird und das mit seinem Freihafen Schiffe aller Staaten anlockt, gehört ebenso zu seinen angelaufenen Stationen wie etwa das russische Archangelsk, ehedem Handelspartner der Niederlande (und Englands) zur Beschaffung vielfältiger Rohstoffe. Selbst als auch die Neutralität die nicht in die Koalitionskriege involvierten Staaten nicht mehr zu schützen vermag, weil das von Carnot aufgestellte, von seiner Mission überzeugte französische Volksheer immer offensiver kapert, gelingt es unserem *bon homme*, durchzubrechen und Hamburg zu erreichen, im Laderaum einen beträchtlichen Teil seines Vermögens in Reis, der in Hamburg derzeit besonders hoch im Kurs ist.

Jedoch holt ihn die politische Entwicklung auch im Negativen ein. Eines der in der gesamten Biographie immer wiederkehrenden Themen spricht aus dem Satz: *Vor den Kapern hatte ich viel mehr Furcht, wie vor*

Seegefahren. Vergleicht man im Register einmal die Häufigkeit von Sturmerlebnissen und Begegnungen mit Kapern, so zeigt sich, daß trotz wesentlich häufigeren Auftretens ersterer die Naturgewalten nicht das Hindernis und der letzthinnige Grund für Eschels Aufgabe der Seefahrt sind, sondern das Risiko, Schiff, Fracht und Ladung durch die politischen Wirren der Zeit zu verlieren. Kapitäne wie er, die nach monatelanger Fahrt aus entfernten Ländern zurück in ihre Heimat kamen, waren bei dem damaligen Stand der Kommunikationstechniken nur selten auf dem aktuellen Stand der politischen Entwicklungen. Und so ereilt es ihn doch noch, obwohl er nach der oben erwähnten Fahrt an Land bleibt und Tabakfabrikant wird; eine Profession, die im Industriealter übrigens leicht und fälschlich überdimensionierte Vorstellungen weckt. 1807 bringen die Engländer, die seit der Kontinentalsperre Napoleons 1806 kaum noch wählerisch in ihrer Kaperpolitik sind, im überraschenden Krieg mit Dänemark alle Altonaer Schiffe vor der Elbe auf und Eschels erleidet erhebliche Verluste. Vielleicht erklärt dies die unverhohlene, bittere Aversion gegen die Inselbewohner, die in vielen Passagen durchklingt *(der Engländer denkt: zu sich nehmen fackelt nicht, und was er einmal hat, giebt er nicht gern wieder heraus)* und auch nicht von der Bewunderung gegenüber den Leistungen der Seemacht Nr. 1 *(es ist wohl kein Schiff in See, wo man nicht etwas, welches in England gemacht ist, an Bord hätte)* getilgt wird.

Über die politischen Wirrungen und sozialen Probleme der Zeit hinaus werfen Eschels' Schilderungen nicht zuletzt ein Licht auf die natürliche Mühsal der Seefahrt vor Einführung der Dampfmaschine und des Stahlschiffbaus. Der Dienst bei jedem Wetter, bei Temperaturen um und unter dem Gefrierpunkt ohne Wärmequelle (für die Mannschaftsunterkünfte), ohne elektrisches Licht und Kraftmaschinen, bei ständiger Feuchtigkeit in klammer, salzverkrusteter Kleidung und bei vitaminarmer Ernährung würde heute ohne Zweifel und zu Recht unverzüglich die Seeberufsgenossenschaft auf den Plan rufen. Aber auch die Rohheit der Beförderungsbedingungen der Mehrheit der Seeleute, etwa im verschalkten Raum einer nordfriesischen Schmack, in der nicht wenige ihren eigenen Stiefel zweckentfremden ..., während andere unbeeindruckt die wenige zur Verfügung stehende Luft des Raumes mit ihren Pfeifen verräuchern und ohnehin kaum jemand modernen Maßstäben der Körperhygiene entspricht, das alles zeichnet insgesamt ein authentisches Bild der Zeit, wie es aus der offiziösen Geschichtsschreibung nur selten hervorgeht.

In der Betrachtung solcher Verhältnisse im Vergleich mit unserer hochtechnisierten Welt des Wohlstands wird schnell deutlich, daß romantische Verklärungen der Zeit der Segelschiffahrt fehl am Platze sind. Das heißt jedoch keineswegs, daß wir in unserer von rationalem Zeitdenken bis zur Groteske dominierten Gegenwart gut daran täten, uns überlegen zu fühlen. Denn trotz aller Entbehrungen, Mühen und Unsicherheiten jener Tage liefert Eschels *Lebensbeschreibung* so manchen Baustein für die Einsicht, daß der gepriesene technische Fortschritt gewiß auch Tendenzen einer Verselbständigung aufweist, die mit einer Verbesserung menschlicher Lebensverhältnisse nicht mehr einher geht.

Albrecht Sauer

Weiterführende Literatur:

Dekker, Pieter: Föhrer Seeleute bei der niederländischen Walfangfahrt besonders im 18. Jahrhundert, Nordfriesisches Jahrbuch NF 14 (1978) S. 113-60

Harland, John: Seamanship in the age of sail. London 1985

Kresse, Walter: Materialien zur Geschichte der hamburgischen Handelsflotten 1765-1823. Hamburg 1966

Lüden, Walter: Föhrer Seefahrer und ihre Schiffe. Walfang und Kauffahrteischiffahrt. Heide 1989

Mehl, Lothar: Die Anfänge des Navigationsunterrichts unter besonderer Berücksichtigung der deutschen Verhältnisse. Paedagogica Historica 8 (1968) S. 372-441

Nötel, Clara: Stammbaum der Familie Eschels. Amsterdam 1927

Oesau, Wanda: Schleswig-Holsteins Grönlandfahrt auf Walfischfang und Robbenschlag im 17. — 19. Jahrhundert. Glückstadt 1937

Eschels' Seereisen nach den Angaben des Textes:

Abfahrtsort	Datum	Ladung	Bestimmungsort	Datum	Schiff	Status
(Föhr) Amsterdam	(7.3.1769)	Fangreise	Ostgrönländ. See	25.8.1769	DE STADT ZWOLLE, MARIA & PETRONELLA, DE VRAUW ANNA	Unter-Kajütswächter, Schiffbrüchiger
(Föhr) Amsterdam	(23.2.) 4.1770	Fangreise	Ostgrönländ. See	2.9.1770	STERRESCHANS	Ober-Kajütswächter
(Föhr) Amsterdam	(17.3.) 4.1771	Fangreise	Ostgrönländ. See	A. 9.1771	ST. ANDREES	Kochsmaat
(Föhr) Amsterdam	(A. 3.) 6.4.1772	Fangreise	Ostgrönländ. See	M. 8. 1772	ST. ANDREES	Kochsmaat
(Föhr) Amsterdam	(A. 3.) 15.4.1773	Fangreise	Ostgrönländ. See	16.9.1773	ST. ANDREES	Jungmatrose
(Föhr) Amsterdam	(A. 3.) M. 4.1774	Fangreise	Ostgrönländ. See	E.9.1774	DE LIEFDE	Kochsmaat
(Föhr) Amsterdam	(A. 3.) A. 4.1775	Fangreise	Ostgrönländ. See	A.9.1775	MARIA & PETRONELLA	Matrose
Föhr	E. 10.1775	Küstenfahrt	Deutsche Bucht, Hamburg	25.12.1775	(Schute, Tjalk)	Schiffsjunge, Koch
Kopenhagen	M. 4.1776	Fangreise	Grönländ. See	E. 7.1776	GRAF BERNSTORFF	Matrose
Kopenhagen	12..3.1777	Fangreise	Davis-Straße	20.7.1777	GRAF BERNSTORFF	Matrose
(Föhr) Oostende	(3.3.) 20.4.1778		Hamina	A. 6.1778	DE VRAUW MARGARETHA	Matrose
Hamina	20.6.1778	Holz	Oostende	M. 7.1778	DE VRAUW MARGARETHA	
Oostende	3.8.1778		Drammen	11.8.1778	DE VRAUW MARGARETHA	
Drammen	17.8.1778	Fichtenholz	Amsterdam	A. 9.1778	DE VRAUW MARGARETHA	
Amsterdam	A. 10.1778	Drogerieartikel	Riga	19.11.1778	WERCKHOVEN	
Riga	6.4.1779	Drogerieartikel	Amsterdam	23.5.1779	WERCKHOVEN	
Amsterdam	10.7.1779	Leinen, Stückgut	Smyrna (Izmir), Konstantinopel (Istanbul), Alexandrette (Iskenderun), Zypern	M. 12.1779, M. 1.1780, A. 3.1780	DE JONK VROUWE JOHANNA	Matrose
Alexandrette (Iskenderun), Zypern	6.7.1780	Ocker, Galläpfel	Amsterdam	M. 11.1780	DE JONK VROUWE JOHANNA	Matrose

Amsterdam	M. 12.1780		Grenada	A. 2.1781	De Amsterdamse Post	Matrose
Grenada	29.7.1781	Zucker	Hamburg	M. 11.1781	De Vriendschap	Untersteuer-mann
Hamburg	18.11.1781		St. Thomas	5.2.1782	Henricus de Vierde	Obersteuermann
St. Thomas	1.3.1782		Cap Haïtien	5.3.1782	„	Obersteuermann
Cap Haïtien	31.5.1782	Kaffee ...	Hamburg	M. 9.1782	„	Kapitän
Hamburg	20.11.1782		St. Thomas	9.1.1783	„	„
St. Thomas	1.5.1783	Zucker, Kaffee, Tabak	Hamburg	7.7.1783	„	„
Hamburg	A. 9.1783	Eichenholz, Leinen, Glaswaren, Passagiere	Cádiz, Carracas	20.10.1783	„	„
Cádiz	10.12.1783		Marseille	27.12.1783	„	„
Marseille	26.1.1784	---	Cagliari	5.2.1784	„	„
Cagliari	11.4.1784	Salz	Kopenhagen	20.6.1784	„	„
Kopenhagen	24.8.1784	Ballast	Stettin/Swinemünde	26.8.1784	„	„
Stettin/Swinemünde	22.9.1784	Holz	Malaga	21.10.1784	„	„
Malaga	10.1784	---	Marseille	11.1784	„	„
Marseille	1.1785		Arzew	1.1785	„	„
Arzew	A. 3.1785	Weizen	Cádiz	E. 3.1785	„	„
Cádiz, Sanlúcar de Barrameda	6.1785	Salz	Middelburg	7.1785	„	„
Middelburg	1.10.1785		Hamburg	10.10.1785	„	„
Hamburg	Ende 11.1785	Leinen	Cádiz	27.12.1785	„	„
Cádiz	Mitte 3.1786		Archangelsk	6.6.1786	„	„
Archangelsk	6.7.1786	Weizen	Cascais	23.8.1786	„	„
Cascais	4.10.1786		Marseille	13.10.1786	„	„
Marseille	16.10.1786		Ceuta	17.10.1786	„	„
Ceuta	26.2.1787	Wein	Lübeck	6.5.1787	„	„
Lübeck	7.7.1787		Riga	17.7.1787	„	„
Riga	Anf. 9.1787	Schiffbauholz, Flachs	Lissabon		„	„
Lissabon	18.11.1787	Salz	Charleston	21.1.1788	„	„
Charleston	20.3.1788	Reis	Hamburg	ca. 27.5.1788	„	„
Hamburg	ca. 10.8.1788	Stückgut	Cádiz		„	„
Cádiz		Stückgut, Salz	Charleston	15.12.1788	„	„
Charleston	23.2.1789	Tabak, Reis	Hamburg	20.4.1789	„	„
Hamburg	10.6.1789		Archangelsk	13.7.1789	„	„

Archangelsk		Teer	Texel		„	„
Texel	25.11.1789		Charleston	A. 2.1790	„	„
Charleston	19.3.1790	Reis, Tabak	Hamburg	5.5.1790	„	„
Hamburg	21.8.1790		Cádiz		„	„
Cádiz	1.11.1790	Salz	Charleston		„	„
Charleston	1791	Reis	Hamburg		„	„
Hamburg	21.8.1791	Stückgut	Lissabon	M. 9.1791	„	„
Lissabon	10.1791	Salz	Charleston	15.12.1791	„	„
Charleston	31.1.1792	Reis	Hamburg	22.3.1792	„	„
Hamburg	9.10.1792	Stückgut	Cádiz	M. 11.1792	„	„
Cádiz	M. 12.1792	Salz	Charleston	1.1793	„	„
Charleston	10.4.1793	Reis, Tabak, Kaffee	Hamburg	21.5.1793	„	„
Hamburg	9.1793	Stückgut	La Coruña	14 d später	„	„
La Coruña			Charleston		„	„
Charleston	14.2.1794	Reis etc.	Hamburg	31.3.1794	„	„
Hamburg	26.5.1794		Archangelsk		„	„
Archangelsk	10.8.1794	Leinsamen	Texel/Amsterdam	3.9.1794	„	„
Amsterdam/Texel	17.10.1794		Charleston		„	„
Charleston	A. 3.1795	Reis, Kaffee, Färbeholz	Hamburg	1795	„	„
Hamburg	E. 5.1795		Archangelsk		„	„
Archangelsk	8.1795	Teer, Pech, Tran, Eisen, Weizen, Hafer, Leinsamen, Schweinsborsten, Pferdeschweife, Matten, Talg, Seife, Lichte, Rentiere etc.	Hamburg	M. 9.1795	„	„
Hamburg	8.11.1795	Hafer	London	19.11.1795	„	„
London	20.12.1795		El Ferrol	A. 2.1796	„	„
El Ferrol	15.2.1796		Charleston	10.4.1796	„	„
Charleston	10.5.1796	Medicin, Porter, Rauchfleisch, Schinken, Würste ...	Georgetown	14.6.1796	„	„
Georgetown	29.9.1796	Kaffee, Passagiere	Hamburg	31.1.1797	„	„
Hamburg	29.8.1797		Setúbal	9.1797	„	„
Setúbal	2.11.1797	Salz	Charleston	ca. 24.12.1797	„	„
Charleston	ca. 10.4.1798	Reis, Kaffee, ...	Hamburg	10.6.1798	„	„
Cuxhaven	21./22.8.1799		Yarmouth	1.9.1799	Postschiff	Passagier
Yarmouth	15.9.1799		Cuxhaven	19.9.1799	Postschiff	Passagier

A. = Anfang E. = Ende M. = Mitte

Erklärung einiger Begriffe des Textes

Appartement	Schiffstoilette
Backe	knieförmiges Holz zum Stützen der Saling
Balje	in der Hälfte aufgesägtes Faß (Bottich)
Bauchdielen	Innenwegerung am Schiffsboden
Besteck	angenommener/errechneter Schiffsort
Bonceau	Faß
Bratspill	Winde mit waagerechter Achse (langsamer, zugstark)
Cambuse	Kombüse: Schiffsherd, auch Schiffsküche
Carbasse	russ. Ruderjolle
Carotte	Ausgangsprodukt zur Schnupftabakherstellung
Cassavie-Wurzel	Maniok, Sago
Connoissement	Frachtvertrag
Damisane	Korbflasche
Daumkraft	Kurbelwinde
Decort	Skonto
Dispacheur	Gutachter bei Großer Havarie
Douceur	Trinkgeld
Fallreep	herablaßbare Treppe oder Leiter an der Seite des Schiffes
Flagge im Schau	zusammengewickelte Flagge am Flaggenstock als Signal, daß jemand an Bord kommen soll.
Fück	Fischernetz
Gangspill	Winde mit senkrechter Achse (schneller, weniger zugstark)
Geerde	schmaler werdender Teil der Gaffel
Geweling	Längsunterteilung des Laderaumes
Hack	Ruderöse
Innholz	Innenversteifungen des Schiffskörpers
Jagdtroß	dünne Wurfleine
Karduse	länglicher Pulverbeutel zum schnellen Laden der Kanonen
Klapmütze	Robbe

Kranbalken	nach außenbords ragende Balken der Back
Legerwall	Küste an der windabgewandten Seite des Schiffes
Lehranstalt zu Hamburg	Seemanns-Kollegium der hamb. Admiralität
Lense	Stoßlanze
Loefert	Luv
Loofpumpe	(höher gelegene) Luvpumpe
Lotje	Leichter
Moker	Vorschlaghammer
Pall	Sperrklinke der Winde
Papageistock	Stenge am Heck zur Führung des Besans
Petschaft	Siegel
Platlot	Walzblei
Pleinschall	Lineal (?)
Polacker-Takelage	Masten aus einem Stück(Pfahlmasten), ohne Eselshaupt und Marsen
Porter	engl. Starkbier
Portolan	Seehandbuch des Mittelmeeres
Puddingbeutel	untere Abdeckung der Schiffstoilette gegen Wellenschlag
Rechenstein	Schiefertafel
Schafhock	Raum zwischen Vorsteven und Bratspill
Scheibengat	Zwischenraum im Block zur Aufnahme der Tauscheibe
Skatkamer	Titel des Navigationslehrbuches v. C. H. Gietermaker
Takel	schwere Talje
Trompeten	s-förmiger Verkürzungsknoten
Tropicus Cancri	Wendekreis des Krebses (nördlicher W.)
Wewelins	Webeleinenknoten
Wiel	Fender aus Tauwerk
Wriefholz	Holzfender

Register

IRELAND
SCOTLAND
ENGLAND
FRANCE
The Channel
Lewis I.
Fero
I. of Orkney
Shetland
The Riever
Flanders
NETHER LAND
Meklenborg
Pomeren
NORWAY
DENMARKE
SWEDE
BALTICK SEA
North Bodom
East Fin land
Prussia
POLAND
Coerland
Lyfland
RUS